東洋史研究叢刊之七十六

中国の捐納制度と社会

伍　躍　著

京都大学学術出版会

中国の捐納制度と社会

目次

図表目録

序章

本研究の対象は、捐納《えんのう》と呼ばれる明清中国の売官売位制度である。捐納とは、しばしば「売官」であると説明される。しかしそれは、金銭によって官位そのものを売買することではない。それは官僚そのものになる前に、まず「任官資格」を買うこと、政府から見れば売ることである。「任官資格」を獲得したからといって、もちろん彼は官位そのものを獲得できるわけではない。言葉を換えれば、彼はそれによってただちに官僚になれるわけではないのである。ところが、いったん官僚となったものは、さらに官位の昇進資格なども捐納によって獲得することができた。したがって、捐納をやや厳密に定義するならば、明清中国の国家がその財政問題を解決するために、官立学校の学籍をはじめ、官僚となるための任官資格、上位ポストの昇進資格など、「資格」を販売することであると言うことができる。さらにこの「資格」の販売は、懲戒処分を軽減したり解除する手段にまで拡張され、また国家の栄典すなわち実権の行使をともなわない「名誉」を販売するところまで拡張された。

また捐納は国家の一制度であり、私的贈収賄によって官位などを得る、あるいは与えることとは異なる。捐納は、それによって得られた収入が原則として国の財政の一部となるのに対し、私的贈収賄による「収入」は、皇帝やその側近、および官僚個人の私的収入となるのにとどまる。(1) 本研究の対象は、あくまで制度としての捐納、つまり国家行為としてのそれであり、私的行為としての贈収賄による売官売位は本研究の対象ではない。

明清中国においては、明代の景泰年間（一四五〇―一四五六）以後、監生と呼ばれる国家の最高学府でありかつ官僚養成所であった国子監の学籍がその一項目となって以来、捐納はそれが歴史の舞台から消え去る二十世紀初頭までの約四百五十年の間、国家の財政と官僚制度に大きな影響を与えただけでなく、中国人の日常生活の一部となることによって、彼らの生活と社会にも大きな影響を与えた。金銭と引き換えに国家から特権をもらい、社会から利益を享受することを「捐納的現象」と言うことができるとすれば、それが制度としては二十世紀の初頭、すなわち清朝の滅亡とともに、確かに社会から姿を消したにもかかわらず、この「捐納的現象」は幽霊のごとく現在でもなお漂っていると言ってよい。本研究は、明清中国、とりわけ清代中国における捐納制度の歴史とそれが持つ社会的機能を明らかにしようとするものである。

官位売買の制度は、世界史のなかでかなり普遍的に見られる事象であった。東アジアの日本、朝鮮、ベトナムから、西ヨーロッパのフランスとイギリス、およびスペイン支配下のアメリカ大陸に至るまで、売官売位はひとしく存在していた[2]。また、十字軍時代のヨーロッパでカトリック教会が売買した赦宥状（免罪符）、および現代アメリカのスポイルズシステム（spoils system、猟官制[3]）は、どこかにこうした売官売位の要素を持っているように思われる。

金銭の寄進により特権や官職を得られる点からすれば、捐納と売官は、人類歴史上の同類制度であると言うこともできる。しかしながら、明清中国の捐納制度は、他の諸国や他の民族におけるこれに似たものと比べるならば、国家による整備とコントロールのもと、この地で興亡した明清という二つの王朝、および漢族と満州族という二つの支配民族にまたがって、国家の一制度として約五百年にわたって脈々と続いた点で特異である。これが極めて整備された制度の下で行われ、また社会からも広範な支持を得た点から見ても、これは、世界歴史上きわめて珍しい現象の一つであると言えよう。この意味からすれば、明清中国の捐納制度は、人類歴史上の同類制度の一特例であると認識することができる。中国の捐納制度を研究することを通して、中国社会への認識を深めることができるであろうし、人類歴史を認識するための一助となるに違いない。

以下では、まず中国の歴代王朝における捐納の前史とも言うべきものを概観し、次にこれにかかわる研究史を整理し、最後にそれら従来の研究における問題点を指摘し、本書の意図を説明することにしたい。

一

すでに述べたが、捐納が制度として登場したのは、明代の景泰年間であった。「捐納」という用語の登場は、明代後期の天啓年間まで遡って確認することができる。(4) 古代中国では、国家による官職や爵位の売買行為は通常「売官爵」や「鬻爵」と表現されており、その歴史は先秦の戦国時代に遡ることができる。明代から始まった捐納制度の由来を理解するために、まずは戦国時代の思想家たちによる売官鬻爵の議論から宋元時代の売官政策までを概観しておきたい。

戦国時代後期斉国の法家的学説が多く含まれている『管子』のなかには、官爵を売るような政策を実施するならば、国が十年くらいで滅びる、との認識を示してこう述べている。(5)

地味の肥えた田地が戦功ある戦士に賞として与えられなければ三年で弱くなる。恩賞と刑罰が公正的確に施されなければ五年で破れる。お上が官職や爵位を金銭で売るようになれば十年で亡びる。人としての道にそむいて、禽獣のような不倫の行いをすれば十年で滅びる。

また『韓非子』のなかに、「五蠹」という篇がある。このなかに、韓非が理想の政治と現実の政治についてこう述べている。(6)

そもそも明君の、国の治め方では、商人や工芸家など、労働せずに暮らす者を、なるべく少数にし、かつ地位や名誉の低いものに扱い、そうやって、人民の本務（耕作や戦闘）を捨てて末業（商工）に走るものを減らすのである。ところが今の世では、君主の近臣に取り持ってもらうことができるから、官爵を買うことができる。それができるから、商人も工芸家も地位が賤しくない。

また「八姦」という篇のなかでも、韓非はその「官」を購入して高い地位に就くのは私財の多い者である（「故財利多者、買官以為貴」）、と指摘している。(7)

以上のように「官爵」を売ることを弊害として指摘する意見がある一方、それを肯定する議論もあった。戦国後期における「法家後学」の作とされる『商君書』の「去彊篇」には、次のような議論がある。(8)

兵を挙げて他国を攻めるのに武爵・武任すれば必ず勝ち、兵を控えて農事に専念するとき、粟爵・粟任すれば国は富裕となる。兵を起こして敵に勝ち、兵を控えて国が富裕になる者は王となるであろう。

ここに見える「武爵」「武任」とは戦功により爵位や官職を授かるのに対し、「粟爵」「粟任」とは、「粟ヲ致スノ多寡ヲ以テ爵ヲ錫シ官ニ任ズ」ということである。つまり国家に対して提供される食糧の数量に応じて、その提供者に爵位や官職を授けるのである。

これらの思想家の議論から、先秦時代の諸国においては、支配者が「官爵」を「財利多者」に購入させる制度がすでに存在していたことが分かる。

先秦時代の売官実施に関する記録については、さらに調べる必要があるが、食糧の提供者に実際に爵位を与えた記録は、『史記』のなかに見出すことができる。嬴政（始皇帝）が秦の国王に就任した四年目（前二四三年）の十月、秦の国がイナゴによる災害に見舞われた。『史記』では次のように書き記している(9)。

蝗虫従東方来、蔽天。天下疫。百姓内（納）粟千石、拝爵一級。

つまり、災害救助用の穀物を調達するために、「粟千石」を提供してくれる「百姓」に対して「爵一級」を授けたのである。ここで言う「爵」は秦の二十等爵のことであったと考えられる。これは、食糧の提供と引き換えに、実際の官職をともなわない爵位を授与する政策に関するかなり早い時期の記録である。紀元前二二一年の始皇帝による天下統一を中国の統一国家としての歴史の開始点とするならば、上記の先秦諸子の議論と『史記』の史料からは、「売官」や「鬻爵」の存在は中国が中央集権的統一国家となるよりさらに古いこと、「鬻爵」は捐納制度下における国家栄典売買の原初形態であることを読み取ることができる。

前漢時代初期の文帝（前一八〇～前一五七）と景帝（前一五七～前一四一）の頃、「歳悪」「大旱」「蝗」などの災害を救助するために、政府は保有する爵位を販売する一方、爵位を保有する民間人に対し、その爵位の自由売買を許す政策を講じていた(10)。

武帝（前一四一～前八七）の治世になって、前漢国家は、「四夷」との戦争および国内で「功利」を興すために、財政難が発生した。こうした状況を受けて、前漢国家は、新たに「武功爵」の制度を作った。これは、爵位と官僚の登用資格や特権をリンクさせ、庶民に購入してもらう制度であった。それによれば、第五級の「官首」の爵位を購入した者が、吏の採用人事に参加する優先資格をもらえたのに対し、第七級の「千夫」を購入した者は、秦朝より継承してきた二十等爵の第九等「五大夫」に相当する賦役免除の特権を享受することができた、という[11]。こうした職位とリンクした吏の銓選資格の売買は、捐納制度下の任官資格売買のさきがけであったと言えよう。

爵位のほか、前漢時代の初年、国家が「郎」の官職を売る「入財者得補郎」の政策を実施した。たとえば、文帝の頃、張釈之は、「以貲為騎郎」、つまり郎官を購入した。景帝の頃、司馬相如は、「以訾為郎」、財産によって「武騎常侍」の官位を得た。卜式、黄覇も官職を財力で得た人物であった[12]。なお、武帝の頃、商人が吏に就任してはならないという従来の規定が破棄されて、吏になった商人が益々多くなった、という[13]。

後漢時代に入って、売官の範囲はさらに拡大された。安帝の永初三年（一〇九）、「国用の不足」を補うために、前漢時代には売官鬻爵の対象にならなかった関内侯（二十等爵の第十九等）、および虎賁、羽林郎などといった宿衛や軍士も販売の項目となった。その売官鬻爵の対象は吏であり、吏が所定の「銭穀」を納入すれば、諸侯並みの関内侯の爵位を入手することができるようになった[14]。その後、霊帝（一六八〜一八九）も含めて後漢王朝の後半から魏晋南北朝には、収入のほとんどが「私門」に入る私的売官が盛んに行われていた。たとえば、劉毅は晋の武帝に対して、「陛下売官、銭入私門」と指摘している。東晋の「銭塘捕賊吏」だった茹千秋は、宗室の司馬道子に贈賄して「驃騎諮議将軍」となったあと、「売官販爵」して「累億」の「資貨」を集めた、という[15]。

こうした私的売官売位が盛んに行われる一方、南北朝時代には国家行為としての売官売位も行われた。以下、南朝宋と北魏の事例を挙げて説明する。

南朝宋明帝泰始二年（四六六）、「国用」の不足と宗室の反乱に直面した南朝宋の朝廷が、その年の三月十六日より、「銭」「米」を上納した「民」を対象に「県」「令史」「郡」などの官職に相当する名誉職を授与する規定を実施した（**表Ⅰ-序-1**）[16]。

一

表-序-1　南朝宋泰始二年売官鬻爵規定

売官鬻爵基準			売官鬻爵項目
米（斛）	銭	雑穀（斛）	
200	50,000	500	同賜荒県除
300	80,000	1,000	同賜五品正令史満報
400	120,000	1,300	同賜四品令史満報
500	150,000	1,500	同賜三品令史満報
700	200,000	2,000	同賜荒郡除

史料出典：（梁）沈約『宋書』巻八十四 鄧琬伝 二一三八頁。（唐）李延寿『南史』巻三 宋明帝紀 七九頁。

表-序-2　北魏荘帝入粟之制

		入粟基準（石）	売官鬻爵項目
爵　　位		8,000	散侯
		6,000	散伯
		4,000	散子
		3,000	散男
実　　官	職　人	1,000	一大階を賞し、実官を授かる
出身資格	白　民	500	「依第出身」
		1,000	一大階を加える
	無第者	500	正九品出身
		1,000	一大階を加える
僧　　官		4,000	本州統、大州都
		3,000	畿郡都統
		500	本郡維那、外郡維那
		700	県維那

史料出典：（北斉）魏収『魏書』巻百十 食貨志 二八六一頁。

宮崎市定によれば、ここで言う「荒県」と「荒郡」とは、いずれも「人民のない土地で、単に県長、太守の礼遇を与えられるだけ」の名誉職である。なお、「令史」とは、「庶官」のことである。「同賜五品正令史（四品令史／三品令史）満報」などとは、おそらくそれらのポストの任期満了に相当する出身資格を授与するという意味であろう。[17]

一方、北朝でも、北魏明帝の孝昌三年（五二七）二月四日、「蒼生流波、耕農靡業、加諸転運、労役已甚」の惨状に直面した朝廷は、「輸賞之格」を実施した。それによれば、一定額の「粟」を指定地域に運搬した者に対し、「授官」することを約束した。たとえば、「官斗二百斛」を運搬した者には「一階」を賞する、とされている。[18]明帝末年、北魏の国内では戦乱が発生した。その「喪乱」を受けて即位した荘帝は、「入粟之制」を実施した（**表序-2**）。[19]

このように、北魏が実施した「入粟之制」によって、爵位や実官、および出身資格のほか、僧侶の資格なども国家による売官鬻爵行為の対象項目となった。いわゆる「度牒」の売買である。

売官問題について、次に注目すべきは唐朝のそれである。

安史の乱が勃発するまでは、唐朝政府は売官政策を実施したことがなかった。安史の乱が勃発したあとの粛宗至徳元年（七五六）九月、「軍興事殷、国用不足」のため、「官爵」と僧侶資格の売買がはじめて実施され、翌年になって、その規定がさらに整備された。その規定には、僧侶への褒賞、一般人民への「明経」という出身資格の付与および「職事官」の授与、現職官僚への免役特権、商人への徴税特許などが含まれている。[20]たとえば、「納銭」した僧侶に対し、「還俗」の許可や爵位の授与をおこなうほか、奴隷・田宅・資財の所有も許されることになった。なお、「百千文」を納めた一般人民が、「明経」の出身資格を与えられるほか、その識字や受験の状況に応じて「二千文」ないし「五千文」を割引された。文字の読めない者も、上記の「百千文」を納め、さらに

「三十千」文の割増金を納付すれば、同じく「明経」の出身資格をもらえた。商人に対しては、その資財の四割を上納して「助軍」することを条件に、終身免税の特権が与えられた、という。[21]また、梓州塩亭県出身で「以財雄於郷里」の厳震は、至徳乾元の頃、上記の規定に従って、何度も「出貲」して「辺餉」を助けることによって、「州長史」「王府諮議参軍」に任命された、という。[22]

その後、唐朝政府は、徳宗の貞元三〜四年（七八七〜七八八）、憲宗元和十二年（八一七）頃、および僖宗乾符五年（八七八）頃にさらに売官鬻爵を実施した。しかし、これらはいずれも臨時措置であり、官僚の銓選および社会への影響はそれほど大きくなかった。

宋代では、国家行為としての売官鬻爵を、「納粟」と称するほか、「進納」、「入貲」、「納貲」、「献納」、「献助」などとも称している。その「進納」については、さらに「進納補官」、「進納出身」、「進納買官」などに分けられる。[23]宋代最初の売官は、太宗淳化五年（九九四）に実施された。『宋会要輯稿』には、その年正月の詔令が記されている。[24]

諸州軍経水潦処、許有物力戸及職員等、情願自将斛斗充助官中賑貸、當与等第恩沢酬奨。一千石賜爵一級、二千石与本州助教、三千石与本州文学、四千石試大理評事、三班借職、五千石与出身、奉職、七千石与別駕、不簽書本州公事、一万石与殿直、太祝。

つまり、水害（「水潦」）を救助するために、「一千石」から「一万石」の穀物を供出する「物力」を有する人戸および「職員」に対し、政府はその褒賞として「一級」の爵位や助教、文学、大理評事などの散官（名誉職）ポストを与えるほか、「出身」も付与するのである。それ以後、南宋末年に至るまで、宋朝の政府は、断続的に「進納」を実施していた。その実施するに際して、より多くの「進納」者を招来するために、時には割引策を講じていた。たとえば、高宗紹興三十一年（一一六一）、「進納授官人」に対しては、進納額を二割引く政策が実施された、という。[25]

北宋では、「進納」出身者がその「進納」したことによって得られたのは、上記の散官などのほか、ほとんど「寄俸」、つまり「寄禄官」であって、実権を行使できる「差遣」ではなかった。なお、銓選に際して、「納粟授官人」は「司理」「司法参軍」などの親民官職に任命することが禁止されていた。[26]これに対し、南宋以後、「進納人」は一定の勤務期間（「七考」）をクリアしたうえ、さらに監司、知州、通判ら三人の「奏挙」を受けるのであれば、「親民」の官職に就くことができるようになった。[27]これを反映して、南宋の吏部銓選に参加する「納粟」「進納」の者が、ある程度の割合を占めるようになった。寧宗嘉定六年（一二一三）、吏部による登用人事の対象とされるさまざまな出身や任官資格を有する三万八千八百七十人のなかに、「納粟補官」者が三名、「進納」者が九百三十七名いた、という。[28]このように「納粟」「進納」によって得たのはあくまで任官の資格であり、官職そのものではなかったことが分かる。彼らが実際の官僚になりたいのなら、国家の官僚人事制度にしたがって吏部の銓選に参加しなければならない、のである。これについては、第一章以下で詳細に述べる。

契丹民族や女真民族がつくった国家も売官鬻爵を実施した。遼の道宗大安四年（一〇八八）四月二十一日、遼の朝廷は災害救助を目的に、「入粟補官法」を実施した。[29]

金代では、災害救助や辺餉を調達するために、朝廷が「入粟補官」や「鬻度牒」を実施した。たとえば、世宗大定元年（一一六一）より五年（一一六五）までの五年間、金の朝廷は「兵興歳歉」のため、「進納補官」を行うとともに、「僧、道、尼、女冠」の「度牒」および「寺観の名額」などを売り出した。宣宗の貞祐二年（一二一四）、「権宜鬻恩例格」が公表された。これに従って朝廷に「粟草」を提供すれば、「進官陞職」ができるほか、服喪している「丁憂人」も「応挙求仕」ができた。[30]その金王朝が滅亡する直前の天興元年（一二三二）八月、売

表-序-3　元朝泰定二年入粟拝官

入粟基準（石）	拝官項目
1,500	従七品
1,000	正八品
500	従八品
300	正九品

史料出典：（明）王圻『続文献通考』巻五十 選挙考 貲選 七五六頁。

官が再び実施され、「入貲」して「刺史」になった者がいた、という[31]。

元朝の晋宗泰定二年（一三二五）、発生した「郡県飢」を救助するため、「富民」を対象とする「入粟拝官」が実施された（表-序-3）。

しかし、この時に「入粟」して「実授」されたのは、ほとんど「茶塩流官」、「銭穀官」などの下級官僚のポストであった。元末の順帝至正十五年（一三五五）になって、「五品」より「九品」までの「路府州司県官」も「入粟補官」の対象項目となった、という[32]。

以上で見られるように、中国の歴代王朝の売官鬻爵は、それが始まった戦国時代から魏晋南北朝時代にかけて、朝廷が売り出したのはほとんど実権の行使をともなわない爵位であり、官位ではなかった。しかし、こうした国家栄典ないし国家資格の一種としての爵位の売買は、捐納制度の源であると言うことができる。南北朝時代からは、爵位のほかに、官位と任官資格、および出身資格も売官鬻爵の項目となったが、ただその実施は短期性のものであったため、それほど大きな影響はなかった。これらの出身資格と任官資格の売買は、のちに捐納制度によって継承され、それを構成する重要な部分であった。

二

次にこれまでの捐納制度史研究を概観しよう。捐納制度が実施された明清時代においては、それについての議論はずっと存在していた。たとえば、捐納の実施が盛んに行われた道光初年に編纂された『皇清経世文編』をはじめ、清代の末年で出版されたいくつかの経世文編のなかに、捐納を批判する上奏文などが数多く収録されている。(33) しかし、捐納を研究の一対象としてとらえて、近代的な方法で研究をし始めたのは、十九世紀の末になってからのことであった。

明治十五年から二十年（一八八二～一八八七、光緒八～十三）にかけて、井上陳政は、日本政府の派遣を受けて清国へ留学した。留学の期間中、彼は何如璋（前清国駐日公使）「ニ従ヒ制度掌故学ヲ治ム」ことをしたほか、「兪樾大史ニ従学」した。帰国後、彼は「留学中ノ聞見経歴」をまとめて、清朝の国家制度などを紹介して研究する『禹域通纂』を著した。彼は、「政体」の部分で「捐官事例」という項目を設けて、捐納制度を紹介した。その捐官について、彼は、「人民士庶ヨリ捐資ヲ納レ官職或ハ虚銜ヲ給与スル者」、と説明している。彼が留学している期間は、ちょうど「海防事例」と「鄭工事例」が実施された時期と重なっていたから、彼はそれら捐納事例の手本である「籌餉事例」をもとに「在京文職各官捐額」をはじめ、捐納の項目と基準金額とを紹介した。「捐官」実施の原因について彼は、「髪逆ノ難及ヒ捻匪回匪相継キ起リ財政ノ困難ヲ極ムルヨリ、遂ニ捐官ノ令ヲ布ケリ、近年、此ヲ遏ムト雖モ清仏事件起ルニ及ヒ台湾等海防経費ヲ要シ、近日、黄河決壊スルヲ以テ再タヒ捐官令ヲ発布セリ」と、財政難が捐納実施の要因であると指摘している。その捐納の影響については、彼は、「国体ヲ傷害シ吏治ヲ紛擾スル」と批判したうえで、「実職ヲ捐スル」ことを「今日実際断然廃止スベキ」であるとした一方、慈善事業のために「投資スル者」に対し「大小ヲ量リ虚銜ヲ給予シ率表ヲ示スベシ」とも述べている。[34] 近代以後、日本人を含む外国人による清朝捐納制度の研究から見れば、これは恐らくかなり早い段階で公表された成果と言えよう。

一九〇〇年、内藤湖南は、雑誌『太陽』にて「清国創業時代の財政」を発表した。このなかで、彼は、「三藩叛逆の際」および「噶爾丹を征せし際」に実施した捐納を説明した。彼によれば、康熙年間の捐監、捐封、捐級、捐復などは、「各例を准せるとあるのみ、此れ所謂常例未だ捐輸せざる者、常例の捐輸は、乾隆、嘉慶の際に至りて定まれる」ものである、と述べている。[35] これより十年後、内藤湖南はもう一度捐納の問題に言及した。辛亥革命が勃発した後の一九一一年十一月二十四日から十二月八日、清朝の軍隊と義勇軍が漢陽・漢口で対峙しているなかで、彼は、京都帝国大学において三回にわたって清朝の運命について特別講演を行った。そのなかで、彼は清朝の財政経済の変遷を紹介した部分において、「何か事変のあった時毎に特別行った」捐納が、雍正時代以後「年々常例とする」ようになり、「一年三百万両の収入を増した」、と説明している。[36]

一九〇二年（光緒二十八）より一九〇九年（光緒三十四）の間、清朝政府の招きで北京大学の前身である京師大学堂の正教習を務めた服部宇之吉は、北京滞在中の一九〇五年（光緒三十一）に清朝の国家制度を研究した『清国通考』を上梓した。この書のなかで服部は、学校制度と文官人事にかかわる捐納制度について紹介した。たとえば、学校制度を紹介した部分で、彼は「捐監生」に言及して、その捐監生の任官問題についても、「少ナクモ郷試ニ合格スルニアラザレバ、官トナルヲ得ズ」、と説明している。文官銓選について論じた部分では、彼は、「捐納ノ法ヲ利用シテ速進ヲ図ル」ことも紹介している。[37] 数年後、服部は、『北京誌』の編纂作業に加わり、その官僚制度を述べた部分においても、捐納による国子監生資格の取得および捐納による任官や昇進の問題を説明した[38]。これらの著書のなかで、服部は、捐納を科挙、吏員と並ぶ文官の出身資格の一つであるとの認識を示したが、清朝における捐納の出現と発展、および清朝の国家と社会における影響と役割には触れなかった。

服部の北京滞在よりやや遅れて、アメリカ人のモース（Morse, Hosea Ballou）も、その清朝の外交を研究する著書のなかで、捐納を租税制度の一種（「雑税」）としてとらえただけで、捐納そのものの制度およびその官僚人事との関係については、具体的な説明をしなかった[39]。

ほぼ同じ時期、法学者の織田万らが『清国行政法』を編纂するに当たって、やはり清代の捐納制度についても研究した。『清国行政法』の第四篇「財務行政」第二章「収入」では、第四節に「捐納」の項目を設けて、それについて詳しく紹介した。その紹介は四つの部分から構成されるものであった。第一部分では、「概論」で捐納の性格と沿革、および光緒三十一年（一九〇五）までの清朝における捐納の変化について紹介した。第二部分では、十四の項目（捐職官、捐花様、加納、改捐、捐陞、降捐、捐離任、捐免、捐加級紀録、加成過班、捐復、捐分発および捐分発指省、捐職銜、捐封典）にわたって、それぞれの意味を解説した。第三部分は捐納方法についての説明であり、ここで捐納の手続き、報捐者の資格、捐納の時期について紹介した。最後の第四部分では、捐納から得られた財政収入に言及した[40]。

『清国行政法』の編纂者は、捐納を中国特有の制度としてとらえ、内藤湖南と同じように、捐納を清朝国家の財政制度の一部分と認識している。この書の編纂が、基本的には清朝の成文法に基づいて行われたものであり、しかもその叙述、特に捐納項目の意味についての説明は、当時なお機能している捐納制度に基づくものであったため、後に刊行された『清史稿』の記述より詳しいものとなっている。ただ、この書は、制度設計の説明にとどまり、清朝の国家および清朝社会への捐納制度の役割については、あまり触れなかった。

一九三〇年代以後、中国人学者による捐納研究が次第に公表されるようになった。

一九三一年、湯象龍が「道光朝捐監之統計」を公表し、档案資料を利用して道光年間に監生資格を捐納した人数が三十一万五千八百二十五人、その収入が銀三千三百八十八万六千六百三十両にのぼることを明らかにした。これは、档案資料を利用して捐納の実態を研究した最初の成果であると言えよう。(41) その後、釐金の問題を研究する羅玉東は、「戸部銀庫大進冊」を利用して、雍正二年（一七二四）から咸豊三年（一八五三）に至るまでの清朝国家財政に占める捐納収入の割合を初めて解明した。(42)

一九四〇年、王鍾翰は、燕京大学研究院文化研究所歴史学部に「清代則例及其與政法関係的研究」と題する修士学位論文を提出した。この論文の第八章「則例與捐納」のなかで、彼は捐納という清代「政治上の一大汚点」に対して、士大夫が言及を避け、『会典』などに捐納の規定に関する記録も少ないため、捐納を研究するにあたって則例類の史料を利用しなければならない、と指摘している。ただ、この論文の研究重点は、則例と行政の関係にあるため、捐納そのものについてはあまり研究しなかった。(43)

このように、捐納問題についての研究は、捐納が清朝国家の一制度としてなお機能している時代からすでに日本人学者によって開始されたことが分かる。一九四〇年代までの、つまり捐納が歴史の舞台から消え去ってから三十年後までの研究では、清末の捐納を中心にその制度の構成について初歩的かつ重要な成果が得られたと言いうる。

二

一九四七年六月、許大齢は、燕京大学の歴史学研究所に修士学位論文「清代捐納制度之研究」を提出した。後にこの論文は、『清代捐納制度』に改名され、『燕京学報』の専号第二十二号として一九五〇年に公刊された。(44) 許大齢の清代捐納制度の研究は、捐例と呼ばれる捐納に関する規定を始めとする清代の政治制度に関する公牘史料を利用したほか、指導教授鄧之誠の紹介により清末の吏部文選司の担当者をも訪問して、(45) そもそも「胥吏の学問」だった捐納をはじめて科学研究の対象としてとらえたのみならず、これによって清代政治制度史研究の新しい分野を開くことにも成功した。この書のなかで、著者は、まずは清代の初年から清末までに至る捐納制度の発展変化を開創期（順治～康熙）、因襲期（雍正～道光）、変更期（咸豊～宣統）と整理した。次に著者は暫行事例と現行常例の区別、捐納基準についての規定、報捐者の銓選問題という三つの問題から清代捐納制度の制度設計を説明している。最後の部分では著者は、捐納がもたらした悪影響を論ずる一方、捐納に代わる方策についての清朝人の議論をも紹介している。豊富な資料と斬新な見解を有するこの書物は、半世紀以上を経た今日になっても、捐納制度を研究するに際して欠かせない重要な参考書である。(46)

許大齢の著書が公表された約一年後、和田博徳は書評を書いてこの本を日本の学界に紹介した。管見の限り、これはおそらく日本で発表されたこの本に関する最初の紹介であると思う。和田博徳は、この本を「清朝史上の重要問題」としての捐納を「始めて詳細に論考した大著である」、と評価している。彼は、「本書は実録や則例は勿論、各種の事例章程や、詔令、奏議、筆記等をも捜集して、煩雑を厭はず整理して成ったもので、その努力苦心の程は想察に餘る」と言い、「本書は清代社会経済史研究の貴重な基礎を築いたものと言へよう」、と称えている。(47)

現在、日本では、『アジア歴史事典』、『東洋史辞典』、『歴史学事典』などで、いずれもこの書を「捐納」の項にかかわる参考書として指定している。(48)なお坂野正高は、その『近代中国政治外交史』のなかで、この書を「犀利な制度史」であると評している。(49)

許大齢の研究重点が制度史に置かれていたということができるとすれば、近藤秀樹の研究重点は、政治史に置かれていたと言うことができよう。一九六三年、近藤秀樹は長篇の論文「清代の捐納と官僚社会の終末」を発表した。彼は、許大齢の研究をもとに、清朝の官僚名簿である爵秩全函と搢紳録に記録されている官僚の出身資格をデータ化し、統計の方法を駆使して清代における捐納出身官僚と科挙出身官僚の勢力の消長を論じている。これらの統計をもとにして、彼は官僚社会の崩壊について論じたのであった[50]。

中国大陸史学界においては、許大齢の著書が一九五〇年に公表されたあと、長い間にわたって、捐納問題は旧時代の官僚政府の腐敗現象として片づけられ、学術研究の対象にならなかった。一九七六年に「文化大革命」が終結したあと、中国学術界が総力を挙げて編纂した『中国大百科全書』のなかでも、「捐輸・捐納・捐例」という項目が設けられたものの、しかしそこには事実関係についてミスが目立つ。康熙年間には実官の捐納が実際に行われたにもかかわらず、説明では「実官の捐納はできなかった」、と記し、さらには「清の統治者が捐納制度をごまかすために、『大清会典』に載せなかった」などという、事実にまったく反する説明もある[51]。一九八〇年頃から編纂作業が始まった『中国歴史大辞典』でも、捐納、捐復、捐班、捐監などについて、項目を設けて簡単に解説するものであった[52]。

一九八〇年代以後になると、日本や中国大陸の研究者は、明清時代の捐納問題について幾つかの論考を発表した。たとえば、渡昌弘による明代例監生の捐納問題の研究[53]、山田耕一郎による清代初年（順治～康熙）における捐納問題の研究[54]、劉鳳雲による清代康熙朝捐納問題の研究[55]などがそれである。また中国大陸では、捐納についての専門著書は生み出されなかったものの、清朝官僚制度に関する研究のなかでそれに言及するものは少なくなかった。たとえば、『清朝文官制度』（艾永明著、北京、商務印書館、二〇〇三年）、『雍正朝官僚制度研究』（王志明著、上海、上海古籍出版社、二〇〇七年）などにはいずれも清朝捐納制度を論じた部分がある。このほか、清代の档案史料もこの時期より次第に公開され、史料状況の面において、過去より大いに改善されるようになった。

二〇〇〇年以後、捐納制度の研究には新たな動きがあった。まず伍躍が「清代捐納制度論考——報捐を中心に」を発表し、清代の国家制度と清代社会という二つの角度から捐納制度へのアプローチを試みた。この論文は、清代の捐納事例、戸部則例および档案資料に基づいて捐納手順を復元したうえ、手続きの代行など報捐の現場のことを通じて、一般民間人がどのように捐納を利用して学位や任官資格を入手するのかを論じた(56)。その後、伍躍は、捐納にかかわる印結の問題、捐納制度と候補制度の関係、捐納制度と官僚懲戒処分制度の関係、および明代の納貢と例監について論文を発表した(57)。

三

これまでの明清中国における捐納制度についての研究では、以下のような問題を抱えている。

第一に、近年、捐納問題に関する研究は一定の進展を見せてはいるものの、中国明清時代の政治制度史研究のなかで言えば依然としてもっとも研究が遅れた分野の一つである。その大きな原因は、捐納制度自体が余りに複雑で、容易に理解しがたいからでもあるが、より根本の原因は、当該制度が明清中国で果たした役割の大きさ、影響の深さに対する認識が根本的に欠けていたからだと考えられる。従来、捐納制度史を研究した者のほとんどは、一九四九年の中華人民共和国の成立を中国歴史の一つの帰結点とし、金銭で官職を売買する捐納制度を旧政権の悪政として捉え、その枠組みや個別の事象を説明することにとどまり、制度が実際にどのように運用されていたのかを無視し、その社会に与えた影響について批判的な態度をとるだけであった。もちろん、捐納制度が政治、社会に腐敗をもたらしたのは事実である。しかしそれらは、捐納が確固たる制度として明清中国に約五百年ものあいだ続いたし、さらに遡ってその原初的なものが始まった先秦の戦国時代から数えれば、二千年以上のあいだ厳然として存在せざるをえなかったこと、また実際そこには「合理性」があったこと、広範な人々がこれに加わったという点からすれば、「庶民性」をも持ち合わせたことを、まったく無視したものであった。つまり、

三

捐納という制度が存続する社会的要因がほとんど無視されてしまったのである。

第二に、捐納制度そのものへの認識に大きなミスがあったことである。これは、すでに述べたように捐納制度自体が余りに複雑で、容易に理解しがたい部分があるからである。

捐納制度への大きな認識ミスには、おおよそ以下のようなものがある。

第一に、捐納制度の下でこれによって得られたのは官職である、との見解がそれである。捐納制度に関する議論のなかで、このような誤解は極めて多かった。たとえば、何炳棣（Ping-ti Ho）は、その科挙と明清中国社会との関係について考究した大著のなかで、一七九八年の「珍しい名簿」史料をもとに、その年には千四百三十七の中央官職（1,437 central offices）と三千九十五の省および地方の官職（3,095 provincial and local offices）が売られた、と記している。彼はさらに、「四千五百三十二例という売官の総数は、中央政府の品級のある官職の総数を、少なくとも三分の一は上回っている」、と説明している。[58] しかし、この説明には重大な誤りがある。捐納は、特定のポストを獲得するために担当者へ贈賄を行うのとは違って、捐納者がそれによって得られるのはあくまで所定ポストへの任官資格に過ぎず、たとえその任官資格を得たとしても、文官の場合、「内選」（「部選」とも言う吏部の銓選）あるいは「外補」（総督や巡撫による任命）を経ずに任官することはできないのである。従って、ある官職を獲得せんとして捐納したからと言って、必ずそのポストに就けるという保証は、実際、どこにもなかった。なお、何炳棣が言うその「珍しい名簿」（『川楚事例文武官生名次全録』）を読めば分かるように、そこに記載されているのは、「川楚善後籌備事例」に従って個々のポストを捐納によって得んとした者の履歴と銓選の順番である。[59] したがって、何炳棣が言う「一千四百三十七」と「三千九十五」との数字は、捐納した「京官官職」と「地方官官職」のポストの数なのではなく、それらの官職を得んとして捐納した者の人数、言い換えればそれらのポストに就くための資格を捐納した者の人数でしかなかった。

具体例を一つ挙げよう。たとえば、何炳棣は「千二百五十八の県丞職が売られて単一の最大範疇を形成」したと言っている。しかし、嘉慶三年（一七九八）頃の全国県丞ポストの定員数はわずか四百十九であるため、それをはるかに上回っている「千二百五十八の県丞職」が「売られ」たことは、制度上ありえなかった。何炳棣の説明が本当であれば、少なくとも県丞の銓選に関する人事制度そのものが崩壊されてしまうに違いない。実は、その売られた「千二百五十八」の中身とは、県丞の「不論双単月」（九百二十八名）、「双月」（百七十四名）、「単月」（七名）、「本班」（三十三名）、および「分発」（百十六名）であった。これらの項目はいずれも銓選にかかわるものに過ぎなかったのである。県丞を捐納した者は、さらに上記のいずれの項目を捐納しなければ、実際に「県丞職」の銓選対象になることができない。このため、その「千二百五十八」は、「売られた」「県丞職」のポスト数ではなく、その「県丞職」の銓選資格を捐納した者の人数であった(60)。

第二に、捐納事例を誤解してきたことである。捐納事例とはその実施方法、つまり基準額のほかに実施の時期と場所などを規定するものである。ある研究者は、履歴档に書いてある個々の官僚が捐納をした時期あるいは場所を、それぞれ別々に実施された捐納事例そのものとしてとらえてしまって、康熙―雍正年間に実際にあった捐納事例をはるかにはみ出た数多くの「捐納事例」を「発見」した(61)。一例を挙げよう。著者は胡世勲の履歴をもとに、「黄純祐頂捐例」を康熙四十五年（一七〇六）に実施した捐納事例として挙げている。しかし、いわゆる「黄純祐頂捐例」は、独立した捐納事例ではなく、黄純祐による「捐馬事例」（康熙四十五年（一七〇六））の報捐代行であった。これについては、王鴻緒が康熙帝宛てに「密摺」を奏上して詳細に述べている。こうしたミスを犯すことになった原因は、履歴資料を重視するばかりで、正史や政書資料をあまり重視しなかったことにある(62)。

またある研究者は、乾隆年間に実施された捐納の特徴は、「明碼標価」つまり明確な捐納基準を公表したことにある、としている。しかし、それは、国家の行為として捐納または売官売位を実施する時に必要な措置なのであり、その類似したものは戦国時代の秦国における鬻爵にまで遡ることができる。清代に限って言えば、少なくとも康熙年間においては「明碼標価」による捐納がすでに何度も実施されていた。したがって、「明碼標価」は、決して乾隆年間より始まった措置ではなく、それが乾隆年間の特徴なのでもない[63]。

実は、以上で列挙した二つのミスについては、許大齢がその著書のなかですでに正しく記した解決済みの問題である。このような初歩的な誤りさえも学界でなお存在していることからすれば、許大齢の研究成果すらまだ十分に吸収されていない、と言わざるを得ない。

最後に、これまでの研究では捐納の非道徳性が強調され、捐納に関する資料が稀少なこともその非道徳性によるものと解釈されてきたことである。たとえば黄仁宇は、明代財政史に関する著書のなかで、十六世紀以後、白銀約四十万両にものぼる捐納の収入が他の商工業からの税金収入よりはるかに上回っていた、と指摘する一方、明代のそれを「制度化されたことがない」としたうえ、明朝政府は捐納の非道徳性を顧慮して、捐納に関する規定などを公表しなかったのだ、と説明している。しかし、制度化もせず、関係規定も隠して公表しない明朝政府は、いかにして百年以上にわたって全国範囲で捐納を実施することができたのか、いかにしてほかの商工業から得られる税金よりもはるかに多額の収入を得ることができたのか、という誰もが感じるであろう疑問について、黄仁宇はまったく説明しなかった[64]。『中国大百科全書』の「捐輸・捐納・捐例」条も同じである。『大清会典』の性格と編纂体例を全く無視した撰者は、清朝政府は捐納の非道徳性を顧慮して、関係事実を隠そうとしてこれを『大清会典』に載せなかった、と説明している[65]。黄仁宇たちの説明と異なり、実際には明朝政府は、たとえば『明実録』や『皇明条法事類纂』にそれが収録されているように、捐納の実施に際してその関係規定を公表していたし、また清朝時代に編纂された五つの『大清会典』にはいずれも捐納の実施、捐納出身者の銓選規定などが載っている。これらの誤った叙述は、少なくとも基本史料を充分に把握していないことから生まれたものである。

おそらくは捐納の非道徳性を必要以上に強調した結果、このような誤解を生ずるにいたった、とも考えられよう。またこれらの誤解は捐納という複雑な問題をあまりに単純化して考えた結果であるとも言えるのであって、これらの見解は、捐納という重要問題への理解に対して、何の役にも立たない。

明清中国の社会においても、また現代社会においても、腐敗の温床である捐納の非道徳性を否認する人はいないであろう。問題は、捐納の非道徳性を認識しながら、しかもその実施を提案した明清中国官僚たちの思惑、官僚の提案を認めた皇帝本人の判断、そして捐納を通じて特権的身分などを獲得せんとする一般庶民の行動など、要するに一面では捐納という社会に腐敗をもたらす「悪」に対して、人々はどのようにして考え行動したのか、である。さらに問題は、彼らの思惑や行動を通じて、明清中国社会を我々がいかに認識するか、というところにある。明清中国社会にあって、皇帝から一般庶民に至るまで、その構成員は捐納をその本質において「悪」であると見なさない者はいなかった。本来あってはならないものと考えた。このため、単に捐納が非道徳的なものであると我々が批判するだけでは、この「悪」がなぜ長期にわたって存在したのかという問題を認識することができないだけでなく、以上述べたような誤解を生み出すことになるであろうと考える。

四

捐納制度の問題に対する学界の関心は、大きく分けて以下の二つであったと考えられる。一つは、捐納が制度史、とりわけ官僚人事制度史全体のなかでどのような位置を占めるのか、という関心である。あと一つは、捐納が社会にどのような影響を与えたのか、つまり社会史のなかでどのような意味を持つのか、という関心である。

筆者もこの二つの側面から、明清中国の捐納制度に接近することを試みたい。

まずは、官僚人事制度史の側面である。捐納制度は、明清中国、とりわけ清朝時代の中国で少なくとも数百年以上にわたって実施された国家の一制度であった。この制度がもつ特徴の一つは、それが官僚人事制度との密接な関係を保っていたことであった。捐納者が期待する目的、すなわち彼らが官僚に登用されること、昇進人事に加わること、処分の取消を獲得するなどの期待を満足させることができなければ、捐納制度は長年にわたって継続できたはずはない。さらに、清朝時代の中期以後、夥しい捐納出身者の登用問題を如何にして解決するかは、皇帝と中央吏部がずっと悩み続けた問題であった。捐納出身者の登用を含む官僚人事制度の問題は、結局、清朝の国家支配の根本にかかわる重要な問題であった。そこで、本書は、捐納の第一歩である報捐、捐納による登用と昇進、そして捐納による処分の取消について明らかにすることから始めたい。

次は、社会史の側面である。明清中国においては、捐納制度は数百年にわたって存在した。「賎籍」を除けば、誰でも捐納をすることができた。この意味からすれば、捐納制度は広範な「庶民性」をもつ制度であったと言えよう。しかし、財力を基準に官僚を登用したり、官僚が受けた処分をこれまた財力で解除したりするこのような制度が、社会に不正や腐敗をもたらす危険性は、けっして少ないものではなかった。捐納制度への批判は、その開始段階からずっと存在していた。筆者の関心は、近世の中国人が、どのようにこの制度を観察し、どのようにそれを利用して、社会における自分自身の地位の向上と維持をはかっていたのか、というところにある。つまるところ、その時代に生きる人々にとって捐納とは何であったかということを考え、彼らの目線で捐納という悪名高い制度を観察したい。そこから、批判を浴びていたにもかかわらず、清朝支配の最後まで維持される捐納制度の強靭さ、すなわちその社会的要因を探っていきたい。

本書は、八つの章からなる。

第一章は、清代の捐納に甚大な影響を与えた明代の納貢と例監の問題について述べる。

第二章と第三章は、一般庶民にとっての捐納の第一歩、つまり報捐問題とそれに関連する印結の問題、および印結の発行をめぐる印結局と印結銀の問題を述べる。

第四章は、報捐した者の登用問題を中心に、清代における官僚登用人事の問題を論ずる。

第五章は、現職の官僚が捐納制度を利用して自らの昇進をはかる問題を通じて、清代の昇進人事を述べる。

第六章は、清代の捐復制度の成立問題を通して、懲戒処分を受けた官僚が捐納制度を利用して処分の取消と減軽を図ることを述べて、清朝における官僚懲戒処分制度の性格を論ずる。

第七章は、災害救助の問題に焦点をあて、清末の賑捐問題を通して、清代賑捐の実施問題を述べる。

第八章は、山西商人の事例を中心に、捐納の実施に際して商人の役割を論ずる。

最後に加えた附録は、第七章の具体例を示すものである。

注

（1）たとえば、後漢霊帝の頃、董太后が息子の霊帝に売官をさせ、「貨」を求めた。彼女が自ら受け取った「金銭」は「盈満堂室」のように溢れた、という。曹操の父曹嵩は、その霊帝の売官に際して、「貨を以て大司農、大鴻臚を拝することを得、崔烈に代わりて太尉と為る」、であると言われる。これらは、いずれも私的売官、つまり贈収賄であった。（劉宋）范曄『後漢書』巻十下 董皇后紀 四四七頁、巻七十四上 袁紹伝註引『続漢志』二三九四頁。なお、吉川忠夫訓註『後漢書』第二冊 三一九頁、同第八冊 五二〇頁を参照。

（2）（米）Eisenstadt, Shmuel Noah（S.N. アイゼンシュタット）著、閻歩克訳『帝国的政治体系』一五五〜一五六頁。

（3）鈴木康彦『アメリカの政治と社会』八五〜八六頁。久保文明［ほか］『アメリカ政治』一三〜一四・七八頁。

（4）『明熹宗実録』巻七十 天啓六年四月己卯 三三四四～三三四五頁。「戸部尚書李起元等奉旨会議兵餉彙為十一款。一、清査新旧兵餉、勿致虚冒。一、銭糧考成宜併、撫按司道一体参処。一、優免充餉宜清、冊送部稽査、不許漏少。一、贓贖存留盡数追比完解。一、議援例生員大県定二十五人、小県定十七八人、責令学道按季開送。一、各処権税宜量増捜解。一、開墾山沢屯田外、有金塘大榭等山、宜逐一大勘。一、各省専官鼓鋳、坐定鋳息、不称額者参罰。一、省直所増親兵、事平宜裁。一、兵有練否、工食宜分、馬遇放青之月、併小盡月分、宜加扣除。一、議輸助、王府勲戚士紳商賈富家徴職皆宜風勧捐納。」（傍点は筆者）

（5）遠藤哲夫『管子（上）』巻五 八観第十三 二五一～二五二頁。「良田不在戦士、三年而兵弱。賞罰不信、五年而破。上売官爵、十年而亡。倍人倫而禽獣行、十年而滅。」

（6）竹内照夫『韓非子』五蠹第四十九 八五六～八五七頁。「夫明王之政、使其商工遊食之民寡少而名卑、以寡舎本務而趨末作。今世近習之請行、則官爵可買。官爵可買、則商工不卑也。」後に中国をはじめて統一した秦の始皇帝＝秦王嬴政がこの「五蠹」を読んだあと、その著者の韓非にぜひ会いたいと言ったと言われるものである。

（7）小野沢精一『韓非子（上）』巻二 八姦第九 一八五～一八六頁。

（8）好並隆司『商君書研究』四一九・四二三・四三九頁。蔣礼鴻『商君書錐指』巻一 去彊第四 三四頁。「興兵而伐、則武爵武任必勝、按兵而農、粟爵粟任、則国富。兵起而勝敵、按兵而国富者王。」

（9）（漢）司馬遷『史記』巻六 始皇帝本紀 二二四頁。

（10）（漢）班固『漢書』巻二十四上 食貨志上 一一二八・一一三五頁、巻四 文帝紀 一三一頁。

（11）（漢）司馬遷『史記』巻三十 平準書 一四二二～一四二四頁。（漢）班固『漢書』巻二十四上 食貨志上 一一三七頁、巻二十四下 食貨志下 一一五九～一一六〇頁。

武功爵は、十一の等級から構成される。それは造士、閑輿衛、良士、元戎士、官首、秉鐸、千夫、楽卿、執戎、左（政戻）庶長、軍衛である。民に購入させる対象は、造士から楽卿である。有名な「酷吏」だった楊僕は、武功爵の「千夫」を購入して吏になったあと、御史、主爵都尉、楼船将軍を歴任し、将梁侯に封した人物であった。（漢）班固『漢書』巻九十 酷吏伝 楊僕 三六五九～三六六〇頁。「楊僕、宜陽人也。以千夫為吏。」注、「孟康曰、千夫若五大夫。武帝以軍用不足、令民出銭穀為之。」

（12）（漢）班固『漢書』巻二十四下 食貨志下 一一七一頁、巻五十 張釈之伝 二三〇七頁、巻五十七上 司馬相如伝上 二五二九頁、巻五十八 卜式伝 二六二四～二六二八頁、巻八十九 循吏伝 黄覇 三六二七～三六二八頁。

但し、ト式が、張釈之や司馬相如らとはやや違って、政府に財政を援助したことによって「郎」を与えられたのであった。

(13)（漢）班固『漢書』巻二十四下 食貨志下 一一六六頁。「除故塩鉄家富者為吏。吏益多賈人矣。」

(14)（劉宋）范曄『後漢書』巻五 安帝紀 二一三頁。「三公以国用不足、奏令吏人入銭穀、得為関内侯、虎賁、羽林郎、五大夫、官府吏、緹騎、営士各有差。」

(15)（唐）房玄齢『晋書』巻四十五 劉毅伝 一二七二頁。「帝嘗南郊、礼畢、喟然問毅曰、卿以朕方漢何帝也？ 対曰、可方桓霊。帝曰、吾雖徳不及古人、猶克己為政。又平呉会、混一天下。方之桓霊、其已甚乎！ 対曰、桓霊売官、銭入官庫。陛下売官、銭入私門。以此言之、殆不如也。帝大笑曰、桓霊之世、不聞此言。今有直臣、故不同也。」同巻六十四、司馬道子伝、一七三四頁。「（茹）千秋売官販爵、聚資貨累億。」

(16)（梁）沈約『宋書』巻八十 劉子勛伝 二〇六〇頁、巻八十三 呉景伝 二一一七頁、巻八十四 鄧琬伝 二一三八頁。（唐）李延寿『南史』巻三 宋明帝紀 七九頁。閻歩克『品位與職位』三二六頁。

(17) 宮崎市定「九品官人法の研究——科挙前史」『宮崎市定全集』第六巻 二二七～二二八頁。初刊は一九五六年、東洋史研究会より。

(18)（北斉）魏収『魏書』巻九 明帝紀 二四六頁。その指定地域とは、瀛州、定州、岐州、雍州、華州、および北華州である。

(19)（北斉）魏収『魏書』巻百十 食貨志 二八六一頁。

(20)（後晋）劉昫『旧唐書』巻四十二 職官志 一八〇四頁。「有唐已来、出身入仕者、著令有秀才、明経、進士、明法、書算。其次以流外入流。」

(21)（唐）杜佑『通典』巻十一 食貨 鬻爵 二四四頁。

(22)（後晋）劉昫『旧唐書』巻百十七 厳震伝 三四〇四～三四〇七頁。（宋）欧陽修・宋祁『新唐書』巻百五十八 厳震伝 四九四二～四九四三頁。

(23)（清）徐松『宋会要輯稿』職官五五之四三 建炎元年九月二十七日 三六二〇頁、同職官五五之三八―三九 大観三年九月二十日 三六一七～三六一八頁。（宋）楊仲良『皇宋通鑑長編紀事本末』巻百三十二 宣和七年六月乙丑 四一五六頁。王曾瑜「宋朝売官述略」、『史学集刊』二〇〇六年第四期 六〇～七八頁。

(24)（清）徐松『宋会要輯稿』職官五五之二九 太宗淳化五年正月 三六一三頁。

(25)（宋）李心伝『建炎以来繋年要録』巻百九十四 紹興三十一年十一月壬申 七七五～七七六頁。
(26)（清）徐松『宋会要輯稿』職官五五之三五 慶暦七年二月二日 三六一六頁。
(27)（宋）韓元吉『南澗甲乙稿』巻十「措置武臣関陞札子」一三九～一四〇頁。
(28)（宋）李心伝『建炎以来朝野雑記・乙集』巻十四 嘉定四選総数 七五七～七五八・七七〇～七七一頁。
(29)（元）脱脱『遼史』巻二十五 道宗本紀 二九六頁。
(30)（元）脱脱［ほか］『金史』巻五十 食貨志 一一二四～一一二六頁。
(31)（明）王圻『続文献通考』巻五十 選挙考 貲選 七五六頁。
(32)（明）王圻『続文献通考』巻五十 選挙考 貲選 七五六～七五七頁。
(33) 明代人による捐納の議論について、拙稿「明代捐納制度試探」『明清論叢』第七輯 五五～八〇頁を参照。
(34) 井上陳政『禹域通纂』三六五～四二七頁。彼は、閻敬銘「請道府州県四項無庸減成疏」と顧琮「論捐官疏」の概要を翻訳したほか、官僚登用と学校制度を論ずる部分でも捐納制度を紹介した。閻敬銘「請道府州県四項無庸減成疏」の全文は（清）饒玉成『皇朝経世文続編』巻十七 一a～三b頁に所収。顧琮「論捐官疏」は（清）賀長齢・（清）魏源［ほか］『皇朝経世文編』巻十七 四三一～四三三頁に所収（題名は「請分繁簡重名器疏」）。
(35) 内藤湖南「清国創業時代の財政」『内藤湖南全集』第五巻 二六一～二七七頁。初出は、『太陽』第六巻第九号（一九〇〇年七月一日）に所収。
(36) 内藤湖南「清朝衰亡論」『内藤湖南全集』第五巻 二二二頁。初刊は一九一二年三月十三日、京都帝国大学以文会より。
(37) 服部宇之吉『清国通考』第一篇 一〇二～一〇七頁、第二篇 五八～六〇頁。服部宇之吉の伝記については、臼井勝美［ほか］『日本近現代人名辞典』八三二頁。服部宇之吉が北京大学堂に奉職する際の肩書について、『日本近現代人名辞典』と「清国通考解題」（山根幸夫撰）では「北京大学堂師範館総教習」とし、清国駐屯軍北京司令部『北京誌』では「北京大学堂正教習兼文学博士」としている。なお、郭衛東［ほか］『北京大学歴史系简史』（出版事項不詳）の四四一頁では、服部宇之吉の在職期間を「一九〇二－一九一〇年」とし、肩書を「教習」兼「大学堂速成科正教習」としている。
(38) 清国駐屯軍北京司令部『北京誌』一三五～一三六頁。
(39) Morse, Hosea Ballou（馬士）『中華帝国対外関係史』第一巻 四一頁。

(40) 織田万『清国行政法』第六巻 二〇三～二四六頁。

(41) 湯象竜「道光朝捐監之統計」『社会科学雑誌』第二巻第四期 一九三一年十二月 四三二～四四四頁。

(42) 羅玉東『中国釐金史』六～七頁。

(43) 王鍾翰「清代則例及其與政法関係的研究」『王鍾翰清史論集』第三冊 一六九五～一八四六頁。

(44) この本は『燕京学報』専号のほか、香港竜門書局が一九六八年、台北文海出版社が一九七七年にリプリントした。なお、許大齢『明清史論集』（北京、北京大学出版社、二〇〇〇年）に所収。拙稿「高山景行、厚徳載物――学習『清代捐納制度』的一点体会」王天有・徐凱『紀念許大齢教授誕辰八十五周年学術論文集』（北京、北京大学出版社、二〇〇七年）五四五～五六九頁。

(45) 鄧之誠『鄧之誠日記』民国三十六年三月十九日 第四冊 二三七頁。「作書致崇黼丞、交許大林《ママ》携去。許欲問銓選法、黼丞曽官吏部文選司掌印、故為之介。」崇黼丞は、大学士柏葰の孫で、崇彝の字である。崇彝は宣統二年夏より吏部文選司の掌印郎中を務めた。『大清搢紳全書』（清宣統二年北京栄禄堂刊本）第一冊 二三b頁。崇彝は、清末の筆記史料として『道咸以来朝野雑記』を著した。

(46) 中華民国（台湾）国立政治大学の陳寛強は、一九六八年に許大齢の著書などを参照して、自らの学位論文（「清代捐納制度」）を完成した（指導教授：王雲五、蕭一山）。この論文の収集につき、唐立宗先生が協力してくださった。ここに唐立宗先生に感謝の意を表したい。

(47) 和田博徳「許大齢著、清代捐納制度」『史学』（東京、慶応義塾大学三田史学会）第二五巻第三号 一九五二年 一七六～一七七頁。

(48) 貝塚茂樹［ほか］『アジア歴史事典』第一冊 四一二頁。京都大学東洋史辞典編纂会『東洋史辞典』一〇二頁。尾形勇［ほか］『歴史学事典』第十二巻 六二頁。

(49) 坂野正高『近代中国政治外交史』五五八頁。このほか、松丸道雄［ほか］『中国史』第四巻の参考書目にも許大齢の著書を紹介している。

(50) 近藤秀樹「清代の捐納と官僚社会の終末」『史林』（京都、史学研究会）第四六巻第二号 一九六三年三月 八二～一一〇頁、同誌同巻第三号 一九六三年五月 七七～一〇〇頁、同誌同巻第四号 一九六三年七月 六〇～八六頁。

(51) 中国大百科全書総編輯委員会中国歴史編輯委員会『中国大百科全書・中国歴史』五〇一～五〇二頁。

(52) 中国歴史大辞典編纂委員会『中国歴史大辞典』二四三四頁。

(53) 渡昌弘「明代捐納入監概観」『集刊東洋学』(仙台、東北大学中国文史哲研究会) 第五六号 一九八六年十一月 二〇～三五頁、「捐納監生の資質について」『歴史』(仙台、東北史学会) 第六八輯 一九八七年四月 一一五～一二三頁。

(54) 山田耕一郎「清初の捐納――三藩の乱との関係を中心にして」『駿台史学』(東京、駿台史学会) 第六六号 一九八六年二月 二一～五〇頁、同「清初の捐納出身者対策について――仮冒頂替の情弊をめぐって」『山根幸夫教授退休記念明代史論叢』一一〇七～一一二八頁、同「監察御史陸隴其と捐免保挙問題」『神田信夫先生古稀記念論集清朝と東アジア』二八九～三〇九頁。

(55) 劉鳳雲「清康熙朝捐納対吏治的影響」『河南大学学報(社会科学版)』第四三巻第一期 二〇〇三年一月 六～一一頁、同「康熙朝的捐納制度及其対銓制的影響」『明清論叢』第四輯 一八二～一九二頁。

(56) 拙稿「清代捐納制度論考――報捐を中心に」夫馬進『中国明清地方档案の研究』一〇三～一三〇頁(本書第二章に所収)。

(57) 拙稿「捐納と印結について――清代捐納制度論考(二)」『史林』(京都、史学研究会) 第八六巻第一号 二〇〇三年一月 一～三四頁(本書第三章に所収)、「清代の捐納制度と候補制度について――捐納出身者の登用問題を中心に」岩井茂樹『中国近世社会の秩序形成』三六一～四一二頁(本書第四章に所収)、「清代における捐復制度の成立について――考課制度との相互関係を中心に」『東洋史研究』(京都、東洋史研究会) 第六七巻第四号 二〇〇九年三月 七〇～九七頁(本書第六章に所収)、「明代的社会：納貢與例監――中国近世社会庶民勢力成長的一個側面」『東呉歴史学報』(台北、東呉大学) 第二〇期 二〇〇八年十二月 一五五～一九一頁。

(58) 何炳棣著、寺田隆信・千種真一訳『科挙と近世中国社会――立身出世の階梯』五八～五九頁。Ping-ti Ho, *The Ladder of Success in Imperial China : Aspects of Social Mobility, 1368-1911*, Columbia University Press, New York, 1964, p.47.

(59) 史料の保存状況にもよるが、私の統計では、この名簿に掲載されている捐納者数は、何炳棣が言う「四千五百三十二」ではなく、「四千五百三十四」(京官＝千四百三十五、外官＝三千九十九)である。

(60) 『川楚事例文武官生名次全録』県丞。嘉慶初年の官僚定数について、『大清搢紳全書』(清嘉慶元年北京栄慶堂刊本)を参照。

(61) 王志明『雍正朝官僚制度研究』三三八～三四五頁。

(62) 秦国経〔ほか〕『清代官員履歴档案全編』第一四冊 二七七頁。胡世勲の履歴で言う「頂捐」の「頂」とは、「頂替」のことで、つまり報捐代行であった。著者は主に中国第一歴史档案館が所蔵する履歴档などを利用して、捐納事例を統計した。しかし、「黄純祐頂捐例」で見られるように、履歴档で述べているのは、必ずしも制度としての正式名称ではないことが分かる。黄純祐による「捐馬事例」の報捐代行についての王鴻緒の「密摺」は、故宮博物院文献館『文献叢編』第二輯 王鴻緒密繕小摺捐馬案を参照。

このほか、漢文の理解ミスで「発見」した「事例」もある。たとえば、著者は、「於雍正元年正月二十二日遵欽奉上諭事例在戸部照駝例捐本項応陞之缺即用」の「在戸部照駝例」を「戸部照駝例」としてとらえている（王著 三四五頁、汪文煜）。正しい理解は、おそらく戸部において、湖灘河所捐駝例に従い捐納した、ということであると思う。要するに、「戸部照駝例」という捐納事例はそもそも存在しなかった。湖灘河所捐駝例については、（清）朱植仁『本朝政治全書』の「戸例・捐叙」を参照。

（63）顧善慕「清代乾隆年間的捐納制度」『黒竜江社会科学』二〇〇六年第五期 一五八～一五九頁。

（64）黄仁宇著、阿風［ほか］訳『十六世紀明代中国之財政與税収』三一〇～三一一頁。

（65）中国大百科全書総編輯委員会中国歴史編輯委員会『中国大百科全書・中国歴史』五〇一～五〇二頁。

第一章　明代の例監と納貢

はじめに

明代中期の景泰年間、国子監生資格の捐納が開始された。それまで、国家が売官鬻爵の対象とする項目はほとんど官僚の任官資格と爵位に限られた。学位であり任官資格でもあるという二重の性格をもつ国家最高学府の学生資格を捐納の一項目として売り出したことは、中国捐納制度や科挙制度の歴史上、および官僚登用制度の歴史上において画期的な出来事であったと言えよう。

では、国子監生の捐納はなぜ画期的な出来事と呼びうるのか？　その画期的な出来事はなぜ明の時代、しかも明代中期以後に生まれたのか？　それはまったくの時間的な偶然なのか？　それとも中国社会が発展する流れのなかで必然的に生まれたことなのか？　その国子監生資格捐納の開始と展開は、我々に対し何を示唆するのであろうか？

これらの問題についての研究は、明清時代の教育制度、科挙制度、および人事制度の研究のなかでしばしば取り上げられた(1)。そのなかには、明代中期以後における国子監生捐納の具体状況を解明する研究もあるが、基本的には国子監生の捐納によって教育や人材育成、および社会に与えた悪影響などを指摘するものであった。

国子監生の捐納は、教育や人材育成に悪影響を与えるマイナス要因を有するものであったのは論を待たない。それは、国家の一政策ないし国家制度の一部として定着し、明代中期から二十世紀の初頭に至るまで約五百年にわたって、ずっと存在してきたという厳然たる事実からすれば、一時の為政者の作為であるとして、一方的に彼ら（民衆）に押し付けうるものとは考えにくい。政策と制度そのものは、社会あるいは民間の実情に合致しなければ、あるいはその需要を少しでも満足させることができないならば、約五百年間の間を生き抜くことはとうてい考えられない。この意味で、顧炎武もかつて国子監生資格の捐納とその悪影響を「秕政」、つまり悪政と呼んだ(2)。しかし、この「秕政」を検討することを通じて、明代中期以降の社会変動および捐納に対する人々の意識の変化を知ることができるほか、明清時代をはじめとする近世中国における社会の変貌を観察する視座の一つを得ることができるのである。

本章では、明清時代の捐納制度のなかで最も庶民的な部分だったこの国子監生資格捐納の問題を取り上げ、その政策の開始およびその展開、そして制度としての定着について検証し、人間の社会移動に与えた国子監生資格捐納の影響を明らかにする。まずはじめに、明朝初年における国子監生の地位の確立を述べ、次に国子監生資格捐納の始まりと展開を概観し、最後にそれに対する社会の見方について述べる。

第一節　明代における国子監生資格捐納の実施

一　捐監政策の開始

景泰元年（一四五〇）正月、前年八月に発生した「土木の変」を受けて、窮地に陥った明朝政府は、正統年間以来の政策をもとに、[3]馬や馬草の捐納を実施した。民間人は、十匹の馬あるいは一定数量の馬草を捐納すれば、冠帯を得ることができるとした。[4]南直隷常州府無錫県の廩膳生員だった張賢は、上記の捐納事例に従って馬を献納し、冠帯を授けられ「納馬冠帯生員」となった。しかし、張賢は、冠帯をもらったあと、さらに「送監」、つまり国子監生になりたい、という要望を政府に申し入れた。しかし、結局は、張賢のこの要望は認められなかった。[5]ここに、捐納をして栄光のある冠帯をもらったほか、さらに国子監生の資格という実利を得ようとする地方儒学生員の試みを見てとることができよう。

目的を達成しなかった地方儒学の生員たちは、さらにチャンスをうかがう。翌年の景泰二年（一四五一）、戦乱でモンゴル人に捕虜とされた直隷順天府房山県儒学生員傅寧は、モンゴル人の馬を盗んで逃げて帰ってきたあと、その馬を献上した。明朝政府が「例」に従い、傅寧に対し「賞」を与えようとしたところ、彼は、その「賞」を辞退する代わりに、「入監」、すなわち国子監に進学したい、と申し入れた。このとき、彼らの試みは成功して、傅寧は「入監」の夢を実現した。[6]これは、あくまでもケースバイケースの事例に過ぎず、国家の制度もしくは政府の政策として固定化されたものではなかった。この二つの事例から、地方儒学生員の一部は「歳貢」というルート以外に、国子監への進学ルートを模索していたことが読み取れよう。

政策の転換点は景泰四年（一四五三）に訪れた。この年の春、直隷、山東、河南などの地方で水害により饑饉が発生して、大勢の難民が救援を待っていた。三月二十五日、明朝政府は、緊急対策として礼部右侍郎兼左春坊左庶子鄒幹に銀三万両を与え、彼を現地に派遣して、すでに現地入りしていた宦官の右少監武艮と一緒に、救済用の食糧を調達するよう命じた。さらに、武艮と鄒幹に対し、「賑災の策」があれば、「便宜処置」することができる権限を与えた。(7) 四月二十二日、武艮と鄒幹は、緊急措置などについて上奏した。そのなかに、臨清県学生員伍銘等は、八百石の米を献上することを条件に、「入監読書」の許可を申し入れてきた、との一件があった。これは、かつてない賑災食糧の提供者に国子監生の資格を授与するという、明らかに「便宜処置」の権限を超えた問題であったから、これを朝廷に報告して、指示を乞うものであった。そのなかで二人は、今、山東などでは食糧の備蓄がほとんどなく、この中で災害救助の実効をあげるため、「権宜の策」としてその要望を受け入れるべきである、との意見を具申した。彼らの意見はすぐ認められたが、明朝政府はさらに検討を加えた。生員たちの提案の魅力は、政府にとっては金銭または冠帯の代わりに「国子監生」の資格を出すだけで、救済用の食糧などを速やかに調達できる、というところにあった。おそらく明朝政府はこの点に着目して、彼らの要望を許可したのみならず、それを国家の政策として全国範囲で実施させたと考えられる。明朝政府は全国の「各布政使司及び直隷の府州県学」に対し、「米八百石」を臨清などの被災地まで運搬できる生員のなかに「入監読書」の希望者があれば、すべて認める、という指示を出した。(8) つまり、地方儒学の生員は「米八百石」を捐納すれば、国子監生の資格を得られる、ということであった。およそ一ヶ月後、より早く救済用食糧を調達するために、明朝政府は米の捐納基準を「八百石」より「五百石」まで引き下げた。(9) このような捐納をして国子監生になった生員を「納貢生」という。(10)

以上で見られるように、捐監が国家の一政策として成立したきっかけは、地方儒学生員たちの提案であった。それまでの明朝の捐納は、いずれも政府側が財政問題の緊急対応策として主動的に考案して実施したものであった。これに対し、景泰四年に成立した国子監生資格の捐納は、民間で発案され、政府がそれを追認して全国で実施させたものであった。この意味で、景泰四年に成立した「納貢」は、明朝の学校教育制度の歴史上から見ても空前の試みであったと言えよう。明朝初年に確立された学校制度では、学力そのものが入学や進学の可否を判断する基準であった。個人の財力がまったく無視されるわけではないが、それはあくまで勉学の経済基盤としてであり、学力と並立する判断基準ではなかった。これに対し、景泰四年の政策転換は、国家の最高学府としての国子監への入学と進学に際して、学力基準のほか、財力という基準も堂々と成立させるに至った。これは明朝の学校教育制度の歴史における空前の変化であったのみならず、それまで中国歴代王朝の官立教育制度の歴史においても画期的な出来事であった。なお、明代の学校教育制度が持つ科挙制度の基礎としての性格を含めて考えれば、景泰四年の政策転換は、隋の時代に確立されて以後の科挙制度の歴史上においても、画期的な変化であったと考えられる。元来、社会では、科挙という「立身出世の階梯」を利用して社会移動を図ろうとする際に、学力というものだけがその社会移動の幅と方向を決める基準であった。財力というものは、学力の裏に隠された存在に過ぎず、公に認められるものではなかった。これに対し、民間からの提案によって定着した国子監生資格の捐納は、一定の学位を持つ者に対し、財力でより上位の学位を取得することを許すこととなり、常なる学力基準と並行に「財力＋学力」という真新しい基準を提示することになった。

この新しい基準の適用対象は、八百石あるいは五百石の穀物を国家に提供できる富裕層であった。以下では、官僚の年間俸禄額と納税規定に照らして、この「富裕層」の存在とはどの程度の者であったのか、考えてみよう。

洪武二十五年（一三九二）に改定された明朝官僚の俸禄規定（表1-1-1）によれば、その八百石あるいは五百石とは、正二品または正三品の高級官僚が一年間にもらえる「俸米」の額より多いことが分かる。

次に、「科則」という納税額の規定を見てみよう。「科則」は、地域によって異なるが、『（正徳）大明会典』の史料に基づいて推算した（**表-1-2**）。

表-1-1　明朝文官年間俸米（単位：石）

官品	俸米
正一品	1044
従一品	888
正二品	732
従二品	576
正三品	420
従三品	312
正四品	288
従四品	252
正五品	192
従五品	168
正六品	120
従六品	96
正七品	90
従七品	84
正八品	78
従八品	72
正九品	66
従九品	60

史料出典：『（正徳）大明会典』巻二十九 戸部十四 第一冊 三二〇～三二五頁。

表-1-2　科則による土地面積の推計（単位：畝）

土地分類	「科則」	「八百石」の供出に必要な土地面積	「五百石」の供出に必要な土地面積
官　田	五升三合五勺	14,953	9,346
民　田	三升三合五勺	23,881	14,925
重租官田	八升三合五勺	9,581	5,988
没官田	一斗二升	6,667	4,167

史料出典：『(正徳) 大明会典』 巻十九 戸部四 第一冊 二三二頁。小数点以下は四捨五入。

表-1-2で見られるように、八百石ないし五百石の穀物は、少なくとも四千畝以上の土地に課せられる一年分の賦税に相当する額であった。当時、北方において一農業世帯が持つ農地面積は平均四十畝、年間産出の穀物は約三十二石程度であったことを考えれば[11]、納税のほかにさらにその大量な穀物を捐納のために惜しげもなく使える者は、かなりの富裕層と言えるであろう。「臨清県学生員伍銘等」の家庭がどのように生計を立てていたのかはわからないが、臨清県の「官民田地」の数が「一万四百六十五頃」あまり、「秋糧」の数が「一万七千七百三十六石」あまりであったこと（いずれも「洪武原額」）を含めて考えれば[12]、少なくとも「官民田地」の〇・三九パーセントと「秋糧原額」の二・八パーセント（五百石の場合）を占める額を有するものは相当な大地主であるに違いない。いうまでもないが、臨清は、大運河沿いに位置し、各地の商人が雲集する重要な都市であり、「県学生員伍銘等」の家庭が商人である可能性、および備蓄した穀物を使用した可能性も否定できない。要するに、政府側からすれば納税以外に一度に「米八百石」を供出できる者はかなりの富裕層に属するに違いない。いずれにしても、景泰四年の時点での捐納基準がかなり高かったこと、明朝が成立してから数十年を経過して、経済と社会の発展によって臨清のような北方における一都市でも、富裕層がすでに台頭したことは間違いないであろう。

二　明代捐監の展開

景泰四年（一四五三）以降、災害救助、軍事費調達などの課題に直面した明朝政府は、批判を受けながらも、[13]度重なる国子監生の捐納を実施した。[14]しかも、捐納による臨時収入を確保するために、国子監生の報捐対象は廩生から次第に増生ないし附生に、そしてついには一般民間人へと拡大していった。

成化二年（一四六六）の春、南直隷では饑饉が発生した。三月、「奉勅」して南京の「流民」を「賑済」せんとした「南京参賛機務兵部尚書李賓」らは、食糧調達のため、「浙江・福建・江西、並びに南直隷の府州県儒学」に在籍する「廩増生員」を対象に、国子監生の捐納を実施するよう提案した。この提案の狙いは、捐納の対象を、景泰四年にすでに認められた廩生から、廩生と同じ定員数の増生までに広げて、捐納により臨時の財政収入を得ようとする、というところにあった。この案は、礼部尚書だった姚夔の反対で却下され、憲宗皇帝もまた、「学校豈出銭穀之所哉（学校とは、国の財源を捻出するところなのか）」、とも述べた。[15]しかし十日後の閏三月初二日、「総督南京糧儲右都御史周瑄」は、「南京軍民饑饉」に加えて「四方も未寧」の状況にある、と指摘し、治安維持が何より重要であることを強調して、捐納を実施し、食糧を確保すべきことを提言した。上奏のなかで、彼は、江西・浙江・南直隷の「儒学」の「廩膳生（廩生）」であれば「米一百石」、「増広（増生）」であれば「（米）一百五十石」を供出し指定の場所に運ぶことができれば、「南京国子監生」に充てることを許すべきである、と提案している。結局、「救荒防患は急務である」との理由によって、彼の提案はすべて許可された。[16]このように、捐納の対象は廩生より増生までに拡大され、捐納基準も景泰四年より引き下げることになった。

成化二十一年（一四八五）閏四月、国子監生の捐納対象は、それまで定員のある廩生と増生からさらに定員制限のない附学生員（「附生」）にまで拡大されることになった。その頃、北部国境の防衛を担当する各鎮の司令官たちは戸部に対し、「軍儲」の不足を緊急課題であるとしてたびたび報告している。はじめに、巡撫延綏都御史呂雯の提案を受けて、「各学生員納米送監事例」が実施されたが、これに「応ずる者」が少なかったため、戸部の期待が外れた。その後、戸部左侍郎李衍の提案により、「廩膳」（廩生）が「二百五十両」、「増広」が「三百両」を捐納すれば、国子監生の資格を与えるという緊急対策が実施されたが、これに応じた者はただ十四人に過ぎず、効果が上がらなかった、という。しかし、「附学生員」のなかに捐納を申し込む者がいる、ということが報告された。これを受けて、国子監生資格の報捐者を定員のない「附学生員」にまで拡大することが提案された。その提案によれば、附生は、上記の「増広銀例」に加えてさらに「三十両」、つまり銀三百三十両を捐納すれば、廩生や増生と同じように、国子監生の入学資格を得られる、というものであった[17]。その捐納を申し込んだ附生の詳細を知ることはできないが、彼らが国子監生の資格を捐納する「権利」を入手したのは、景泰四年に納貢政策が実施された時と同じように、規定にない附生でありながら捐納を申し込むという自己の努力の結果であった。このように、国子監生資格の捐納は、ほぼ府州県学の在籍生員全体にまで広がることになった。

正徳年間に入ってから、明朝政府は捐納を実施した理由を、「宮室」や「賑済」から「防御虜寇」および名目不明な「伝奉」までに拡大した。こうしたなか、府州県儒学の廩生・増生・附生以外の「俊秀子弟」、つまりいかなる学生身分を有しない民間人も国子監の監生を捐納することができるようになった[18]。このように、正徳三年（一五〇八）の南京国子監には、はじめて「遇例納銀民生」が現れた[19]。ここで言う「俊秀」と「民生」とは、捐納をして国子監の監生になった「庶民」すなわち民間人のことである[20]。明代では、これらの者による国子監生資格の捐納を「捐監」と呼んだ。ちなみに、府州県生員が捐納で入手した国子監生の資格は「納貢」であったのに対し、この「庶民」たちが捐納して入手した国子監生の資格は「例監」であった。

嘉靖年間に入った後も、明朝政府はこの政策を継承した。嘉靖年間以降、皇帝陵などの土木工事もまた、捐納実施の理由に加えられるようになった。これによって、正徳年間以来の捐納対象拡大策がさらに実施された。たとえば、嘉靖十六年（一五三七）、「七陵」「寿宮」をはじめ、合計十九の「内外各工」を建設するため、月ごとに三十万両の建設費を捻出しなければならなかったが、担当官庁だった工部の銀庫には「銀百万」しかなかった。明朝政府は工事経費を集めるために、広く捐納事例を開くことを決め、「納銀」をした「民間子弟」には「国子監」の入学資格を与える政策を実施した(21)。その「民間子弟」による監生捐納の基準額については未だ分からないが、おそらく上述した附学生員の捐納基準額より、何の資格もない分より高かったに違いない。これは正徳年間の政策と同じように、従来であれば府州県学に在籍する生員のみを対象として実施したものを、さらに一般の「民間子弟」にまで拡大するものであった。

正徳—嘉靖年間の政策変化は、景泰四年の政策変化と同じような重要性を有するものであった。それまでは、明朝政府が実施した捐納政策の対象は、府州県などの儒学に在籍する生員たちに限られていた。つまり一定の学位を有することが条件とされていた。正徳—嘉靖年間を境に、捐納の対象が「民間子弟」にまで広げられ、いかなる学位も持たない「農工商」に属する庶民でも、ほとんどが捐納さえすれば入学や補廩の段階を飛ばして国子監生になれるようになった。この政策の実施は、国子監と府州県儒学を代表とする明朝の官立学校教育制度が、人材を教育する機能をすでに失って、単なる任官資格を得るための装置になってしまったことを示唆している。このように、先に述べた景泰四年にできた「財力＋学力」という「立身出世の階梯」のほかに、さらに「財力」だけに頼る「立身出世の階梯」ができた。こうした庶民が捐納して国子監生になれるという政策は、清朝時代に入った後も受け継がれていった。

このように、明朝政府の財政事情の悪化につれて、国子監生の捐納対象は次第に拡大されるようになった。また、嘉靖の中期以降、「附学名目」や「附学名色」などといった府州県学の「準生員資格」も捐納で入手できるようになった。

嘉靖二十四年（一五四五）、生員の資格がなく、「庶民」のまま監生を捐納することを「恥」と考えて、捐納を渋る「民間子弟」に対し、より積極的に捐納をさせるために、浙江提学副使の孔天胤は「米五十石」を出せば、「附学名色」を与えて「起送」する、という捐納促進策を提案して実施された。[22] このように、「米五十石」を捐納した「民間子弟」は、「附学名色」という「準生員資格」で監生を捐納することができた。隆慶年間になって、この「附学名目」あるいは「附学名色」と呼ばれる「準生員資格」の捐納が「事例」として定着されることになった。[23] この「準生員資格」は貢監生を捐納する資格であり、「歳考」（「歳試」）の受験資格でもあった。実際に、この「準生員資格」を利用して童試（府州県儒学の入学試験）を飛ばして、生員と一緒に「歳考」を受験した者がいた。明末清初の著名学者顧炎武はその一人であった。

天啓五年（一六二五）、十三歳になった顧炎武をより早く入学させたいと思い、継祖父の顧紹芾は「納谷寄学」の例に従い、顧炎武のために「準生員資格」を捐納した。その年の「歳考」に合格すれば、附生の資格が付与されることになる。しかし、「歳考」の失敗で、顧炎武は附生の資格を取得することができなかった。翌天啓六年（一六二六）、顧炎武は童試を受験して、第二十二位の成績で昆山県学に入学して附生となった。その後、崇禎三年（一六三〇）と同十二年（一六三九）の二度の郷試で落第したあと、顧炎武は同十六年（一六四三）に、つまり明朝滅亡の直前にその附生の身分で「例貢」を捐納して「納貢生」となった、という。[24]

三　明代納貢例監生員の数

景泰四年以後、国子監生資格の捐納を含む捐納政策が、財政難の緊急対応策として明末までに実施されていった。渡昌弘の研究によれば、景泰四年から万暦二十四年（一五九六）に至るまでの間、明朝政府は少なくとも三十八回にわたって捐納を実施した。実施の状況では、景泰年間から成化年間までは断続的に行われて、一度の実施期間はおよそ一年ないし三年であったのに対し、正徳年間以後では、実施期間の延長などを含めて継続的に実施されるものが多かった、という。(25) 明朝の学者だった陳建（一四九七―一五六七）は、以下のように言及したことがある。(26)

生員吏典納銀事例、弘治以前猶暫行復止、人数有限。今則無限数、無止息之期矣。

つまり国子監生資格などの捐納は、弘治年間以前では一時的な施策に過ぎず、捐納をして資格などを得られる者の人数に対する制限もあったのに対し、今は捐納者数や実施期間に対する制限がすべて撤廃されている、という。彼がいう捐納者人数を制限したことは、「弘治以前」では確かにあった。たとえば、成化二十年（一四八四）九月、山西・陝西で発生した飢饉を救援するためには、「各処儒学廩増生員」を対象に国子監生資格の捐納が実施された。その実施期間は、翌成化二十一年（一四八五）三月までとし、人数制限は「一千名」とされている。(27)

弘治年間以後、陳建が言う捐納者数に対する制限はしばしば破られ、有名無実なものになってしまった。たとえば、正徳十二年（一五一七）、湖広地方を中心に水害が発生した。そのため、明朝政府は、賑捐を実施した。当初、「開納事例生員三百名」という人数制限を決め、南直隷には百名、江西と浙江には七十名ずつ、湖広には六十名、それぞれ割り当てられた。南直隷などでは、実施してまもなく、割り当てられた定員数に満たしたことを受けて、明朝政府はさらに捐納の定員数「五百名」を追加して、南直隷などに割り当てた。(28)

嘉靖年間以降、財政難の解決策として「開納事例」（捐納）の実施は、何度も延長され、事実上、停止する時期がほとんどなくなり、常時に実施されることとなった。たとえば、嘉靖二十九年（一五五〇）十月、「兵食」を調達するための捐納が実施されたが、国子監生資格の捐納はその項目の一つであった。当初、その捐納の実施期間は三年間とされていたが、嘉靖三十一年（一五五二）三月、戸部は、「財用絀乏」を理由に、その捐納をさらに一年延長して、嘉靖三十四年（一五五五）の年末までに終了することを上奏して、許可が得られた[29]。ここに見られるように、財政難に悩まされた明朝政府は、捐納の延長を通して臨時収入の増加を図り、捐納の実施期間と捐納者人数に対する制限が次第になくなった。

景泰年間より正徳年間に至るまでの捐納出身国子監生の人数について、後掲の**表-1-3**を参照されたい。**表-1-3**の数字は、正徳三年のものを除いていずれも捐納して国子監生資格を取得した「納貢生」の人数であるが、彼らの籍がどちらの国子監（北京か南京）に置かれていたのかについては不明である。正徳三年の数字は、捐納して国子監生になったあと、南京国子監に実際に在籍した「遇例納銀民生」、つまり「庶民」より例監生を捐納した者の人数であり、『南雍志』の記録を参考して、異なるルートで国子監に進学した国子監生の割合を知ることができる（**表-1-4**）。

これにより、正徳三年の時点での捐納出身の国子監生は、南京国子監の在籍生員の七割を占めていたことが分かる。

嘉靖年間以後の捐納出身国子監生の人数について、林麗月は『皇明太学志』に記されている北京国子監在籍監生の人数をもとに「嘉靖二十二年至万暦九年国学各類監生人数比例表」を作成した。この表で統計した三十九年間のうち、北京国子監に在籍する捐納出身の例監は、監生総数の三分の一を下回るものがわずか五年、つまり嘉靖二十六年（一五四七）、隆慶三年（一五六九）、万暦四年（一五七六）、同五年（一五七七）および同八年（一五八〇）であったのに対し、五割を超えるものは十八の年度があり、なかには監生総数の七割は例監であったものもあった。たとえば、嘉靖三十年（一五五一）の例監生は、監生総数の七十七パーセントに当たる六百五十七人であった。このように、明代の中期においては、国子監生の大部分は納貢と例監であることが分かる[30]。

表1-3　捐納出身国子監生人数

年代	人数	備注
景泰年間	千余人或八、九百人[1]	
天順年間	七千余名[2]	「納馬監生の数」
成化二年（一四六六）	一万余人[3]	「納馬入監者数」
成化十一年（一四七五）	一千五百余人[4]	「納粟実辺得入監者」
成化二十二年（一四八六）	六、七千人[5]	「両監納粟入監」
正徳三年（一五〇八）	九百三十六名[6]	「遇例納銀民生」
正徳十二年（一五一七）	八百名[7]	「奉勘合開納事例」

史料出典：
1（明）黄佐『南雍志』巻十五 儲養考 儲養生徒之権例 三四五頁。
2（明）張萱『西園聞見録』巻三十一 吏部 異途 前言 一a〜二a頁。
3『明史』巻百五十九 高明伝 四三四九頁。
4『明憲宗実録』巻百四十六 成化十一年十月丙申 二六八七頁。
5（明）黄佐『南雍志』巻十五 儲養考 儲養生徒之権例 三四五頁。
6（明）黄佐『南雍志』巻十五 儲養考 儲養生徒之名数 三五二頁。
7『湖広図経志書』巻一 総理賑済副都御史呉廷挙参酌議処事宜 四一頁。
なお、渡昌弘「明代捐納入監概観」を参照。

明代晩期の捐納出身監生の人数について、謝肇淛はこう指摘している。国子監生の一割は「挙貢」（会試で落第した挙人）で、二割は「弟子員」（地方儒学の生員経験者）で、七割は捐納して国子監に入学した「白丁」であった、

表-1-4　正徳三年南京国子監在籍人数内訳

身分	人数	比率（%）
「挙人」（挙監）	153	11.50
「官　　生」	1	0.08
「歳　　貢」	241	18.10
「遇例納銀民生」	936	70.32
合計	1331	100.00

史料出典：（明）黄佐『南雍志』 巻十五 儲養考 儲養生徒之名数 三五二頁。原文では合計は、一三二六名である。

という。彼はさらに、捐納して国子監に入った者のなかに、文字を読めない「民家白丁」のほか、郷試で落第した「子弟員」つまり生員もいたと付け加えている。(31) その前者は「例監」であり、後者は「納貢」であった。彼の説明によれば、明末の国子監に在籍した監生の約七割は、納貢生と例監生であったことが分かる。

では、なぜ国子監生という資格が捐納の対象となったのか、なぜ府州県儒学の生員たちは、国子監生資格の捐納を提案したのか。以下では、納貢と例監が生まれた原因、とりわけ制度的原因を考えてみたい。

第二節　納貢と例監の登場原因

一　社会の出世意識

宋代以後、科挙制度の確立および科挙制度と官僚人事制度の連動により、国家が認める生員、挙人、進士などといった学位（「功名」）がもつメリットが社会においては広く認識されるようになった。士大夫という知識階級のシンボルとしてそれらの学位を保有することは、彼らの社会身分や社会地位の維持と更なる上昇にとどまらず、庶民、つまり農工商から士大夫への上昇に際しても、これらの学位を獲得することがなにより重要な条件であった。いうまでもないが、士大夫の社会身分と社会地位は、固定されたものではなく、たえず再生産されるものであり、先祖が進士だからと言って、子孫は必ず先祖のような地位を享有できる保証がどこにもなかった。子孫はそれらの学位を取得することができなければ、それまでの社会地位を失い下降してしまう。このような身分の流動性や不安定性に満ちた社会のなかで、その身分を維持する唯一の手段は、官立儒学に籍を置き、そして学位取得試験で合格することしかなかった。この意味からすれば、学位の取得ということは、庶民社会で成功したい、あるいは個人の社会身分と地位を維持したいという人たちにとって最も基礎的かつ重要な条件であった、と言えよう。

このような出世意識は、明代においてはかなり広く承認された社会の「常識」となっていた。地方志のなかに収録されているおびただしい数の寡婦が苦労して辛酸をなめて、わが子を育てる事例の背後には、こうした「常識」の働きがあったに違いない。一例を挙げよう。南直隷徽州府歙県の汪氏は、二十八歳で夫を亡くして寡婦となった。家が貧しいため、彼女は糸を紡ぎ、布を織って、舅と姑に仕えながら、わが子を育てていた。彼女の苦労は報われた。その息子の何勝は、弘治三年（一四九〇）に進士の合格を果たした、という。[32] 商人のなかでも同じであった。ある商人は、自分の子供を勉強させるために、「儒術」がなければ、「吾が門」をより高い地位に上ることができない、と言い、商売のことを真似してはならない、とも戒めた、という。[33]

士の世界においては、このような「常識」が無論存在していた。万暦三十一年（一六〇三）で挙人、同四十四年（一六一六）で進士に合格した袁中道は、自分が生まれてから、寝ていて夢を見なかった時を除いて、出世（「功名」の獲得）を忘れることがない、と素直に認めた。[34] このような夢のなかでも出世を望んでいる士は、けっして袁中道一人ではなかっただろう。

科挙試験参加者数および生員人数の増加は、このような社会意識の表れであった。洪武三年（一三七〇）、南京で応天郷試に参加する受験生は、「兵後学廃」のため、わずか百三十三名であった。[35] 洪武二十六年（一三九三）の応天郷試では、参加者が八百人であった。四年後の洪武二十九年（一三九六）、応天郷試の参加者ははじめて千人を超えた。建文元年（一三九九）の応天郷試参加者は千五百人であった。[36] このように、応天郷試の参加者数は約三十年の間に十倍ぐらい増加した。明代初年より、生員人数も次第に増加した。これまでの研究によれば、洪武年間の生員総数は約三万だったのに対し、宣徳・正統年間の生員総数は六万にのぼったという。[37]

しかし、これらの数字の増加は、もう一つの意味を持っている。それは、明代の洪武年間から正統年間にかけて、出世のための競争が次第に厳しくなった、ということであった。こうしたことを受けて、国子監生という資格の持つ魅力が重視されるようになった。

二　国子監生地位の特殊性

洪武年間、朱元璋による主導のもと、全国各地に配置される府州県衛の儒学を基盤とし、北京で設立される国子監を頂点とする明朝の官立教育制度が整備された。その官立教育制度が持つ終極の目的は、官僚の養成にあった。その官立教育制度が整備されると同時に、それに基づく明朝の科挙制度も整備された。こうしたなかで、最も特徴的な部分といえば、それは国子監生の特殊な身分、つまり国子監生がもつ身分の二重性格であったと言えよう。

その身分の第一は、国家最高学府の学生身分であった。景泰四年以前では、国子監生は、「挙監」（会試で落第した挙人）・歳貢（地方儒学から定員規定に従って送られた生員）・蔭監（「官生」、高級官僚の子息）・恩生（皇帝の特恩で入学した者）から構成された。[38] これらの生員が国子監に入学できたのは、本人の学力や父祖の御蔭、もしくは皇帝の特別許可によるものであった。

第二は、官僚登用のための任官資格であった。国子監生を官僚として直接登用することは、かなり早い段階で行われていた。洪武五年（一三七二）、国子監生の王鐸が、「摂監察御史」に任命されて、洪武七年（一三七四）、国子監生の李拡も監察御史に任命された。洪武十七年（一三八四）、科挙が再開され、国子監生を対象とする歴事の制度（後述）が実施された以後も、朱元璋は国子監生を官僚として直接登用する制度を引き続き実施した。洪武二十五年（一三九二）、戸部主事に任命された国子監生の夏原吉は、その後の官僚生涯で理財の才能を発揮していた。[39] 洪武二十六年（一三九三）、劉政、龍鐔ら六十五人は「行省布政、按察両使、及参政、参議、副使、僉事等官」に任命された。「台諫」から「府、州、縣六品以下官」になった者、「四方大吏」になった者も数え切れないほど多かったという。[40] このように、洪武年間において、国子監生を直接任官させることは、国子監生の重要な出世ルートの一つであった。

洪武二十九年（一三九六）、国子監生の歴事制度が正式に確立された。朱元璋は吏部に対して、三十歳以上の国子監生を選び、彼らを各中央官庁に派遣して、三ヶ月を期に行政事務を練習させることを命じた。その選ばれ派遣された国子監生は、月に「米一石」を支給される。その歴事期間を満了したあと、各官庁は、歴事をした国子監生の「勤怠」を考察して、「勤謹」、「平常」、「才力不及」、「奸懶」といった四段階の評価をそれぞれつける。その「勤謹」の者は、「聴選監生」として吏部に送られ、さらに歴事をしながら、登用を待つ。「平常」の者は、引き続き歴事をするが、「才力不及」の者は、国子監に送還され、「読書」をしながら、新たな歴事を待つ。「奸懶」の者は、処罰として「吏」に「充」せられることになる。[41] 建文二年（一四〇〇）、「監生歴事考核法」が修訂され、歴事の期間が一年に延ばされることになった。このように、国子監生は、三ヶ月ないし一年間の歴事をして、それほどの「怠慢」でもなければ、「聴選監生」して官界に入る資格を入手することができた。

朱元璋が発明したこの国子監生の「歴事」制度は、中国の歴代王朝、特に科挙制度が確立されて以後の官立学校制度と官僚登用制度の歴史上、きわめて特殊な制度であった。本来、国子監生は、ただ科挙受験のために儒教の経典などを勉強して、科挙の試験に合格することができれば、官僚資格をはじめてもらえるものである。この点においては、府州県学の生員たちと同じであった。これに対し、国子監生のみ対象とする歴事は、現場での実務訓練を通じて人材をなるべく早く発見して登用する制度であった。つまり、国子監生になったことは、ある意味で任官の約束を得ることであった。しかし、府州県学の生員たちは、歴事制度の適用対象ではなかった。このように、国子監生になった者にとって、いつ合格できるかを予測できない郷試や会試に比べて、歴事は先の事情をある程度予測できる出世のルートであった。

要するに、府州県学の生員に比べて、国子監生になれれば、北京と南京の最高学府で勉強することができ、科挙の合格に有利であったことはもちろんのこと、さらに重要なのは、その国子監生という身分自体が任官資格になる、ということであった[42]。言い換えれば、国子監生という二重の性格を持つ身分は、社会における上昇移動中の滑りどめか保険のようなものであった。国子監生が持つ魅力はまさにここにあったと考えられる。

三　溢れる生員

永楽年間以後、開国当初にあった官僚欠員の問題がほとんど解消されて、挙人や進士が登用の際に重視されるようになったあと、府州県学の在籍生員数がずっと増え続けた。

洪武初年、明朝政府が定めた規定では、府州県儒学の定員は、それぞれ四十、三十、二十名であった。洪武二十年（一三九七）十月、朱元璋は、府州県学の生員定数以外に「額数」を設けない増生の入学を許可した[43]。宣徳三年（一四二八）、礼部尚書の胡濙は、この頃では、府州県学から国子監に送られてきた「応貢生員」のなかに、経典を知らずにただ「文詞」を暗記しているだけで、「資質鄙猥」で「用うるに堪えざる者」が多いことを指摘して、官立教育システムの「実効」を求めることを理由に、増生の人数制限を提案し、これが認められた[44]。ただ、生員数拡大の趨勢は変わらなかった。

おそらくこの頃には、廩生や増生のほか、「寄名」の形で府州県学に入った者もいたようである。その「寄名」とは何かというと、鳳陽府知府だった楊瓚は、生員の定員制限により入学できなかった者のうち、定員のある増生の補欠となった「聡明の士」であった、と説明している。この説明は、洪武年間より実施された教育政策により、入学は出世の前提条件であるという理念が、すでに明朝の社会に浸透していたことを物語っている。この説明のなかで、楊瓚はさらに、「寄名生員」では入学という「出身」の「路」を得られない、と指摘したうえ、「滄海遺珠（大海に人知れず残された真珠）」の嘆きを免れない、と惜しんでいる。そこで、楊瓚は、宣徳三年（一四二八）より実施された増広の定員制限を撤廃して、入学したいすべての「俊秀」に対し、その入学を許可するようにと提案した。正統十二年（一四四七）三月、礼部は協議した結果、廩生と増生のほか、定数に拘らない「入学待缺」の生員、つまり附生の入学を許可した、という。(45)

明代の官立教育システムの繁栄ぶりについて、「学校を設けざる地なし、教育を受けない人なし」として、唐代および宋代を超えている、と『明史』の編修にかかわった清朝の史官が指摘している。(46) 府州県学の設置および生員数の増加からみれば、こうした指摘は的外れとは言えない。しかし、その教育繁栄の裏側で、明朝の国家は必要以上の生員を作り出していた。言い換えれば、官僚予備軍として作り出した生員を、国家自身が吸収しきれなくなったのである。先に説明したこれまでの研究によれば、明代洪武年間の生員数は約三万人で、国子監生の捐納が開始される以前の宣徳・正統年間には、この数字が倍の六万人になったことが分かる。(47)

一般的にいえば、儒学生員は、郷試で受験することができ、合格すれば挙人の身分で任官することができるほか、さらに会試に参加する資格も得られる。挙人とは、進士に次ぐ正途の出身資格であったため、生員たちにとって夢のなかでも手に入れたいものであった。しかし、郷試で合格して挙人の学位を取得するには、かなり高い学力や勉学に専念できるぐらい財力などを求められるほか、試験の競争をクリアしなければならなかった。郷試の合格者を「金挙人」、会試の合格者を「銀進士」と呼ばれることから、郷試の競争率は会試以上に高いものであったことが分かる。(48)

明朝人文徵明は、郷試の競争率について、「抜其三十之一」、つまり三十人に一人だと説明している。なお、彼の地元だった蘇州という文化の先進地域では、儒学の在学生員が千五百名に対し、三年一度の郷試で合格して挙人となった者はわずか三十名で、率にすれば五十分の一であった。「天才」なのに郷試で何回も落第していた文徵明の友人だった陸世明は、弘治八年（一四九五）から正徳十四年（一五一九）までに、あわせて九回挑戦して

やっと郷試で合格した、という。(49)

このように、「入学→生員→挙人→進士」という出世のルートは、大多数の生員にとって魅力的なルートではあったが、いつ成功するかは予測できない険しいルートでもあった。彼らにとってより現実的な選択は、廩生になったあと歳貢生員として国子監に送られ、監生の身分で郷試の受験を準備しながら出世を図る、という予測可能なルートを利用することであった。(50)言い換えれば、「補廩→出貢→歴事→任官（教職や佐雑）」というルートであった。このように、その後の任官や昇進の面で挙人や進士に比べてかなりの隔たりがあったものの、先に述べた二重性格をもつ国子監生の資格は、生員たちがさらなる高い社会身分の取得および自ら社会地位の維持をはかるための特殊な手段のようなものであった。

ただ、このルートには「補廩」「出貢」という二つの難関があった。以下、これについて述べることにしよう。

四　二つの難関―補廩と出貢

(1) 補廩

補廩とは、増生や附生が、政府から手当ての支給を受けられる廩生になることであった。学校の追加定員だった増広生や附生に比べて、廩生とは様々な特権を持つものであった。入学試験の受験者の身元保証人になって経済的な利益を得るほか、歳貢生員の制度を利用して国子監に進学するためには、廩生の資格が第一の要件であった。このように、入学試験に合格して入学したあと、廩生になるのは増生や附生の生員たちにとって、早くも挑戦しなければならない関門であった。

政府から手当ての支給を受けられる府州県儒学の廩生には定員があった。それは、洪武年間に定められた、各府州県儒学それぞれが持つ四十、三十、二十名という定員数であった。洪武二十年（一三八七）、朱元璋が定員制限も手当ての支給もしない増生の入学を認める政策を実施したあと、補廩、つまり増生が廩生定員の空きを順番に補欠することが始まった(51)。宣徳三年（一四二八）、増生の定員も廩生と同じ水準までに制限された(52)。先に述べたように、正統十二年（一四四七）、府州県の儒学に対し、定員制限のない附生の入学を認める政策が実施された(53)。このように、生員が入学したあと、まず附生の身分で増生になるのを待ち、増生になってから廩生の補欠を待つのが一般的であった。

廩生になるには、二つの条件が求められる。一つは、生員自身の条件、つまり一定の成績が必要条件とされる（たとえば、普段の学力テスト＝歳試と科試で「一等一、二名」）。もう一つの条件は客観条件、つまり廩生の定員に欠員が生まれることであった。明末清初の人、葉夢珠は、補廩について皮肉を交えてこう述べている。

前朝学校最盛、廩貢最難。凡歳科両試、不列一等一・二名、無望補廩。甚或有一・二名而無缺可補(54)。

つまり明朝の学校制度は立派ではあったが、廩生になるための補廩は最も難しかった。歳試と科試で第一等の第一、二位の成績でなければ、補廩の望みは全くなかった。甚だしい場合は、歳試と科試で第一等の第一、二位の成績をとったにも拘わらず、廩生定員の欠員がなく、補廩することができなかった、という。彼の説明によれば、廩生になるためには、生員が入学して普通二十年以上を待たなければならなかったことが分かる。文化の先進地域である江南地方では、この問題は特に厳しかった。文徴明は、地元蘇州の増生や附生のなかに、二十年を待っても「陞補」できない者がいた、と述べている(55)。彼が言う「陞補」とは、いうまでもなく増生が「補廩」して廩生になることと、附生が増生になることであった。

このように、補廩は、現役の廩生が郷試で挙人に合格したり、歳貢生員として国子監に送られたりして欠員が生まれたことにより、はじめて成り立つものであった。しかし、すでに説明したように、競争率の高い挙人に合格することはけっして容易なことではなく、歳貢生員として国子監に送られる「出貢」（後述）も、人数制限により容易なことではなかったため、歳試や科試で良い成績を取得した者であったとしても、廩生になることが非常に難しかった。

(2) 出貢

歳貢生員（貢生）の制度は、明初の洪武年間に確立されたあと、定員の微調整をしながら明末までに続き、清朝に入ってからもこの制度が継承された。歳貢生員制度の理念、つまり優秀な生員を国子監に進学させ、そこでより高度な学問を修得しながら、行政の実務を通じて行政官の養成を図る、という方式は、学問と実務を結びつける人材育成理念として素晴らしいものと言えないことはないが、矛盾や不安を抱えることも事実であった。

補廩して廩生になったあと、生員は「挨貢」、つまり歳貢生員として国子監に送られるのを待つことになる。ここの「挨」とは、順番待ちの意味であった。納貢が登場する前の正統六年（一四四一）に改正された規定によれば、廩生数が四十、三十、二十名だった府州県の儒学に与えられた歳貢生員の枠は、府学では年に一人、州学では三年に二人、県学では二年に一人、であった[56]。この基準に基づいて計算すれば（郷試合格者は考慮せず）、府州県儒学に在籍するある年度の廩生をすべて「歳貢生員」として国子監に送るには、四十年かかることが分かる。たとえば、十五歳で地方学校の廩生になった者は、歳貢生員の道で出世する場合、最大四十年の歳月を待たなければならないのである。ただ、ここでさらに留意しなければならないのは、歳貢生員として国子監に送られる者は、廩生でなければならないことである。この四十年の待ち時間とは、廩生の場合である。先に述べた補廩だけですでに二十年の歳月を要するような増生などの場合、さらに時間がかかるに違いない。

弘治十七年（一五〇四）、南京国子監の祭酒だった章懋は、廩生になってから「二、三十年」にして、はじめて貢生になれる、と上奏した[57]。明末清初の人、葉夢珠は、明朝時代の学校を「最も盛ん」であるとしたうえ、「廩貢」が最も難しい、と指摘している。その実例として彼は、廩生のなかでも三、四十年待たされ、「頭童歯豁」になってはじめて貢生に選ばれ国子監に送られた者がいた、と言っている[58]。文徴明の故郷だった蘇州の一府一州八県の学校では、あわせて千五百人の学生が在籍していた。三年の間、貢生以上の出身を得た者は、およそ三パーセント、つまり五十人程度（挙人などに合格した者は三十名弱、貢生になった者は二十名弱）であった。この率で計算すれば、残りの千四百五十人がすべて挙人もしくは貢生になるためには、少なくとも八十五年にかかる、ということが分かる[59]。現実は、まさしく文徴明の指摘通りであった。蘇州付近の太倉州の廩生だった張俸は、他界した七十三歳に至るまでの三十年間、ずっと廩生のまま貢生になる日を待ちわびていた[60]。このように、明朝人は、選ばれて貢生になることを治らない「瘟病」のようなものと見ていた[61]。

前述した納貢を提案した「無錫県学生員伍銘」は、廩生なのか、それとも増生もしくは附生なのかは分からない。たとえ彼が廩生であっても、おそらく出貢順番待ちの序列の前にあったわけではなかったようである。宣徳七年（一四三二）、南京礼部尚書だった張瑛の推測によれば、その年に全国の廩生は「三万有奇」であった[62]。洪武二十一年（一三八八）に国子監に送られた歳貢生員数の千二十七人をもって計算すれば[63]、この三万余りの廩生がすべて国子監に送られるのは、凡そ三十年ぐらいかかることが分かる。これは、先に紹介した文徴明と葉夢珠が言った状況とはほぼ同じであった。このように、もし「伍銘」が「補廩」の順番を待つ増生、あるいは増生になるのを待つ附生であったとすれば、おそらく歳貢生員として国子監に送られ、「貢生」になることは、確率から言って、夢のままで終わってしまったのであろう。現実はまさにそうであった。明代中期以後、「廩生久滞」が社会問題となっている、と指摘する明朝の文人がいた[64]。

以上で見られるように、既存制度のもとでは、たとえ廩生であっても出世が非常に難しかった。現実社会、とりわけ官僚登用の現場では、かりに「頭童歯豁」の老齢になってようやく出貢され貢生になったとしても、官僚として登用され、そしてより高いポストに昇進される望みはほとんどなくなっている。人生の投資は、間違いなく赤字決算になってしまう。ただ、生員中の一部は、単に消極的に補廩と出貢の順番が回ってくるのを待つだけではなく、より早く出世するために、八方手を尽くして補廩や出貢の待ち時間をなるべく短縮することに努めていた。彼らは、あらゆる可能なチャンスを利用して、時には国家の政策を自分たちにとって有利な方向へ誘導することまでした。伍銘たちが、政府が賑災用食糧を調達するのをチャンスとして捉えて、「納米入監」を申し出たことは、言うまでもなくなるべく早く出貢したい、という思惑によるものであった。もし彼らが廩生になったばかりの者であれば、その納入した「八百石」あるいは「五百石」の米は、彼らのために二十ないし三十年の時間を稼いだと言えよう。我々はここに、明朝における捐監政策が成立した背後に、生員たちによる積極的な働きの存在を見出すことができる。言い換えれば、明朝における捐監政策が成立したきっかけは、一つには府州県学生員たちの「努力」であった。

第三節　捐納出身者の身分意識と社会地位

一　捐納出身者の身分意識

捐納して国子監に入学した納貢と例監の国子監生は、郷試に合格して挙人の学位を獲得するのを目指して引き続き勉学に励みながら、行政現場での実務経験を通して歴事の制度を利用して任官資格を得ることもできる。永楽年間、「積分法」が廃止されたあと、歴事の制度は、国子監生が科挙以外で任官資格を得られる唯一の方法となった。[65] 正統年間以後、国子監生を中央政府の各官庁に派遣して歴事させる順番（「撥歴」）は、国子監で実際に在籍する時間によって決定された。天順年間以前、国子監生は「撥歴」の順番を「十余年」待たなければならず、三ヶ月の歴事を終えた後、さらに一年を待ってようやく任官資格を得て吏部に送られるのであった。その歴事をより早く行い、より早く任官資格を得るために、国子監生は互いに「年月資次」（官僚の任官資格を得るために必要な在籍期間）を争っていた。すでに紹介したが、地方儒学の生員は通常、補廩から出貢まで長く待たされた。たとえば、二十五歳で国子監に入った者は、「十余年」を待たされた後、三ヶ月の歴事とさらに一年の待ち時間を経てようやく任官資格を入手した。仮にその後すぐ登用されたのであれば、彼はすでに四十歳近くになっていた。なお、明代中期以後、国子監生に与えられたポストが、ほとんど府州県の佐雑官や教官であったから、さらなる昇進の望みがほとんどないということを含めて考えていれば、より早く「撥歴」を得て、各中央官庁にて歴事することは、国子監生にとって、社会における自らの上昇移動をより早く実現させるために、如何に重要な意味をもつものであったかは理解できるだろう。そこで、国子監生の間では、なるべく早く歴事を経て、任官資格を得るために、互いに「年月資次」を争った。こうしたことに対し、国子監生の登用問題を軽視する明朝政府は、何度も議論しただけであって、問題の解決に至らなかった。[66] このような状況のもとで、大量の捐納出身の納貢生員が国子監に入ったことは、歴事の問題をめぐる論争に油を注いだ。

成化十一年（一四七五）十月二十日、「国子監生三百六十一人」が次のように上奏している。[67]

臣等皆発身科貢、循資入監。而各学生員近有納粟実辺得入監者一千五百余人、況有未経食廩、臨時寄名冒籍者、率多幼稚、而撥歴反在臣先。乞通査冒濫者、従宜処分。其在学曾為廩膳者，亦與臣等相兼撥歴為便。

この三百六十一名の「循資入監」した貢生たちは、最近、捐納して国子監生になった「一千五百余人」のなかには、廩生を経験したことがなく、捐納の際に偽名を使った「幼稚」の者がいて、彼らが自分たちより早く「撥歴」を得るのは不公平である、と訴えて、「冒籍者」の調査処分を求めた。なお、「在学」中、廩生を経験した者に対しては、自分たちと同様に「撥歴」を与えることが望ましい、とも付け加えた。ここで分かるように、「循資入監」の国子監生たちの攻撃対象は、「廩生」（たとえ捐納して国子監生になった者であっても）を除く増生、および彼らが言う「冒籍者」などであった。

こうした指摘に対して、捐納して国子監生になった「納粟生二百一十二人」は、弱みを見せなかった。彼らは上奏のなかで次のように反論している。

臣等皆出自學校、亦有曾経科挙者。朝廷以辺儲缺用、下輸粟入監之例、初不以年歯長少論也。

とある。この二百十二名の「納粟生」は、自分たちが府州県学校の生員資格を持ち、かつて科挙に参加したこともある、と自らの経歴が「冒籍」ではないことを強調した。そして、自分たちが、捐納して国子監生になったのは、朝廷が「辺儲缺用」を補うために実施した「輸粟入監之例」に従うことにより、しかも朝廷のその「例」は「年歯長少」、つまり「循資」を以て論ずるものではなかった、と「撥歴」を早く得られた正当性を訴えた。

結局、礼部は論争の調停に乗り出して、双方の意見を検討したあと、つぎの判断を出している。

科貢乃祖宗旧典、納粟実一時権宜。況納粟送監及復班之日多在科貢入監之先、若仍縁旧規以次取撥、是使納粟者得以遂捷取之願、而科貢者不能無淹困之嗟。宜敕國子監、於此両途酌其多寡、相兼撥用。俟納粟数盡、然後奉例如旧。

礼部は、「科貢」は「祖宗旧典」であり、「納粟」は「一時権宜」である、との原則論をまず述べている。そして、その「国子監生三百六十一人」が指摘する、納粟監生の「送監」（＝国子監への進学日）と「復班」（＝帰省などにより国子監に戻る日）は、廩生出身の国子監生より早いという事実を認めた。そして、礼部は、このまま進学日や復学日の前後によって撥歴の時期を決めるという「旧規」に従って撥歴の順番を決定するのであれば、先に国子監に入って監生となった「納粟者」が「捷取之願」を遂げることができるのに対し、それに遅れて国子監生となった「科貢者」が浮かばれない、という現実も認めた。しかし、礼部はその解決策として、その「両途」（「科貢」と「納粟」）の「多寡」を斟酌し平均して「撥用」すること、「納粟」監生全員の撥用がすべて終了してから、従来の規定に戻ること、を提案した。要するに、礼部のこの提案は、捐納という国策を配慮し、「撥歴」の面で納粟監生たちを優遇するものであった。さらに興味深いのは、礼部は、その「国子監生三百六十一人」が指摘した「納粟監生」による「寄名冒籍」の有無については、まったく言及しなかったことである。その指摘を認めてしまえば、事実上、国家の捐納政策が実施中に存在する問題の解決に直面しなければならないため、礼部はあえて明確な判断を避けることにした。

ここで注目してほしいのは、「納粟実辺得入監者一千五百余人」のなかの「納粟生二百一十二人」である。彼らは、おそらく増生の身分で国子監生資格を捐納した者であった(68)。彼らは、その「国子監生三百六十一人」の指摘に対し、真正面から反論する戦術をとった。彼らは、廩生を経験していないという指摘については反論せず、自分たちも学校出身であり、しかも捐納は堂々たる国策であり、捐納して国子監生になったのは朝廷の呼びかけに応えたのである、と強調する戦術によって、相手側の批判をかわした。ここで我々は、「納粟生」は、自分自身の捐納資格に対し、わずかばかりの卑屈も羞恥も現していないことを読み取ることができよう(69)。

嘉靖七年（一五二八）、南直隷応天府溧陽県出身の馬一竜は親戚から銀三百両を借り入れ、そのうちの二百両を用いて「援例」によって北京の国子監生になり、残りの百両を旅費に充てて上京した。故郷を離れる前に、彼は「援例北発」と題する詩を作った[70]。

匣琴嚢剣少年遊、遅日春風一客舟、
色上桃花如索咲、香分竹葉且忘憂。
三千鳥道応過夏、九万鵬程已待秋、
□□黄金買身貴、當年卜式豈吾儔。

捐納して国子監生になった後、馬一竜は挙人に合格し、嘉靖二十六年（一五四七）には進士合格を果たした。その後、彼は、官僚生涯の最後に、捐納出身にもかかわらず、南京国子監の司業に上りつめた。彼の「援例北発」詩から、我々は、馬一竜が「黄金」で「身貴」を買うのを至極当然のこととして、しかも「九万鵬程」を得るための必要手段である、と考えていることを読み取りうる。

明代中期の学者だった陳建は、「生員吏典納銀事例」の実施について、こう述べている。

生員吏典納銀事例、弘治以前猶暫行復止、人数有限、今則無限数、無止息之期矣。向猶為接済軍旅饑荒之用、出於不得已、今則接済土木之工矣。向猶以為不美之政、廷臣屢経議革、今則尋習視為当然、為常事、為不可已之規、不可無之挙、而無復有訾議之者矣。世変於茲益験。

これは、弘治年間を境にした監生捐納を含む捐納政策の変化に対する社会の反響と意識の変化を述べるものと言ってよかろう。つまり、弘治年間以前では、捐納の定員や実施時期についての制限もあり、捐納実施の目的は、ほとんど「軍旅」や「饑荒」を救援することにあった。しかも「不美の政」と見なされ、大臣たちは何度も捐納の廃止を議論した。それ以後では、捐納の目的は、「土木之工」を「接済」するようになり、「当然」「常事」「なくてはならない規定や措置」と見なされるに至り、それを批判する者がほとんどいなくなったという。[71]陳建のこの説明から、明代中期以後、社会における国子監生の捐納に対して、おおむね「やむを得ない」ものとして受け止めていたことが伺えよう。

明末の謝肇淛は、「民間白丁」が捐納して国子監に入って「衣冠の列」に並ぶことを批判した一方、試験で何度も落第した「子弟員」が捐納して国子監生になることに対しては、理解の意を示している。[72]顧炎武は、明末の生員を厳しく批判しつつ、生員の納貢についても「一時の秕政」との認識を示している。顧炎武は、「二百年に及んでいた」捐納を「王莽、安禄山、劉豫が起こした動乱のような一代の大変乱」と位置づけたうえ、国の滅亡の兆しである、と結論づけている。[73]但し、この「一時の秕政」がなぜ二百年に及んでいたか、この「一代の大変乱」がなぜ発生したかについては、顧炎武はさらに追究していなかったようである。なぜ顧炎武が中国社会における捐納の意義を王朝の交代に次ぐものと認識しながら、その原因を追究しなかったのか。その原因の一つはおそらく彼本人の貢生資格の取得がこの「秕政」、つまり捐納を利用したことにあり、もう一つは、彼本人を含めて、明末清初の社会では、表向けに捐納を「秕政」と批判するものの、実際には「やむを得ない」、あるいは「当然」「無くてはならない規定や措置」と受け止めていたことにあったと考えられる。[74]

二　捐納出身者の社会地位

捐納により国子監に入って、納貢生や例監生になった者は、挙人や進士と異なり、官僚登用の現場では「雑途」として存在した。『明史』の記載によれば、捐納出身の国子監生は、ただ州県の佐雑官や府の首領官、中央官庁の光禄寺や上林苑、あるいは衛所や王府の儒学の教職など、要するに低いポストに登用されるほかなかったことが分かる。[75] 捐納出身者の社会地位について、沈徳符は、成化年間以前、捐納出身者が「ほとんど見栄えのために捐納し、勉学に留意する者がない」ため、「士子」が彼らを「異類」と叱り、「官長」が彼らを蔑視したため、彼らは庶民とほとんどかわらない、と説明している。[76] しかし、このような叱責と凌辱を受けた捐納出身者は、おそらく捐納して国子監生になったあと、さらに高い地位（学位や官職）を取得しなかった者、言い換えれば監生止まりの人たちであろう。捐納して国子監生になったあと、さらに高い地位を取得することができれば、捐納出身者に対する社会の目線が変わってしまう。沈徳符が成功した捐納監生の事例として挙げる羅玘は、そのような人物の一人であった。[77]

羅玘は、郷試に六、七回参加していずれも落第して終わった。彼は、「貢期」を計算して、四十歳前後に国子監に送られるだろうと期待していた。さらに、その後の進路について、彼は国子監生になったら次に「翰林試」を受験し、合格すれば吏部の任官を待つことを決意した。とにかく彼は、貢生のままであればその出世の指定席とも言える教官ポストを蔑視し、挙人以上の資格を獲得したい、と。しかし、彼は、四十歳になっても「歳貢生員」に選ばれなかったため、なお一介の「諸生」であった。成化二十年（一四八四）、チャンスがきた。明朝政府は、救済用の米穀を調達するために、納貢を実施した。廩生が米「八十石」、増生が米「一百石」を捐納すれば、国子監への入学が許可されたのである。彼は、この規定に従って捐納をして国子監生になった。その時の心境について彼は、拘束された鳥が鳥籠から逃げ出し、青空に高く飛びたった（「羈鳥脱籠、信爾颺去」）と表現している。翌年の成化二十二年（一四八六）、羅玘は、順天府郷試に合格して、その後、続いて進士にも合格し庶吉士に選ばれた。その後、彼は、翰林院の職を歴任したあと、南京吏部右侍郎に転出して、一時、南京国子監の職務を代理した。彼は死後、有名な文人としてその伝記が『明史・文苑伝』に収められるほどであった。しかし、彼と一緒に地元で郷試を受験していた、教官のポストを同じく蔑視する知人の万良弼は、なおこの郷試を受験し続けた。

結局、挙人に合格することなく、ついに歳貢生員になって彼自身が蔑視していた歳貢生員の「指定席」、すなわち教官ポストに就くことになった。候選のために上京した万良弼は、すでに翰林院庶吉士の地位を取得し、「諸々冠裳の後ろ」に立つ羅玘の姿を見て、自分もその時に捐納しなかったことを後悔した、という[78]。この二人の運命から、捐納して「財力+学力」の出世ルートを利用する「魅力」を見ることができよう。

羅玘が捐納したあと、挙人にそして進士になり、その後、国家最高学府の国子監で任官したこともあったということは、沈徳符がわざわざ彼のことを記したように、社会に強烈なメッセージを送っていた。つまり、捐納という出世の道具を利用すれば、時間のかかる補廩や出貢の段階を飛ばして、科挙受験や任官に有利な国子監生資格を一挙に手に入ることができる、ということであった。このメッセージを受信して実践する者がいた。上述した馬一竜はその一人であった。

この「異途」を利用して「正途」にたどり着くような事例があることは、これから上昇を図ろうとする人々にとって、実に考えさせられることであった。科挙が重視される社会とは、一種の資格社会であり、官僚人事を動かす際に重視されるのは挙人や進士といった正途の出身資格であった。その影響で、社会の人々が注目する焦点は、進士や挙人などといった学位を持っているかどうか、というところにあり、その学位を取得するために捐納を利用したかどうかは関心の的ではなかった。正途出身者のなかで羅玘、馬一竜のような、まず捐納を利用して一定の身分を取得して、それを踏み台として郷試に参加して正途の身分を取得する、いわば「正途+異途」の手段でより高い資格を取得する者がけっして少なくはなかった。このような人物の出現は、捐納行為に対する社会の認識を変化させた[79]。

このように、明代中期の成化年間以後、捐納出身で国子監生になった者に対する社会の見方は、大きく二種類に分けることができるだろう。まずは、捐納して国子監生止まりの者に対しては、やはり冷たく厳しい目線が注がれた。これに対し、捐納して国子監生の資格を取得したあと、さらに進んで挙人もしくは進士の学位を取得した者に対しては、何の問題もなく、むしろその目線は羨望・寛容・不満・嫉妬などの複雑な気持ちを含んだものであった。

一部の官僚は、親戚や友人のために捐納を行い、しかも捐納関係の記録をしばしば文集にそのまま収録した。たとえば、厳嵩は、娘婿だった黎天監のために国子監生の資格を捐納したことを文集のなかで記している。[80]このほか、国子監生の資格を捐納した友人に祝賀の詩文を書いて贈呈することもあった。嘉靖四十四年（一五六五）に進士に合格した宋諾は、「納粟入監」をした友人の曹少泉に祝賀の詩を書いている。そのなかで、捐納して国子監に入ったことは、最高学府で文章の道を勉強し天下の善士と交友しながら、天朝の御恩を浴びて社会の目線を変化させられる、つまり大変名誉なこととして讃えている。そのうえ、宋諾は、国子監生の資格を捐納することによって、「仕籍因之而開、宦途由此而通（仕籍はこれを以て開かれ、宦途はこれを以て始まる）」と述べて、「納粟入監」と「仕籍」「宦途」との関係を明確に指摘している。[81]

明代中期以後に編纂された一部の地方志のなかでは、国子監生資格の捐納を、ただ陳建が言う「当然」「常事」「なくてはならない規定や措置」としてだけで捉えるのではなく、進士・挙人と並ぶ「地元有名人」と見なし、捐納者の氏名を堂々と載せる場合もあった。

たとえば、『（正徳）汝州志』では、地元出身で国子監生資格を捐納で獲得した十五人の氏名を記載している。そのなかで、不詳者一名を除く十四名のその後の任官状況も記されている。それは、知県一名、県丞三名、主簿三名などを含み、任官率は捐納者全体の九割を占めている。[82]この史料から、明代中期には国子監生資格捐納者の登用がそれほど悪くなかったことが分かる。

『（嘉靖）尉氏県志』では、捐納者三十人の氏名を記載する理由について、こう述べている。[83]

例貢　国家為充辺儲、救歳歉、令士民得入粟輿鏹、以升冑監列朝班、実民生之計、非濟民之私也。尉氏応例、世有其人。該惟階此以行其志、如近代羅（名玘）輿華（名鑰）之為可也。苟幸此而徼其利、如前代卜（名式）輿崔（名烈）之流不可也。名秩並載，自貴為良。

ここから見られるように、国家が捐納を実施するのは、「辺儲」の充実と「歳歉」の救済を行う「民生の計」であり、「民の私欲」を満足させるものではない、とまず捐納の意義を説明している。そのうえで、羅玘のように捐納の道を利用して、その「志」を実現するのは大変立派なことであり、前漢時代の卜式のように私利のために捐納するのはよいことではないと述べて、「志」を実現するための捐納と個人利益を追求するための捐納を区別している。要するに、地方志に捐納者の氏名を記載するのは、国家財政を支援することを通じて個人の「志」を実現させようとする者に対し、これによって顕彰しようとするのである、という。地方志の編纂は、ほとんど地方官のもとで、地元の顔役、言い換えれば地元のエリートたちによって担当されるから、エリートたちの意思はここに反映されるに違いない。上記の『（嘉靖）尉氏県志』を含む一部の地方志に、捐納者の氏名が記載されていることから、捐納を名誉なことであるとする認識が社会に存在していたことを読み取りうるであろう。

おわりに

以上では、明朝における国子監生資格捐納政策の成立とその制度的原因、および捐納者の社会的地位について述べてきた。最後に、こうした討論をへて得られたいくつかの知見を述べておきたい。

明朝初年に確立した原額重視の財政制度のもとで、明朝政府は長い時期にわたって財政難、つまり増え続ける行政・軍事・宗室などの財政支出に悩まされていた。このような財政難のなかでは、捐納は、正規財政以外に政府の収入を増加させうる重要な手段であった。特に明朝の中期以後、捐納が明朝の国家財政を支える重要な柱の一つになったこともあったので、その弊害を認識しながらも、明朝政府はついにこの政策を放棄しなかった。

国子監生資格捐納政策が景泰年間に登場したのは、時間上の偶然だというより、富裕層の存在を代表とする庶民勢力が発展した必然の結果であった。行論のなかですでに明らかにしたように、景泰より成化に至る頃までに、捐納のために数百石の穀物あるいは数百両の銀を供出しうる負担能力を有する富裕層がすでに数多く存在していた。成化十一年（一四七五）の時点で国子監に在籍する、「納粟」によって入監した者が「一千五百余人」にのぼったことから、その富裕層の人数を察知することができよう。[84] その後、捐納の基準も下がり、一定の財力を有する者であれば国子監生の資格を入手できるようになった。ただ、彼ら富裕層に属する庶民たちは、時代を超越するような世界観を持つ者ではなかった。彼らの世界観および追求の目標は、士大夫が持っていた世界観や目標とまったく同じであった。つまり、国家が承認する学位を取得して、士大夫の一員となり、後日、国家の官僚として登用されることであった。[85] たとえ任官しなくても、特権を享受しうる国子監生の身分を手に入れるだけで、一族の社会的地位を高めて「身家」を守ることもできる。このように、財力を駆使してより有利に科挙に参加し、またより有利に社会的地位を向上させる道を探していた。その結果として、彼らは二重の性格（郷試の受験資格と任官の資格）を有する国子監生資格の捐納を提案することによって、国家の政策を自らにとって有利な方向へ誘導した。

国子監生資格の捐納が景泰年間に国家の一制度として成立されたもう一つの原因は、明代の学校制度にあった。官僚の養成を目的とする明代の学校制度は、官僚を抜擢するための科挙制度とリンクされた。この両者の間には常に密接な関係があった。科挙の受験に必要なのは、国子監をはじめ、府州県衛といった各レベルの儒学に在籍する学生の資格であった。そのなかで最も高い魅力のあるのは、すでに説明した二重の性格を有する国子監生であった。富裕層の生員たちが国子監生の捐納を提案したのは、このような国家の制度設計に着目したことにあると考えられる。また、国子監生の身分に即して厳密に言えば、とりわけ学籍であって、そのまま官僚になるわけではなかった。このように、国子監生の捐納を認めるのは、官僚の任官資格の捐納をそのまま認めるものではない、と解釈されることが可能であった。言い換えれば、国家は「売官」という汚名を蒙らず民間からの国子監生捐納の提案を容易に受け入れることができた。

富裕層に属する庶民たちの提案を受け入れることによって、国子監生資格捐納制度が確立されたことは、庶民が財力を駆使して自らの社会地位を上昇させる手段を、国家が制度として認めたこと、そして人々の欲望に応えられる「庶民性」を有する制度として、批判を受けたにもかかわらず社会に受け入れられていったことを意味する。とにかく、捐納の制度化は、人々の意識を大きく変えた出来事であった。財力と任官資格とを交換するという行為に対し、社会ではおおむね寛容であったか、むしろ積極的であったと言えよう。さらに、財力による「贖罪」、および「開中法」のもとでの財力と塩専売権との交換などを含めて考えれば、国家の政策に従いつつ、財政難に苦しんでいる国家に対し経済的な支援を行うだけではなく、かえって国家から表彰としての資格をもらえることは、決して卑屈や羞恥の伴うことではなかった。たとえそれが「悪政」と批判されても、その責任はあくまでこれを実施した国家にあり、個人にはなかった。明朝の末年、明朝政府が新たな財源を求めて「鉱税」などを打ち出したのに対し、民衆はそれに対し激しく抗議して反対した。しかし、捐納という悪政に反対する民衆運動の発生したことは、いまだ確認されていない(86)。我々はここに、社会の需要に応えられるかどうかが、政策を実施し制度として確立しうるための要である一例を見出すことができる。明朝に生まれた国子監生資格捐納の制度が、明朝が滅んだあともその強靱さを維持しつつ、科挙制度とともに二十世紀の初めまで生き延びたのも、このためである。

捐納制度は、科挙制度による社会移動を考える時に無視してはならないものである。何炳棣と一部の学者は、科挙の合格者数を通して社会移動の大きさを測った。この方法には一つの大きな欠陥、つまり統計の対象が合格者のみで、不合格者を除外しているということについては、これまで学界においてすでに指摘されたところである(87)。ところがこの方法にはもう一つの大きな欠陥がある。それは、「正途」合格者の最終資格のみを統計して、羅玘や馬一竜のような「雑途＋正途」を併用する者の存在を考慮しなかったことである。言い換えれば、社会移動における科挙の役割の裏に隠されている重要な仕掛け、つまり捐納の存在が無視されてしまった。実は、林麗月の研究によれば、永楽十年（一四一二）から万暦二年（一五七四）に至るまでに、進士合格者の五十二パーセントは、国子監生であり、多い年度には、進士合格者の九割強が国子監生によって占められた(88)。明代中期以後の国子監生の約七割が捐納をした納貢や例監の出身者ということを考えれば、捐納制度は科挙制度による社会移動に対して大きく影響していたと言っても過言ではないだろう。このように、科挙制度による社会移動を考える際には、いわゆる「雑途＋正途」の併用問題を念頭に置くべきである(89)。

注

（1）許大齢『清代捐納制度』（『明清史論集』所収）七～一五頁を参照。何炳棣著、寺田隆信・千種真一訳『科挙と近世中国社会――立身出世の階梯』三二～五三頁。林麗月『明代的国子監生』一四・一六・八七・一〇一～一〇三頁。

（2）（清）顧炎武著（清）黄汝成集釈『日知録集釈』巻十七 生員額数 九六四頁。

（3）従来、明代における捐納の開始は景泰元年（一四五〇）とされている。しかし、史料によれば、武職の捐納が正統七年（一四四二）頃に実施されること（『明英宗実録』巻九十二正統七年五月癸酉 一八六二頁）、および翌八年（一四四三）に災害救助に食糧を提供した者に「七品散官」を与える捐納が実施されたこと（『(嘉靖)香山県志』巻八 雑志 四一一頁、同書巻六 黎献志 三六七・三七二～三七三頁）が分かる。

（4）『明英宗実録』巻百八十七 景泰元年正月壬寅 三八〇一頁。「命舎人軍民有輸米豆二百五十石、或穀草二千束、或秋青草三千束、或鞍馬十匹於大同宣府助官者、悉賜冠帯、以栄其身。」同甲辰 三八〇三頁。「少保兼兵部尚書于謙言五事、一、在京各営馬少、乞勅戸部申明買馬給授冠帯事例。」

（5）『明英宗実録』巻百九十一 景泰元年四月己卯 三九一一頁。「直隷常州府無錫県納馬冠帯生員張賢以不准送監、奏乞将食過廩米於籍還官、照依冠帯民人分豁生員閑住、従之。」その後、張賢は、麦八百石を捐納して国子監の監生となった。『明英宗実録』巻二百五十六 景泰六年七月壬午 五五一七頁。「直隷無錫県学生員張賢先以納馬賜冠帯、今復納麦八百石、乞送監読書。従之。」

（6）『明英宗実録』巻二百八 景泰二年九月丙午 四四七一頁。「命順天府房山県儒学生員傅寧為国子監生。寧先為達賊所虜、至是脱回、又以所獲馬献、於例応賞。寧辞賞而願入監、従之。」

（7）『明英宗実録』巻二百二十七 景泰四年三月壬午 四九六八～四九六九頁。

（8）『明英宗実録』巻二百二十八 景泰四年四月己酉 四九九三頁。「右少監武艮、礼部右侍郎兼左春坊左庶子鄒幹等奏、……臨清県学生員伍銘等願納米八百石、乞入監読書。今山東等処正缺糧儲、乞允其請、以済権宜。従之。并詔各布政司及直隷府州県学生員能出米八百石於臨清東昌徐州三処賑済、願入監読書者、聴。」

（9）『明英宗実録』巻二百二十九 景泰四年五月庚申 五〇〇二頁。

（10）（清）張廷玉［ほか］『明史』巻六十九 選挙志 一六八一～一六八二頁。

（11）高寿仙『明代農業経済與農村社会』七五～八〇頁。

（12）（清）于睿明修、（清）胡悉寧等纂『(康熙)臨清州志』巻二 賦役 一三a～一四a頁。

（13）たとえば、景泰四年の七月二十五日、つまりこの政策転換が行われたおよそ三ヶ月後、河南開封府儒学の教授だった黄鑾は、捐納者に国子監生の入学資格を与えることは、官職の捐納があった古代の「衰世」でもなかった、と痛烈に批判した、という。これに対し、戸部尚書の金濂などは協議した結果、国子監生の捐納が「経久常行の道」ではないと認めたうえ、「救荒権宜の策」として救荒が終了するまで実施する、と上奏して許可された。『明英宗実録』巻二百三十一 景泰四年七月庚辰 五〇六二～五〇六三頁。なお、明朝政府内部では景泰初年に捐納問題について議論したことについて、拙稿「明代捐納制度試探」『明清論叢』第七輯 五五～八〇頁を参照。

(14) 渡昌弘「明代捐納入監概観」『集刊東洋学』(仙台、東北大学中国文史哲研究会) 第五六号 一九八六年一一月 二〇～三五頁。

(15)『明憲宗実録』巻二十七 成化二年三月癸亥 五四四～五四五頁。「礼部尚書姚夔奏、南京参賛機務兵部尚書李賓等奉勅賑済南京流民、衆議欲令浙江、福建、江西三布政司、並南直隷府州県儒学廩増生員、及南京文武官員軍民人等子弟納米送南監読書。切惟国子監乃育材之地、朝廷資以致治者也。近因各処起送四十歳並納草納馬生員、動以万計、已不勝其濫。今又行此令、将使天下以貨為賢、士風日趨于弊陋矣、尚何望其有資于治理哉？ 宜別為処置。上曰、祖宗設太学以教育賢才、非由科貢者不得濫進、今賓等建議欲令官民子弟出銭穀以賑饑民補太学生、古無此比。且天下財賦所出、其途孔多。学校豈出錢穀之所哉？ 礼部議是、其勿許。」

(16)『明憲宗実録』巻二十八 成化二年閏三月癸酉 五五一～五五二頁。但し、『南雍志』が記されている南京国子監の在籍者数によれば、成化二年の在籍者は六千二百名で、翌成化三年の在籍者は五千七百二十名であったことが分かる。よって、成化二年閏三月の捐納提案がどのように実施されたかについては、さらに研究する必要がある。(明) 黄佐『南雍志』巻十五 儲養考 三五二頁。

(17)『明憲宗実録』巻二百六十五 成化二十一年閏四月戊戌 四四九二～四四九三頁。「戸部奏、各辺軍儲近屢告急、前此巡撫延綏都御史呂雯奏准各学生員納米送監事例、道遠少有応者。続該本部左侍郎李衍奏准、令生員於本部納銀、廩膳二百五十両、増広三百両、応者亦纔十四。茲有附学生員願納者、宜如増広銀例、令再加三十両、亦許入監、且仍通行各学召納。從之。」

(18) (明) 黄佐『南雍志』巻十五 儲養考 儲養生徒之権例 三四五～三四七頁。

(19) (明) 黄佐『南雍志』巻十五 儲養考 儲養生徒之名数 三五二頁。

(20)『明史』巻六十九 選挙志 一六七九頁。「迨開納粟之例、則流品漸淆、且庶民亦得援生員之例以入監、謂之民生、亦謂之俊秀、而監生益軽。」

(21)『明世宗実録』巻二百 嘉靖十六年五月戊申 四二一〇～四二一二頁。「時修飭七陵、預建寿宮、及内外各工凡十有九所。工所月費常不下三十万金、而工部庫貯僅百万、巡視科道以為言。上命各有事衙門従長会議。于是工部尚書林庭棉等会同吏戸礼兵諸臣議区処事宜六条。……一、広開納事例。儒学廩増附生員停降者、許加銀以原旧名色。民間子弟亦許納銀、倶入国子監肄業。……疏入、得旨、大工事宜既経会議、開納諸例悉准行。」

(22)『(万暦) 杭州府志』巻七 国朝紀事下 一三四頁。「(孔) 天胤見荒甚、建議於巡台。略曰、今民間子弟欲肄業国子監者、類以不得由学校為恥。議令願入学者、入米五十石、許其三日即以附学名色起送、納銀入監籍名。」

(23)『明神宗実録』巻四十九 万暦四年四月己巳 一一二一～一一二二頁。「礼部右侍郎管祭酒事孫応鰲言、太学非挙貢及勲冑恩廕不入、自景泰初年辺儲匱極、始議開納、然亦以生員廩増附為差、亦時開時輟。至隆慶間、遂令停廩、降増及降附、発社并黜退者、皆得納銀入監矣。提学憲条何以行於生儒乎？ 提学所擯斥、盡可帰諸太学、則太学毋乃為提学蔵垢納汚之藪歟？ 至於民間後秀子弟原令赴提学、告准附学名目、故謂之新附、與兩京見任官随任子弟未入学者、并納銀入監、亦隆慶以來覆定事例也。此例一開、而商賈輿臺隷役咸廁其中、甚有身未成童、一丁不識者、皆驟猟賢関、他日服官、為民蟊賊、不問可知矣。下戸部。議、社生、黜生及民間不堪作養子弟、以後倶不許援納、并請停預納光禄寺監事及鴻臚寺序班。上納応鰲議、而令監事序班仍旧。」

(24) 周可真『顧炎武年譜』二十八～三十・六一頁。なお、顧炎武の継祖父だった顧紹芾本人は、「数試」して合格できなかった「諸生」で、のちに「例」によって「国子監」に進学した、という。同書四頁。

(25) 渡昌弘、前掲 (14) 論文。

(26)(明) 張萱『西園聞見録』巻四十五 礼部四 国学 前言 五b頁。

(27)『明憲宗実録』巻二百五十六 成化二十年九月戊子 四三二〇～四三二二頁。「太子太傅吏部尚書兼華盖殿大学士萬安等以山西陝西荒甚、上救荒策十事。……一、各処儒学廩増生員有願輸粟者、於陝西缺糧所在上納。廩膳八十石、増広一百石、許送国子監読書、大率以一千名為額、明年三月終期尽。」

(28)『(嘉靖) 湖広図経志書』巻一 総理賑済都御史呉廷挙参酌議処事宜 四一頁。

(29)『明世宗実録』巻三百六十六 嘉靖二十九年十月戊子 六五五七～六五五八頁。「戸部奉詔計処兵食事宜。……一、酌定开納事例。軍民舍餘納銀三百両者、授以正五品文職散官、有司饋羊酒、仍許得自建坊、二百五十両以上者、授従五品散官、立扁表其閭、一百両者、授七品官、有司礼待、仍免雑差。劄付預発各司府、填名給授。生員援例入監及俊秀子弟願授在学名目者、倶赴本司府上納。」同 巻三百八十三 嘉靖三十一年三月壬寅 六七七七頁。

(30)　林麗月『明代的国子監生』一八頁。

(31)（明）謝肇淛『五雑組』巻十五 事部三 三二七頁。「国朝設太学以待天下之英才、最重其選、銓選京職方面、與進士等。乃後来挙貢之外、一切入貲為之、謂之援例。其有子弟員屢試不利於郷而援入成均者、猶可言也。民家白丁、目不識字、但有餘資、即厠身衣冠之列、謂之俊秀。大都太学之中、挙貢十一、弟子員十二、而此輩十之七也。……」

(32)『（弘治）徽州府志』巻十 人物四 列女 三一九頁。このような風習は、清代に入った後も変わっていなかった。有名な刑名幕友だった汪輝祖は、臨終が近づいた母親に対し、六百年にわたって科挙の合格者を一人も出していない汪氏一族の歴史を塗りかえる大任を背負いながら、「専治挙業、逢場必到、死而後已」と誓った、という。（清）汪輝祖『夢痕録餘』三十b頁。

(33)（明）汪道昆『太函集』巻六十七 明贈承徳郎南京兵部車駕司署員外郎事主事江公暨安人鄭氏合葬墓碑 八五～八七頁。

(34)（明）袁中道『珂雪斎近集』巻三 文鈔 心律 一一～一二頁。「追思我自嬰世網以來、止除睡着不作夢時、或忘却功名了也。求勝求伸、以必得為主。作文字時、深思苦索、常至嘔血。毎至科場将近、扃戸下帷、拚棄身命。及入場一次、労辱万状、如劇駅馬、了無停時。歳歳相逐、楽虚苦実。屈指算之、自戊子（万暦十六年、一五八八）以至庚戌（万暦三十八年、一六一〇）、凡九科矣。自十九入場、今年亦四十一歳矣。以作文過苦、兼之借酒色以自排遣、已得固疾、逢時便発。頭髪已半白、鬚已漸白、鬢亦有幾莖白者。老醜漸出、衰相已出、其所得果何如也。」

(35)（明）宋濂『宋学士文集』巻六 庚戌京畿郷闈記録序 三b～四a頁。

(36)（明）方孝儒『方正学文集』巻十二 応天府郷試小録序 三九a～四一a頁、（丙子）京闈小録後序 四一a～四二a頁、（己卯）京闈小録後序 四二b～四三b頁。

(37)（韓）呉金成『明代社会経済史研究』六一頁。郭培貴『明史選挙志考論』一〇二頁。

(38)『明史』巻六十九 選挙志 一六七六・一六七九～一六八二頁。「入国学者、通謂之監生。挙人曰挙監、生員曰貢監、品官子弟曰廕監、捐貲曰例監。」林麗月『明代的国子監生』一一～一二頁。郭培貴『明史選挙志考論』五四～七九頁。

(39)（明）王圻『続文献通考』巻五十五 学校考 太学 太学出身事例 八三四～八三五頁。

(40)『明太祖実録』巻二百三十 洪武二十六年冬十月丙申 三三六一～三三六三頁。『明史』の記載によれば、この時、劉政と一緒に任官された者は計六十四名であった。『明史』巻六十九 選挙志 一六七八頁。

(41)『明太祖実録』巻二百四十六 洪武二十九年六月甲辰 三五七一頁。「命吏部選国子生年三十以上者、分隷諸司、練習政事、月給米一石、三月則考其勤怠、能者擢用之。」『(正徳)大明会典』巻百七十三 国子監 撥歴事例 第二冊 五〇五頁。(明)黄佐『南雍志』巻一 事紀 六四~六五頁。

(42) 明代の郷試においては、南北両直隷の合格枠は、他の省より多かった。国子監生の郷試参加および合格枠については、林麗月『明代的国子監生』一〇三~一〇四頁を参照。

(43)『明太祖実録』巻百八十六 洪武二十年冬十月丁卯 二七八九頁。「上以北方学校無名師、生徒廃学。命吏部、遷南方学官之有学行者教之。増広生員、不拘額数、復其家。」

(44)『明宣宗実録』巻四十 宣徳三年三月戊戌 九七九~九八〇頁。「行在礼部尚書胡濙言、……以近時学校之弊言之、天下郡県応貢生員、多是記誦文詞、不能通経、兼以資質鄙猥、不堪用者亦多。此皆有司不精選択、教官不勤教誨、是以学業無成、徒費廩餼。」

(45)『明英宗実録』巻百五十一 正統十二年三月癸酉 二九五九~二九六〇頁。「直隷鳳陽府知府楊瓚言、我朝天開景運、文教聿興、内建太学以儲天下之英賢、外設府州県儒学以育民間之俊秀。府学額設廩増生員八十名、州学六十名、県学四十名。此外聡明之士不得與者、入学寄名以俟補増広之缺。寄名者既衆、遇開科之際、欲報増広、則増広名数已足、欲報儒士、則有司多方沮抑、以此無路出身、未免滄海遺珠之嘆。乞勅該部通行天下学校、今後増広生員不拘額数、但係本土人民子弟、自願入学読書、聴府州県正官與学官公同考選、俊秀者即作収増広生員。凡遇開科、考其学問、優長者許令応試。事下礼部、議請令如有此等子弟、准其入学待缺、補充増広。従之。」

(46)『明史』巻六十九 選挙志 一六八六頁。「蓋無地而不設之学、無人而不納之教。」

(47)(韓)呉金成『明代社会経済史研究』六一頁。郭培貴『明史選挙志考論』一〇二頁。

(48)(清)顧公燮『丹午筆記』金挙人銀進士 六八頁。「……然郷試難而会試易、郷試定額、科挙三十名中一人、不過二三千人入場。其得與干賓興者、歿後、且著之行述以為栄。至於会試、進士有三百余名、其途寛矣。故俗有金挙人銀進士之謡。」明代郷試の競争率について、陳宝良『明代儒学生員與地方社会』二六九~二七三頁を参照。なお、明代会試の合格率を含めて、銭茂偉『国家、科挙與社会』九四~一〇六頁を参照。

(49)(明)文徴明『文徴明集』巻十七 送周君振之宰高安叙 上冊 四六二頁、巻二十五 三学上陸冢宰書 上冊 五八三~五八六頁、巻十七 送陸君世明教諭青田叙 上冊 四六〇~四六一頁。

(50) 明朝初年の洪武年間、官僚の登用に際して監生は進士などと同じように扱われて、登用された監生の人数がかなり多くて、中央官庁から地方官庁にいたるまで分布された。なかには、かなり高いポストに就く者もいた。永楽・宣徳年間以後、官僚登用の際に次第に「資格」を重視されるようになり、弘治・正徳年間以後、進士や挙人などの資格にこだわり始めた。しかし、正徳・嘉靖年間において、国子監生のなかに、「教職」「知州」「知県」に採用された者は少なくなかった。隆慶年間に入ったあと、監生のなかで毎月の定期試験で「第一」の成績を取得した者は、州の同知や判官に登用されたケースがあった。『明史』巻七十一 選挙志 一七一七頁。(明) 沈徳符『万暦野獲編』巻十一 監生選正官 二八二～二八三頁。
(51)『明太祖実録』巻百八十六 洪武二十年十月丁卯 二七八九頁。
(52)『明宣宗実録』巻四十 宣徳三年三月戊戌 九七九～九八〇頁。
(53)『明英宗実録』巻百五十一 正統十二年三月癸酉 二九五九～二九六〇頁。
(54) (清) 葉夢珠『閲世編』巻二 学校 二九頁。
(55) (明) 文徵明『文徵明集』巻二十五 三学上陸冢宰書 上冊 五八三～五八六頁。
(56)『明史』巻六十九 選挙志 一六八〇頁。
(57) (明) 黄佐『南雍志』巻四 事紀 一一四頁。
(58) (清) 葉夢珠『閲世編』巻二 学校 二九頁。
(59) (明) 文徵明『文徵明集』巻二十五 三学上陸冢宰書 上冊 五八三～五八六頁。
(60) (明) 王世貞『弇州山人四部稿』巻八十四 孝友張先生伝 七a～九a頁。
(61) (明) 姚旅『露書』巻八 六八八頁。「……選貢瘟、挙人瘴。瘟無不死、瘴則有死、有不死。」
(62)『明宣宗実録』巻九十六 宣徳七年十月辛丑 二一六八～二一六九頁。「南京礼部尚書張瑛言、天下儒学廩膳生員、府四十人、州三十人、県二十人、通計三萬有奇。歳食廩米不下十数万石、朝廷養士之隆、自古鮮比。」
(63)『明太祖実録』巻百八十八 洪武二十一年正月 二八一七頁。
(64) (明) 陸容『菽園雑記』巻十二 一五二～一五三頁。
(65) (明) 黄佐『南雍志』巻十六 儲養考 上叙 三七三～三七五頁。
(66)『明史』巻六十九 選挙志 一六八三～一六八四頁。

(67)『明憲宗実録』巻百四十六 成化十一年十月丙申 二六八七頁。
(68) 増生による国子監生資格の捐納は成化二年（一四六六）閏三月より始まった。本章第一節二明代捐監の展開を参照。
(69) その「国子監生三百六十一人」が指摘した「納粟実辺得入監者」は延べ「一千五百余人」に上っているが、その指摘に正面から反論したのは「納粟生二百一十二人」であった。残りの約千三百余名の「納粟監生」が反論を行わなかったこと、礼部もこの約千三百余名の「納粟監生」についてまったく言及しなかったことも興味深い。
(70)（明）馬一竜『玉華子遊芸集』巻五 三〇〇頁、同書巻十七 考妣年譜 六二二頁。
(71)（明）張萱『西園聞見録』巻四十五 礼部四 国学 前言 五b頁。
(72)（明）謝肇淛『五雑組』巻十五 事部三 三二七頁。注（31）を参照。
(73)（清）顧炎武著、（清）黄汝成集釈『日知録集釈』巻十七 生員額数 九六四頁。なお、同書 巻十八 鍾惺 一〇七一～一〇七三頁。「……考試至於鬻生員、此皆一代之大変、不在王莽、安禄山、劉豫之下、故書其事於五経諸書之後。嗚呼、『四維不張、国乃滅亡』、『管子』已先言之矣。」
(74) 寺田隆信「顧炎武『生員論』をめぐって」『東北大学東洋史論集』（仙台、東北大学）第一一輯 二〇〇七年三月 二五九～二八二頁、同『明代郷紳の研究』に所収。寺田によれば、顧炎武は「生員論」において生員そのものを否定せず、主に生員の学力と定数、および学習内容と教官人事を含む国家の学校制度を議論した。
(75)『明史』巻六十九 選挙志 一六七九頁。
(76)（明）沈徳符『万暦野獲編』巻十五 納粟民生高第 四〇五頁。「景泰以後、冑監始有納馬之例、既改為輸粟。初不過青衿援例耳、既而白身亦許加倍輸納、名曰俊秀子弟、于是辟雍遂被銅臭之目。且其人所冀、不過一命為栄、無有留意帖括者。于是士子叱為異類、居家則官長凌忽之、與斉民不甚別矣。」
(77) 実は、羅玘以前にも例監生が進士に合格した事例があった。たとえば、成化五年（一四六九）の殿試では「首甲」に合格した山西籍の貢士張璲は、監生を捐納したことを理由に「二甲第一（名）」に改められた、という。（明）何良俊『四友斎叢説』巻十八 六～八七頁。「景泰改元、詔以辺圉孔棘、凡生員納粟上馬者許入監、限千人而止。然不與饌饘、人甚軽之。成化己丑、進士安邑張璲当在首甲、以援例抑置二甲第一。」方志遠『明代国家権力結構及運行機制』一六五頁。しかし、『成化五年進士登科録』の記載によれば、張璲が監生ではなく、「河東運司学生」であったことが分かる。このため、張璲が「援例」して獲得した身分は監生であったか、それとも「河東運司学生」であったかはなお調べる必要がある（八a頁）。

(78)（明）羅玘『圭峰集』巻七 送万良弼分教松陽序 一〇二〜一〇三頁。『明憲宗実録』巻二百五十六 成化二十年九月戊子 四三二〇〜四三二一頁。『明史』巻二百八十六 羅玘伝 七三四四〜七三四五頁。（明）焦竑『国朝獻徴録』巻二十七 費宏「南京吏部右侍郎贈吏部尚書諡文粛圭峰先生羅公玘墓誌銘」三九九〜四〇〇頁。

(79) 似たようなことは、それ以後もあった。学者として知られている清代の凌廷堪（一七五七―一八〇九）は、書香の家で生まれ、七歳より数年間勉強していた。十三歳の時に、生計のために「書を棄てて賈を学ぶ」ことにした。二十六歳の乾隆四十七年（一七八二）に上京して、大学者だった翁方綱に師事した。翌年、翁方綱に命じられ、順天郷試を受けようとした。但し、いかなる生員資格も持っていない凌廷堪は、制度上、そのまま郷試を受けることができない。そこで、彼は、捐納制度の規定を利用して、乾隆四十八年（一七八三）四月三十日に「援例して成均に入った」という。成均とは国子監のことである。このようにして、秋に行われる順天郷試の受験資格を入手したという。凌廷堪は、三十四歳になった乾隆五十五年（一七九〇）、ついに進士になった。ここで、数年前の「援例」がなければ、のちに進士合格を果たしたとは考えられない。凌廷堪の学術に対しては、江藩、阮元、焦循など清朝の学者から最近の研究者に至るまで、高く評価されてきたが、彼が「援例」によって出身資格を得たということは、これまでほとんど言及されていない。（清）張其錦『凌次仲先生年譜』五一五〜五一六・五一八〜五一九・五二四〜五二五・五三三頁。張寿安『以礼代理――凌廷堪與清中葉儒学思想之転変』九〜一六・一七五〜一七九頁。

(80)（明）厳嵩『鈐山堂集』巻四十 贈鴻臚寺署丞黎天監墓誌銘 三四五頁。

(81)（明）宋諾『宋金斎文集』巻二 賀曹少泉納粟入監詞 三〇八頁。

(82)『(正徳) 汝州志』巻六 人物 輸粟入監 一四b〜一五a頁。

(83)『(嘉靖) 尉氏県志』巻三 六八b〜七〇a頁。ここで言う華鑰は江南無錫の人で、嘉靖元年（一五二二）に挙人、翌二年（一五二三）に進士の合格を果たし、刑部郎中に勤めた人物である。（明）張弘道［ほか］『皇明三元考』巻十 一b頁。『嘉靖二年進士登科録』八b頁。

(84)『明憲宗実録』巻百四十六 成化十一年十月丙申 二六八七頁。

(85) 島田虔次『中国における近代思惟の挫折』二六二〜二七五頁。

(86) 道徳重視を標榜する東林党のなかでも、災害援助のために「捐納事例」を実施することを以て「饑民」を救済することを提案した者がいた。『明史』巻二百四十八 李継貞伝 六四二六頁。(清) 陳鼎『東林列伝』巻十九 李継貞 一三b頁。

(87) たとえば、ベンジャミン・A・エルマン著 秦玲子訳「再生産装置としての明清期の科挙」『思想』第八一〇号 一九九一年十二月 九五~一一二頁。

(88) 林麗月『明代的国子監生』一〇六~一〇七頁。

(89) 科挙の「登科録」は合格者が取得した最終資格を記録するものとして、科挙制度の研究にとって確かに重要な資料である。しかしそこには、進士合格者のなかにいる「国子生」や「太学生」という出身資格の取得ルートについては記されていない。たとえば、羅玘が進士に合格した成化二十三年の登科録では、彼の履歴について「貫江西省建昌府南城県民籍、国子生」としか書いていなく、その「国子生」が捐納によるものであることにまったく触れていない。『成化二十三年進士登科録』二八a頁。

第二章　清代の報捐制度

はじめに

清代の捐納制度は、政治・経済・文化各方面の要素をあわせもち、当時の官僚の登用やその他の事象に深くかかわっていた。制度史の角度から考えると、この制度には二重の意味があった。まずこの制度は、一般人民にとっては、科挙、恩蔭などと並行して、任官資格を得る有力なルートの一つであった。こうした捐納による任官資格の取得は、当時の社会生活や社会意識に対し大きな影響を与えたのである。もう一つは、すでに官位に就いている者にとっては、官僚人事を動かす制度でもあった。官僚の登用、任免、昇進、勤務評定、処分抹消から両親及び親族への栄典の申請などに至るまで、要するに吏部で行われる官僚人事手続きは、ほとんどが捐納の方法で済ますことができた。このため、当時の官僚制度や社会状況を知るために、捐納制度の究明は欠かせない。

捐納制度についてのこれまでの研究によって多くのことが解明されたが(1)、以下に明らかにしてゆくようにさらに検討すべき問題も数多く残されている。また、近年は档案史料をはじめとする新しい史料が続々と公表され、我々はこれらの新たな史料を利用し、研究を進めていくことが望まれよう。

この章は、捐納制度の第一歩とも言われる「報捐」の問題を中心に議論したい。報捐とは、一般人民が国子監生の身分や官僚になるための候選候補の資格を「購入」することである。つまり、一般人民はいかなる手順に従って捐納し、監生の身分を得たのか、といった問題を明らかにするとともに、報捐にかかわる財政方面の利益問題、報捐を代行する商人やギルドの役割問題、報捐をめぐる当時の社会状況の一面を明らかにする。(2) これらの諸問題を明らかにすることによって、清代官僚制度や清代社会の研究をさらに深めることができると考えられる。なお、説明の都合上、現職の官僚による捐納にも触れる。以下では、まず捐納の規則としての「事例」の概要を紹介し、次に中央と地方での報捐を検討する。

第一節　「事例」

一　「捐監」の固定化

「事例」とは、「捐納事例」とも称される、捐納の関係規定である。清初の順治六年（一六四九）、中央政府は軍事費調達のために「捐監」、つまり監生資格の捐納を開始し、(3) 康熙十三年（一六七四）、十四年（一六七五）頃には実施された「乙卯捐例」のもとで、実官（任官資格）の捐納も始まった。その後、雍正年間（一七二三—一七三五）を経て、乾隆年間（一七三六—一七九五）の初頭にいたるまで、捐納は軍需、河工、賑災、営田などの目的で実施された。ただし、この間、捐納の項目、報捐基準などの関係規定は、一定するものではなく、捐納が実施される際の財政の需要に基づいて定め、「事例」の形で公表するものであった。捐納の重要性が高まるにつれて、清朝中央政府は乾隆元年（一七三六）より、関係規定を整理し、制度の固定化をはかることに乗り出した。

乾隆元年正月二十一日、乾隆帝が上諭のなかで実施中の「捐納事例」を「一概に停止」すべきことを命じ、さらに次のように述べている。(4)

夫議捐納者、未嘗不出于士子之口。而留生童捐監一款、是士子首以捐資為進身之始矣。其応停応留之処、著漢九卿及翰詹科道会同確議具奏。

この上諭のなかで、乾隆帝は、まずは捐納を議論する者のなかに「士子」もいる、ということを指摘して、監生の捐納が「士子」の「進身之始」となることを述べ、それを廃止するかどうかについての明確な意向を示していないものの、「漢九卿及び翰詹科道」に対し「確議」するよう指示している。しかし、他の捐納項目に対し、「一概に停止」すべきことを命令したのに対し、監生捐納の可否だけについて大臣に議論させるということは、監生の捐納を継続してもよいが、ただ自らそれを直接に指示することを避けたい、という乾隆帝の狡猾な狙いが読み取れる。大臣たちは、こうした乾隆帝の思惑を理解したようで、二月十二日、戸部が監生捐納の継続について上奏した。その監生捐納から得た収入の使途について、戸部はこう述べている。

臣等又考『周官』、大司徒之職「以荒政十有二聚万民」、発倉廩以予民者、僅居其一。其根本所恃則在「五党為州、使之相賙」。而士師掌荒辯之法、令民通財。漢文帝時、許民自売爵。蓋以民俗日澆、使相賙則富民吝而不出、使相貸則貧民久而不帰。故使各有所利、以通其財、然後可以御天災而救民困也。若以毎歳捐監交部之銀留為各省一時歳歉賑済之用、勿充他費、以存古昔帝王勧民相養之義。其于士民均有裨益。

このなかで、戸部は、監生捐納を正当化する理由をつけるために、『周礼』や漢代の典故を引用して、監生捐納から得た収入を「一時歳歉賑済之用」にあてるよう上奏した。監生捐納の基準について、戸部は以下のように定めている（**表 2-1**）。

表 2-1　監生捐納基準

報捐時身分	俊秀	附生	増生	廩生	武生	青衣生
基準銀額（両）	一〇八	九〇	八〇	六〇	一〇〇	一〇〇

史料出典：『上諭条例』乾隆元年 議停捐納止留戸部捐監一条。中国第一歴史档案館『乾隆帝起居注』第一冊 二一頁。

このように、乾隆元年より、ほかの捐納項目がすべて停止させられるなかで、監生の捐納だけが経常性の捐納報奨項目として固定されるようになった[5]。なお、捐納して国子監生資格を得た者が通常、「監生」「例監生」（略して「例監」）と呼ばれるが、清代においては報捐時の身分によって個々の称呼は異なるものであった。たとえば、「監生」とは無官無位の庶民（「俊秀」）が国子監生を捐納したものに対する称呼であった。同じように、附生が捐納したものを「附監」、増生が捐納したものを「増監」、廩生が捐納したものを「廩監」と呼ぶのであった[6]。

その後、乾隆十年（一七四五）十月、直隷で発生した大旱害を救助するための賑捐が終了することを受けて、中央政府は次の決定を下した[7]。

大学士等議覆御史楊開鼎奏称、直隷捐款、現在奉旨令大学士等酌定限期停止、原所以慎重名器。但貢生与監生同為士子上進之階、非捐納職銜可比。且捐貢例無銓選、不礙正途、応請酌留。至封典、孝治攸関、凡身霑一命之栄、皆思顕揚其祖父。況所給祗属空銜、与実授官職有間、亦請酌留。応如所請、令戸部入於捐監案内、一体辦理。従之。

このとき、すでに実施されていた捐納のうち、実官の捐納と関係ない部分、つまり貢生、封典などについては、「正途」の銓選（官僚の採用人事）などを妨げることがないことを理由に、すでに実施している監生資格の捐納と同じように、常時に捐納できる項目として固定化されたのである。

先に「監生」の呼び方と同じように、捐納して「例貢生」になった者にも、その報捐時の身分に応じて固有の称呼があった。たとえば、「貢生」とは庶民（「俊秀」）、「附貢」とは附生、「増貢」とは増生、「廩貢」とは廩生、それぞれが貢生を捐納したものであった。(8)

二 「現行事例」

「現行事例」は「現行常例」「常例」「常捐例」ともいい、期限を限らずに常時開かれる捐納の関係規定である。たとえば、嘉慶年間（一七九六―一八二〇）以後、「現行事例」の規定に従って、捐納者は任官の資格を得ることができないが、以下の項目について捐納することができた。(9)

捐加級紀録
捐復降革留任
捐復降革離任
降革加五捐復
捐復原銜
捐入補班

捐復原資
捐免坐補
捐免試俸
捐免実授
捐免保挙
捐免考試
捐離任
捐職銜（虚銜）
捐封典（封贈）
捐分発

つまり官僚の昇降、賞罰などを捐納で買えることと、職銜（「虚銜」とも言う。皇帝の恩典としての名誉職）、封典（「封贈」とも言う。皇帝が官僚の妻、父母、祖父母などに与える恩典）などの栄典を捐納で取得しうること、および処分の取消を捐納で済ませることなどを定めている。これとは別に、「俊秀」と呼ばれる一般の人民は、この「現行事例」に基づいて、国家最高学府（国子監）の在籍資格と官僚登用の必要資格である監生を捐納することができる。したがって、「現行事例」によって捐納できるのは、官僚の身分を有する現職、候補（何らかの理由によって職場をいったん離れ、その理由が消滅したことによって職務復帰を待つ者）、候選（吏部による登用をまつ郎中、道員以下の任官資格を有する者）の者と、貢生と監生の資格を希望する生員と俊秀たちである。

三　「暫行事例」

「現行事例」に対し、軍事費の調達、災害救済の費用、土木工事の費用などの名目で期限を限って一時的に実施される捐納の関係規定は、「暫行事例」または「大捐」と言う。たとえば、康熙十五年（一六七六）の江西福建湖広事例、雍正八年（一七三〇）の広西開墾事例、乾隆七年（一七四二）の楽善好施例、同二十二年（一七五七）の河工事例、道光十三年（一八三三）の籌備経費事例、咸豊元年（一八五一）の籌餉事例、光緒十年（一八八四）の海防事例、同二十七年（一九〇一）の順直善後実官捐などである。[10] 清代嘉慶年間以後、国家財政は次第に破綻し、捐納によって経費を調達する必要性はいっそう高くなった。そのため、名目上は「暫行」と言いながら、実際は常時実施されるようになっていった。たとえば、上述した咸豊元年より開始した籌餉事例は、光緒五年（一八七九）になって停止されるまでに、前後およそ三十年間にわたって実施されていた。

「暫行事例」が「現行事例」と異なる最も顕著な特徴は、報捐者はこれによって、郎中以下の京官、道員以下の外官の任官資格を得ることができた点である。つまり「現行事例」以上に、捐納の道を拡大するものである。ここで、個々の任官資格を捐納しうるのは、貢生と監生以上の任官資格を持つ者に限られる。しかし、これは生員と俊秀による任官資格の捐納を禁ずるものではない。生員と俊秀は、「大捐」が開かれる時期に当たって、まず「現行事例」に基づいて、貢生と監生の資格を捐納した後、「暫行事例」に従って、知州や知県などの「官」の任官資格を捐納することもできるからである。このため、生員と俊秀の捐納は、まず貢生と監生の資格を得る「報捐」から始まるといってよい。

ここで、報捐の年齢制限について付言しておきたい。「現行事例」と「暫行事例」のなかに、報捐の年齢制限に関する規定がなく、官僚の登用人事にかかわりのない虚銜や監生などは、一歳の子供でも報捐することができる。たとえば、光緒十六年（一八九〇）十月に編纂された『造送浙江賑捐第十三次請奨各捐生履歴銀数底冊』には、「監生」「国子監典籍銜」などを捐納した、十歳未満の児童十一人の姓名、履歴が含まれている。その中で最も幼いのは、わずか三歳で「監生」を捐納した浙江省嘉興府嘉善県籍の張宗浚であった[11]。しかし、実官の銓選にかかわる捐納項目については、報捐および「注冊」（選任リストに名前をのせること）そのものは禁止されていないものの、二十歳未満の者に対しては、「開選」（銓選人事を行うこと）や「分省」（京官の「分衙門学習行走」と外官の「発省差委試用」）を含む正式な登用人事手続きは満二十歳になるまで行われないことになっていた[12]。

以下では、報捐の手続きを明らかにする。

第二節　報捐の手続き

報捐は、捐納実施の規定により、北京と地方で並行して、同時に行われていたものもあったが、北京か地方を指定して行われたものもあった。北京での報捐の所管官庁は戸部であり、地方での報捐は布政使司によって管理されていた[13]。

一　北京報捐

戸部は全国の捐納事務を統轄しながら、北京での報捐も直接受け付けており、戸部の中には「捐納房」が設けられて、事務が遂行される。捐納房所属の満人、漢人六人ずつの司員は、戸部尚書によって部内の郎中、員外郎、主事、小京官の中から指名され、任期は二年である。司員のほか、経承四名、貼写十六名、つまり胥吏も配置されている。以上の二十名の「額設」、つまり定員の胥吏以外に、経承一名は「幇辦稿件貼写」二名、貼写一名はさらに定員外の貼写一名を「結保」、つまり推薦することができる。したがって、定員外の胥吏として、最大限二十四名が認められることになる。(14)

戸部での報捐については、『戸部則例』に以下の規定が載っている。(15)

凡一切捐生具呈到部（毎十日為一卯）、由捐納房辦給箚付粘連小票、詳載姓名・官階・銀数、按名註明某省某州県人、令其赴庫交納、銀庫挸付収銀後、即将籍貫造入花名冊、並於付回小票内逐一戳註某月某日上庫字様、毋得遺漏、以憑査察。

本条は戸部で報捐する際の基本規定である。これと『戸部則例』内の他の関連規定から、戸部での報捐手続きについて以下のように復原することができる。(16)

①【具呈】

まずは、報捐者が「呈」を戸部に提出して、つまり捐納を書面で申請することである。この「呈」には、報捐者の氏名、本籍、年齢、身体の特徴、現在の身分、尊属三代（曾祖父母、祖父母、父母）が書かれ、戸部はそれを受け付けて、予め決定した「卯期」ごとに報捐者に対する書類審査を行う。(17) 報捐者は、戸部に対し、申請する際に、その「呈」と一緒に、捐納するのが本人であることを証明する五、六品以上の同郷京官の印結（満人の場合は、佐領の図結）を添付しなければならない。(18)

②【行査】

「具呈」を受けると、戸部は「行査」を行う。これは報捐者に対する身上調査と考えてよい。捐納房は、捐納申請を受け取ってから二日以内に、戸部の内部で報捐者が賦税三百両以上を滞納しているか否かを調査して、戸部名義で在京の関係衙門に文書を送り、報捐者の調査を依頼する。関係衙門は、依頼を受けてから五日以内に、「査覆」、つまり戸部への回答を行わねばならない。たとえば、吏部に対しては、報捐者は今は丁憂や告病の期間中ではないか、という調査が依頼される。刑部に対し、報捐者が今係争中か否かなどの確認を依頼することも考えられる。(19)

③【劄付】の交付

「行査」がなされると、「劄付」が交付される。捐納房は「査覆」を受け取ってから五日以内に、報捐者に対し、「劄付」と「小票」を交付し、戸部銀庫に銀を納めさせる。ここでの「劄付」とは、戸部より発給される公文書で、この場合は納付通知書のようなものであろう。その「小票」には報捐者の姓名・籍貫・希望するポストや虚銜、及び「事例」で定められる希望の資格の所定銀数が記載されてある。なお、報捐者本人に「劄付」を交付するほか、照合のために申請者の姓名、所定銀数を知らせる「咨文」が銀庫に送られる。(20)

④【上兌】

「劄付」が交付されてから六日以内、「上兌」がなされる。「上兌」とは、所定額の銀と手数料などを戸部銀庫に納めることである。戸部銀庫による捐納銀納付の受付は、「六」と「十」のつく日に、つまり六日、十日、十六日、二十日、二十六日、三十日にしか行われない。そこで、報捐者は、受付の日に「劄付」と「小票」を持参して、戸部銀庫に赴いて所定額の捐納銀と「飯費」と呼ばれる手数料などを納める。(21)その後、戸部銀庫の管理者は、その「小票」の上に、「戳」、つまりスタンプで「〇年〇月上庫」と押す。これによって、「小票」は、所定数量の銀を納付したことを証明する「納入済み証明書」になる。なお、「上兌」に際しては、捐納銀は戸部指定の規格、つまり重さ庫平五両の「元宝」(馬蹄銀)でなければならず、その表面に「成色」(純分)を保証する銀号の戳記が押されるという。(22)

⑤【給照】

手続きの最後になるのが、「給照」である。「照」は「執照」、つまり貢生、監生、虚銜などの身分証明書である。「上兌」をした報捐者は、「納入済み証明書」である「小票」を捐納房に提出する。捐納房は、その「小票」を受け取ってから五日以内に、「執照」を本人に交付する。この交付に当たって、捐納房は予め交付の日付を報捐者に通知し、報捐者は指定の日に戸部に行って、「具結」して「戸部執照」を受け取ることになる。「戸部執照」の受取によって、戸部での捐納手続きは一応終了する。監生や貢生を捐納する者の場合、戸部は、戸部の執照を交付する一方、報捐者の年齢・容貌・本籍・尊属三代を記入する「冊」を作って、国子監に送る。国子監は、この「冊」に基づいて、「監照」、つまり「国子監執照」を発行する。報捐者は、その「監照」の受領に際して、証明書として「戸部執照」を持参しなくてはならない[23]。

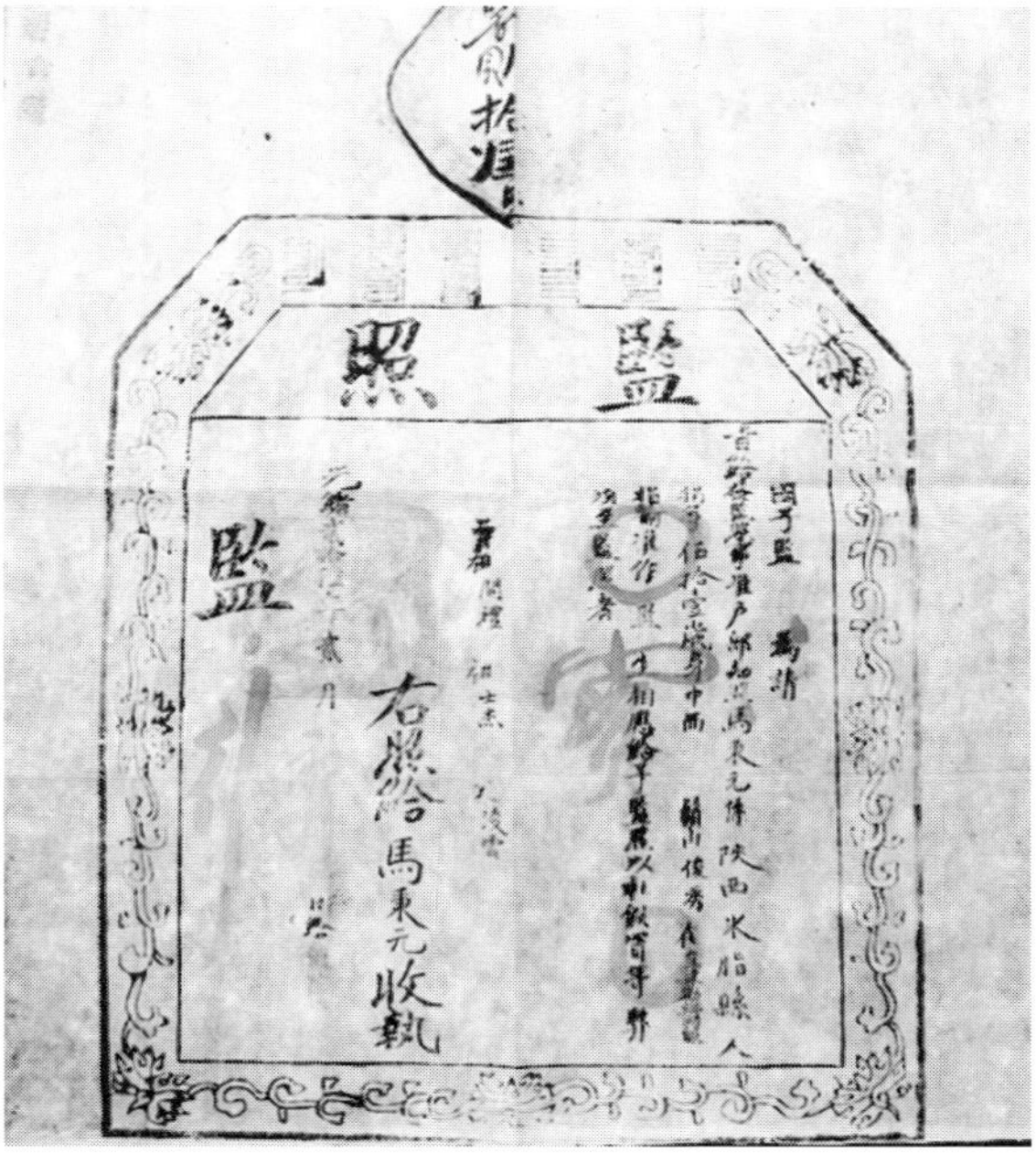

写真１　東京大学東洋文化研究所蔵光緒二十六年馬秉元監照

これらの執照は、多くの実物が残されている。「戸部執照」の実例については、次章「地方報捐」にて紹介することとして、ここでは「監照」をもとに執照の形態について説明しておこう[24]。

国子監　為請
旨給発監照事。准戸部知照、［馬秉元］係［陝西米脂県人］、
捐年［五十一］歳、［身中、面　、鬚］、由［俊秀］在［直隷勧辦湖賑］
捐輸、准作監生。相応給予監照、以杜仮冒等弊、
須至監照者。　［実］
曾祖［開礼］　祖［士杰］　父［凌雲］
右照給［馬秉元］収執

国子
監印

光緒［二十六］年［二］月［初四］日給
監　［行］

「監照」は一枚の印刷された用紙であり、［○○］の部分は戸部の「知照」に基づいて、責任者によって記入するものである。この「監照」に見られるように、報捐者の氏名・本籍・報捐現在の年齢・身体の特徴・報捐現在の身分・報捐した捐納事例の名称・尊属三代の氏名が記入されている。発行の年月の処に、満漢文の「国子監印」が捺印されている。「実」と「行」、および○と点は朱字で、正式に発行する時の「標朱」であろう。さらに、「監照」の上部には、半印と発行番号を確認することができる。

二　地方報捐

(1) 地方報捐の手続き

『戸部則例』には、地方報捐の手続きについての規定が記載されていない。ここでは、『福建省例・捐輸例』に基づいて、地方報捐の手続きを説明する。(25)

① 【投呈】

地方の報捐では、報捐者はまず「投呈」、つまり捐納申請の書類を布政司に提出する。「呈」の内容については、『福建省例』の中に、次の規定が見られる。

報捐各生、応令遵用刊発呈式、開明籍貫・年貎・履歴・三代、並捐輸或銀或銭若干数目、以及請捐何項官職、或願登仕版、願得職銜、逐一叙明。

これによると、報捐者は、自分の本籍・年齢・特徴・履歴・尊属三代の姓名・捐納したい銀銭の数目・希望する官職や職銜などを項目別にして、指定用紙に記入しなければならない。また、これに続く記述では、監生や貢生の資格を持つ、あるいは職銜を有する、あるいは候選する者は、所持の執照を一緒に提出しなければならず、同郷の官僚の印結をすでに用意している場合、これと一緒に提出してもよいとされる。この「投呈」は、「三八堂期」、つまり「三」や「八」の付く日に限って受け付けられる。

② 【批示】

「投呈」の次は「批示」がなされる。「批示」を下すのは、各省の布政使司である。布政使司衙門内の捐納事務を担当する部署は、「事例」などの捐納関係規定に基づいて、報捐者が提出した「呈」をチェックする。「事例」

は、それぞれの官職や職銜について、報捐者の地位に応じた一定の金額を規定しているので、チェックすべき内容は、報捐者の現在の地位、捐納したい銀銭の数目、希望する官職職銜などが一致するかどうかなどである。チェックが終わり、「符合」の結論をえた場合、その「呈」の上に「批示」を書いて、布政使の名義で「牌」を出して、「上兌」の期日を公に知らせる。

③【上兌】

「上兌」の場所は、普通は各省の藩庫、つまり布政使所管の倉庫である。「上兌」は、「批示」で指定された日にしなければならない。福建省の場合、「三」の付く日に「投呈」した者は、「八」の付く日に銀を納め、これと同じように、「八」の付く日に「投呈」した者は、「三」の付く日に銀を納めるとされた。

写真２　中国社会科学院歴史研究所蔵同治十一年徽州府祁門県廖欽恩報捐実収

④【交付】

報捐者が銀銭を「上兌」した翌日、担当の胥吏は領収書と臨時資格証明書に当たる「実収」を作る。「実収」はすでに印刷されたものを用い、そこに関係項目を記入して、番号を付け、官印を押した上で報捐者に交付される。「実収」については、実例によってその内容を明らかにしよう。(26)

贛字第三万五千一百九十五号

江西籌賑捐輸総局、司、道為
給発実収事。照得光緒二十五年四月、江西吉・臨・南各府属大雨経旬、洪水陡発、冲没田廬人畜圩堤、
災情極重。詳奉
江西巡撫部院松　奏請、援案開辦推広賑捐、藉資工賑、以済災黎。奉
硃批、著照所請、該部知道。欽此。欽遵。勧辦所有収捐章程、応照現辦各省賑捐成案、凡虚銜・加級・
封典・昇銜・頂戴・貢監等項、均照三成新章銀数報捐。其翎枝一項、応援湖北奏案、照章均加一成、按九
　成兌
収、並推広二品頂戴、以広招徠。茲拠〔俊秀余聯瀛〕、現年〔二十五〕歳、身中面〔　〕鬚、係〔安徽婺
　源県〕人、
報捐実銀〔三十二両四銭〕、請給予〔監生〕。核与減成新章相符、除由局彙案造冊、詳請
奏咨請奨、俟奉
部照到日、再行繳換外、相応填発実収、付本人収執、以昭憑信。
　須至実収者。

曾祖〔啓梓〕　祖〔開祺〕　母〔査氏〕　父〔益傑〕　妻〔程氏〕

江西等処承宣 布政使司之印

光緒二十［七］年［七］月［廿五］日給［余聯瀛］収執
局　　　　　　　　　　　　　　　　［行］

この「実収」によれば、光緒二十五年（一八九九）四月、江西省の一部が水害に見舞われた。江西省当局は、中央の許可を得て、水害救済の名目で捐納を実施した。捐納の成果を上げるために、江西省当局は、「三成新章」にしたがって、報捐者は所定銀数の三割を払えば、希望資格を与えることを決めた。光緒二十七年（一九〇一）七月、安徽省徽州府婺源県の「俊秀」余聯瀛は、この規定により、銀三十二両四銭を捐納して、監生の資格を取得した。この光緒二十七年七月二十五日付けの「実収」は、その時の領収書と監生資格の臨時証明書である。その上に、余聯瀛の本籍・年齢・身体の特徴・捐納した銀数・希望資格・尊属三代の状況などが記されている。

⑤【咨部換照】

「実収」交付について、「咨部換照」が行われるが、これは「実収」を「戸部執照」に交換することで、これをもって地方での捐納資格が正式に承認される。藩庫が捐納銀を領収した後に作成する「実収」は合わせて二枚ある。つまり「正実収」と「副実収」である。報捐者本人に交付するのは「正実収」であり、「副実収」は、布政使司がしばらく預かってから、咨文や冊などの公文書を添付して、総督の名義で月に一度戸部に送るものである。戸部は、地方から送られた「副実収」や関係書類をチェックした上で、「戸部執照」を発行する。(27)なお、監生や貢生を捐納する者の件については、国子監に通知し、国子監は戸部からの通知を待って、「監照」を発行することになっていた。

ここでは、「戸部執照」の実例を挙げて、換照の手続きを具体的に示しておこう。(28)

戸部為遵
旨事。拠直隷総督冊報、俊秀〔馬崇徳、直隷隆平県人〕、
捐年〔肆拾壹〕歳、身　面　鬚、捐銀貳拾肆両、准予従九品銜、
所捐銀両於光緒　年　月　日由　　収
訖、相応換給執照、以杜仮冒。須至執照者。
曾祖〔雲鳳〕　祖〔廷立〕　父〔文英〕
右照給〔馬崇徳〕収執
光緒〔貳拾伍〕年〔拾〕月〔初参〕日給照　（戸部之印）
部　　〔行〕

「監照」と同じように、「戸部執照」も色々な形式がある。この「戸部執照」の内容は、関係奏摺や聖旨を引用しない、比較的簡単なものである。「戸部執照」も印刷されたものを用い、〔〇〇〕が交付する際に、記入される内容である。上述の「戸部執照」によれば、直隷隆平県の俊秀馬崇徳は、直隷で銀二十四両を納めて、従九品の職銜を捐納し、直隷総督は、関係書類（おそらく副実収）を添付して、「冊」で戸部に通知したこと、戸部はそれに基づいて、「戸部執照」を発行したことが分かる。

戸部から発行された執照は、厳重に保管されて、兵部を通じて地方へ送られ、地方官は、それを報捐者に交付することになる。報捐者は、「戸部執照」の交付に際して、先に受領した「正実収」を布政使に返却する。そして、地方官が回収した「正実収」は、所定の期限以内に戸部に提出しなければならず、その期限は、近省は一年以内、遠省は十五ヶ月以内であった。このほか、報捐者個人は、「正実収」を持参して、戸部に直接行って「戸部執照」の発行を申請することも許されていた。

「咨部換照」は、地方で捐納する者にとって、極めて重要な手続きである。というのは、「実収」は、あくまでも臨時のもので、監生、貢生を捐納した者は、それだけでは科挙の郷試に参加することができなかったし、同じように、実官を捐納した者は、実際に任官手続きをとる時に、身分の証明として「執照」を提出しなければならなかったからである。当時、この「咨部換照」の手続きを知らずに、「実収」を持ち続けて任官の通知を待ったまま死を迎える者がいたらしく、注意が促されている。(29)

しかし、清末になると、「咨部換照」の重要性は幾分減少した。先に述べたように、「咨部換照」は手続き上、時間を要するために、地方当局は、報捐者を獲得するために、実収の交付を省略して、ただちに報捐者に執照を交付することを望み、記入すべき氏名などの項目を空白のままにする「空白執照」の発行を中央政府に要求し、認められている。たとえば、咸豊年間、福建省では、太平天国鎮圧の軍事費を調達するために、福建巡撫王懿徳は、戸部に対し、文武職銜と貢監生員の空白執照を要求し、その発給を受けていた。給付を受けた空白執照は次の通りであった（**表1-2-2**）。

清末に全国で発行された空白執照の数は、おそらく天文学的数字にのぼり、(30)この七千九百三十五枚の空白執照は、まさしく氷山の一角にすぎないであろう。光緒三十二年（一九〇六）四月、戸部は、光緒二十八年（一九〇二）十一月より、「直隷、両広（広東、広西）、両江（江蘇、江西）、奉天、山東、甘粛などの省に対し、あわせて四

表-2-2　咸豊年間福建空白執照

執照種類	枚数	字号
都　司	5	福建戸字第○号
営衛守備	10	
守千総	10	
衛千総	20	
営千総	20	
把　総	20	
正五品	40	福建封字第○号
従五品	50	
正六品	30	
従六品	100	
正七品	40	
従七品	30	
正八品	60	
従八品	40	
正九品	20	
従九品	1000	福建八字第○号
封　典	40	福建県字第○号
貢　生	200	
部監照	3000	
国子監貢照	200	
国子監監照	3000	

史料出典：『福建省例』 捐輸例 閩省籌辦捐輸兵餉酌議條款 一〇六二〜一〇六八頁。

十三万六千七百枚の空白執照を発行したことを報告した[31]。空白執照の濫発によって、「咨部換照」の手続きは、次第に意味を失ってしまった。

以上、紹介したように、執照の交付は中央と地方での報捐の最後の手続きとなる。この執照の交付に関連して、一、二付言したい。

まず、執照の受取に際して、報捐者は、執照の記入内容を自らチェックしなければならない。たとえば、「実収」の記録と一致するか、氏名や本籍の地名などが間違いないかなどである。もし、ミスを見つければ、同郷京官の「印結」を添付して、更正願いを提出する。また、受領後一ヶ月以上してミスを見つけた場合は、地方官は調査した上で、紛失者の親族から提出された「甘結」(個人名義の証明書)に自分の「印結」を添付して、督撫を通じて更正願いを提出する決まりであった[32]。

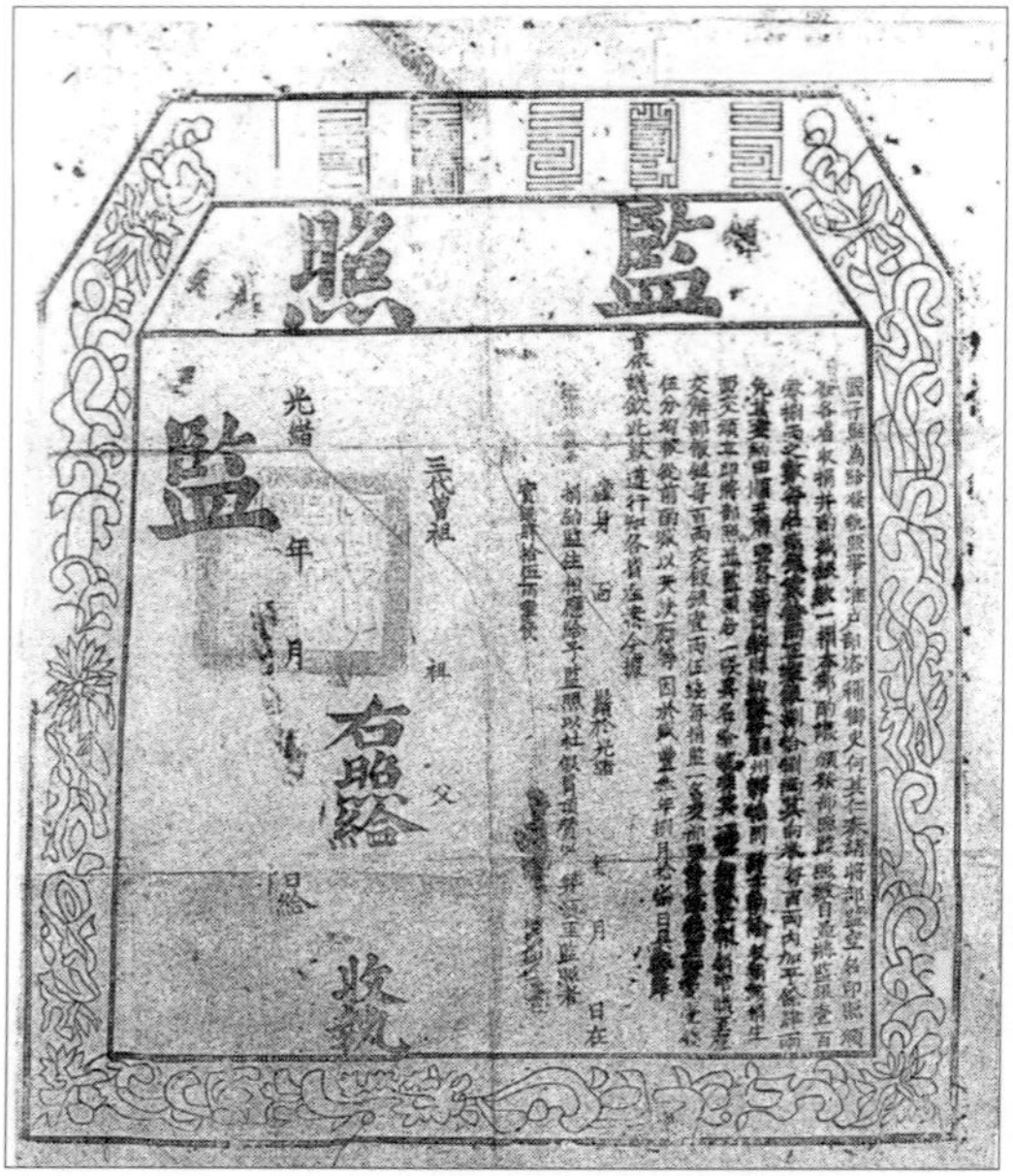

写真３　中国社会科学院歴史研究所蔵光緒年間空白監照

第二に、執照を紛失した場合は、一定の手続きを経て、再発行を受けることができる。地方で紛失した場合、関係地方官は調査した上で、紛失者の親族や関係者から提出された「甘結」と地方官個人の「印結」を地方督撫に提出し、再発行の手続きをとる[33]。北京で紛失した場合、やや複雑なので、本人が文書で順天府に報告し、同郷京官の「印結」と一緒に提出し、順天府は「咨文」で戸部に通知する。戸部はこれを受けて、五城歩軍統領衙門に「行査」を依頼し、戸部は「行査」の結果を待って、執照の再発行を行う。順天府档案の中に、こうした「執照」再発行の関係文書が残されている。たとえば、四川省叙州府宜賓県籍の張昭遠は、地元で俊秀より監生を捐納し、さらに監生より県丞職銜を捐納した。宣統元年（一九〇九）閏二月二十日、彼は北京の鉄道駅で列車を降りたところ、監生と県丞職銜の執照が入っている箱を紛失していた。彼は、ただちに「呈文」を作成して、「同郷京官印結一紙」と一緒に順天府を通して提出し、執照の再発行を申請している。(34)

(2) 外省人の現地報捐問題

地方で実施される捐納は、言うまでもなく国の財政問題に対処するものであった。その一方で、地方の財政問題に対応する目的もあったように思われる。地方経費の根幹だった「存留」銀両の額は、康熙年間から落ち込んできて、地方財政の貧困状況は次第に深刻になってきた。当時、附加税、追加負担の増加と、官僚の収入を吸い上げるという「捐廉」、「攤捐」などによる正額外財政の拡大は、地方の財政困難を解消するための方法であった。(35)このほかに、地方性の「捐納事例」の実施による正額外財政を拡大する方法もあった。

地方官は、中央に対し、災害対策、水利工事、戦乱後の復興などの理由を挙げて、地方独自の捐納「事例」を実施するよう働きかけた。清代後期、「秦晋実官捐」、「順直善後事例」などが開かれた背景には、こういった地方官の要請がある。(36)中央政府の認可を受けると、省の地方当局は、自ら運営する「捐納事例」を通じて、地方の財政外収入をなるべく多く獲得するために、省内に住む住民に対し、本省籍や外省籍を問わず一律に本省での報捐を認めた。この他、全国での「捐納事例」の実施に際して、各地の督撫などはその自身の業績を上げるためにも、同じような措置を講じていた。たとえば、道光二十四年（一八八四）、福建省で「推広捐輸事例」が実施された時に、次の条項が定められている。

凡外省在閩貿易遊幕之紳士・商民、均准報捐。

つまり、福建省に滞在する外省籍の幕友、商人などは、皆福建省で報捐することができるとされている[37]。省内で外省籍の報捐者を獲得する一方で、省外に「局」のような出先機構を設置して、省外の報捐者の獲得にも全力で取り組む。第三節にて紹介する「捐局」はその一例である。

ここでは、省内に居住する外省籍の報捐者による報捐手続きを取り上げ、これまで論じてきた地方報捐の手続きを補足しておきたい。

乾隆前期、陝西布政使司は『陝省各府州捐監糧数条例』を公表した。この「条例」に次の項目が含まれている。

其外省生俊在陝捐納者、藩司随時報院、移咨本省知照。

これによれば、「外省生俊」は報捐したあと、布政使は、督撫に報告し、督撫は報捐者の本籍所在地の地方衙門に「知照」、通知することが分かる[38]。

外省籍の報捐者の場合、報捐の後、その本籍に知らせる義務があった。乾隆四十三年（一七七八）十月二十九日、安徽省徽州府休寧県籍の「俊秀」程瑜は、甘粛省涼州府永昌県で「粟米」四十石を捐して、「監生」の資格を買ったが、その日、永昌県は、彼の本籍の休寧県に対し、次の「関文」を出している[39]。

甘粛涼州府永昌県正堂加三級記録三次林　為遵
旨議奏事。案奉

甘粛涼州府信牌、奉
甘粛甘涼道憲牌、准
甘粛布政使司移、蒙
兵部尚書総督陝甘部堂勒　案験、准
戸部咨、今将甘省涼州府等処開捐事例、転飭収捐各地方官出示暁諭、如有別省商賈、流寓在甘省、
著准其与本省生俊一体報捐、等因、遵奉在案。今於乾隆四十三年十月二十九日、拠俊秀程瑜呈称、
　窃瑜係
江南徽州府休寧県民籍、在甘省貿易、現年三十歳、身中、面白、微鬚、習書経、曾祖維炳、祖逢仕、
　父文秀。
今遵例在永昌県倉納京斗粟米四十石外、交公費銀四両、倉費銀三両三銭二分、照銀七両三銭二分。
　伏乞査収、填発実収、以便赴
部換照、並祈移知原籍注冊施行、等情。拠此、除将該生捐輸銀石公倉費銀、照数収貯倉庫、並即填
　発永字
四千二百八十四号実収一張、給与該生収執、赴
部換照外、擬合移知。為此合関
貴県、請煩査照、仍将該生姓名注冊施行。須至関者。
右　　　　　　　　　　　　　　　　　関
江南徽州府休寧県正堂加三級記録三次

乾隆四十三年十月二十九日移
永昌県印
前事
関　押

これによれば、捐納が実施された地方の地方官は、報捐者の本籍、職業、容貌、尊属三代、「上兌」した数目、発行した実収の番号などを「関文」に記入して、報捐者本籍地の地方官に送る。「関文」の最後に、報捐者本籍地の地方官に対し、「注冊」の手続きをとるよう要請している。

捐納の所管官庁から発行した「関文」は以上のようなものであるが、各地方政府が所管する捐納の出先機構、つまり「局」から発行されたものも見られる。(40)

欽派辦理江浙晋賑捐輸転運滬局三品銜即選道戸部正郎姚　為
移知事。案照本局奉
直隷爵閣督部堂
山西　爵　撫憲　会奏、欽奉
諭旨、允准推広捐収道府州県及翎枝等項、以済賑需。当経
設局、勧辦在案。茲拠俊秀邵家鍾係安徽休寧県人、
赴局報捐監生。除将捐項弾収、填給執照、並按月一卯
彙案

奏咨外、査該捐生籍隷
貴治、相応備文移知。為此合移
貴県、請煩査照、注冊執行。須至移者。
計開
捐生邵家鍾、年三十四歳、身中、面白、無鬚。
三代
曾祖士映　祖嘉琪　父啓僖
右　　　移
江徽休寧県正堂

光緒五年二月初一日移

奉辦江浙等省晋賑
捐輸転運総局関防

光緒五年（一八七九）頃、山西省を中心とする華北地域で大きな旱害が発生した。山西省は賑災のために、省外、特に「富庶」と呼ばれる江南地方で「奉辦江浙等省晋賑捐輸転運総局」を設立し、捐納を実施した。この「移文」は、上海で設立されたその総局に所属する出先機関としての「辦理江浙晋賑捐輸転運滬局」から休寧県へ送られたものである。この中に、報捐者の姓名・本籍・容貌・尊属三代などが記されている。文書の最後に、やはり「注冊」の手続きをとるよう、報捐者本籍地の地方官に要請している。この文書によれば、地方当局の出先機関としての「捐局」は、報捐者本籍地の地方官に文書を直接出すという地方官に準ずる権限を所管官庁から委任されたものと考えられる。

この二つの文書で見られる「注冊」とは、おそらく戸籍記録の変更を求めたものである。つまり、「俊秀」の身分は、捐納によって種々の特権を享受できる「監生」に変化したが[41]、その変化に基づいて本籍地の戸籍記録を変更する必要がある。このように捐納事務の所管官庁や「局」などから本籍の地方衙門に送られた公文書は、戸籍記録を改正する根拠とされるものであろう。

(3) 地方報捐をめぐる財政利益問題

地方での報捐は、地方と中央やそのほかの地方との財政利益問題に影響を与えたようである。というのは、各地で開かれる捐納に際して、地方当局は、獲得したい収入額を目標にして、当地の状況に適応する捐納銀額の割引の率、銀と穀物との換算レートなどを考えたうえで、「定価」を設定する。場合によって、地方当局は、本省の利益のために、捐納の「定価」を低く設定することによって、省内と省外から報捐者を幅広く集めて、捐納による正額外財政収入の増加を図る。このため、各地方当局が所管する地方捐納の銀額は、必ずしも一致するものではなかった。捐納は一種の商売にほかならず、どこかある省で同じモノ（監生資格や任官資格）を安い価額で入手することができるならば、報捐者はそこに赴き報捐をするかもしれない。同じように、捐納銀額を高く設定した省の報捐者は、本籍地を離れて、自分にとって安くて有利なところ、つまり安い価格で資格を買える省に報捐しに行くかもしれない。このため、本籍地の捐納収入が減り、そこの正額外財政収入の増加と地方官の業績を直撃するに違いない。

たとえば、乾隆五年（一七四〇）、四川巡撫碩色は、「常平捐監」の実施状況について上奏した。これによると、四川省の各常平倉に納められた穀物は、百十一万石であって、定額の百七十七万四千六百石を下回った。さらに、常平倉に穀物を納めて報捐した人数についても、報捐開始以来、甘粛・陝西二省に隣接する保寧・松茂などの三十五州県で報捐する人は一人もなかったという。その原因について、碩色は、四川省の報捐者が陝西や甘粛に流入したためと指摘している。

……又因川陝連界、而陝甘捐監之費、稍減於川省。小民計較錙銖、率多稀図少費。又聞有陝省商民在川貿易者、代為包納、以致川省生俊、舎近求遠、紛紛赴陝捐監、而川省缺額州県、無復報捐之人矣。

すなわち、四川省の「捐監之費」、つまり監生の報捐費用は、北部に隣接する甘粛・陝西二省より高く設定されているので、四川省の報捐者は費用の安い甘粛・陝西二省に行き、そこで報捐をしていた。また、四川省で商売をする陝西省の商人は、そこの報捐者の希望に応じて、陝西省での報捐を代行したために、陝西省で報捐を行う者は後を絶たなかったのである。この結果、四川省の「缺額州県」での報捐をする者は、ほとんどいなくなったという。碩色の報告を受けて、戸部は調査を行った。その結果、となりの甘粛省で報捐した者は、ほとんど外省籍の者であることがわかった。

今査甘省開捐事例、其本地生俊只捐過五百余石、外省商賈人等実捐過四千四百余石、是該省本籍捐監之人、誠属稀少。

とあるように、甘粛省で報捐する外省籍の人が納めた穀物は、本省の人が捐納した五百余石の九倍に達していたのである。

碩色は、自分自身の考成（勤務評価）と四川省の利益への配慮から、中央政府に対し、外省での報捐を禁止するよう要請したのに対し、戸部は、甘粛や陝西の「辺儲」は最も緊要であることを理由に、反対意見を提出した。実は、四川省にとどまらず、江西巡撫や山西巡撫らも同じ意見を上奏したが、いずれも戸部の反対によって却下されたのである(42)。

このような状況から、本来、省内で捐納すべき資金が省外に流出してしまって、その省の正額外財政収入にマイナスの影響を与えたことが窺える一方で、捐納から生じる財政利益の配分をめぐる各方面の思惑も推知することもできる。中央政府にとって、一省の常平倉問題より「辺儲」のほうが大事であった。四川省、及び江西省と山西省の地方当局にとって、省外への資金の流失は、省の財政を考えても、「大計」による個人の考成を考えても、とうてい容認しがたいことであった。ところが、甘粛省や陝西省は、「辺儲」の理由を利用して、省外からの資金をたくさん集めていた。乾隆二十八年（一七六三）十月、甘粛巡撫常鈞は上奏の中で、甘粛省で報捐したい「江浙二省之人」に対し、「聴其自便」を求めた。その目的は、いうまでもなく豊かな江南地方からより多くの財政外収入を獲得したい、というところにある(43)。こうしたことから、当時、省の地方政府と中央政府、省と省との間、それぞれの財政危機を対処するために、正額外財政収入である重要財源をもたらす報捐者を争奪する駆け引きが、繰り返して行われていたことが窺える。

以上、報捐の基本手続き、及び報捐にかかわる財政利益の争奪問題を紹介したが、以下では、報捐代行について考察したい。

第三節　報捐代行

一　報捐の総匯—北京の金融機関による報捐代行

前章では、主として則例、省例などをもとに報捐手続きを明らかにしたが、実際の状況となると、必ずしも規定通りにすむものではない。小説『官場現形記』には次のようなエピソードが書かれている。陝西省から上京した田舎者の趙温は、その年の会試に落第して、故郷に帰ろうとしていたところ、祖父から手紙と銀二千両が届けられた。その手紙のなかで、祖父は、もし合格ならば、もとよりうれしいことであるが、もし落第ならば、急ぎ「中書」を捐納して都にて奉職するように彼に指示していた。趙温は、捐納のことについてまったく分からなかったので、同行する革職された元典史の銭伯芳に頼んで、どこで報捐すれば金額が安くすむのか、調べさせることになった。ここで、銭伯芳にさぐらせた報捐先とは、代行業者のことであろう[44]。このエピソードから、当時の報捐者の意識として、北京での報捐は戸部に直接行くのではなく、むしろ代行業者に頼むのが普通であったこと、また、代行業者によって、報捐に必要な金額が異なっていたことなどが知られよう。

無論、報捐者は規定どおり自ら戸部へ行って、手続きをとることもできるが、報捐の関係規定はあまりに複雑すぎ、趙温のような一民間人にとって、『戸部則例』や「捐納事例」など非常に専門的なものを読んで理解してから、はじめて自ら報捐しにいくのは、とうてい考えにくいことである。また、彼らが、北京に報捐しにいく時に、大量の銀両を持ち運ぶのは大変危険なことで、ほとんど銭荘、銀号、金店などの金融機関を利用して、北京に送金する。受けとったあとも今度は、北京に届いた銀銭を会館などの人の出入りの多いところに置いては危ないので、彼らはその銀銭を金融機関で保管させる。このほか、前章にも紹介したように、「上兌」に際しては、納入する銀は戸部の所定規格に従わなければならないので、所持銀を「元宝」に再鋳造することや、その表面に純分を保証する戳記を捺印することについては、やはり銀号に頼まなければならない[45]。

銀号などの金融機関は、もとより政府とのかかわりが深かった。たとえば、中央や地方を問わず、徴収した税銀はまず銀号でとかして、「元宝」という定式に従って再鋳造する。このほか、徴収した税銀を銀号で一時保管することもあった。つまり、今の「日本銀行歳入代理店」や「〇〇県（都・道・府）納入代理金融機関」のように、当時、北京と地方の金融機関のなかに政府業務の一部を代理するものがあった[46]。

こうしたことによって、銀号や金店は、報捐者と政府に対し、ともに密接な関係を持ち、捐納の仲介役あるいは代行役になるのは自然の成り行きであった。乾隆年間、銀号は北京報捐代行の中心であったが、清末になって、金店が銀号のかわりに報捐代行の中心になっていく。以下では、清末の北京の金融機関による報捐代行の状況を紹介しよう。

清末に、北京内城の隆福寺・東四牌楼周辺は金融業の中心であった。そこに、乾隆、嘉慶年間に設立された「恒久」・「恒和」・「恒利」・「恒源」、いわゆる「四大恒」（「四恒号」とも言う）をはじめ、金店が軒を連ねていた。この「四大恒」の他にも、中小の金店が城内に分布していた。「四大恒」の創業者は、ほとんど浙江寧波・紹興の人である。道光の頃から、浙江省籍の人たちが北京の金融業から撤退し、北京付近の通州籍の商人を中心とする北京・天津地方の商人が代わって北京の金融業を支配するようになった。ちなみに、六部胥吏の大半も浙江省籍の出身者によって占められたのは周知のことであるが、それに次ぐ二番目に多かったのは直隷通州籍の出身者であった[47]。

金店の業務は、そもそも金銀などの貴金属の売買、「荒金」（粗金）から「赤金」（純金の金塊）への改鋳、及び「銀票」の発行などであった。[48] 一部の金店、特に新規参入の金店は、報捐代行という新しいビジネスによる収益の増加を狙って、店内に「捐櫃」、つまり報捐代行専用のカウンターを設けて、報捐者に代わって、報捐手続きを代行した。当時の北京では、捐納を代行する金店は「公金店」と呼ばれ、これに対し、報捐代行業務のない金店は「母金店」と呼ばれている。[49]

「公金店」の経営者は、報捐代行業務をうまく遂行するために、店内の従業員に捐納規則、つまり「事例」を勉強させた。一部の店は、客引きのために、アヘンまで用意したといわれる。これらの金店は、関係書類の作成から、身元保証人としての六品以上同郷京官の紹介や執照の受領に至るまで、あらゆる捐納手続きを代行した。さらに、報捐者に対し、どのポストを捐納すればよいか、あるポストを最終目標として、先にどの虚銜を捐納すればよいか、スムーズに実官実職を得るためにどの「花様」（採用人事の優先順位の決定にかかわる資格）を捐納すればよいか、行きたくない省への「分発」（試用人員として中央官庁や各省へ送られるための資格）を避けるためにどうすればよいかなど、さまざまなアドバイスを行っていた。報捐者の所持銀が足りない場合は、金店が利息を付けた上で、その不足分を貸し出した（いわゆる「京債」の一種）。一部の金店は、「分発」や「指省」（報捐者による候補先の省を指定する資格）の報捐者に対し、「期条」（約束手形）と引き換えに、捐納銀を立て替えて納入した。金店は、このように捐納業務を代行することによって、両替手数料（「加平」）と手続き代行手数料などを稼いでいた。その手数料は金店によって異なるものの、ほとんど定率で、捐納銀百両につき九両五銭や十両数銭の手数料をとるのが一般的であった。[50] 地方から上京した報捐者にとっては、直接戸部に行っても、どの手続きが必要かほとんど分からない。分かっても一つ一つ自分でしなければならない。さらに同郷京官に頼みに行けばお礼を持って行かないといけないほか、その京官の「門政大爺」（門番）への「門包」「門規」などの心付けも出さなければならない。または、せっかく戸部までたどりついた報捐者に対し、戸部の「把門人役」（門番）は「任意刁難」して、賄賂を要求した[51]。このため、手数料さえ払えば、あとはすべての手続きを済ませてくれる「公金店」を利用するのは一番気楽な捐納方法であった。『官場現形記』の趙温をはじめ、清代の末期、北京に赴いて報捐する者が、「公金店」に直行したのはこの故である。

「公金店」は、報捐代行業務のために、内務府、戸部捐納房や吏部文選司を担当する専従店員の養成にも努めた。これらの店員の仕事は、主に関係衙門に出かけて、そこの司員、胥吏とのコネを作って、そしてそのコネを利用して報捐の手続きを代行することである。これを通じて、金店は、それらの関係衙門との結びつきを太くして、関係情報を早く入手することができるようになった。金店側にとって、衙門とのコネの確保や関係情報の掌握は、報捐代行業務の激しい競争の中で生き残るための有効な方法であったろう。たとえば、自分の客が他の金店より故郷に近く、収入もよい省への「分発」を速やかに手に入れるようなことができれば、店の信用度や知名度を高めて、「人気店」になるに違いない。

報捐代行業務を取り扱うそれぞれの金店は言うまでもないが、金行・銀号―金店業ギルドの執行部も、捐納業務の代行は業界全体の利益を生み出すものとして大いに重視していた。道光二十七年（一八四七）六月、金行・銀号―金店業ギルドは、ギルドの条規を改訂したが、そのなかに、次の項目が設けられる[52]。

一、議。本年六月二十四日公議演劇敬神、兼請捐納房、司務庁、堂房、後庫、国子監諸友。希図交付縁簿、写項充公、整理管事、修葺義園起見。以後議定、年例正月初五日、三月十五日、六月二十四日、九月十七日、一年四次敬神演劇。向例請客之日、不准搭席。此次仍応照旧辦理。以後無論是否請客、毎号各准搭席一桌。惟正面池子内、儘讓同人公中起座、以為司事、得以聯絡、議及公事、不得遷占。請客之期、楼上議公請之客。

搭席之家、至日任憑正副司事現派。

この「条規」によれば、毎年の正月五日、三月十五日、六月二十四日と九月十七日、「敬神」の名目でギルドの事務局所在地にあたる正乙祠で劇を上演し、戸部の捐納房・司務庁（六部のなかで地方衙門に対する文書の出納を司る部局で、ここでは戸部の司務庁）・堂房（六部の大臣官房で、ここでは戸部の堂房）・後庫（戸部衙門の後ろに位置する銀庫）、および国子監の「諸友」を接待していたことが分かる。戸部をはじめとする政府関係者を招待することを通じて、彼らとの結びつきをより強化し、そして捐納などの業務による利益の確保に努めていたのである。一方、捐納関係衙門の官僚、胥吏、衙役は、手続き上の便宜（所定書類の作成）と私利のために、「公金店」以外の報捐を受理しないとしていた。たとえば、黄爵滋の指摘によれば、銀号商人と結託した戸部銀庫の庫丁は、銀号の代行でなければ、報捐者による捐納銀の直接納付を認めない、そして銀号から捐納銀千両につき五両のつけとどけを貰える、ということが分かる[53]。さらに、「印結銀」を望む京官も、同郷の報捐者を紹介するよう「公金店」に依頼していた。このように、報捐を代行する「公金店」は、報捐の「総匯」、つまり北京で事実上の報捐の中心になっていたと考えられる[54]。

ところが、金融機関による報捐代行は法例に基づくものではなく、非合法な慣行であった。当時、政府は、報捐者の親族や友人による代行を認めたが、銀号や金店による報捐代行を「包攬」（請け負い）と見て、原則として禁止していた。しかし、その一方で、金融機関による報捐代行に対し、黙認の政策をとっていた[55]。一部の悪徳業者や個人は、報捐者の急いで結果が欲しいという期待感を利用し、報捐代行に乗じて、報捐者から銀銭をだまし取ることもあった。一例を挙げれば、乾隆十九年（一七五四）頃、舒重華らは北京で架空の銀号を開設し、捐納を「包攬」して、銀一万五千余両をだまし取った。また、乾隆三十九年（一七七四）頃、北京前門の外にある某

「姦匪銀号」の経営者は、報捐代行の名目で報捐者から預かった銀銭をもって逃げてしまった。これによって被害を受けた報捐者は八千人にのぼった、という。(56) 政府は、こうした詐欺の取り締まりに際して、報捐者に対し、自ら報捐するよう呼びかけて、関係官僚に対し、「影射撞騙包攬、捏索規費」を厳しく検挙するように命じたが、状況はいっこう改善していなかった。(57)

以上、北京での報捐代行を紹介したが、ここでさらに強調したいのは、報捐代行からみたギルドの役割である。

これまで中国ギルドの研究の中で、国家を代表する政府とギルドとの関係について、両者の対立を重視する傾向がかつてあった。(58) 最近になって、夫馬進は、ギルドと国家を代表する政府との関係について、「切っても切れない関係」という表現で分かりやすく説明している。すなわち、同業ギルドは善会善堂に「善捐」を寄付することによって、国家権力の庇護下に入り、国家はギルドあるいはギルドの連合体に対し、強い指導と監督を行っていた、という。(59)

ギルドと国家とのあいだ、国家を代表する政府が基本的に主導的立場に立つことは周知の通りである。先に紹介した金行・銀号―金店業ギルドの事例は一つの例外であるかもしれない。このギルドが、自分たちの事務局である正乙祠で、年に四回にわたって、捐納にかかわる官庁の「諸友」を招待するということは、国家権力の庇護を求めて、その指導や監督を受ける一方、業界全体の利益のために、ギルドあるいは業界全体を挙げて、役人に働きかけていたということである。非合法の報捐代行による利益の安定化をはかることは、こうした働きかけの原動力である。こうした招待を通じて、金店、銀号業の経営者と六部の官僚や胥吏との間の絆はさらに深まったはずである。(60) この事例を通じて、ギルド側がいつも受動的な立場に立つものだけではなく、経営のために国家権力を利用しようとしており、国家との関係上の主導権を掌握しようとして、積極的な態度を示したことが分かるであろう。ここでも、夫馬進が指摘しているギルドと国家との「切っても切れない関係」の存在が窺える。

次は地方での報捐代行を検討したい。

二　地方の報捐代行

(1)「捐局」

地方捐納の代行について、まず捐納事務を担当する「局」を紹介したい。

前章に述べたように、地方捐納、上兌の窓口は布政使所管の藩庫である。実は、地方当局は、省内と省外にて捐納事務担当の「局」を設立して、藩庫の関係事務を代行させるのが一般的であった。たとえば、咸豊三年（一八五三）八月、中央政府の同意を得て、釐金の創設者として知られている「幇辧軍務刑部右侍郎雷以諴」が「奏請」して、「江南泰州、宝応」で報捐業務を取り扱う「捐局」を「分設」した。[61]ほかに、先に引用した江西省で「実収」を発行したのは、「江西籌賑捐輸総局」である。また、清末の四川省成都には、四川賑捐局の他、新海防捐局、奉（奉天）捐局、桂（広西）捐局、江南捐局、山東工賑捐局、北洋餉捐局などが設立されていた。[62]このほか、一部の地方有力者は、省の許可を得て、自ら「分局」を設立する場合も見られ、たとえば、『官場現形記』には、元監察御史の「王郷紳」は、自宅で「勧募秦晋賑捐分局」を置いているというエピソードがある。[63]このような「局」を設立する目的は、捐納事務を一本化して管理するほか、空きポストを待っている候補官に臨時的「委任」を与える配慮もあったのだろう。

一部の局は捐納の代行に際して、報捐者をより多く獲得するために、新聞広告を利用した。たとえば、「各省賑捐並七項実官常捐局」（住所は「上海寧波路二百七十二号」）は、その責任者「孫鏡湖」の名義で『申報』に広告を掲載して、「貢監」や「銜翎」、および「封典」などの報捐代行を宣伝して、「約期不誤」、つまり指定された期間内で手続きを済ませることを顧客に約束した。『申報』の発行部数が多くて、その読者がほとんど捐納の「顧客層」とされる童生と生員であったため、[64] こうしたことは、新聞広告の影響力を利用した捐納の「販売促進策」であったと言ってもよい。このような事例は枚挙に堪えない。

これらの「局」・「分局」は正式官庁ではないので、そこで捐納して、果たして「執照」などの発行を受けて、希望する資格やポストを入手することができるかどうかは、報捐者にとって、極めて切実な問題である。『官場現形記』の中には、次のエピソードが書かれている。署理山西太原府知府閻佐之の幕友何順（浙江紹興府籍）は、貧乏な閻佐之の下では儲けがないので、山西賑災の名目に乗じて、主人の閻佐之を利用し、山西巡撫から「捐納局」の設立を許可する「札」をもらった。何順は、上海に着いた後、宿泊先の玄関前で「奉旨設立報効山西賑捐総局」の看板をかけて、堂々と報捐代行をしていた。三ヶ月ほどで、集まった捐納銀が三十万両にのぼったとき、彼は、山西巡撫に対し、その捐納銀を一律に一口六、七千両として報告書を提出したという。[65] 六、七千両より多く捐納した者は希望する資格やポストを入手することが不可能に違いなく、このような「捐局」で行われた捐納事務は、まさしく一種の詐欺である。

そうした中で、清末の四川では、「捐局」の信用性を格付けする人物まで現れた。『成都通覧』の著者傅崇矩はその一人であった。彼によると、四川省成都の山東工賑捐局、北洋餉捐局は、清末の宣統年間に厳卜琴によって設立されたが、ある日、責任者の厳卜琴が逃げてしまい、被害を蒙った「捐生」たちは、四川総督衙門で訴訟を起こした、という。このような捐納を利用して詐欺を行う「捐局」を、傅崇矩は「最不可靠」、つまり最も信用できないと格付けしているが、その理由は、責任者の厳卜琴がそもそも「北洋委提」を得ていないからであった。これに対し、「可靠」、つまり信頼できる捐局としては湖北捐局が挙げられている。[66]

（2）個人の報捐代行

次に個人による手続きの代行を説明したい。まず、**写真4**の依頼状を抄録しておく。(67)

立浼字人徽州黟県舒行五、今懇
朱府諱唯若先生、代捐国学生一名舒大信、憑中議定部費各項
等事、一応在内、面議定課銀一百四十七両正、其率依令照兌、
其銀七月内兌七十両、余七十七両、待部照到日交明兌足。両
不有誤。憑約存照。

程岐芳
中見　朱文光　押
舒漢瞻

乾隆十二年正月念二日　立浼字舒行五　（花押）
外有議字、其七月付卅両、其率毎鉋油加七銭七分
平

本状によれば、安徽省徽州府黟縣に住む民人の舒行五は、舒大信（おそらく舒行五の息子であろう）のために生員の資格を捐納しようとして、朱唯若「先生」に依頼した。話し合いの結果、立会人のもとで舒行五がこの依頼状を立て、捐納の銀銭や部費などの手数料あわせて銀百四十七両、とその「率」（火耗）を朱唯若に払うことを約束した。ただし、この百四十七両を一括して払うわけではなく、まず七月に七十両を払う、報捐の手続きをすべて終えて、「戸部執照」が舒氏の手に届いた後、残りの七十七両を払うこととされた。このように、報捐の代

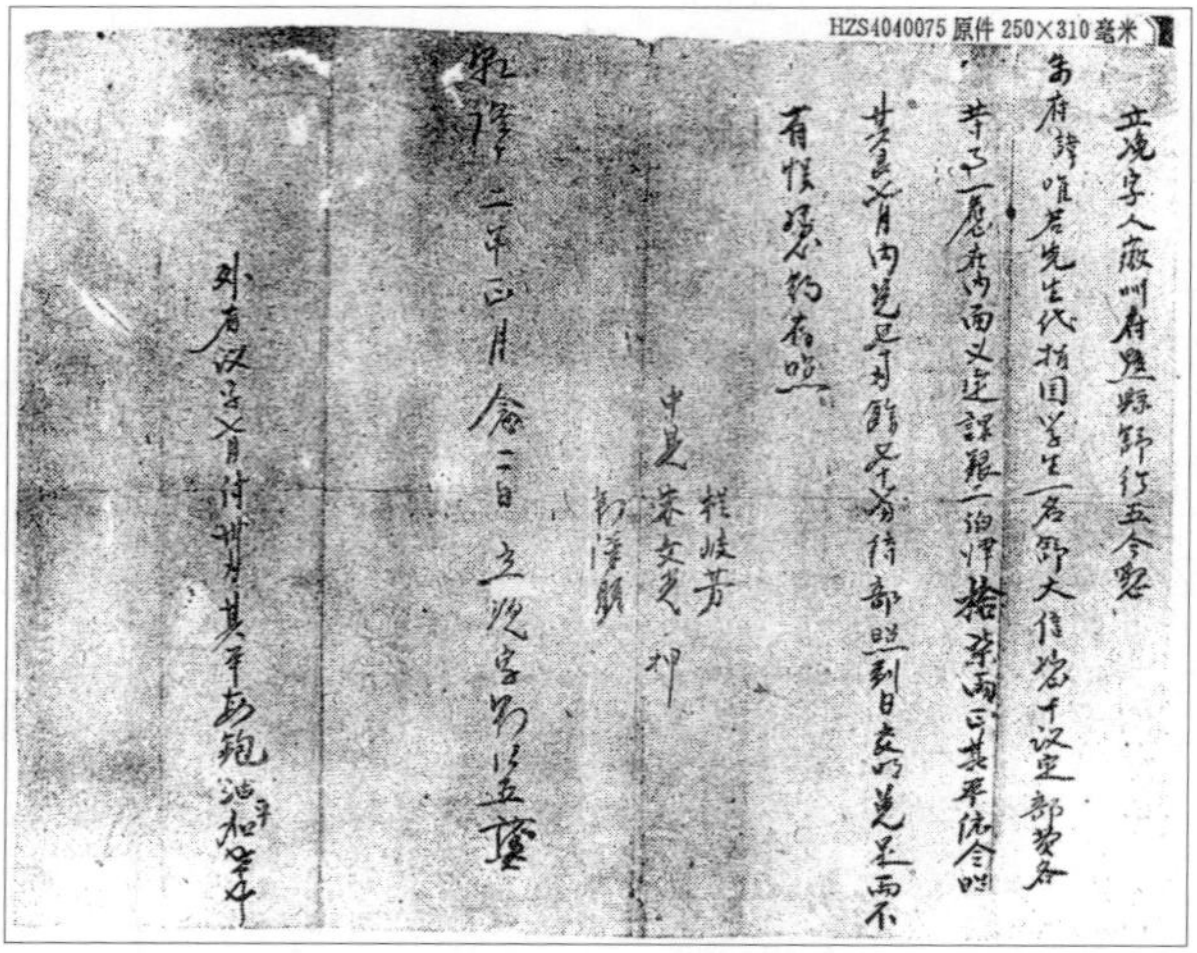

写真４　中国社会科学院歴史研究所蔵乾隆十二年黟県舒行五交捐納銀議約

行者である朱唯若は、この件を引き受けて、「投呈」から「換照」まですべての手続きを代行することになっているが、通常報捐所要の費用は次の通りであった。(68)

監生資格　１０８・００両
部費（「飯費銀」）　５・４０両
（基準：捐納銀百両につき一両五銭）
結費（印結の発行手数料）　８・００両
（省によって異なるが、安徽省の場合は八両）
部照銀　０・３０両
監照銀　０・１５両

合計百十三両八銭五分になるので、仮にこれを最小限の出費とすれば、朱唯若は二十両前後を儲けると思われる。なお、彼が自ら上京して報捐手続きをしに行くより、ほかの人に依頼する可能性が高いと考えられる。

(3)「換照」の代行

次に「換照」のみを代行する事例を挙げたい。乾隆初年、湖広漢陽府漢口鎮の「脚子」朱正思は、北京と漢口とのあいだを往復して、商業書信の伝達を務めていた。この業務上の関係で、彼は北京の銀号商人滑文成（浙江省紹興府余姚県籍）と知り合った。乾隆の初めの頃、彼の知り合いで、漢口で米穀行を経営する周五賞（湖南省衡州府衡山県籍）は、彼に業務の便を利用し「換照」することを依頼した。そこで、周五賞は、「換照」すべき「実収」三枚と、「換照」の関係費用と「盤纏銀」（交通費など）あわせて六両を朱正思に渡した。朱正思はそれを持って、北京に入った後、自ら戸部へ行って「換照」の手続きをとるのではなく、すべてを銀号の経営者滑文成に依頼した。(69) 朱正思のような北京と地方との間に往来する人間に託し、そして彼らはさらに北京の商人に依頼する、という人間の信用関係を利用し報捐代行するのは、おそらく当時ごく普通の報捐方法の一つであった。

地方で捐納した後の「換照」は、極めて重要な手続きであった。そこで、地方官庁を通じて「換照」するのは、言うまでもなく普通のやり方であった。しかし、官庁を通じて「換照」するのは、時間がかかるだけではなく、万一のことでさらに遅れる恐れもある。報捐者の気持ちとしては、大金を払って資格を買って、それを証明する「執照」をいち早く確実に入手したいのである。そして、自ら「換照」しに行くか知り合いを頼むのは、一番安心かつ確実な方法であるに違いない。先に紹介した「換照」に関する規定では、こういったことを配慮し、個人による「換照」も認められているのはこの故である。ところが、自ら「換照」することを希望する者が、すべて自ら北京に行くのはとうてい考えにくいことである。ここで単なる手続きを知るかどうかといった問題の他に、安全、交通、言葉、銀銭の相場及び家計への影響など、要するに今日我々が旅行するときに出会う問題をはるかに超える様々な不便に如何にして対処するかは、一田舎者にとって、至難のことと言えよう。そこで、「換照」を含む報捐代行ビジネスが生み出されたのである。(70)

三　報捐代行に依存する社会集団の存在

すでに述べたように、制度上、中央や地方での報捐は、報捐者本人が自ら一定の手順にしたがって行わなければならないが、実際は、当時の慣行として、金店など報捐の「総匯」を利用する報捐者が多かった。当時、捐納によって、多額の資金が国内で動いていた。商人はこうした資金の流れの中で自分の利益を図って、報捐代行のビジネスをしていた。『光緒会計録』の記録によれば、光緒十九年（一八九三）に戸部で直接報捐して納めた銀は三百四十八万千三十四両あまりあったという。[71]北京での報捐は殆ど捐納の「総匯」、つまり銀号や金店により代行されたこと、代行する場合、一割の手数料がえられることを考えれば、報捐代行による利益は年間おそらく三十四万両にのぼったことが推知できよう。道光七年（一八二七）より実施した酌増事例は、頭卯（第一期）と二卯（第二期）だけで銀「二千余万両」が得られた。[72]それを考えれば、代行手数料は光緒十九年のそれを上回るに違いない。捐納関係衙門の官僚や胥吏は商人から捐納利益の一部をもらえる。五、六品の京官は、報捐に欠かせない「印結」を出し、そして「印結銀」を受け取る形で、捐納という国家が経営するビジネスに直接参入していた。四川、広東、江蘇、浙江出身の京官は、年間の一人あたりの「印結銀」収入は千両を越える。[73]咸豊元年（一八五一）より光緒十一年（一八八五）の年末までの約三十年間にわたって、清朝中央政府は、すべての官僚に対し俸禄銀と養廉銀の減額支給を実施していた。このように、報捐者からの「飯銀」と「印結銀」は、京官生活を維持するうえで不可欠の財源となっていた。「飯銀」の分配比率は、以下のようである。「帰公」の五割以外に、「戸部」は二割五分をもらうが、残りの二割五分は兵部と吏部に帰す。戸部に帰したその「飯銀」は、さらに二、三、三、一の割合で堂官、辦捐司官、辦捐書吏、事務経費にそれぞれ分配される、という。[74]光緒五年（一八八〇）、戸部左侍郎だった王文韶が受け取った俸禄は、「四十六両五銭」しかなかったのに対し、戸部捐納房より送られてきた「飯銀」は、全年収入総額の九割以上を占めた二万三千五百十七両三銭八分であった、という。[75]

こういったことによって、一種の捐納に依存する利益集団のようなものが、国家を代表する政府と報捐者との間に存在していた。この利益集団は、組織的なものではない人的結合によるものである。つまり、報捐代行は、戸部捐納房を頂点とする全国的ネットワーク、及び北京の金融機関を中心とするサブネットワークによって行われていて、そのネットワークを管理する人がいないと言っても、北京の商人と戸部などの官庁との間、商人と胥吏との間、商人と「印結」を出す京官との間、北京の商人と地方の商人との間、金店—銀号商人と配達業者との間に利益関係によって結ばれ、共通のルールを遵守する集団が事実上存在していた。この集団の報捐代行業務は、合法なものではないが、政府の黙認のもとで行われていた。報捐者はこの集団によってコントロールされ、その捐納資金の一部はこの集団へ流れていった。当時の言葉でいえば、国家は捐納を実施し、この集団は捐納の「余潤」を得るのである(76)。

ただし、この政府と報捐者との間に存在する利益集団は、国家あるいは社会から分離独立されたものではない。たとえば、この利益集団の中で重要な役割を果たした金融業の商人たちは、民間人の身分で捐納を代行することによって、国家の行政事務にたずさわっていた。報捐者から見れば、この商人たちは「官」の権力の延長線上に立って、衙門を代表する者である。政府から見れば、この商人たちはあくまでも「官」の黙認を得て、報捐者の代表として、関係手続きを代行する「民」である。民間人に一部の行政事務を代理させるのは、中国歴史上によく見られる支配方法の一つである。ここで、報捐を代行する商人たちは、「官」と「民」の双方をともに代表し、「官」と「民」が大きく混淆されたものであると考えられる。

第四節　報捐者の科挙試験参加問題

報捐して執照を受領した監生（貢生も含む）にとって、これから進む道が二つあった。一つは「異途」あるいは「雑途」と呼ばれる道であった。つまり、さらに捐納の方法を利用して、任官資格を捐納することであった(77)。もう一つは、第一章ですでに説明したような「雑途＋正途」の道であった。つまり「雑途」の方法（捐納）で監生という郷試の受験資格を取得した後、郷試や会試に参加して合格することであった。以下、報捐して監生になっている者の科挙試験の参加問題、つまり「雑途＋正途」の問題を通じて、彼らの意識問題を説明しよう。

監生は国子監の在籍者として、制度上科挙の郷試に参加することができた。乾隆元年（一七三六）、監生の捐納が国家の一制度として成立されたときに、戸部などの関係衙門が議論したあと、制度の目的について、「生童応試の階」を広めることにあると述べた(78)。ここでいう「応試」とは、いうまでもなく郷試のことであった。

清代の郷試制度には、監生のための特別合格枠が設けられた。それは順天郷試の「皿字号」の合格枠であった。たとえば、順治十七年（一六六〇）に、順天郷試の合格定員百五名のうち、「皿字号」の定数は四十三名であった。清代郷試の合格定員が皇帝の「特恩」などにより変動するものの、「皿字号」という特別枠はずっと存在していた(79)。

監生が科挙の郷試に参加できることは、その身分証明に当たる「監照」のうえに明記されている。たとえば、ある「監照」に「該捐生一面交銀、立即将部照並監照各一張填名給領、准其一体郷試」と書いている(80)。郷試の直前に捐納して「監照」の受領を間に合わない監生に対して、「地方官文結」と「同郷京官印結」さえ提示できれば、受験資格を認めるという特別措置も講じられた(81)。

清代において、監生の身分で郷試と会試に参加して合格した者がけっして珍しい存在ではなかった。たとえば、湖南省常徳府武陵県の王成驤は、監生より道光二十九年（一八四九）の順天府郷試に合格して挙人資格を取得し、咸豊九年（一八五九）に進士の合格をも果たした。著名な学者である袁枚も凌廷堪も、郷試の数ヶ月前に捐納して監生となりその受験資格を得た者の代表であった(82)。

郷試のほか、監生の童試参加問題についての規定もあった。県試、府試、院試という三段階の試験から構成する童試は、そもそも府州県の儒学に在籍する生員の身分を取得するための試験である。そのため、州県の儒学生員より上位の国子監監生として、郷試の受験資格をすでに取得している例監生は、童試に参加することが通常考えられない。しかし、監生の資格を取得したあとも「正途」の出身にこだわる者が実際に存在した。つまり「雑途＋正途」という道を放棄し、「オール正途」の出世コースを目指したいのであった。乾隆四十五年（一七八〇）、広東巡撫の報告によると、許仁傑は監生を辞し「原名」で童試の受験をしたい、という。これを受けて、次の規定が設けられた。

監生志切正途、査無別故、准其辞監、以原名就応童試。

つまり、監生になった者がその監生の資格を辞すれば、童試に参加することができるとされる。この規定が、咸豊八年（一八五八）にもう一度強調された[83]。

実際に、童試に参加したくは思うものの、その受験資格に問題があるとして告発された監生が、行政訴訟を起こそうとしたケースもある。ここでは、一例を挙げよう。

光緒九年（一八八三）十月、監生の身分をもつ安徽省徽州府祁門県の黄肇華は、抱呈の黄春延を通じて、「童生」の名義で「訴状」を提出した。その内容は次の通りである。

稟為試期漸近乞恩収考栽培寒士事。童読書原図応試。前赴県試、憲因汪紹謨控童已捐監、恐例不符。沐詳府憲、已閲一月、未沐批回。然考期漸逼、府憲本月二十八日大収。童思監応童試、與例符合、憲必准童考。即與例不符、童願将監照繳銷、以図正路進取。伏読学政全書、已革貢監生員、尚邀恩原名応試。童願繳照応考、理無不合。汪紹謨百般陥害、童無過犯。現際応考大事、汪紹謨不得揞阻留難。為此、粘呈監照一張、伏叩憲大父師恩准収存監照、候批詳到日、再行繳銷。是否。乞先賞収補考、録送府試、栽培寒士、感徳上稟。

これによると、光緒九年（一八八三）、黄肇華は祁門県の「童試」に参加しようとしたところ、同郷の汪紹謨は、黄肇華はすでに監生を捐納しており、童試に参加するのは「例」に違反する恐れがあるとして、彼を県に告発した(84)。県側は、汪紹謨の告発を受けて、黄肇華の童試の受験資格について、一時留保、つまりとりあえず彼の試験参加を認めない措置をとった一方で、府に対し最終処理策を求めた。徽州府側は一ヶ月にわたって返事してこなかった。府が主催する、十月二十八日に行われる「大収」（おそらく府試）が近づいたが、黄肇華は、この大収が最後のチャンスと見て、県に対し、例監生「監照」の返上を交換条件に、大収の参加資格を認めるよう、代書人に依頼して訴状を作成した。

興味深いのは、以下のことである。

先に紹介したように、監生の童試参加問題に関する法の規定があり、つまり監照が返上されれば、一童生としての童試受験資格が認められるのである。汪紹謨に訴えられた黄肇華は祁門県に対し、監照の返上に触れず童試の受験資格を認めるよう求めた。しかし、祁門県側および徽州府の返事が返ってこないということを受けて、彼はようやく監照の返上に言及した。

訴状のなかに、監生の身分をもつ黄肇華は、自分が童試に参加することは「例」と一致するので、知府はきっと許可されるとしながら、関係法例の引用をしていなかった。彼が実際に引用したのは、『学政全書』中の身分が褫奪された監生の郷試参加に関する規定であった。彼はその規定を自分に都合のいい解釈をしている。つまり、軽微の罪で身分が剥奪された生員は、聖恩により受験を許される以上、監生としての自分は童試に参加するのは正当な要求である、と彼は主張している。彼が「伏読」したのは、おそらく『学政全書』の「原名応試」に関する規定であり[85]、彼の実情に関係するものではないと思う。

彼は受験参加の交換条件として監照の返上を提案した。これはそもそも、彼のような監生が童試を受験するための必要条件であり、彼が「伏読」した『学政全書』の「原名応試」よりやや後ろにある「貢監事例」の項目に先に紹介した規定が載っている。しかし黄肇華は、自分の提案の法的根拠にもなるその規定にひと言も言及していなかった。おそらく彼は、なぜ監照の返上を最初から言わなかったかという行政側の追及を恐れているが、できることであれば監照を返上せず童試の受験資格を得ようとしたと考えられる。

この訴状に「官代書」の戳記があるが、知県の訴状を受理する「批」が書かれていないうえ、訴訟として受理した「内号」の戳記も押されていない。衙門側が受理されなかった可能性も否めないが、黄肇華側が何らかの理由で訴状を出さなかった可能性もある[86]。

この訴訟からは、十九世紀の末における出世に関する監生の意識を見ることができる。その時期、監生の捐納が「現行事例」の一部として常時に実施され、希望すればいつでもできることであった。しかし、正途による出世はこれによって無視されたものではなかった。たとえば、光緒二十四年（一八九八）十一月六日に、魯迅（周樹人）は弟の周作人と一緒に紹興県の県試を受験した。周作人は晩年、童試の第一歩として県試はその時代の「士人」が出世するための「唯一正路」で、できることならやはりこの正路を歩こう、と振り返っている[87]張仲礼も、また、「読書応試」を十九世紀の中国知識人階層の「主要活動」として挙げている[88]。このほか、近藤秀樹は、十九世紀の後半になって科挙が「ようやく魅力のあせた存在になりつつあった」としながらも、統計のデータをもとに「科挙への志向が依然ねづよいものがあったこと」を指摘している[89]。

同じく十九世紀の中国に生きていて、すでに監生の資格を持っている黄肇華は、科挙の「正途」を断念したわけではなかった。彼はすでに監生の身分を持っているのであるから、さらに捐納すれば任官資格を得ることができる。しかし、彼が「監照」を返上して、童試つまり県試や府試に参加したいとしたことは、可能ならやはり科挙という伝統的な出世の道を利用したかったからである。彼本人が訴状で述べる「読書原図応試」「図正途進取」ということの原因は、ここにあったと考えられる。清末になって、科挙の魅力が薄れてきて、科挙を廃止する議論がすでに出ていた。ところが、科挙が正式に廃止されるまで、報捐して監生になっている者の一部にとっては、科挙はやはり出世任官のための重要な道である。つまり、科挙でも捐納でも、どちらの道でも出世任官の道である。とにかく、出世可能なあらゆるチャンスを利用しなければ、自分にとって損することである。この黄肇華の動きから、当時、出世任官のためにあらゆる可能性を利用したい、という一部の監生の社会意識を読み取れると考えられる。

おわりに

財政問題の緊急対策として実施された清代の捐納制度は、国の政治・社会・文化に対しさまざまな影響を与えていた。本章は、一般人民が清代の捐納制度をどのように利用したかという視点から、報捐諸手続きの復原に努めた上で、報捐にかかわる中央と地方の財政利益問題、報捐代行による利益の確保に努めていたギルドの役割の問題、報捐代行に依存する利益集団の問題を分析し、最後に、童試の受験をめぐる監生の社会意識問題を議論してきた。これらの分析と議論を通じて、我々は報捐の実態を把握することができた。

最後に、本章の検討を通して得た二、三の知見を述べておきたい。

第一、清代においては、捐納が国家の一制度として固定化された最も重要な原因は、清朝の皇帝、とりわけ乾隆帝の積極的な推進によることにあった。彼は、捐納がもたらす弊害を認めながら、監生をはじめ、貢生、封典などの捐納を次から次へ認可した。財政的な理由もあったが、より多くの知識人、とくに一定の財力のある知識人を支配の体制内に取り入れようとした狙いもあったと考えられる。このほか、民間からの需要もその一因であったことは忘れてはならない。監生と貢生は郷試受験の資格であるとともに、官僚の任官資格を捐納によって入手するための必要条件でもあったこと、捐納すれば出世の可能性が高くなる、ということは、社会において広く認知されたものであった。この意味からすれば、清代における捐納の制度化は、こうした「官」「民」という社会の両サイドからの働きによって成立したものと考えられる。

第二、清朝政府は、捐納の実施に際して、それを分類して管理することに努めていた。つまり、官僚の銓選人事と無関係の監生や封典などの捐納を「現行事例」、官僚の任官資格の捐納を「暫行事例」に分類したのであった。このような分け方は、官僚の銓選人事に影響を及ぼす項目を必要な時だけ実施し、官僚人事の供給バランスを維持しようとするものであったと考えられる。そのため、乾隆四十一年（一七七六）に川運軍糧事例が終了したあと、大臣から何度も出された暫行事例の実施要望に対して、乾隆帝はすべて却下してしまった(90)。しかし、嘉慶年間以後、暫行事例が相次ぎ実施され、清朝政府はついに自ら作り出した官僚の予備軍を官僚体制内に吸収しきれなくなった。この問題については、本書第四章を参照されたい。

第三、報捐の代行から、われわれは「国家―商人などの代行業者―報捐者」という三者の関係を見出すことができた。詳細についてはさらに本書第八章で検討するが、社会において捐納という国家制度が結局、報捐代行業者の活動によって実際に運営され機能されたことがわかった。言い換えれば、明清中国における制度の運営は、ときに「国家―民衆」という単純な図式より、「国家―中間人―民衆」というやや複雑な図式に呈するのであった。

最後に、未解明な問題は数多く残されている。たとえば、捐納制度の内部において、報捐者（一般人民）と中央政府や地方政府との間にいかなる関係が存在していたかについては、本章は、乾隆年間の四川の一事例に即して、地方報捐にかかわる中央と地方の財政利益問題を説明したが、地方報捐から得られた正額外財政収入が如何にして分割されたかは、さらに明らかにする必要がある。また、報捐の代行をめぐる報捐者と金融業界や関係衙門との関係、報捐者が報捐した後の進路問題については、新しい史料の発掘から着手しなければならない。これらの問題の解明により、捐納の第一歩―報捐の研究をさらに前進させる一方で、捐納制度と清代社会に対する認識もさらに深めることができると考える。

注

（1）詳細については、本書の序章を参照されたい。

（2）ここでいう「一般人民」とは、清代の戸籍上において「良民」に属する民籍、軍籍、商籍、竈籍の者を指す言葉として用いる。「賎籍」に属する奴僕、倡優、隷卒などは報捐が禁止された（『（光緒）欽定大清会典』巻十七 戸部 一八〇頁）。にもかかわらず、皂隷の息子は報捐するケースが実際にあった。乾隆三十九年（一七七四）頃、江南潁州府亳州の監生韓起甲は、郎中を捐納した李書学を都察院に告発した。その理由は、李書学は「皂子」、つまり皂隷の息子であったためである。これに対し、都察院は、もし李書学が果たして「出身賎微、冒濫報捐」に係れば、厳しく「査辦」すべし、との処理意見をまとめた（中央研究院歴史語言研究所蔵清代内閣大庫档案（以下、内閣大庫档案と略称）第〇一九八〇〇号 都察院左都御史張若溎奏報監生呈控皂子違禁捐官請勅安撫査明 張偉仁『明清档案』第二二一冊 B一二四五〇一～B一二四五〇二頁）。「賎籍」の者による報捐は、清代中期以後しばしば見られ、礼部で絶えず問題となったことがある、と岸本美緒によって指摘されている（岸本美緒

「清代における『賤』の観念——冒捐冒考問題を中心に」『東洋文化研究所紀要』第一四四号 二〇〇三年十二月 八一～一三一頁）。なお、「嘉慶年間皂役及其子孫冒捐冒考史料」『歴史档案』一九九八年 第一期 一九九八年二月 二九～三七頁を参照。

（3）これより七年前の崇徳六年（一六四二）、遼東地方を支配する満州政権の内部には、賑災のために捐納を実施する提言があった。詳細について本書第七章を参照。『清世祖実録』巻四十四 順治六年五月癸未 第三冊 三五四頁。「戸部等衙門疏言、我朝敷政、首重恤民。定鼎以来、罷去横征、與民休息。但今邊疆未靖、師旅頻興、一歳所入、不足供一歳之出。今議開監生吏典承差等援納、給内外僧道度牒、……以裕国家経費之用、報可。」（清）鄂海輯『六部則例全書』戸部則例 巻下 捐叙 捐監原例 七九a頁。「康熙十二年八月戸部覆、……査順治六年、因兵餉不敷、臣部援納監生一項、……。」

（4）『清高宗実録』巻十一 乾隆元年正月丙辰 第九冊 三五二頁。ここで言う「九卿」とは六部、都察院、通政使司、大理寺のことであり、「翰詹科道」とは、翰林院、詹事府、六科給事中、各道監察御史のことである。

（5）『上諭条例』乾隆元年 議停捐納止留戸部捐監一条。中国第一歴史档案館『乾隆帝起居注』第一冊 二一頁。実は、即位してまもない頃の乾隆帝が出した「捐資賑助」に関する上諭のなかで、『周礼』のその部分を引用した。戸部が監生捐納政策の実施を正当化する理由として『周礼』の同じ部分を引用したのは、数ヶ月前の乾隆帝の上諭を意識した可能性がある。『清高宗実録』巻五 雍正十三年十月乙酉 第九冊 二三九～二四〇頁。

（6）瞿同祖『清代地方政府』二八九頁 注二〇。

（7）『清高宗実録』巻二百五十一 乾隆十年十月庚申 第一二冊 二四〇頁。中国第一歴史档案館『乾隆朝軍機処随手登記档』第三冊 二六一頁。

（8）瞿同祖『清代地方政府』二八九頁 注一九。

（9）『現行常例』三六a～b頁。

（10）許大齢『清代捐納制度』〈康熙捐例表〉と〈雍乾以後捐例表〉（『明清史論集』所収）二八～二九・六七～六九頁。

（11）『造送浙江賑捐第十三次請奨各捐生履歴銀数底冊』。本書附録を参照されたい。

（12）『出山指南』一b頁。『（光緒）欽定大清会典』巻七 吏部 八九頁。

（13）戸部のほか、内務府は「辦理捐輸助賑事宜処」を設立し、内務府の官職にかかわる捐納事務を独自で行っていた（中国第一歴史档案館蔵清代内務府档案、捐輸助賑頭卯人員執照档）。これ以外、兵部、順天府、京銅局などの官庁も報捐事務に関係していたが、ここでは省略する。

(14)『(光緒)欽定大清会典』巻二十四 戸部 二四五頁。『(同治)欽定戸部則例』巻九十八 通例 収捐給照事宜 三四b頁。
(15)『(同治)欽定戸部則例』巻九十八 通例 収捐給照事宜 二八b～二九a頁。
(16)『(同治)欽定戸部則例』巻九十八 通例 収捐給照事宜 二五a～四一b頁。
(17)「卯期」とは、捐納事務を処理するために、予め指定した申し込みの期間のことである。通常、現行事例の場合では十日間、暫行事例の場合では二ないし数ヶ月間を単位に「卯期」がそれぞれ設定される。「卯期」の順序は、そのまま報捐者の順番となり、候選や候補の順番を決める際にも重要な判断基準であった。事務処理上、捐納者の名簿が「卯期」ごとに作成された。
(18)印結とは、官印が押される身元保証書である。報捐の際の印結問題について、本書第三章を参照されたい。
(19)清末の記録によれば、「行査」の手数料は、銀九両であったことが分かる。(清)李圭『入都日記』二二b頁。
(20)銀のほかに、銅、駱駝、粟などの実物で捐納する「事例」も実施されたが、ここでは省略する。なお『(光緒)欽定大清会典』によれば、「劄付」は所属関係のない衙門の間に使用する下行文書である。たとえば、提督より府、庁、州、県あて、巡撫より副将、参将、遊撃、都司あての文書である。『(光緒)欽定大清会典』巻三十 礼部 三〇一頁。
(21)「大捐」の場合、飯費の基準額は、「毎正項百両、収飯銀三両」とされる。(清)盛康『皇朝経世文続編』巻十三 鄭世任「敬陳理財用人疏」一一a～一四a頁。なお、『道咸同光四朝奏議』第一冊 三六四～三六五頁に所収。許大齢『清代捐納制度』(『明清史論集』所収)九六～九七頁。
(22)(清)黄爵滋『黄爵滋奏疏』巻三 銀庫収捐疏 二四～二五頁。
(23)『(光緒)欽定大清会典』巻七十六 国子監 七七九頁。
(24)東京大学東洋文化研究所蔵光緒二十六年馬秉元監照。
(25)『福建省例』捐輸例 籌辦収捐上兌請奨章程 一〇五一～一〇五七頁、同 閩省現辦捐輸酌議章程 一〇七二～一〇七五頁。
(26)中国社会科学院歴史研究所蔵江西籌賑捐輸総局給余聯瀛捐監正実収。翌二十六日、余聯瀛は、入手したばかりの監生の身分を利用して、「布政司理問」の職銜を捐納した(中国社会科学院歴史研究所蔵江西籌賑捐輸総局給余聯瀛捐職正実収)。
(27)「実収」と「執照」は異なるものである。前者は、規定通りに銀両などを指定先に納めた証明書であり、後者は捐納の身分証明書である。この両者を誤って混同する研究者がいる。たとえば、ある研究者は、江西籌賑捐輸総局が光緒末年に発行した

「贛字第六万五千九百六号」の「正実収」を明記する写真に対して、「清代捐納執照」であると誤って説明している。艾永明［ほか］『臣綱：清代文官的遊戯規則』五一頁。

偽造した実収を使って、「換照」を申請したケースがあった。乾隆三年（一七三八）頃、北京の「銀舗」商人滑文成は、他人の依頼を受けて、「換照」を代行するため、「布字柒千叁百捌拾貳号」と「布字柒千叁百捌拾叁号」の副実収二枚を戸部に提出した。戸部の担当者は、この二枚の副実収をチェックしていたところ、偽造であることを見破った。まず、「原捐冊」を照合する際に、その「布字柒千叁百捌拾貳号」と「布字柒千叁百捌拾叁号」の実収の保有者に対し、「換照」手続きはすでに完了したことが確認された。次に、偽造であると断定した最も重要な根拠は、その上に捺印されている布政使司の官印である。すなわち、その官印の文字が間違っていて、定式と全く異なるものであった。内閣大庫档案 第〇二三二九一号 戸部尚書海望奏報広西墾田捐納監生実収鈐蓋印信不符請勅巡撫審擬 張偉仁『明清档案』第八三冊 B四七一三一～B四七一三三頁。このほか、戸部捐納房の胥吏は、戸部や国子監の官印、および執照の所定用紙を偽造し、その偽執照を四千七百人余りに交付し、捐納銀十数万両を騙し取った案件もあった。「道光十年私造仮照案」『歴史档案』一九九三年第四期 一九九三年十一月 三四～五二頁。

(28) 東京大学東洋文化研究所蔵戸部給馬崇徳執照。

(29)『出山指南』二b頁。内閣大庫档案 第一一七〇二号 乾隆六年（一七四一）七月都察院左都御史兼管国子監事劉呉龍 国子監為未及換照之監生一体録科送試 『明清史料癸編』第五冊 四七一頁。

(30) 空白執照の発行をめぐる中央と地方の関係について、張仲礼『中国紳士――関於其在十九世紀中国社会中作用的研究』一〇六～一〇七頁を参照。

(31)「光緒三十二年四月戸部片奏」『諭摺彙存』未見。織田万『清国行政法』第六巻 二四〇頁より。

(32)『(同治) 欽定戸部則例』巻九十八 通例 収捐給照事宜 二五a～b頁。

(33)『(同治) 欽定戸部則例』巻九十八 通例 収捐給照事宜 二五b～二六b頁。

(34) 中国第一歴史档案館蔵順天府档案 第九巻 第〇二三号。

(35) 安部健夫「耗羨提解の研究」『東洋史研究』（京都、東洋史研究会）第一六巻第四号 一九五八年三月 一〇八～二六二頁（安部健夫『清代史の研究』五三三～七一五頁、および東洋史研究會編『雍正時代の研究』三五八～三六二頁に所収）。宮崎市定「雍正帝による俸工銀扣捐の停止について」『東洋史研究』第二二巻第三号 一九六三年十二月 一～二四頁（宮崎市定『アジア史論考』下巻 三八四～四〇九頁、および『宮崎市定全集』第一四巻 二三六～二六二頁に所収）。岩井茂樹「中国専制国家と財政」『中世の政治と戦争』二七三～三一〇頁（岩井茂樹『中国近世財政史の研究』四八七～五一六頁に所収）。

(36) 中国第一歴史档案館『光緒朝硃批奏摺』第八〇輯 第六〇二号 錫良 岑春煊等奏為参考晋省成案変通江寧近章籲懇特旨准開奏晋実官捐輸冀集巨款以救両省生霊恭摺仰祈聖鑒事 六四五～六四七頁。

(37)『福建省例』捐輸例 籌辦収捐上兌請奨章程 一〇五一～一〇五七頁。

(38)『陝省各府州県捐監糧数条例』四七頁。

(39)『徽州千年契約文書』清民国編 巻二 乾隆四十三年甘粛省涼州給休寧県関文 七頁。この関文は、「甘粛省涼州給休寧県関文」ではなく、「甘粛省涼州永昌県給休寧県関文」である。

(40)『徽州千年契約文書』清民国編 巻三 光緒五年休寧県邵家鍾捐監生移文 九六～九七頁。この移文は、「休寧県邵家鍾捐監生移文」ではなく、「辦理江浙晋賑捐輸転運滬局為休寧県邵家鍾捐監生事致休寧県移文」である。

(41) 監生を含むエリート層の特権問題について、張仲礼『中国紳士――関於其在十九世紀中国社会中作用的研究』三二～四四頁。

(42) 内閣大庫档案 第〇二四四四六号 協理戸部事務訥親奏覆川省民人赴甘報捐事 張偉仁『明清档案』第九八冊 B五五五四三～B五五五四九頁。

(43) 内閣大庫档案 第〇六七四九五号。

(44)（清）李宝嘉『官場現形記』第三回「苦鑽差黒夜謁黄堂、悲鐫級藍呢糊緑轎」三一頁。入矢義高・石川賢作訳『官場現形記』三一～三二頁。

(45) 斉如山『故都三百六十行』二頁。（清）黄爵滋『黄爵滋奏疏』巻三 銀庫収捐疏 二四～二五頁。

(46)『仁井田陞博士輯北京工商ギルド史料集（一）』一四一頁。広畑茂『支那貨幣銭荘攷』三一四頁。なお、内閣大庫档案 第〇九七四五九・〇九一〇五〇・〇九七五四一・〇九二三九八・〇九五五〇六号を参照。

(47)「四大恒」について、以下の史料を参照されたい。①崇彝『道咸以来朝野雑記』一〇四頁。②加藤繁『支那経済史考証』下巻 五五九～五六二頁。③『仁井田陞博士輯北京工商ギルド史料集（三）』四七三頁。六部胥吏の出身地について、中国第一歴史档案館蔵刑部档案闔署胥吏卯冊（清光緒四年三月）、および徐珂『清稗類鈔』第三冊 爵秩類 捐生以武陽山会為最多 一三六〇頁。

なお、報捐と山西商人の関係について、本書第八章、劉鵬生［ほか］『山西近代経済史』三一一～三一六頁、および黄鑒暉『山西票号史（修訂本）』一〇〇～一〇七・一六〇～一六五頁を参照。

(48) 金受申『老北京的生活』三〇九～三一〇頁。当時、「銀票」を発行しうる金店は百数十軒のうち、一～二十軒しかなかった。その中で一番信用されるのは、その「四大恒」から発行されるものであった、という。

(49) 金受申『老北京的生活』三〇九～三一一頁。『仁井田陞博士輯北京工商ギルド史料集（三）』四七三頁。

(50) 待余生『燕市積弊』五～六頁。「加平」について、本書第八章を参照。

(51) 中国第一歴史档案館蔵順天府档案第九巻 第〇三八号。

(52)『仁井田陞博士輯北京工商ギルド史料集（一）』一〇五頁。

(53)（清）黄爵滋『黄爵滋奏疏』巻十 請飭議銀庫事宜疏 八二～八四頁、同書巻三 銀庫収捐疏 二四～二五頁。

(54) 夏仁虎『旧京瑣記』九六頁。金店が報捐の「総匯」である、という「常識」は、清末北京在住の日本人も知っていた。清国駐屯軍司令部『北京誌』四二五～四二六頁。

(55) ある銀号従業員の回想録によると、報捐代行の金融機関は、「呈」を以て度支部に申請しなければならなかった、という。おそらく、清末になると、報捐代行業務が合法化されたと考えられる。尚綬珊「北京炉房、銭舗及銀号瑣談」『文史資料選輯』第四四輯 二四九～二七六頁（北京、文史資料出版社、一九八〇年）。

(56) 内閣大庫档案 第〇一九八三八号 京畿道監察御史炳文奏請報捐人員務令親身赴部交納銀両 張偉仁『明清档案』第二二二冊 B一二四七六九～B一二四七七一頁。

(57)『彙刊条例冊』第十二冊 報捐貢監並職銜者親身赴部始准報捐 乾隆五十三年六月二十九日奉旨。『（同治）欽定戸部則例』巻九十八 通例 収捐給照事宜 四一 a頁。

(58) 仁井田陞『中国の社会とギルド』二二七～二三〇頁。根岸佶『中国のギルド』一七三～一七四頁。李華『明清以来北京工商会館碑刻選編』一～四六頁。実は、明治四〇年頃に出版された『支那経済全書』の中に、ギルドが官憲の保護を求める事実が指摘されている。東亜同文会『支那経済全書』第二輯 五九九～六〇一頁。

(59) 夫馬進『中国善会善堂史研究』五八四～六〇三頁。

(60) 六部の官僚胥吏と金行・銀号―金店業ギルドとの結びつきはかなり強かった。六部胥吏はギルドから利益提供を得る一方、ギルドへの寄付も行った。光緒二十一年（一八九七）頃、戸部銀庫科房を務める「浙東善士、燕北寓公」の「孫吉堂先生」は、銀八百両を出して、恒裕銀号を通じて北京永定門外で「十九畝二分」の土地を購入して、「義園」として金行・銀号―金店業ギルドに寄付した。そのため、ギルド側は、記念として事務局の所在地である正乙祠で石碑を立てた。こうしたギルドに対する官僚胥吏の寄付は、商人からの利益提供に対する謝礼だと考えられる。『仁井田陞博士輯北京工商ギルド史料集（二）』一一三～一一五頁。

(61)『清文宗実録』巻百三 咸豊三年八月己丑 第四一冊 五三四～五三五頁。

(62) 傅崇矩『成都通覧』五九頁。

(63)（清）李宝嘉『官場現形記』第二回「銭典史同行説官趣、趙孝廉下第受奴欺」一五頁。入矢義高・石川賢作訳『官場現形記』一六頁。

(64)『申報』宣統元年五月初五日。夫馬進『中国善会善堂史研究』八一四～八一六頁。

(65)（清）李宝嘉『官場現形記』第三十五回「捐巨資紈袴得高官、吝小費貂璫発妙謔」五九〇頁。入矢義高・石川賢作訳『官場現形記』四七六頁。

(66) 傅崇矩『成都通覧』五九頁。

(67)『徽州千年契約文書』清民国編 巻一 三〇五頁 乾隆十二年黟縣舒行五交捐納銀議約。

(68) 上海図書館蔵戸部給曹肇基執照。『各省印結』。

(69) 内閣大庫档案 第〇二三二九一号 戸部尚書海望奏報広西墾田捐納監生実収鈐盖印信不符請勅巡撫審擬 張偉仁『明清档案』第八三冊 第B四七一三一～B四七一三三頁。

(70) このほか、地方にも捐納代行の金融機関があった。たとえば、清末の四川省成都で営業する金融機関の中には、「捐号」、つまり捐納代行の専門店が見られる。傅崇矩『成都通覧』九九頁。

(71) 李希聖『光緒会計録』一四a～一五a頁。

(72)（清）盛康『皇朝経世文続編』巻十三 鄭世任「敬陳理財用人疏」一一a～一四a頁。「至戸部大捐、毎正項百両収飯銀三両。査酌増常例、頭二両卯捐銀二千余万両、計収部飯銀六十余万両。籌備経費例、捐銀八百余万両、計収部飯銀二十四万余両。除一半帰公外、其余一半銀両、吏兵二部分半中之半。戸部分半中之半、堂官三成、辦捐司官三成、辦捐書吏三成、心紅一成。」

(73) 何剛徳『話夢集』巻上 一三頁。印結の問題について、本書第三章を参照。
(74)(清)盛康『皇朝経世文続編』巻十三 鄭世任「敬陳理財用人疏」一一a～一四a頁。
(75)(清)王文韶『王文韶日記』下冊 五九三～六〇一頁。
(76) 夏仁虎『旧京瑣記』五〇頁。
(77) これについては本書第四章を参照されたい。
(78)『上諭条例』乾隆元年 議停捐納止留戸部捐監一条。
(79)『欽定科場条例』巻十九 郷会試中額 二二六～二四一頁。
(80)(清)梁章鉅『南省公餘録』第五 一九四頁。上海図書館蔵給曹肇基執照。張仲礼『中国紳士──関於其在十九世紀中国社会中作用的研究』一八六頁。
(81) 内閣大庫档案 第一一七七〇二号 乾隆六年(一七四一)七月都察院左都御史兼管国子監事劉呉龍 国子監為未及換照之監生一体録科送試 李光濤『明清史料癸編』第五冊 四七一頁。
(82)『山東同官録』王成驤。(清)蔣敦復『随園軼事』二十四千訓蒙捐監応試 王英志『袁枚全集』第八巻 六六頁。(清)張其錦『凌次仲先生年譜』五二五頁。
(83)『欽定学政全書』巻五十一 貢監事例下 一五〇頁。『(光緒)大清会典事例』巻三百八十五 礼部 学校 例貢例監事宜 一〇一八〇・一〇一八五頁。
(84) 童試にあたり、熾烈な競争が存在したことは、『儒林外史』などの書物を通じて知られているところである。その入学試験の競争相手を一人でも減らそうとして、一部の受験生は常に鋭い目つきでほかの受験生を睨んでいて、「問題」のありそうな受験生をありとあらゆる手段を駆使して告発したのである。斉如山『中国的科名』三三頁を参照。
(85)『欽定学政全書』巻四十八 原名応試 一〇三～一〇七頁。
(86)『徽州千年契約文書』清民国編 巻三 一二〇～一二一頁 光緒九年祁門県黄肇華乞允応試稟文。この「稟文」は、「状式」の指定用紙に書かれている。また、商衍鎏『清代科挙考試述録』五～六頁。
(87) 周作人『知堂回想録』四八～五八頁。
(88) 張仲礼『中国紳士──関於其在十九世紀中国社会中作用的研究』一八四～一九二頁

(89) 近藤秀樹「清代の捐納と官僚社会の終末（下）」『史林』（京都、史学研究会）第四六巻第四号 一九六三年七月 六〇～八六頁。

(90) 許大齢『清代捐納制度』（『明清史論集』所収）四三～四四頁。

第三章　清代の報捐と印結

はじめに

前近代の中国では、官僚は、公務執行をともなう公権力の行使をしばしば利用して、私腹を肥やすが、政府は、こうしたことを知りながら黙認する、という慣行がよく見られる。さらに不思議なのは、皇帝の膝元で堂々と事務所を設けて、官僚の私腹を肥やすための金銭を管理し分配することさえあった。これらのことは一見して奇妙に見えるが、実は当時においては、官僚のみならず、社会の世論もごく当たり前のこととして受け止めていたのである。一例を挙げれば、清末の捐納にかかわる同郷京官印結と印結銀は、まさにこのようなものである。

第二章のなかで、私は捐納制度の第一歩とも言われる「報捐」、つまり生員と俊秀が官職や身分などを「購入」する手順の復元に努め、報捐にかかわる中央と地方の財政利益の問題、報捐代行による利益の確保に努めていたギルドの役割の問題、報捐代行に依存する社会集団の問題を論じた。そのなかで、印結は報捐の際に提出しなければならない書類の一つであることを指摘している。

はじめに

印結の問題を取り上げて専門的に研究した論文は、これまでになかった。印結の問題について、従来の研究のなかに言及されてはいるが、その由来および管理制度を明らかにするにいたっていない。(1) 本章の目的は、これまでの研究をふまえたうえで、近年に公表された档案史料を利用し、捐納と印結との関係を明らかにするとともに、官僚制度史の研究をさらに進めていく、というところにある。この研究を通して、清末の捐納における印結の重要性、印結の管理制度、印結と官僚生活との関係などを解明するとともに、中国官僚制度史、官僚生活史および官僚の人間関係史の研究をさらに深めることができると考えられる。

以下では、まず印結の由来を概観し、捐納と印結との関係、印結の管理制度を検討する。そして、印結は、官僚生活にどのような影響を与えたのか、といった問題を説明したうえで、印結から見られる伝統社会から近代社会への動きについて私見を述べたい。

第一節　捐納と印結

一　行政文書としての印結

清代の行政文書のなかで、「印結」はよく使われる書類の一つである。それは、おそらく前代の「印信保結」を直接継承してきたものではないかと考えられる。「印」とは、「印信」、つまり官印のことである。「結」とは「保結」のことであり、つまりある人物の身元を証明し保証する文書である。したがって、「印結」とは、官印の押される身元保証書、つまり有印公文書にあたるものである。(2)

清代、印結は重要な行政文書の一種として、官僚の人事管理（銓選、人事評価、病気休養など）から、日常の行政事務（職務交代、災害報告など）に至るまで広く使われていて、『大清律例』や「則例」のなかに、印結の使用に関する規定が設けられている。(3) 印結の用途がしだいに広がる現状を受けて、清代乾隆年間では、印結の使用範囲と書式を整理する動きが出てきた。

たとえば、『直隷冊結款式』は、直隷布政使司が直隷総督兼巡撫方観承の指示を受けて、浙江省の関係規定を参考し編纂したものである。(4) ここの「冊」とは、詳文などをもって上司に報告を行う際につけ加える説明の文書であり、「結」とは先に述べた印結、官僚や進士・挙人などが提出する「親供結」（たとえば、「官員親年七十以上告請終養親供結式」）、および民間人が提出する「甘結」（たとえば、「公挙節婦結式」）を指すものである。三十三種にものぼる印結の書式がこの本の中に収められている。それらを利用して、直隷の府庁州県など地方文官衙門が使用する印結の種類とその書式を知ることができる。(5)

以上で見たように、印結は、文書行政を特徴とする行政運営のなかで広く使用されており、欠かせない書類の一つである。それを使用する目的は、現職官僚の保証人としての責任をより明確にするところにあるに違いない。以下では、本論に戻って、捐納にかかわる印結のことを説明したい。

二　捐納における印結使用の開始

清代、報捐にあたって、報捐者が同郷京官、つまり同じ省の出身で、中央官庁に務めている五・六品官僚から取り寄せた印結を提出するのは、法例によって義務付けられていた。この印結は、報捐者本人であることを確かめるための必要書類である。近代的識別方法がなく、戸籍記録の乱れる恐れがある当時においては、替え玉ではなく本人であることを確認するために、印結が主要な方法として長い間使用されていた。ここで、まず報捐に際して印結の使用はいつから始まったかについて検討しよう。

順治六年（一六四九）、軍事費調達のために、清代に入って最初の捐納、つまり監生の捐納が実施された。さらに、「三藩の乱」を鎮圧するための軍事費捻出にあたって、康熙十四年（一六七五）、実官の捐納も始まった。この頃の関係規定では、印結について触れていなかった[6]。しかし、やはりこの頃、官僚の中から印結の必要性を訴える意見が出された。康熙十六年（一六七七）、巡視中城江南道監察御史和塩鼎は、報捐に関する題本のなかで、捐納しようとする者に対し、現職の官僚や民間人を問わず、同郷京官印結の提出を条件に捐納の関係手続きをすますことが許されるよう提案している[7]。ここで、同郷京官印結が報捐に際して必要な書類であることが示されている。しかし、和塩鼎のこの提案が受け入れられたかどうかは不明である。

ところで、康熙二十九年（一六九〇）に成立した則例によれば、少なくとも康熙二十九年の時点では、同郷京官の印結を報捐の必要書類とする規定がすでに実施されていることが分かる。

当時、捐納が頻繁に行われるにつれて、様々な問題が出てきた。吏部は、「例監」や「吏員」より「候選主事小京官同知通判知県等官」を捐納した「一千七百餘人」の銓選をはかったところ、「仮冒頂替の情弊」を発見した[8]。この問題に対処するために、吏部は、すでに義務付けられた同郷京官印結のほかに、本籍地地方官印結の提出も義務付けるよう、提案した。この提案によれば、康熙二十九年当時、同郷京官印結がすでに義務付けられていたこと、捐納にあたって印結を取る役割は、その報捐者が果たして本人であるかどうかを確認するところにあったことが分かる[9]。

このため、具体的な時期を明らかにすることはなおできていないものの、報捐に際する同郷京官印結の提出は、康熙十六年以後、二十九年以前に導入された制度であるに違いない。

次には、捐納に際しての印結問題を検討していきたい。

三　捐納に際しての印結

捐納をする者は、一般人民のみならず、官僚も含まれていた。したがって、捐納の際に印結を取り寄せて提出しなければならないのは一般人民と官僚からの捐納者である。以下では、この両者による捐納の手続きに沿って、捐納に際しての印結問題を探ってみたい。

(1) 一般人民による実官の捐納にあたって

【報捐】報捐とは、捐納の第一歩で、俊秀と生員が「現行常例」などの規定に従って、任官に必要な監生や貢生の身分を捐納によって得ることである[10]。

北京で報捐する場合、知り合いの同郷京官あるいは捐納代行業者から取り寄せた印結は、「具呈」（報捐申請書を提出すること）の時に関係書類とあわせて戸部捐納房に提出される。一般の捐納者は、その同郷京官印結の提出をもって、戸部に来て捐納の申し込みをしたのは確かに自分であることを証明する。

【大捐】「大捐」とは、「暫行事例」とも呼ばれる実施期間が限定される捐納であった。捐納をして任官に必要な監生や貢生の身分を手にした者が、この「大捐」に際して希望する官職の任官資格などを捐納して入手することができる。

このほか、すでに挙人以上の資格を保有する者は、捐納して任官の候選資格などを得ることもできる。彼らが捐納を申請する際に、「俊秀」たちの「報捐」と同じように、同郷京官の印結を用意しなければならないとされる。一例を挙げよう。

第二章でも紹介したエピソードだが、「中書」の任官資格を捐納しようとしている挙人の趙温は、必要な印結をもらうために、人に依頼して同郷京官を探した[11]。このエピソードから、捐納する挙人にとっても、同郷京官印結は捐納の第一歩——報捐の際に欠かせない証明書であることが読み取れる。

捐納の関係法令によれば、官職の任官資格を捐納する際に、「捐免保挙」、つまり保挙（推薦）の免除を一緒に捐納しなければならない。こうしたことによって、任官の条件を整えることになる。この段階においては、「大捐」と「捐免保挙」のために、同郷京官の印結はそれぞれ一枚が必要である。

このほか、なるべく早く官職に就くために、「花様」といった候選の優先権、たとえば「双月」（偶数の月に行われる銓選だけに参加できる資格を捐納する）、「三班加捐」（奇数や偶数の月を問わずなるべく早く銓選に参加できる三つの資格、つまり本班先用、単月即用、不論双単月即用をあわせて捐納する）、「過班」（候選官は新たに実施された捐納事例にしたがい、新しい優先権を捐納によって入手し、優先的に採用される候選グループ（班）に入ること）、「分発」（試用人員として中央官庁や各省に送られるための資格）や「指省」（報捐者による候補先の省を指定する資格）などについて捐納するのは清末の一般的なやり方である。さらに、ポストをより早く獲得するために、「試俸」（試用期限）の免除や、自分の都合により銓選のための人事審査手続き、たとえば「験看」の免除も捐納する。要するに、銓選に欠かせない手続きは、「掣籤」（籤引き）を除くほとんどすべてを捐納によってすますことができる[12]。この一連の捐納手続きをすますには、報捐者本人であることを証明する身元保証書である同郷京官印結（捐納項目ごとにそれぞれ一枚）は不可欠である。

【注冊】「大捐」の捐納を終えた捐納者は、「戸部執照」（資格証明書）を入手した時点では、任官資格を有するものの、実官といった実際のポストをまだ有していない。たとえば、知県ポストを報捐した者は、その報捐の項目によって、この時点では「候選知県」と呼ばれる「候選官」に過ぎなかったのである。かれらは、実際のポストを得るために吏部の銓選または分発に参加する前に、まず「注冊」という手続きをしなければならないのである。

注冊とは、吏部が書類を審査したうえで、候選官の名前を銓選や分発の名簿（「冊」）に載せる（「注」）、きわめて重要な人事手続きである。この手続きはかなり複雑なものであるから、関係史料を総合してその概要を以下に説明しておきたい(13)。

たとえば、地方で捐納して候選官になった者は出身地官庁に「呈文」を提出し、「赴選冊結」（吏部の銓選に参加するための、捐納者の身分を証明する書類と印結）の発行を求める。通常、「呈文」と一緒に提出される書類には「族隣甘結」（一族や隣人が提出する証明書）がある(14)。報捐者出身地の州県地方官は、その本人の申請（「呈文」）を受け取ってから半月以内に、当人の「呈文」（注冊申請書）と「族隣甘結」に詳文（もしくは「申文」。いずれも上級官庁に提出する正式な報告書）、印結、および「清冊」を添付し、府や布政司に提出する。

順天府档案のなかに注冊の関係資料が収録されているが、その一例を挙げて示したい(15)。それは順天府大興県籍の「遇缺先選用未入流陳溢鴻」の注冊関係資料である。

文書一　陳溢鴻本人呈文

窃職年四十一歳、係順天府大興県人。由俊秀於光緒二十七年七月在勧辦秦晋実官賑捐六次案内報捐十成監生、又在第十八次案内加捐未入流不論双単月遇缺先選用。均於二十八年九月十六日経戸部核准給照在案。委係身家清白、親身赴選、並無仮冒違碍、及隠匿犯案、改名朦捐情事。除本籍外、別無先行流寓寄籍、置買田産、開設典鋪、亦無祖孫父子胞伯叔兄弟経商貿易、暨在各衙門遊幕、襄辦刑銭、並例応回避親族等事。理合開列三代姓氏存歿、邀同隣族投具甘結、呈乞加結賜冊、転申咨部注冊、俾得銓選、実為徳便。

曾祖父万春　　祖父華廷　　父理堂
曾祖母戴氏歿　祖母劉氏歿　母王氏歿

文書二　隣族甘結

具甘結左隣邢毓如　右隣方　鑑　族長陳天慶今於

與甘結事。依奉結得、遇缺先選用未入流陳溢鴻係順天府大興県人、委係身家清白、親身赴選、並無仮冒違碍、及隠匿犯案、改名朦捐。除本籍外、別無先行流寓寄籍、置買田産、開設典鋪、亦無祖孫父子胞伯叔兄弟経商貿易、暨在各衙門遊幕、襄辦刑銭、並例応回避親族等事。所結是実。

光緒二十九年　月　日

文書三　知県印結

順天府大興県今於

與印結事。依奉結、拠左隣邢毓如、右隣方鑑、族長陳天慶等結称、結得遇缺先選用未入流陳溢鴻係順天府大興県人、委係身家清白、親身赴選、並無仮冒違碍、及隠匿犯案、改名朦捐。除本籍外、別無先行流寓寄籍、置買田産、開設典鋪、亦無祖孫父子胞伯叔兄弟経商貿易、暨在各衙門遊幕、襄辦刑銭、並例応回避親族等事。等情。拠此、卑県覆査無異、合加印結是実。

（大興県印）

光緒二十九年　月　日知県楊同高

文書四　大興県申文

順天府大興県為申送文冊赴選事。抛遇缺先選用未入流陳溢鴻呈称、(以下、本人呈文の引用、省略)。等情。拠此、卑県覆査無異、擬合照繕甘結、加具印結、粘連鈐印、造冊具文、申送憲台核咨。為此備由具申、伏乞照験施行。須至申者。

計申送　清冊三本　印甘結三套

右　　申

欽命兵部尚書兼管順天府尹事務加十級紀録二十次徐

欽命順天府尹堂加十級紀録二十次陳

(大興県印)

光緒二十九年　月　日知県楊同高

文書五　大興県造送遇缺先選用未入流陳溢鴻赴選清冊

順天府大興県

呈、今将捐輸官員年歳、籍貫、履歴、三代理合造送、須至冊者。

計開

遇缺先選用未入流陳溢鴻、現年四十一歳。由俊秀於光緒二十七年七月在勧辦秦晋実官賑捐六次案内報捐十成監生、又在第十八次案内加捐未入流不論双単月遇缺先選用。均於二十八年九月十六日経戸部核准給照在案。理合登明。

曾祖父万春　祖父華廷　父理堂
曾祖母戴氏歿　祖母劉氏歿　母王氏歿

（大興県印）

光緒二十九年　月　日

この遇缺先選用未入流陳溢鴻の注冊関係資料を利用して、捐納出身者の吏部注冊手続きに必要な書類の概要を知ることができた。県の申文（文書四）と清冊（文書五）が本人の呈文（文書一）、知県の印結（文書三）が隣族甘結（文書二）をそのまま引用して作成された、ということから、本人の申請と近隣同族の証明は最も重要な原始書類であること、地方衙門が報捐者に発行した赴選関係書類はそうした原始書類を丸写しして作成されたことが分かる。

省の総督巡撫は、府や布政司より「転詳」（下級官庁は詳文を添付したうえで、関係書類を上級官庁に送る）された書類にさらに「咨文」（上級官庁に提出する正式文書）を付けて、州県の詳文が作成された日から十五日以内に、戸部に提出する。(16)

吏部は、戸部からの連絡を受けて、候選官に対し出頭を求め、候選官は、それを受けて自ら吏部に赴き、本人の呈文と同郷六品以上京官の印結を提出する。吏部は、これをもってさらに「原捐衙門咨文」や「捐冊」と照合し（「行査」）、問題がなければその候選官の名前を銓選の名簿に載せる。しかし、指定される期間以内に印結を提出しなかった者に対しては、銓選手続きは中止とされる。「注冊」の際の同郷京官印結の内容について、候選官本人の履歴のほか、父母の年齢、存歿状況、兄弟の有無（以上、乾隆五十年＝一七八五年に決定）、と「身家清白」、「隠匿犯案、改名朦捐（犯人の隠ぺいと偽名を使った不正報捐）」のないこと（以上、光緒元年＝一八七五年に決定）を明記すべきであるとされるその実例として、以下の史料をあげよう。

道光七年（一八二七）六月二十日、かつて「豫東事例」の実施規程に従って、すでに「監貢生」より「県丞」を報捐した安徽省寧国府涇県民籍の呉士騏は、さらに銀千百両を出して「州判」を捐納した。今度は、彼はその州判の「注冊」のために、自分の呈文（七月三十日付け）と同郷京官である吏部考功司主事の程厚から取り寄せた印結を吏部に提出した。(17)

文書一　報捐者呉士騏の呈文

具呈候選県丞呉士騏

呈為注冊銓選事。窃職現年四十四歳、係安徽省寧国府涇県民籍、由監貢生遵豫東例捐双単月県丞。今遵酌増事例捐州判、双月本班、単月准単月。共銀一千一百両。道光七年六月二十日上庫、領有執照、並豫東例起有赴選文結在案。理合取具同郷京官印結粘連投遞。伏乞

中堂
大人恩准注冊銓選、実為徳便。上

呈。計粘連印結一紙。

道光七年　七月　卅　日

文書二　同郷京官程厚の印結

吏部考功司主事程厚、今於

与印結事。依奉結得、同郷呉士騏現年四十四歳、係安徽省寧国府涇県民籍、由監貢生遵豫東例捐双単月県丞。今遵酌増事例捐州判、双月本班、単月准単月。共銀一千一百両。道光七年六月二十日上庫、領有執照、並豫東例起有赴選文結在案。今赴大部注冊銓選、委係親身。所結是実。

曾祖父　廷珊　歿　祖父　豹文　歿　父学礼　歿
曾祖母　翟氏　　　　祖母　翟氏　　　　母王氏
継曾祖母劉氏　　　　継祖母劉氏

道光　七年七月　日

吏部注冊

この印結のなかで、吏部考功司主事（正六品）の程厚（嘉慶十四年進士、安徽省徽州府歙県籍）は、安徽省の同郷呉士騏（寧国府涇県籍）のことについて、まず彼の年齢、本籍、報捐経過（監貢生より嘉慶十五年（一八一〇）から実施した「豫東事例」にしたがって、「監貢生」と「双単月県丞」を捐納によって得たこと）などを述べたうえで、道光七年正月より実施した「酌増事例」にしたがって、銀千百両を出して、州判のポストと候選の優先権（「双月本班、単月准単月」）を捐納して、執照をすでに受領したことなどを説明している。この度、吏部に赴き注冊の手続きをすますのは呉士騏本人であることを、責任をもって証明する、と声明している。最後に、先にのべた乾隆五十年の規定に基づいて、呉士騏の尊属三代の氏名や存歿状況を開列している。印結最後の日付のところに官印が押されている。

この印結に見られるように、印結を出した程厚は安徽省徽州府歙県籍で、注冊のために程厚の印結を取り寄せた呉士騏は安徽省寧国府涇県籍である。このため、京官の程厚が、候選官である呉士騏のことをもとより知っている可能性は完全に否定できないものの、けっして高くはない。とすれば、印結の履歴に関する部分は、明らかに呉士騏本人が提出した書類より写されたものである。ここで、印結の役割は、呉士騏本人の身元や経歴を証明するところにある。そして、程厚がこの印結を出したことによって、建て前としては連帯責任を負うものになった。

ところで、以上で説明したのは、あくまでも則例などによるもので、清末の一般的な例にすぎないが、実際に、捐納に所要な印結の枚数は、時期や出身地によって異なることもあった。たとえば、光緒元年（一八七五）十月二十八日付けの『申報』の記事によれば、道光年間、広東や雲南出身の報捐者は、同郷京官から印結二枚を取り寄せれば、手続きをすますことが十分であったという。記事のなかで、光緒元年の時点で捐納に必要な枚数について、具体的に挙げていないが、「年々加増」とか「加以枚数」とか、以前より印結の所要枚数は多くなったことが示されている。出身地によって所要枚数について、同じ記事のなかで、雲南籍の所要枚数は広東ほど多くないが、隣の貴州の二倍である、と指摘されている(18)。

(2) 官僚による捐納にあたって

以上では、一般人民の捐納手続きに沿って、必要な印結を説明した。そのなかに捐納出身候選官への言及はあったが、以下では、現職や候補候選の官僚が捐納する場合の印結問題について、もう少し簡単に説明しておこう。

一般人民からの報捐者と違って、出身資格を捐納する必要のない官僚が捐納するのは、「現行常例」の各項目、および「暫行事例」が定める実官の任官資格であった。

前者においては、加級紀録・離任・分発指省・封典（封贈）・職銜（虚銜）の捐納、降革留任・降革離任・原銜・原資の捐復、および坐補・試俸・保挙・実授などの捐免があり、いずれも乾隆十年（一七四五）以降、常時に捐納できる項目として次第に固定されたものである[19]。

たとえば、清代では、府州県の地方官は、所定の在任期間（いわゆる「歴俸年限」）を満たせば、昇任転任することができる。地方官のなかで早く昇進したい者は、歴俸年限を短縮する（たとえば、一任三年のうちで一年を免除する）ために、所定額の銀を出し捐納すればよい。これは、いわゆる「捐免歴俸満年限」である。もっと早く昇進や転任をしたい場合は、「離任」そのものを捐納する手もある。

このほか、捐納することによって、処分の一部ないし全部を取り消すこともできる。たとえば、官僚は犯罪や過失などによって新疆や黒龍江のような遠方への流刑に処された場合、関係規定に従い捐納すれば、服役期間の短縮や流刑そのものの免除が許される。これは、いわゆる「捐免戍限」である。さらに、革職離任や降革留任といった懲戒処分の取り消し、剥奪された進士や挙人出身の回復なども捐納することができる[20]。

こうした「現行常例」に従って捐納するのはいずれも昇進や異動を伴わない項目であるのに対し、実官ポストの任官資格を捐納しうる「暫行事例」に従って、より高いポストないし実際の利益を期待できそうなポストの候選候補資格を捐納して入手することができる。『(同治)欽定戸部則例』や印結局が作成して発行した印結発行規定によれば、官僚たちが実官ポストの任官資格から、「降革」処分の取り消しに至るまで、いずれの項目について捐納する時にも、同郷京官の印結が欠かせないものであることが分かる。(21)

四　印結と官印

官印は、皇帝から授与される権力の象徴で、官僚は公権力を行使するにあたって、官印はなくてはならないものである。すでに述べたように、官僚が出した保結文書は、官印が押されることによって、はじめて「印結」と呼ばれるようになった。ここで、印結と官印をめぐる二つの問題を説明したい。

まず、報捐に必要な印結を発行する資格を有する者について、『(同治)欽定戸部則例』では「本省五六品京官」と記されているが、実際には、すべての五・六品京官ではなく、官印を使用する権限を有する五・六品京官に限られるのである。つまり、報捐に必要な印結を発行することができる京官は、官印をもつ大興と宛平両県の知県、および衙門の官印を使用する権限を与えられた者である。(22) 五・六品の京堂(たとえば、欽天監の監正、光禄寺少卿、国子監司業など(23))、官僚の監察にあてられる給事中や御史は重んじられる官職であるため、任官資格の売買のような不名誉なことにかかわりのないようになされるため、印結を発行する権限を与えられていない。官印のない、または官印を使用する必要もない翰林院の修撰と編検、内閣中書などは、いうまでもなく印結を発行する資格を持っていないのである。(24)

ところで、官僚の任官資格を有し、空きポストを待っている五・六品候補官の一部も印結を出す資格を持っている。たとえば、咸豊九年(一八五九)、李慈銘は「福建捐局」で郎中を報捐した。同治二年(一八六二)、彼は北京に入り、同年五月に「戸部学習行走」の名目で、試用官として戸部に配属されることになった。正六品の主事に準ずるこの試用官のポストは、印結を出す資格を持っている。これによって、李慈銘は六月十二日に、五月分の印結銀（後述）として「十二両五銭四分六釐」を受領した、という。[25]

次に、印結に捺印される官印のことを説明しておきたい。すでに述べたように、印結とは、現職官僚が発行する捺印される保証書である。印結の上に押されるのは、いうまでもなく官印である。地方官（たとえば、知州、知県）が印結を発行する際に使用するのは、州県の官印である。中央衙門官僚が発行する印結は、おそらく所属衙門の官印を用いるのであろう。これを裏付ける史料として、先に引用した吏部考功司主事程厚の印結をもう一度挙げたい。その印結に押されている官印は、文字がはっきり見えないものの、印の幅は7・7cm×7・7cm、つまり2・4寸四方のものであるから、六部清吏司などの官印が使用されたに違いない。[26]

五　印結の発行にかかわる責任問題

以上、捐納にかかわる印結の問題を説明したが、京官は自ら出した印結に対し、どのような責任を負うべきなのであろうか。この問題について、「出結官」と「査結官」に分けて検討したい。

(1)「出結官」の責任

先に紹介した印結を発行する資格を有する者は、「出結官」という。まず、「出結官」がどのようにして印結を発行するかについて検討したい。

以上で述べたように、捐納に必要な印結の役割は、報捐者が本人であること、その報捐者の経歴を証明すること、報捐者が捐納する資格を有することを保証するところにある。一般論としては、印結を発行する側としての官僚は、その印結を求める相手本人や相手のことをよく知ったうえで、はじめて連帯保証人として連帯保証書でもある印結を発行することになるのである。印結の提出が義務付けられる目的は、やはりここにある。しかし、現実問題として、北京在住の京官にとって、地元の報捐者のことをすべて知り尽くすことは、捐納の少なかった時代であればともかく、清代中期以後のような報捐者が絶えずやってくる時代に、とうてい不可能である。なお、清末、報捐者本人が同郷の官僚を直接訪ね印結を求めることはめったになく、報捐の代行業者を通じて印結を取り寄せるのが、一般的なやり方であった[27]。このため、印結を出す側と印結をもらう側とが、面識のある可能性は、ゼロに近いと言っても過言ではない。

一例を挙げよう。光緒十三年（一八八七）、雑途出身で「州同」だった江蘇省江寧県出身の李圭は、「知州」に昇進するための保奨を得た。それを受けて、李圭は、浙江省で知州としての正式な候補資格を得るために、規定に従って上京して、「捐免保挙」のほか、「注冊」、「験看」、「分発」、「指省」などの人事手続き、および「引見」を済ませた。彼は北京入りした翌日の八月十日、上記の関係手続きのすべてを「源豊潤票号管事蘇人汪子垣」に頼んだあと、挨拶まわり、京劇観賞、「相公」遊びなどに明け暮れていた。彼は、その汪子垣が紹介した同じ江蘇省出身の「出結官」とはまったく面識がなかった、という[28]。

このような状態のもとで、「出結官」が、どのようにして印結を発行するかについて、先に引用した「州判」を捐納した呉士騏が吏部に提出した呈文と、同郷京官である吏部考功司主事の程厚から取り寄せた印結とをもう一度挙げたい。**文書一**の呉士騏の呈文と**文書二**の程厚の印結をあわせてみれば、印結のなかに呉士騏の履歴に関する部分は、明らかに呉士騏の呈文より写されるものである。この事例を通して、京官が捐納者のすべてを知り尽していたとの可能性は完全に否定できないものの、その印結の作成にあたって、捐納者本人との面識に基づくものではなく、その本人から提出した書類を写しただけで発行していたことが分かる。

ところで、出結官個人は、報捐者本人との面識があるかどうかを問わず、自分名義の印結を発行したことによって、保証する内容に対し責任を負うべき立場に立つことになる。保証される内容に偽りがあったり、あるいは意図的に偽造したりしたことが発覚すれば、その出結官は、「冒濫出結」の罪に問われることになる。『欽定六部処分則例』には次の規定がある。

凡冒濫出結応行議処之案、由吏部径咨各該衙門、査取原出結官職名、照例議処。(29)

つまり、「冒濫出結」をして「議処」の処分に該当する案件について、吏部はその出結官の所属衙門に対し、出結官の肩書と名前を調査することを依頼し、そして「例」に照らして「議処」するとされる。捐納の場合には、「冒濫出結」をした京官は、「降一級留任」ないし「降一級調用」に処される。

出結官が「議処」の処分を受けた実例について、一例を挙げよう。直隷灤州の劉廷璘は、乾隆三十八年（一七七三）から州の衙門で「快役」（「快手」とも呼ばれる治安担当の差役）を務め、同五十三年（一七八八）に退職した。嘉慶七年（一八〇二）、彼は北京に赴き監生を報捐した。その際に、知州の莫氏は、劉氏の親供（自筆の履歴書）と族隣甘結に基づいて「加結転詳」、つまり報捐に必要な印結などを発行した。当時、法例によれば、「賎役」の一種としての快役は、捐納をすることも科挙の試験を受けることもしてはいけないとされる。このため、地元の生員たちは、劉氏の報捐を知り、直隷学政および灤州を管轄する上級官庁である通永道と永平府に対し、劉氏を提訴した。嘉慶九年（一八〇四）、生員たちは、知州が劉氏をかばうことを理由に、北京に赴き都察院に直接訴え、京控を起こした。都察院はこの案件を皇帝に報告した。さらに、直隷総督は、皇帝からの「厳審」の上諭を奉じて、案件を審理した。結局、「冒捐」の劉廷璘が監生の身分を剥奪されるようになったが、知州の莫氏は、「娼優隷卒及其子孫概不准入考捐監」の規定に違反したことを理由に、「濫行出結」の罪に問われて、「解任」と「交部議処」に処せられたという[30]。

清代では、出結官から発行された印結を、戸部捐納房に提出する前にチェックする制度が設けられ、次の規定があった[31]。

(2)「査結官」の責任

例応出結各官、倶令於毎年開印時在戸部聯銜呈明、始准出結。並於各省令応出結京官内、呈明一二員、其本省京官所出印結、均令査覈書押、以専責成。

つまり、毎年の正月二十日前後の「開印」、すなわち仕事始めの日に、これから一年間、印結を発行する資格のある五・六品の京官は、出身の省を単位として、連名して戸部に届け出る。こうしたことによって、戸部はそれらの京官の「出結官」としての身分を認める。さらに、それらを届け出る京官たちは、省ごとに「正途出身人員」から一人か二人の責任者を「公挙」し、その名前を戸部に知らせる。この責任者は、地元出身の京官から出された印結を予めチェックしたうえで、花押(サイン)をする。これをもって、戸部ははじめて出結官より出された印結の有効性を認めるようになる。当時、この責任者は「査結官」と呼ばれている。たとえば、光緒四年(一八七八)の四川省印結局の「査結官」は、刑部郎中の劉正品(咸豊六年進士)と刑部郎中の敖冊賢(咸豊三年進士)であった[32]。なお、光緒十三年(一八八七)の江蘇省印結局の責任者は以下の通りであった[33]。

管印結官　黄元文(同治七年進士、戸部四川司員外郎兼欽差管理宝泉局監督)
薛尚義(同治四年進士、戸部山西司主事)

査印結官　兪鍾穎（同治十二年抜貢、光緒二年郷試副榜、吏部文選司員外郎）

同治四年（一八六五）、浙江省籍京官によって構成される浙江省印結局では、査結官の交代にともない新任の者を選ぶに際して、印結局の責任者が、過去歴代の責任者を招いて商議し、「科分先後」、つまり科挙合格の順番にしたがって、人望のある者から一人を選出するとしていた。(34)

これによれば、査結官は正途出身の者でなければならないこと、その人選を決める際に働いているのは年功序列という原則であることが分かる。

ただし、正途出身者のなかから査結官を選ぶとは言っても、捐納経歴を持つ者をすべて排除するわけではなく、出身そのものだけが正途であればよいということである。たとえば、前述した光緒十三年（一八八七）江蘇省印結局の査印結官を務める員外郎（従五品）の兪鍾穎が、同治十二年（一八七三）に「抜貢」、光緒二年（一八七六）に郷試の「副榜」になった者であるのに対し、管印結官で主事（正六品）の薛尚義は兪鍾穎より数年早く同治四年（一八六五）に進士の合格を果たした者であった。一「抜貢」「副榜」出身の兪鍾穎が、自分より数年早く出世して、しかも科挙の最高資格を取得した薛尚義より一階級上の従五品ポストを得た原因の一つは、捐納を利用したことにある。「履歴档」によれば、兪鍾穎は光緒五年（一八七九）二月に、「実缺七品小京官」に任命された。一ヶ月後の三月に、彼は「歴俸」を捐免して、五月になって任期満了したとして主事に昇進した。本来であれば三年間の在任期間が「歴俸」の捐免によって、わずか三ヶ月までに短縮されてしまった。(35)この事例から、正途の出身者のなかにも捐納の利用者がいたことが分かる。

査結官による印結のチェックについて、以下の史料をもとに説明したい。(36)

戸部山西司主事韋継賢今於

与印結事。依奉結得、同郷張増仁年三十四歳、安徽寿州監生。
遵例捐従九品、指分北河試用。所捐銀両在山東甘捐局上兌、領有執照在案。該員実係身家清白、並無隠匿犯
　案、改名朦捐情弊。今赴
大部注冊、委係親身。所結是実。
　曾祖父士倫　殁　祖父翰維　殁　父希亮殁
　曾祖母周氏　　　祖母胡氏　　　母栢氏存年六十歳
　　　　　　　　　　　　胞弟増義侍奉
　　従九品指分北河試用
光緒元年十一月二十日　　安徽査結官工部郎中慶錫綸　花押
注冊

この印結によると、監生より従九品・指分北河試用（直隷境内の川を管理する北河同知のもとで試用する）を捐納した安徽省鳳陽府寿州籍の張増仁は、注冊手続きのために、同郷京官の戸部山西司主事韋継賢の印結を取り寄せた。光緒元年（一八七五）十一月二十日付けのこの印結のなかで、韋継賢は、張増仁本人が提出した書類に基づいて、彼の年齢・本籍・出身を述べたうえで、彼が捐納の事例にしたがって、山東省の捐納局に所定の銀両を納

め、従九品と指分北河試用を報捐して執照を受領したこと、その家柄は潔白で、「隠匿犯案、改名朦捐」などの違法行為のないことを説明している。最後に、いまは吏部に赴き注冊の手続きをすますのは張増仁本人である、と保証している。

この印結の日付の部分に捺印されている官印は、不鮮明で文字を判読することができないものの、印の幅は2・4寸四方であるから、出結官韋継賢が所属する戸部山西司のものであると考えられる。その日付の部分より右下のところで、「安徽査結官工部郎中慶錫綸」の戳記（スタンプ、6・5㎝×2・5㎝）が捺印され、その下に花押が書かれている。この戳記と花押は、その年の安徽省印結局の査結官を務めている工部郎中慶錫綸（咸豊二年進士）が、出結官である戸部山西司主事韋継賢から出された印結をチェックする際になされたものである。この事例によって、各省の査結官は、本省籍の捐納者に交付した同郷京官の印結をチェックすることにあたって、戳記を使用し、さらに花押をすることが分かった。

ところで、査結官はどのような資料に基づいて、出結官が出した印結をチェックするかは分からないが、おそらく書式などを形式的にチェックするのに過ぎなかったのであろう。なお、問題が発覚した場合、出結官は法令にしたがい「議処」されることをすでに述べたが、査結官は「罰俸一年」ないし「降一級留任」に処されることになる[37]。

要するに、印結にかかわる責任問題について、いずれにせよ、制度としては、個人名義で印結を発行する以上、本人がその責任を負うべきであった。

以上に見られるように、五・六品京官は国の法令に基づいて、地元からの報捐者に対し、捐納に必要な身元保証書である印結を発行する。したがって、印結の発行は、官僚が職務権限あるいは公権力を行使することに当たる。政府が、捐納にあたってこの方法を取り入れた目的は、まず官僚たちの責任をポストと結びつけて、それを通じて捐納から出身した新人官僚の素質をなるべく確保し、現職官僚の責任感をより強めようとするところにある。このため、冒捐や「濫行出結」のような不正行為が発覚されれば、その責任をとらせるのは、官印で示される衙門ではなく、あくまでもその官印を使用した官僚である。さらに、印結の方法を導入したもう一つの目的は、制度の整合性を維持しようとするところにある。すでに述べたように、印結は行政書類の一種として日常行政の現場で広く使用されており、捐納出身者以外の官僚人事手続きなどをすますに際して印結が必要とされる以上、捐納出身者だけに必要としないような「優遇策」を実施すれば、印結制度をはじめ、人事制度や行政制度に悪影響を与えることになり、制度全体の整合性は大きく揺れる恐れが出てくるに違いない。

ところで、前近代の中国では、官僚たちはこうした公権力の行使に伴い、私腹を肥やすことは常にあった。この点について、印結発行手数料を例にして考えよう。

第二節　印結手数料と清末の印結局

一　印結手数料──「結費」

現代、役所に印鑑登録証明書などの発行を申請するにあたって、申請者本人は所定の発行手数料を役所に払わねばならない。ところで、清末の中国では、捐納に必要な印結を取り寄せるに際して、捐納者はその官印で示される衙門ではなく、発行名義人である京官あるいはその京官たちが構成する印結局に「結費」と呼ばれる所定の手数料を払う。いいかえれば、その出結官たちは、衙門の官印を使って、公務を遂行する一方、自分たちのために金儲けをもする。これは、まさしく公権力の行使を利用して私腹を肥やす行為である。

印結手数料の由来については、おそらく個人間の謝礼から発展してきたものではないかと考えられる。なお、その手数料についての規定は、『欽定戸部則例』や捐納関係の「事例」などの法令によって定められるものではなく、関係者（たとえば、出結官たちが構成する印結局）の内部合意によって成立したものである。印結手数料の金額は、省ごとにそれぞれ異なるが、以下の史料をあげよう。

『各省印結』という書物は、清末、北京の報捐代行業者が使用するマニュアル類のものである。[38] この書物では、各省印結局の規定に基づいて、捐納者は、監生や貢生、任官資格、職銜（虚銜）、封典（封贈）などを捐納する際に同郷京官の印結を取り寄せるための手数料金額と関係情報を、省別で詳しく記載している。

以下、監生を報捐する場合の手数料金額、および知府任官資格の捐納と知府の候選・候補手続き（注冊と分発）の例を列挙する（表3-1）。

この表から見られるように、捐納に際して、監生の印結手数料は直隷の十六両がトップで、知府任官資格の場合は雲南や貴州の二百十両、知府注冊赴選は貴州の二百十両、知府分発の場合は広西の三百七十五両がそれぞれのトップである。当時、これら地域は、いずれも経済力の強い地域ではなかった。これらのトップ組に対し、現代でも経済発展の先進地域である江蘇省や浙江省では、上述項目の印結手数料は、いずれも平均金額を下回っている。このため、印結手数料に差をつける理由については、上記の史料を見る限り、各地の経済状況によって定められることはないと考えられる。のちに述べるように、印結手数料の金額は京官の収入にかかわるものであるので、おそらくそれぞれの省出身の京官人数、及び京官たちの希望金額によって定められるものである、と思う。

表-3-1　監生、知府捐納取結（単位：両）

直省	監生	知府	（知府）注冊赴選	（知府）分発
奉天	14.0	160.0	150.0	75.0
直隷	16.0	110.0	56.0	55.0
山東	8.0	100.0	80.0	50.0
山西	10.0	110.0	110.0	110.0
河南	9.0	120.0	100.0	100.0
江蘇	10.0	100.0	80.0	100.0
安徽	8.0	100.0	80.0	100.0
浙江	10.0	100.0	100.0	80.0
江西	8.0	100.0	100.0	80.0
福建	10.0	120.0	96.0	180.0
湖南	8.0	160.0	160.0	160.0
湖北	8.8	170.0	170.0	85.0
広東	8.4	120.0	120.0	120.0
広西	13.5	125.0	187.5	375.0
四川	9.0	150.0	75.0	75.0
陝西	11.0	100.0	100.0	50.0
甘粛	10.0	100.0	80.0	100.0
雲南	10.0	210.0	126.0	147.0
貴州	12.0	210.0	210.0	273.0
平均	10.2	129.7	108.9	121.8

史料出典：『各省印結』。

二　印結局「営業収入」の額

それぞれの印結局が、独自の結費徴収基準により年間、どのくらいの結費収入を得られるかについては、中国第一歴史档案館所蔵『己酉等年印結簿』を利用して知ることができる。

この簿冊の内容からは、河南省印結局が作成した道光二十九年（一八四九）正月から咸豊二年（一八五二）十二月までに河南省出身者により納められた印結手数料（「結費」）、および関係官僚に分配した印結銀の額の帳簿であることが分かる。その筆跡は一人のものであり、おそらく河南省印結局の会計責任者が書いたものと考えられる。帳簿の付け方は以下のようなものである。(39)

己酉四月廿九卯
呉葆晋　光州　知府二級　裕泰　八十四両
王孝莛　商邱　監生　同豊　九両
張光璧　商城　監経歴分発浙江験看　自交　一百四十五両
毛建中　襄城　由候選従九捐儘先分発陝西験看　自交　五十八両五銭
五月十日卯
王金和　滎陽　監生　西天元　九両
石麟瑞　祥符　同知　分発　浙江二百廿両
廿日卯
師映垣　済源　嘉禾知県一級　同豊　三十両

張万華　孟県　従九　裕隆　十一両
以上三卯、共銀五百六十六両五銭。以二十一分算、毎分該銀二十六両、余平二十両〇五銭、帰下月。
随封十一両七銭。

これは道光二十九年四月二十一日から五月二十日までの記録である。「卯」とは、「卯期」のことである。清朝時代、とくに清末の捐納は、一定の期間（十日、あるいは一ヶ月か数ヶ月）を単位に、一つの「卯期」とされる。それは事務処理のために定められるものである一方、捐納者の順番を決めるためのものでもある。つまり、「五月十日」までの「卯期」で捐納手続きをした者は、普通、かかる人事手続きのすべての面で「（五月）廿日」までの卯期で捐納した者より優先するとされる。

人名から始まる部分は、それぞれの卯期で印結の発行対象（八人）の氏名、彼らの本籍や現在の身分、その八人に発行した印結の詳細（監生、従九品、分発、注冊、試看など）、および捐納手続きを代行する金融機関と結費の金額が記されている。たとえば、光州出身、知府の肩書をもつ呉葆晋（道光九年三甲六名進士）は、「裕泰」という金融機関を通じて、「加二級」を捐納したと同時に、河南省印結局に対し、その「加二級」の捐納に必要な結費「八十四両」を支払った、ということが分かる。先に紹介した『各省印結・河南』によれば、知府による「加級」の捐納基準は、「一級」につき銀四十二両とされていた。よって、河南省印結局に支払った結費は規定どおりであったことが分かる。ほかに、「同豊」という金融機関を通じて「（加）一級」を捐納した「済源」出身の「嘉禾知県」の師映垣（監生出身、道光二十八年就任）は、河南省印結局に「三十両」の結費を支払った。[40]この二名現職の地方官が、いずれも「加級」を捐納した理由は、おそらく処分の「抵銷」（官僚が受けた行政処分と功績を相殺すること）に備えるにある。[41]上記八名のうち、結費の支払い方法の分からない一人を除いて、「自交」という自ら納付した者が二名であったのに対し、金融機関を通じて手続きをした者は五名いた。「自交」をした二名の捐納項目のなかに、「分発」「験看」がある。おそらくこれらの項目を捐納する際に、彼らは知り合いの京官に直接依頼して、印結を発行してもらったと考えられる。

「以上……下月」の部分は、印結発行手数料収入と印結銀分配についての記録である。この総額五百六十六両五銭の結費は、河南省印結局の「収入」となり、四月二十一日から五月二十日までに在籍するメンバーだった二十一名の出結官にそれぞれ二十六両を分配した。残りの二十両五銭は「繰越金」として来月に繰り越しされる。

最後に、「随封十一両七銭」の「随封」とは、印結手数料とあわせて徴収した事務処理経費のような費用である。たとえば、河南省印結局では、監生の捐納にあたり、印結銀九両のほか、「随封三銭」、加級の捐納にあたり、「随封毎名一両」との規定がある（『各省印結・河南』）。この名目で納められた銀はどのように処理されたか不明である。

道光二十九年より咸豊二年の四年間、河南省印結局が得た結費収入の総額は表-3-2を参照されたい。

このように、道光二十九年正月から咸豊二年十二月にかけて四年もの間、河南省印結局の会計責任者は、毎回のように捐納者数、印結発行理由、印結手数料を納入した金融機関名もしくは個人名、印結手数料の収入総額、印結銀の配分数および必要な費目などを詳細に記していることが分かる。

この集計と簿冊から見られるように、報捐者人数と報捐項目が、常に変動するものであるため、結費の収入もそれに連動した形で変動する。多いときの月が千四百両の結費収入であったのに対し、少ないときはわずか月五十八両であった。「辛亥」（咸豊元年）の後半から、その年より実施された実官ポストの銓選資格をも捐納で入手できるという「籌餉事例」の影響を受けて、捐納者が増え始め、結費収入も回復傾向に転じた。

以下では、印結とその発行手数料を管理する「印結局」とはどのような組織であろうか、その発行手数料の金

表-3-2　己酉等年印結簿集計　（単位：「報捐者数」と「出結官」は人数、それ以外は銀・両）

年度	回数	報捐者数	結費	繰越金	小計	経費	分配用額	出結官	分配額	分配総額	余剰
己酉	1	6	560.5	0	560.5	1.8	558.7	21	26	546	12.7
	2	29	944.0	12.7	956.7	3.3	953.4	21	45	945	8.4
	3	25	644.0	8.4	652.4	0	652.4	21	31	651	1.4
	4	27	576.5	1.4	577.9	0	577.9	21	27	567	10.9
	5	56	679.0	10.9	689.9	17.9	672	21	32	672	0
	6	8	566.5	0	566.5	0	566.5	21	26	546	20.5
	7	5	202.0	20.5	222.5	0	222.5	21	10	210	12.5
	8	5	58.0	12.5	70.5	0.6	69.9	20	3	60	9.9
	9	13	428.4	9.9	438.3	4.9	433.4	20	21	420	13.4
	10	16	268.0	13.4	281.4	5	276.4	21	13	273	3.4
	11	17	556.0	3.4	559.4	0	559.4	21	26	546	13.4
	12	67	788.0	13.4	801.4	62.56	738.84	21	35	735	3.84
	13		201.0	3.84	204.84	0	204.84	21	9.5	199.5	5.34
計	13	274＋	6471.9	110.34	6582.24	96.06	6486.18			6370.5	115.68
庚戌	1	26	278.0	5.34	283.34	0	283.34	21	13	273	10.34
	2		97.5	10.34	107.84	0	107.84	20	5	100	7.84
	3	36	481.0	7.84	488.84	0	488.84	21	23	483	5.84
	4	74	866.4	5.84	872.24	10.64	861.6	21	41	861	0.6
	5	41	877.0	0.6	877.6	409.94	467.66	21	22	462	5.66
	6	20	472.7	5.66	478.36	0	478.36	21	22	462	16.36
	7	52	497.0	16.36	513.36	50.4	462.96	21	22	462	0.96
	8	8	95.0	0.96	95.96	0	95.96	22	4	88	7.96
	9	10	240.0	7.96	247.96	15.12	232.84	22	10	220	12.84
計	9	267＋	3904.6	60.9	3965.5	486.1	3479.4			3411	68.4
辛亥	1	25	422.6	12.84	435.44	20	415.44	23	18	414	1.44
	2	6	118.0	1.44	119.44	0	119.44	23	5	115	4.44
	3	8	260.0	4.44	264.44	30	234.44	26	9	234	0.44
	4	27	444.0	0.44	444.44	16.62	427.82	25	17	425	2.82
	5	47	664.0	2.82	666.82	0	666.82	24	27	648	18.82
	6	44	447.0	18.82	465.82	50.6	415.22	25	16	400	15.22
	7	27	433.5	15.22	448.72	0	448.72	25	17	425	23.72
	8	23	444.0	23.72	467.72	18.2	449.52	24	18	432	17.52
	9	8	236.0	17.52	253.52	0	253.52	24	10	240	13.52
	10	7	99.0	13.52	112.52	0	112.52	23	4	92	20.52

年度	回数	報捐者数	結費	繰越金	小計	経費	分配用額	出結官	分配額	分配総額	余剰
辛亥	11	39	732.0	20.52	752.52	400	352.52	22	16	*352*	0.52
	12	12	335.0	0.52	*335.52*	2.6	*332.92*	23	14	*322*	10.92
	13	113	1441.4	*10.92*	1452.32	79.5	1372.82	24	57	*1368*	*4.12*
	14	27	410.0	4.12	414.12	3.5	410.62	24	17	*408*	2.62
計	14	*413＋*	*6486.5*	*146.86*	*6633.36*	*621.02*	*6012.34*			*5875*	*136.64*
壬子	1	47	826.0	2.62	828.62	50	778.62	25	31	*775*	3.62
	2	52	631.0	3.62	634.62	3.6	631.02	26	24	*624*	7.02
	3	50	820.0	7.02	827.02	*0*	*827.02*	26	31	*806*	21.02
	4	27	690.9	21.02	711.92	*0*	*711.92*	26	27	*702*	9.92
	5	29	1088.4	9.92	1098.32	53.4	1044.92	24	43	*1032*	12.92
	6	84	1587.0	12.92	1599.92	37.84	1562.08	24	65	*1560*	2.08
	7	9	114.0	2.08	116.08	*0*	*116.08*	29	4	*116*	0.08
	8	11	367.5	0.08	367.58	15	*352.58*	31	11	*341*	11.58
	9	11	462.0	11.58	473.58	*0*	*473.58*	32	14	*448*	25.58
	10	33	378.0	25.58	403.58	*0*	*403.58*	31	13	*403*	0.58
	11	27	871.0	0.58	871.58	*0*	*871.58*	29	30	*870*	1.58
	12	37	619.5	1.58	621.08	3.4	617.68	28	22	*616*	1.68
	13	53	530.0	1.68	531.68	47	484.68	29	16	*464*	20.68
	14	48	597.0	20.68	617.68	29.12	588.56	28	21	*588*	0.56
	15	追納	48.0	*0.56*	*48.56*	*0*	*48.56*	23	2	*46*	2.56
	16	11	163.0	2.56	165.56	*0*	*165.56*	27	6	*162*	3.56
	17		246.2	3.56	249.76	4.18	245.58	29	8	*232*	13.58
計	17	*529＋*	*10039.5*	*127.64*	*10167.14*	*243.54*	*9923.6*			*9785*	*138.6*
合計		*1483*	*26902.5*	*445.74*	*27348.24*	*1446.72*	*25901.52*			*25441.5*	*459.3*

史料出典：『己酉等年印結簿』。

説明：1.【字体】イタリックは算出データ

2.【項目、計算方法】①回数：印結銀分配回数

②小計：結費＋繰越金

③分配用額：小計－結費

④分配総額：出結官人数×分配額

⑤余剰：分配用額－分配総額

額をどのように決めたのかについて順次、説明していきたい。

三　清末印結局の構成とその性格

史料の制限によって、清末以前の印結およびその手数料の管理機構について明らかにすることはできないが、以下では清末の印結局を例としてその構成と性格を検討してみよう。

清末、北京で省ごとに印結局が設立され、印結の発行から印結手数料の徴収や印結銀の分配に至るまでの事務を一括して管理していた。各省の印結局は、原則として、印結を出す資格のある京官が全員加入するものである。そして、加入者である印結を出す「出結官」の資格、その印結の有効性、および印結銀を受領する資格は、同郷の承認によって保証されるのである。

各省印結局の責任者については、印結局のメンバーが、同郷京官のなかから「年高徳卲」の者を「公挙」する。その公挙されたものは「管印結官」といい、任期は二年である[42]。李慈銘の日記によって、浙江省印結局の責任者は、「部曹の進士出身者」、つまり科挙試験で進士に合格し、六部の司官クラスに奉職する者によって、順番に担当されることが分かる[43]。

この「管印結官」を含む印結局のメンバーは、肩書きにこだわらず、互いに「局友」や「友」と呼び合った。つまり、印結局の内部関係は、役所のような上司と部下との関係ではなく、パブリックな原理のもとで成立された平等な関係であるように見える。これによると、身元保証書を取り扱う清末の印結局は、一種の共済組合、あるいは「身元保証人協会」のような組織であると考えられる。

四　印結取扱規定

先に紹介した監生や知府ポストなどを捐納する際の印結手数料の金額は、あくまでも計算の基準である。捐納の現場では、各印結局が独自に定めた関係規定に従い払うのである。清末、各省の印結局は、印結の作成、費用などについての規定を定め、さらにこれらの規定を載せるマニュアルを編纂して公表する。たとえば、『重訂浙江印結簡明章程』が、このような書物である。

当時、浙江省印結局は、毎年のように印結章程を協議し、関係規定をまとめて出版していた。この何度も改訂増刷された書物は、浙江省印結局が「公議」したうえで発行した該印結局のマニュアルである(44)。その内容は、大捐・注冊・験看・認識・投供領憑・声明知照・捐免保挙・花様・昇銜翎支・労績保挙・五六品京官・常捐旧章・増定常捐・海防捐・鄭工捐・津貼章程・同局規約・代収園館各捐などの十七の部分からなる。

浙江省印結局は、捐納事例が開かれるたびに、「時限立法」のようにその捐納事例に適用する印結発行の規定を公表する。この規定は、その都度の印結手数料は如何にして計算するかを定めるものである。たとえば、光緒十年（一八八四）に実施された「海防事例」のために、浙江省印結局は、『増訂海防新例印結章程』を定めた。その第一条は、次のように書いている(45)。

由挙貢生監報捐京外実官、或由各項官職加捐改捐者、除注冊各項仍照向章核収外、再按注冊銀数、収取全費。

これは、候選の注冊手続きに必要な印結に関する規定である。これによれば、「海防事例」の関係規定にしたがって、「京外実官」などを報捐する者に対し、注冊に要する印結一枚に付き二枚分の手数料を要求するという。これについて、知府捐納の例で説明したい。先に紹介したが、浙江省籍の報捐者が実官の知府を捐納して、注冊手続きをすますに際して、所定の注冊用印結手数料の計算基準は百両である。その『増訂海防新例印結章程』によれば、「海防事例」で知府捐納に要する注冊印結の手数料は、少なくとも百両×2＝二百両であった（注冊用印結のほか、報捐者の身分に応じて、「識認」や「保挙」などの印結の取得も必要とされる）。

光緒十三年（一八八七）、鄭州付近で決壊した黄河の堤防を復旧するという名目で、「鄭工事例」が実施された。それを受けて、浙江省印結局は、さらに『増訂鄭工新例印結章程』を定めた。この章程の第一条は、印結手数料の全般に関するものである(46)。

由鄭工報捐人員応出各結、一概照海防加三成収費。道府州県五項正印、各加五成。

とある。つまり、「鄭工事例」での報捐者に対し、捐納するポストに応じて印結一枚に付き、「海防事例」よりさらに三割増しないし五割増し、つまり2・3ないし2・5枚で計算するのである。このため、知府捐納に要する注冊印結の手数料は、少なくとも百両×2・5＝二百五十両である。

このように、印結局側は、理由の説明もなく勝手に印結手数料をつりあげた。これは、いうまでもなくなるべく高い収益を得ようとする狙いによるものであるが、この狙いを可能にする要因は、独占経営といってもいい経営形態にあったと考えられる。

なお、出結官による印結手数料の着服を防止するために、捐納関係印結の発行を印結局の専管事項とし、局のスタンプは欠けてはならないとする一方、次の規定も設けられている(47)。

捐納各員銓選、過堂、領憑、及分発、験看等結、各就熟識同郷官取結、結費随同交局。

つまり京官個人は、知り合いの同郷の報捐者に印結を直接発行することを許されるが、必要な手数料を領収し、印結局に納めなければならないという。もし出結官による手数料の着服が発覚すれば、その手数料を追徴するほか、さらに二割増しの「査費銭」を科するとされる。さらに、その出結官がこうした処分を拒否した場合、本人に配分する印結銀から差し引く、という規定が設けられている[48]。

清末、各省の印結局はそれぞれの身内（局友）を優遇するための印結取扱内規を定めていた。まず、現職官僚の捐納を優待する措置を挙げよう。当時、「改捐」（京官をやめて収入のいい外官ポストを捐納すること）と「降捐」（現在のポストより低いが、収入のいいあるいは昇進可能性の大きいポストを捐納すること）を捐納するに際して、同郷京官の印結が必要とされる。山東省印結局では、現職官僚による「改捐」と「降捐」にあたって、所要印結の手数料を「均照大捐之数減四成」、つまり実官の捐納に所要な印結手数料の六割掛けで計算するのである。このため、山東省籍の京官が外官の知府を「改捐」する場合、印結手数料は百両×0・6＝六十両であった[49]。

さらに、一部の省では、現職京官の子孫や親戚に対しても、優遇措置が設けられている。次は江蘇省印結局の規定である。

現任京官子孫及胞兄弟姪報捐七品以下京職、印結公送。報捐外官及六品以上、仍出結費。

つまり、現職京官の子孫や親戚が、外官や六品以上の京官を報捐する場合、規定通りの印結手数料を請求するのに対し、七品以下の京職を報捐する場合、必要な印結は、「公送」、すなわち無料で発行するのである。なお、現職京官が「加級」を捐納する際の印結手数料も、「公送」である[50]。

以上で見られるように、各省印結局の取扱規定は、身内の利益を念頭に置きながら、捐納事例が開かれるたびにあるいは必要と判断する時に一方的に改定されるものである。

このように、印結発行と印結手数料管理のために、京官たちがパブリックな原理に基づいて、省ごとに印結局という共済組合のような組織を結成した。この印結局は、印結の発行という公権力の行使に際して、身内の利益を最優先に考えて、発行手数料の金額をはじめ印結の取扱内規を定め、それによって印結手数料を徴収した。では、印結局は、公権力の行使を伴って徴収した印結手数料を如何にして「出結官」たちに分配したのか、その分配にまつわる問題とは何だったのか？　この問題を次に考察する。

第三節　印結銀の分配

一　印結銀の分配原則

先に述べたように、印結局に加入した京官全員は印結銀の受領資格を有しているが、その印結銀の分配原則は、二つに分けることができる。

まずは、「品位之崇卑」、つまり官品に応じて配分するものであった。浙江省印結局の分配方式とそれをめぐる論争については代表事例として後に紹介するが、その事例を通して分かることは、パブリックな原理の影響を受けて「友」と呼び合うような平等関係で築かれる印結局であっても、そこに働いていた原理は、一つには従来型の官僚社会で働くオフィシャルな原理であった[51]。

次には「平均分配原則」であった。それはメンバー全員に一律分配するものであった。先に紹介した河南省印結局の史料をもう一度あげよう[52]。

以上三卯、共銀五百六十六両五銭。以二十一分算、毎分該銀二十六両、余平二十両〇五銭、帰下月。

これによれば、河南省印結局は道光二十九年（一八四九）四月二十一日から五月二十日の一ヶ月間に受け取った「五百六十六両五銭」の結費をもとに、この間に在籍する「二十一名」の「出結官」に対し、それぞれ「銀二十六両」を印結銀として分配したこと、余りの「二十両〇五銭」を来月へ繰り越したことが分かる。

我々はこうした事例を通して、パブリックな原理の影響を受けて「友」と呼び合うような平等関係で築かれる京官の「共済組合」のような組織の内部においては、中国の官僚社会で重んじられる官僚の階級、出身の資格、年齢などを考慮せず、一つには「平均分配」という原則の働きが存在したことを見出すことができる。これこそ、清末の官僚社会を考えるうえで非常に興味深いものと言えよう。

また、印結局への加入時期によって、分配される印結銀の金額は異なる。たとえば、河南省籍の京官が構成した河南省印結局は、月末ごとに印結銀を関係者に支給する。毎月五日までに加入する者に対しては、全額を支給し、五日以後二十日までに加入する者に対しては、半額を支給する。二十日以後に加入する者に対しては、当月分の印結銀を支給しないとされる。人事異動によって地方官に転出するなどを理由に北京を離れる場合には、二十五日以後に離れる者に対しては全額を、十五日以後に離れる者に対してはその半額を支給する。十五日以前に北京を離れる者は、当月分の印結銀を受領することができないとされる。さらに、北京を離れることを印結局に知らせず印結銀を引き続き受け取る者が発覚した場合、不正に受け取った印結銀の全額返還を求めるとされる。(53)

印結銀受領の実例について、李慈銘の事例をあげよう。同治十年（一八七一）正月、李慈銘は浙江書局の仕事を辞してふたたび上京した。彼は二月二十三日に北京に着いたので、浙江省印結局から二月分の印結銀をもらえなかった。なぜなら、北京到着の時期はすでに二十日を過ぎていたからである。印結銀の受領を再開したのは、翌三月からである。[54] この事例から見られるように、河南や浙江を含む各印結局では、印結銀の受領時期についての規定が設けられていた。

二　経営情報の公開

印結局内部の利益調整にあたっては、もっとも注目すべきことは、「情報公開」の原則である。これについて、浙江省印結局の規定を挙げたい。[55]

局中毎月向刊出結各単。今議刊捐生姓名籍貫、逐款添刻銀数、並加刻在局各友姓名単一紙、随同公費分送、庶同局各友一覧了然、以示無私（傍点は筆者）。

とある。この光緒四年（一八七八）の秋に定められた規定によれば、それまでに浙江省印結局の内部では、月ごとに出結の状況を文書で公表することになっていた。光緒四年以後、さらに捐生の姓名籍貫、それぞれが納めた手数料の金額、印結局メンバーの名簿を月ごとに刊行して内部関係者に公表することが定められた。こうした措置の狙いは、「無私」、つまり全員に公平を示すところにある。

では、なぜ浙江省印結局は、光緒四年の時点で経営情報をよりいっそう公開する方針を決めたのであるか。実は、ちょうどこの頃、浙江省印結局の内部で印結銀の分配をめぐって激しい意見対立が起こっていたのである。

李慈銘の日記によれば、対立のきっかけは、印結局の責任者が、ずっと前から自分の地位を利用して私利を図り、手数料収入と印結銀支出をごまかしていたことであった。

彼の日記によると、光緒二年（一八七六）の冬、部曹の進士出身者が主導したもとで、浙江省印結局は、進士出身者に分配する印結銀を毎月「四分之三」、つまり七十五パーセント増額することを決めた。印結銀の財源である印結手数料が確実に増えることが保証できない以上、進士出身者への分配を増額することは、当然ながらほかのメンバーに配分できる印結銀を減額する恐れを引きおこしてしまう。これは、明らかに進士出身者を優遇する政策である。捐納出身で、それまでに進士になるための会試で何度も落第した李慈銘のようなものは、この政策および印結局の責任者に対し強い不満をもっていた。

光緒四年正月二十九日、年度の公議が開かれるのを控えて、友人の戸部員外郎汪樹堂が李慈銘を訪ねてきて、二人で印結局の運営について意見を交わした。「名士」を自負する彼は、その日の日記のなかで、それまでの浙江省印結局歴代の責任者を名指しで批判している。

吾浙印結局以部曹之進士出身者輪管、朋占漁利、出入不謹。近来此輩皆無頼村氓、不通一字、而無恥益甚。……此朝廷用進士之弊也。謬種流伝、至為市井賎賈所不屑為之事。哀哉。自吾郷孫慶咸、謝鉞、戴堯臣等相続管局、争競錐末、物議沸騰。至寧波人凌行均、湖州人章乃畬沿其流下、遂同盗賊矣。

李慈銘は、まず進士出身の印結局責任者は、私利を漁り、収入と支出に対し慎みを欠いていると指摘した。次に、近年の責任者は愚鈍で、わけのわからない文書を書き、無恥であること益々甚だしいと批判しつつ、これは朝廷が進士を用いる政策が失敗であったことを表しているとして、進士落第の不満を爆発させている。さらに、歴代責任者の名前を挙げて、「争競錐末」、つまりわずかの利益でも争う「盗賊」と同じである、と辛口で批判している。こうした辛辣な批判から、我々が見ることができるのは、印結局の内部には腐敗があって、そこで働いている原理が当時においてどこの衙門にもあったと言っていいほど官僚の原理、あるいはオフィシャルな原理であったことである。

同年の二月十日、李慈銘は浙江省印結局の公議に参加したあと、こう記している。

至者四五十人、尠有似人状者。与此挙為伍、可発大噱也。

つまり、その公議に参加した四、五十人のうち、人間に見えるほどの者は少ない。あいつらと一緒にいれば、笑ってしまうだろう、と。

二日後の十二日、彼は友人に手紙を送り、公議を主催する章乃畬の「詐私」と「頑鈍無恥」を同郷の人に知らせるために、この手紙を皆に見せてくれるように、と促した。彼の怒りはなおおさまらなかった。この日の日記のなかで、その章某が少しでも恥を知れば、まさに「入地」すべきである、つまり死んでしまえ、と呪っている。さらに、三月十四日、李慈銘はさらに内容の厳しい抗議文を章乃畬に送った(56)。

このように、光緒四年二月、浙江省印結局の内部は、印結銀の分配をめぐって激しく対立した。この対立の結果として、この年の秋、印結局の責任者が交代し、先に引用した情報開示の経営方針を決めたのである。

浙江省以外の印結局でも、このような動きが見られる。印結銀の分配に対する不満が爆発され、印結局内部で調整できず中央官庁へ提訴されるケースもあった。光緒初年、四川省印結局の印結発行方法は、出結官がその名義を印結局に預け、査結官が判断して出結官の名義を使って印結を発行するというものであった。光緒四年、四川出身の刑部主事董華国は、印結局の責任者だった劉正品（刑部郎中）が報捐した「淮商陳仁熙」らに対して無断で彼の名義を使って印結を発行し、結費「四百両」を受け取ったことを問題とし、その劉正品を都察院に告発し訴訟を起こした。しかし、原告の董華国が最初に相手取った被告は、その印結発行の責任者でありかつ刑部における自分の上司ではなく、印結の発行を申し込んだ「淮商陳仁熙」であった。おそらく、原告の董華国はこの時点で、同郷関係および官僚組織内部の上下関係を配慮し、自分の上司を直接告発することを避けて、迂回して印結の発行を求めた商人の陳仁熙を「欺蒙」の理由で提訴したのであろう。この提訴が却下されたあと、原告の董華国は同郷関係および官僚組織内部の上下関係への配慮をすべて捨てて、自分の上司を相手取り都察院に告発した。董華国があえて上司を訴えることに踏み切った動機は、いうまでもなく自分の名義で発行したとするその結費「四百両」に応分する利益を手にしたいというところにあると考えられる[57]。

ところで、印結局の内部でなぜ印結銀の分配をめぐって対立がおこったのか？　その原因は、まず当時の京官たちにとって印結銀は欠かせないものであることを挙げられよう。

三　京官の家計を支える印結銀

清代、京官の俸禄は、官品に応じ正俸と恩俸によって構成される。高額な養廉銀をもらえる外官（地方官）に比べれば、京官の収入は少なかった。さらに、咸豊年間以後、中央政府の財政難によって、京官の正俸と恩俸はカットされ、彼らの生活を支えたのは、外官からのつけとどけ（たとえば、炭敬・氷敬・別敬など）のほか、関係者の了承によって成立していた印結銀である[58]。当時、京官はこの印結銀を「公費」とも呼んでいた。

印結銀の財源は報捐者が納めた印結手数料であるので、地元からの報捐者の人数は、京官たちの印結銀収入に直接影響を与えたに違いない。たとえば、四川・広東・江蘇・浙江省籍の京官のなかには、地元からの報捐者が多いことに恵まれ、年間「千金」以上の印結銀をもらう者がいたらしい。福建籍京官は、年間二百両をもらったという。なお、道光二十九年（一八四九）から咸豊二年（一八五二）までの間、河南籍の京官が年間もらえる印結銀は、三百七十九両～五百七十六両であった[59]。これらの省に対し、直隷地方は比較的に貧しくて、捐納者も少ないわりに中央各衙門で任官する直隷籍京官は多い。そのため、直隷籍京官がもらえる印結銀は、年間平均三十両か四十両にすぎなかったという。このわずかな印結銀は、直隷籍出結官にとってどのようなものなのかについては、一例を挙げて説明しよう。

光緒三年（一八七七）に進士合格した直隷清苑県籍の李錫彬は、家族四人を抱えて、一日に二食しか食べられなかった。薪炭費が高いから、彼の家では自炊はせず、毎朝銀一銭を使ってお湯を買って、それを一日の洗面や飲用などに充てた。一日分の食費は「京銭一千」しか使えないので、饅頭四斤（約二キログラム）、味噌、葱、漬物を買って食べる。彼が、「印結費一項、作一月伙食費足矣」と言うとおり、毎月の印結銀は一ヶ月分の食費に充てるのには十分であった。当時の銀銭レートは、銀一両を「京銭十五六千」に両替できたが、これによって計算すれば、李錫彬が毎月もらえる印結銀は、わずか二両前後で、年間に二十四両であった。直隷籍京官がもらえる印結の少なさは、この事例から読み取れるだろう。このため、このわずかな印結銀は、直隷籍の京官にとって、まさしく生死にかかわる、なくてはならないものと言っても過言ではなかった。(60)

地域の要素を除いて、年度によって印結銀収入はきわめて不安定であるので、京官たちはいつも印結に関する情報に耳をとがらせていた。たとえば、光緒七年（一八八一）頃、空きポストを待つ候補官が多くなりすぎ、短期内に彼らを消化できないという情況を受けて、応急策として直隷、江蘇、湖北、浙江と貴州への「分発」が一時停止されることになった。李慈銘は、このニュースを聞いたその年二月二十九日の日記のなかで、「吾輩首陽之期至矣」、つまり餓死の時期が近づいたと記している。(61)すなわち、一部の省への分発が停止されるのは、その省にて任官したい、または候補となりたい報捐者にとって、夢の実現に打撃を与えることであるから、一時の停止とはいえ、現実問題として、「指省」を捐納する者の減少をもたらす恐れがまず出てくる。捐納者の減少は、捐納に必要な印結の発行量の減少を引き起こし、そして言うまでもなく印結手数料の減収を引きおこすのである。要するに、分発の停止は、京官の印結銀収入に直接影響するのである。ちなみに、この年（光緒七年）、李慈銘の印結銀収入は、前の光緒六年（一八八〇）の三百六両九銭から、一気百六十三両四銭までに減らされ、彼の個人生活は大きな打撃を受けたに違いない。(62)

咸豊・同治以後、捐納による財政収入の減少傾向に対して、一部の人は、その原因は印結手数料が高すぎる、と指摘した。たとえば、先にも引用した光緒元年（一八七五）『申報』記事のなかで、つぎのように印結局の責任者を批判している。印結局の責任者は、目前の利益だけをはかり、印結手数料を高く設定した。そのため、高い手数料を払えず、捐納を断念する人が出てきた。結局、印結局の収入のみならず、戸部の捐納収入も減少してしまったというのである。(63)この議論は、捐納による財政収入が減少した責任を高い印結手数料に押しつけ、候補官の増加による任官難の影響に触れていないから、公平な意見とは言いがたいが、当時の世論の一部は、印結手数料に対し批判的態度をとっていたことが見られよう。さらには、捐納による財政収入の増加を狙って、戸部の内部からも同じような議論が出された。光緒十二年（一八八六）正月二十九日、李慈銘は、日記のなかでこう記した。(64)

今日戸部百計求利、謂捐例既開、而無来者、由印結之費太重。因議裁此費、凡戸部上兌者概不須結。於是京官之恃此為命者、皆当立槁牆壁矣。

つまり、戸部は、捐納者減少の原因は高い印結手数料にあると見て、印結そのものの提出を廃止する方向で対策の検討に入っていたというのである。李慈銘はこの情報を聞いて、印結銀に頼って生活がやっと成り立つ京官は、これでは生きられなくなる、と嘆いたのである。

このように、報捐者が納めた印結手数料は、結局一種の法定外収入として、印結銀の形で京官のところへ流れていって、京官の家計を支えるものになった。このため、京官にとって、印結銀は重要な収入であるから、その分配および印結局の責任者に対し常に不信感を持つのは、当然のことと言えよう。

ところで、李慈銘のような一般メンバーが、印結局の責任者を疑わしく見つめていたのには、さらにより深い原因があった。これは俸禄と異なる印結銀の性格によるものである、と私は考えている。

俸禄は、名義上は皇帝からいただくものであるから、その受領する者としては、俸禄の金額や支給方法に対し、疑問を抱くこと自体が当時の社会通念からは考えられない行為である。しかし、印結銀は、俸禄と異なって、報捐者から徴収した印結発行手数料を元にして、一種の手当てに転化してきたものである。その巨額の金銭を管理するのは、皇帝ではなく、ほかのメンバーと平等な立場に立つ、お互いに「友」で呼び合う印結局の責任者である。個人が自分の利益を優先する中国官僚社会では、このような巨額の金銭を管理する者を信用しないのは、一種の「常識」である。ここで興味深いのは、官僚たちは、どのような方法を使って、こうした人間不信のなかで組織を維持していたのか、という点である。

すでに述べたように、印結局内部の意見対立の結果として、経営情報を開示する経営方針が打ち出された。つまり、情報公開という近代的な方法を使って、責任者の「無私」を関係者全員に示すのである。この意見対立から生まれた方法は、偶然に考え出したものというより、むしろ清末に流行っていた「徴信」という時代の流れの影響を受けて生まれた特有なものであった、と私は考えている[65]。当時、民間による公共事業の経営から生まれた「徴信原理」の影響は、次第に拡大していた。このような時代において、印結局内部の意見対立を解消するために、「徴信原理」の理念を受けて、関係者全員に「無私」を示させ、あるいは信を問うという経営方針を決めたことは、当然の成り行きと言えよう。さらに、浙江省を含む江南地方は、そのパブリックな徴信原理が全国で先頭を切って流行っている先進地域である、ということを含めて考えれば、浙江省籍の京官たちが、印結局の経営管理に対する不信を少しでも取り除くために、情報公開のような方法を取り入れたのは、偶然とは言えないだろう。

当時の民間公共事業は、盛んに「徴信録」の出版を通じて公信を問うた。清末になって、政府もこうした潮流のなかで、「徴信録」を出版するというパブリックな原理を取り込まざるをえなくなった。民間と政府が発行した徴信録に比べれば、印結局が開示した情報の全容は、残念ながら現段階では明らかにすることができない。ただ一つ言えるのは、印結局が情報公開というパブリックな原理を取り入れた目的は、あくまでも印結局内部の利益関係を調整しようとするところにあったのである。李慈銘のような者でさえ、最初は捐納出身者の立場から一時的に批判の声を挙げたが、自分がいったん進士になると、すぐ進士の立場で利益問題を考えるようになった。また、信を問う対象は、印結局のメンバーに限られ、民間公共事業のような人から人への信を保証する最後の手段として神やお上に信を問う方法はまったくなかった。つまり、印結局は組織構成や情報公開の面でパブリックな原理を取り入れたにもかかわらず、その本質はパブリックなものではなく、あくまでも官僚の世界あるいはオフィシャルな世界である。そこの責任者も一般メンバーも、何か理想をもって公益事業をやっているわけではない。ただ個人利益の調整という点においては、やむをえずパブリックな原理を取り入れただけである。したがって、パブリックな原理を取り入れたとしても、やはり限界があったと言えよう。

しかし、限界の存在を指摘することは、けっしてその意義を否定するものではない。印結局に見られるメンバー全員が「友」で呼び合うこと、および情報公開を通じて「以示無私」、つまり信を問うことは、秦の始皇帝以来数千年の歴史をもつ中国の官僚世界にもようやくパブリックという近代的な原理を取り入れる試みが始まったことを示すであろう。

おわりに

以上、印結使用の由来、捐納と印結との関係、印結局による印結・印結手数料・印結銀の管理、印結銀と京官収入との関係について検討した。印結発行や印結銀の支給基準などについては、さらに新しい史料を発掘する必要がある。

清代の康熙年間、政府は、捐納出身官僚の素質を確保すると同時に、現職官僚の責任感をより強めようとして、この「一石二鳥」の印結制度を導入した。しかし、京官たちが地元報捐者に身元保証書である印結を発行するに際して、彼ら報捐者のすべてを知り尽くさなければならなかったはずであるが、これは捐納現場ではなかなか難しかった。特に嘉慶・道光以後のような捐納が頻繁に実施される時代、印結の発行は、ほとんど捐納代行業者の仲介により取り寄せることになって、出結官による印結の発行と査結官による印結のチェックは、ともに報捐者より提出した書類に基づいて行われた。このように、档案史料などを一見すれば制度が支障なく動いているように思われるが、その書類の作成作業はすでに制度の基本から遠く離れていた。これは、中国の歴代王朝の制度史を研究する際によく見られることである。当時の政府は捐納制度と印結制度との間には無理があったこと、印結の作成には不正があったことを知らなかったはずはないだろう。問題は、これらのことを如何にして対処するか、というところにある。

これらの問題に対して、財政難の解決策として捐納を頻繁に実施した清末の政府は、柔軟な対策を講じていた。すでに述べたように、印結にかかわる責任問題について、『欽定六部処分則例』のなかで関係規定を整備した。

つまり印結作成の段階においては、政府はタッチせず、官僚や印結局の判断に任せる方針をとっていた。しかし、印結が提出されたあと、不正が発覚すれば、政府はその印結を発行した官僚を処罰したのである。

印結発行手数料と京官生活に欠かせない印結銀の問題においても、政府は柔軟な対策をとっていた。以上に見られるように、官僚たちは、印結の発行と引き換えに報捐者から手数料をもらえる。言い換えれば、公文書の発行手数料を自分のポケットに入れ、官僚がもつ公権力の象徴としての官印は、官僚自らの金儲けの道具になってしまった。このような現代社会で公金着服にも当たるような行為は、政府の黙認によって、慣行として堂々と行われていた。官僚の正規俸禄をカットした張本人でもある政府は、自身の活動を維持するために、官僚たちを働かせなければならない。そのため、政府自身は、規定通りに俸禄を支給して官僚の生活問題を解決することができない以上、この慣行の存在を認めざるをえなかった。結局、政府側は、印結手数料および印結銀に対しても柔軟な対策、つまり政府としては干渉せず、官僚たちがつくった印結局に任せるという方針をとっていたのである。

政府が柔軟な対策をとっていたことによって、印結局は印結の発行から印結銀の分配に至るまでの印結業務の要になった。すでに述べたが、印結や印結銀などを管理するために、オフィシャルな人間である官僚たちがパブリック原理の影響を受けて、「友」で呼び合う印結局を結成し、そして印結局内部の利益調整から生まれた情報公開によって、「無私」を示して関係者全員に信を問う経営方針をとっていた。そこから、近代の夜明けに直面する伝統中国の官僚社会が、パブリックな原理をも取り入れて、近代へ動き出したのを見ることもできるであろう。オフィシャルの世界にわずかながらパブリックな原理が取り入れられた、言い換えればパブリックな原理がオフィシャルな世界をいささかなりとも侵食したのは、伝統官僚制から近代官僚制への移行期における中国社会と中国官僚制度を認識するうえで、きわめて重要なことと言えよう。この画期的なことは、中国官僚史において注目すべき新しい動きであるとともに、当時の中国社会がすでに育んでいた近代への胎動によって促されたとも言えるだろう。

注

(1) 許大齢『清代捐納制度』(『明清史論集』所収) 九七~九九頁。張徳昌『清季一個京官的生活』四七~四九頁。

(2) 印結の由来について、ここでは省きたいが、少なくとも後漢時代では、「結」はすでに証明書として使用された。(劉宋) 范曄『後漢書』巻三十九 劉般伝 一三〇五頁。「是時下令禁民二業、又以郡国牛疫、通使区種増耕、而吏下検結、多失其実、百姓患之。」宋元明の時代でも、「結押」、「甘結」、「印信保結」などと呼ばれる保証文書の存在を史料によって確認することができた。たとえば、『慶元条法事類』巻三十 財会門 銭会中半 三一九頁。『通制条格』巻六 選挙 挙保 一〇一~一〇二頁。『(万暦) 大明会典』巻十二 吏部十一 考功清吏司 二二〇頁、および巻二百十 都察院二二八〇二頁。徽州文書を利用すれば、明代の保結文書を見ることもできる。『徽州千年契約文書』宋元明編 巻二 四二二頁 隆慶二年徽州府汪勝保結犯人文書。

(3) 官僚が病気を理由に告病 (離任休養) を申請する場合の印結については、拙稿「清代地方官の病死・病気休養について」『東洋史研究』(京都、東洋史研究会) 第五九巻第二号 二〇〇〇年九月 三一~六七頁を参照。

(4)『直隷冊結款式』序文。類似の書物は、『雲南省冊結式』を挙げることができる。一九九九年の夏に得た出張の機会を利用し、北京中国科学院国家科学図書館に赴きそれを調査したが、その内容は『直隷冊結款式』とほぼ一致することが分かった。

(5)『直隷冊結款式』目録。捐納関係の「冊結」は以下のようなものがある。

捐納官員試俸年満実授親供結式 (一〇 a頁)

捐納官員試俸年満実授印結式 (一一 a頁)

捐納官員試俸年満実授冊式 (一二 a~b頁)

捐納貢監生考職親供結式、里隣親族甘結、州県印結 (三〇 a頁)

捐納官赴選親供結式、里隣親族甘結、州県印結 (四三 a~b頁)

新選捐納貢監出身官領憑結式、里隣親族甘結、州県印結 (五一 a~b頁)

未考職捐納貢監生丁憂／起復親供結式（五三a～b頁）

未考職捐納貢監生丁憂／起復里隣親族結式、州県印結（五三a～b頁）

捐納官生原捐収照水火盗賊遺失補給親供結式、里隣親族甘結、州県印結（六四a～b頁）

なお、印結の書式について、（清）黄六鴻『福恵全書』巻一 筮仕部 二四～二五頁を参照。

(6)（清）鄂海『六部則例全書』戸部則例 巻下 捐叙 納監原例 七九a～b頁。繆荃孫『雲自在龕筆記』列朝二『古学彙刊』第四編下冊 康熙十四年乙卯捐例 六a～七b頁。（清）葉夢珠『閲世編』巻六 賦税 一三八頁。

(7)「康熙初年有関捐納御史奏章」『歴史档案』一九九三年第二期 一九九三年五月 一二～一六頁。

(8)（清）陸海『本朝則例類編』吏部 巻上 選法 行査捐納候選官印結定限 康熙二十九年五月 一〇b～一一a頁。「吏部覆准台臣陸　疏、査例監吏員捐納候選主事小京官同知通判知県等官一千七百余人、此内亦有投供験到者、亦有未経験到者、臣部倶准戸部咨取同郷京官印結及互結選授。原無府州県衛所印結、今捐納各官内既有仮冒頂替情弊、自応通取地方官印結。……」

(9)「冒捐」の問題について、山田耕一郎「清初の捐納出身者対策について――仮冒頂替の情弊をめぐって」（『山根幸夫教授退休記念明代史論叢』東京 汲古書院 一九九〇年 一一〇七～一一二八頁）、岸本美緒「清代における『賤』の観念――冒捐冒考問題を中心に」（『東洋文化研究所紀要』第一四四号 二〇〇三年十二月 八一～一三一頁）を参照。

(10)報捐の手続きについて、本書第二章を参照。

(11)（清）李宝嘉『官場現形記』第三回「苦鑽差黒夜謁黄堂、悲鐫級藍呢糊緑轎」三一～三二頁。入矢義高・石川賢作訳『官場現形記』三一～三二頁。

(12)織田万『清国行政法』第六巻 二一三～二一三頁。

(13)『（光緒）欽定大清会典事例』巻四十三 漢員銓選 五六〇三～五六一一頁。『（同治）欽定戸部則例』巻九八 通例 収捐給照事宜 三二b頁。『（道光）欽定吏部銓選漢官則例』巻四 捐納候選 二六二～二六三頁。『（光緒）欽定六部処分則例』巻三 陞選 各省捐納人員赴選 九八～九九頁。

(14)ただし、北京で捐納した者は戸部より地元官庁に依頼する。

(15)中国第一歴史档案館蔵順天府档案 第八巻 第〇一七・〇二四～〇二六号。順天府の場合では書類の流れが少し異なる。書類の提出先は兼管順天府尹事務大臣と順天府尹であり、兼管順天府尹事務大臣と順天府尹は受け取ったその書類を戸部に転送するとされる。

（16）報捐者は自ら地元から上京する場合は、これらの書類を自ら持参して戸部に提出する。戸部はこれらの書類を受け取ってから吏部に通知するとされる。

（17）中国第一歴史档案館蔵清代吏部档案 巻二十三。

（18）『申報』光緒元年十月二十八日 掲広東雲南印結之弊。

（19）「現行常例」と「暫行事例」は、本書第二章を参照。加級の問題については、大野晃嗣「清代加級考――中国官僚制度の一側面」『史林』（京都、史学研究会）第八四巻第六号 二〇〇一年一月 一～三五頁を参照。

（20）『増修現行常例』捐免実授 四五b～四六a頁。『清国行政法』第六冊 二二〇～二三七頁。本書第六章を参照。

（21）たとえば、「各直省大小官員報捐加級記録、一体加具同郷京官印結、粘連投遞。」『（同治）欽定戸部則例』巻九十八 通例 収捐給照事宜 二七b頁。なお、『重訂浙江印結簡明章程』常捐結費 一三b～一四b頁、同書 常捐章程 一四b～一六b頁。

（22）六部各清吏司の郎中、員外郎と主事、宗人府と起居注館の主事、光禄寺の署正などに対しては、その官職専用の官印がそもそも交付されていないが、衙門または部局の官印を使用して印結を発行することができる。たとえば、先に紹介した専用の官印をもたない吏部考功司主事程厚は、吏部考功司の官印を使用して印結を発行した。

（23）（清）朱彭寿『旧典備徴』巻五 大年 一三三頁。「按京卿自一品之尚書以至六品之国子監司業、皆為各署長官、統称京堂。」

（24）徐珂『清稗類鈔』第七冊 廉倹類 姚学塽不取印結銀 三一八九頁。「京曹有印官可出結者、為六部郎中、員外郎、主事、宗人府起居注主事、光禄寺署正、順天府治中糧馬通判、大興宛平両県知県。而五六品京堂、給事中、御史弗與、体制崇也。翰林院修撰編検、内閣中書亦弗與、無印也。」関係規定については、『（道光）欽定吏部銓選漢官則例』巻八 雑例 稽査出結 四一三頁、『（光緒）欽定六部処分則例』巻十 印信 稽査印結 二六一～二六二頁を参照。

（25）張徳昌『清季一個京官的生活』七〇頁。（清）李慈銘『越縵堂日記』同治二年五月初五日、十四日、六月十二日、二三四二・二三四七・二三六七頁。『（光緒）欽定大清会典』巻七 吏部 文選清吏司 八九頁。

（26）『（光緒）欽定大清会典』巻三十四 礼部 鋳印局 三四七頁。なお、官印と行政との関係について、拙稿「官印与文書行政」（周紹泉［ほか］『98国際徽学学術討論会論文集』合肥 安徽大学出版社 二〇〇〇年 三三一～三五八頁）を参照。

（27）報捐代行について、本章第二節「報捐代行」を参照。

(28)（清）李圭『入都日記』光緒十三年八月初十日 二十日 九b・二〇a頁。
(29)『（光緒）欽定六部処分則例』巻十 印信 稽査印結 二六二頁、巻三 陞選 各省捐納人員赴選 九八～九九頁。
(30)「嘉慶年間皀役及其子孫冒捐冒考史料」『歴史档案』一九九八年第一期 一九九八年二月 三五～三七頁。『（同治）欽定戸部則例』巻九十八 通例 三九a頁。
(31)『（同治）欽定戸部則例』巻九十八 通例 三三b頁。『（光緒）欽定六部処分則例』巻三 陞選 各省捐納人員赴選 九九頁。
(32)『清徳宗実録』巻六十七 光緒四年二月庚寅 第五三冊 三三一～三三二頁。
(33)（清）李圭『入都日記』光緒十三年八月二十一日 二一a頁。
(34)『重訂浙江印結簡明章程』同局規約 二三a～b頁。
(35) 秦国経［ほか］『清代官員履歴档案全編』第六冊 二四九～二五〇頁。
(36) 中国第一歴史档案館蔵清代吏部档案 巻二十二。
(37)『（光緒）欽定六部処分則例』巻三 陞選 各省捐納人員赴選 九八頁。
(38)『各省印結』。なお、捐納に際して、「随封」、「小費」、「喜金」などの名目でチップも要求される。『各省印結』江蘇 一a頁、広東 二a～四a頁を参照。
(39) 中国第一歴史档案館蔵清代吏部档案 巻七十一 『己酉等年印結簿』。
(40)『（民国）嘉禾県図志』巻十九 人物 官師表 八八六頁。
(41) 本書第六章を参照。
(42) 許大齢『清代捐納制度』（『明清史論集』所収）九七頁。張友鶴「清代の官制」（李宝嘉『官場現形記』附録一〇七五頁）を参照。
(43)（清）李慈銘『越縵堂日記』光緒四年正月二十九日 七七五一～七七五二頁。
(44)『重訂浙江印結簡明章程』。該書は、何度もの改訂からなったものであり、最後の改訂は清光緒二十九年（一九〇三）三月である。なお、上海図書館では、清咸豊七年（一八五七）に改訂された浙江省印結局の『公議印結条款章程』も所蔵している。
(45)『重訂浙江印結簡明章程』増訂海防新例印結章程 一七a頁。
(46)『重訂浙江印結簡明章程』増訂鄭工新例印結章程 二〇a頁。

注

(47)『公議印結条款章程』五b頁。なお、『重訂浙江印結簡明章程』同局規約 二三 a頁。
(48)『重訂浙江印結簡明章程』同局規約 二三 a〜b頁。
(49)『各省印結』山東 二a頁。
(50)『各省印結』江蘇 三b・一b頁。浙江省の印結局にもこのような規定がある（『重訂浙江印結簡明章程』同局規約 二五 a頁）。
(51)徐珂『清稗類鈔』第七冊 廉倹類 姚学塽不取印結銀 三一八九頁。
(52)『己酉等年印結簿』。
(53)『河南印結彙定章程』、未見。「結局向章定於月盡分費。凡入局者初五日以前全分、二十日以前半分、逾二十日不入分単。出局二十五日以後全分、十五日以後半分、不逾十五日者不入分単。儻有出京時、並不知会結局、仍行冒領者、査出按数扣底」。許大齢『清代捐納制度』（『明清史論集』所収）九七〜九八頁より。
(54)張徳昌『清季一個京官的生活』七九頁。
(55)『重訂浙江印結簡明章程』同局規約 二四b〜二五a頁。
(56)（清）李慈銘『越縵堂日記』光緒四年正月二十九日・二月初十日・二月十二日・三月十四日 七七五一〜七七五二・七七六四・七七六六・七八一九頁。
(57)『清徳宗実録』巻六十七 光緒四年二月庚寅 第五三冊 三二一〜三二三頁。
(58)京官の生活について、張徳昌『清季一個京官的生活』四六〜四九・五二〜五七頁を参照。
(59)『己酉等年印結簿』。左表参照。

年度	年間平均値	備考
己酉（道光二十九年、一八四九）	四九〇両	五品京官の年間俸銀は一六〇両で、六品京官の年間俸銀は一二〇両である。
庚戌（道光三十年、一八五〇）	三七九両	
辛亥（咸豊元年、一八五一）	四二〇両	
壬子（咸豊二年、一八五二）	五七六両	

史料出典：表-3-2。『(乾隆) 欽定戸部則例』巻九十一 廩禄 中外文員俸 四三六頁。『大清仕籍全編』京外額俸。

(60) 何剛徳『話夢集』一二一～一三頁、何剛徳『春明夢録』一三六頁。著者は、清末に吏部司務庁掌印郎中や侍郎などを歴任した。

(61)（清）李慈銘『越縵堂日記』光緒七年二月二十九日 八九六六頁。

(62) 張徳昌『清季一個京官的生活』六四頁。

(63)『申報』光緒元年十月二十八日 掲広東雲南印結之弊。

(64)（清）李慈銘『越縵堂日記』光緒十一年正月二十九日 一〇六五八頁。

(65) 夫馬進『中国善会善堂史研究』七五一～七五二・八一三～八三九頁。

第四章　捐納出身者の登用と候補制度

はじめに

捐納制度とは、一言で言えば国子監の学籍や任官の資格などを売買する制度である。つまり政府は自身の財政問題を解決するために、国子監の学籍や任官の資格などを一定の規定にしたがって販売し、民間人や官僚たちにそれを購入してもらう制度である。民間人は学籍あるいは官職の任用資格などを獲得するために、官僚はさらに上位の官職及び栄典を獲得するために、捐納を行った。この制度は、中国明清時代の国家支配にとって不可欠なものであり、おおよそ五百年もの間ずっと実施されていた。これは明清時代、とくに清代の政治と社会に限りなく大きな影響を与えたものである。

一方、候補制度とは、国家が、何らかの理由によって職場をいったん離れた者に、その理由が消滅したことによって職務に復帰させる制度である。要するに、新人官僚の登用と現職官僚の昇進を目的とする制度ではなかった。この二つの制度は、本来は無関係のものであったと言ってよい。しかし、清代中期以後になると、「候補」

といえば、その大半はほとんど捐納して正式な登用を待つ「候補官」をさすことになった。この両者の間にはどのような関係があり、どのように結びつくに至ったのであろうか。

前近代中国、とりわけ清代の官僚制度の理念では、捐納出身者を含む官僚の有資格者全員について、政府がその責任で登用しなければならないとされた。しかし、現実においては、官僚の有資格者の全員登用はとうてい不可能であり、結局、官僚ポストの定員数をはるかに上回るたくさんの候選候補官が生み出されるようになった。特に清代の中期以後、その候選候補官たちを必ず登用する制度的な保証はどこにもなかったにもかかわらず、制度の理念のうえではいずれ登用されるものとしていた。こうしたなかで、たとえ一つの臨時的なポストに就くためにも、長年にわたって待ち続ける候補官がたくさんいた。その厖大な失業者のような候補官たちは、世界の官僚制度史上において極めて特異な存在である。清代の中国で発生したこのような現象は、前近代中国の政治史・官僚制度史、および近代への移行期にあった中国の社会変化を考えるうえで避けて通ることのできない非常に重要な問題である。

残念ながら従来の研究では、この問題の重要性に対する認識が十分ではなかった。そのため、捐納出身者を含む候補官の登用問題、すなわち、捐納の関係規定はどのように運用されたのか、捐納出身者がどのように登用されたのか、捐納出身者がどのように候補官になったのか、さらに吏部での銓選、つまり登用人事を中心とする中国の歴代王朝の従来型の官僚制度がどのように変化していたのかなどといった具体的な問題について、何も明らかにされるに至っていない。さらに、このような現象が清代に発生した社会的、制度的な原因、そしてこのような現象が官僚制度の歴史において持つ意味について、考慮するところがない。

本章では、これまでの研究をふまえたうえで(1)、近年新たに公表された档案資料をも利用し、捐納制度と候補制度の関係、及び清代後期における捐納で出身資格を得た候補官の性格を検証する。この検証を通じて、清代の中国政府は、それ自身が抱えている官僚有資格者の「就職難」問題にどのように対処していたのかという問題を明らかにしたい。

以下では、清代の地方文官の銓選問題を中心に、まず清代の候補制度を概観し、そして捐納出身者の登用制度、およびこの制度と候補制度との関係を検討し、最後に、捐納出身候補官の問題をめぐる清朝政府の対応について私見を述べ、官僚制度の歴史的変化からこの問題を考えたい。

第一節　清代の候補制度

一　清代の月選

清代の候補制度は、当時の銓選制度の一部であるから、ここではまず清代の銓選制度、とりわけ銓選制度の最も重要な部分である「月選」について簡単に説明しておきたい。

(1) 月選

清代、閏月および京察と大計を実施する月を除いて、毎月のように行われていた官僚の銓選は「月選」と呼ばれる。その月選は、正・三・五・七・九・十一という単数の月に行われる「単月急選」、と二・四・六・八・十・十二月という偶数の月に行われる「双月陞選」によって構成される。[2] これは、月選の最も重要な部分であり、中央の吏部で登用を待っている官僚のほとんどがこの「単月急選」と「双月陞選」によって登用される。そのため、清代の月選といえば、この「単月急選」と「双月陞選」で「掣籤」、つまり籤引きによって官僚を登用することを指すのである。清代の月選による官僚登用の序列について、表4-1を参照されたい。

表4-1　光緒年間知県月選概念図

順番		第1缺	第2缺	第3缺	第4缺	第5缺	第6缺	第7缺	第8缺	第9缺	第10缺	第11缺	第12缺
単月急選	正月	丁憂服満	丁憂服満	丁憂服満	丁憂服満	開復応補	開復応補	捐納	捐納	捐納	捐納	進士	進士
双月陞選	二月	進士	進士	進士	進士	進士	新進士	新進士	挙人	挙人	挙人	挙人	挙人
単月急選	三月	丁憂服満	丁憂服満	丁憂服満	丁憂服満	開復応補	開復応補	捐納	捐納	捐納	捐納	進士	進士
双月陞選	四月	進士	進士	進士	進士	進士	新進士	新進士	挙人	挙人	挙人	挙人	挙人
単月急選	五月	丁憂服満	丁憂服満	丁憂服満	丁憂服満	開復応補	開復応補	捐納	捐納	捐納	捐納	進士	進士
双月陞選	六月	進士	進士	進士	進士	進士	新進士	新進士	挙人	挙人	挙人	挙人	挙人
単月急選	七月	丁憂服満	丁憂服満	丁憂服満	丁憂服満	開復応補	開復応補	捐納	捐納	捐納	捐納	進士	進士
双月陞選	八月	進士	進士	進士	進士	進士	新進士	新進士	挙人	挙人	挙人	挙人	挙人
単月急選	九月	丁憂服満	丁憂服満	丁憂服満	丁憂服満	開復応補	開復応補	捐納	捐納	捐納	捐納	進士	進士
双月陞選	十月	進士	進士	進士	進士	進士	新進士	新進士	挙人	挙人	挙人	挙人	挙人
単月急選	十一月	丁憂服満	丁憂服満	丁憂服満	丁憂服満	開復応補	開復応補	捐納	捐納	捐納	捐納	進士	進士
双月陞選	十二月	進士	進士	進士	進士	進士	新進士	新進士	挙人	挙人	挙人	挙人	挙人

第13缺	進士	俸満教職	進士	俸満教職	進士	俸満教職	進士	俸満教職	進士	俸満教職	進士	俸満教職
第14缺	進士	俸満教職	進士	俸満教職	進士	俸満教職	進士	俸満教職	進士	俸満教職	進士	俸満教職
第15缺	新進士	恩詔蔭生	新進士	恩詔蔭生	新進士	恩詔蔭生	新進士	恩詔蔭生	新進士	恩詔蔭生	新進士	恩詔蔭生
第16缺	新進士	殉難蔭生	新進士	殉難蔭生	新進士	殉難蔭生	新進士	殉難蔭生	新進士	殉難蔭生	新進士	殉難蔭生
第17缺	挙人	捐納	挙人	捐納	挙人	捐納	挙人	捐納	挙人	捐納	挙人	捐納
第18缺	挙人	捐納	挙人	捐納	挙人	捐納	挙人	捐納	挙人	捐納	挙人	捐納
第19缺	挙人	捐納	挙人	捐納	挙人	捐納	挙人	捐納	挙人	捐納	挙人	捐納
第20缺	挙人	捐納	挙人	捐納	挙人	捐納	挙人	捐納	挙人	捐納	挙人	捐納
第21缺	俸満教職	推陞	俸満教職	推陞	俸満教職	推陞	俸満教職	推陞	俸満教職	推陞	俸満教職	推陞
第22缺	俸満教職	推陞	俸満教職	推陞	俸満教職	推陞	俸満教職	推陞	俸満教職	推陞	俸満教職	推陞
第23缺	塩場期満	推陞	塩場期満	推陞	塩場期満	推陞	塩場期満	推陞	塩場期満	推陞	塩場期満	推陞
第24缺	京昇		京昇		京昇	孝廉方正	京昇		京昇		京昇	孝廉方正

史料出典：『(光緒) 欽定大清会典』巻九 吏部 文選清吏司三 一一一～一一七頁。『(光緒) 欽定大清会典事例』巻四十四 吏部 漢員銓選 五六二九～五六三四頁。

説明：本概念図は「双月大選」と「単月急選」からなる清代の月選の基本的な部分、つまり「正選」をイメージするものである。「正選」は、銓選の対象となる候選候補官僚を一定に順番と定員に従って登用するものである。たとえば、清代道光年間以後、「双月大選」の場合、知県の「正選」対象は、進士五人、新進士二人、挙人五人、俸満教職二人、恩詔廕生一人、殉難廕生一人、捐輸四人、応陞三、計二十三人である。その一方、諸般の配慮によって、「正選」のほかに、「即選」「揷選」「並選」「抵選」「坐選」の措置が講じられる。たとえば、知県缺の「双月大選」においては、挙人から十人を登用したのち、「挙人教習二人」と「貢生教習二人」を「揷選」するのである。なお、「双月大選」の対象となる進士がない場合、「進士教習」をもって「抵選」するとされる。このように、「正選」以外のこれらの措置は、各種の候選候補の存在を意識して、銓選を円滑に行うためのものであると考えられる。

(2) 選缺

雍正年間以後、地方官を登用する場合、先に述べた月選の対象となったのは、地方官ポスト（「缺」）のすべてではなかった。道府州県などの地方官の場合は、それぞれのポストを「請旨缺」（道府のみ）、「揀補缺」、「題補缺」、「調補缺」、「留補缺」、「選缺」に区別されていた。その「缺」の種類によって、登用する方法はそれぞれ異なっていた。上記の六種類の「缺」のなかで、吏部で「月選」されるのは「選缺」だけであった。たとえば、清末、全国にある百八十五の知府ポストのうち、「選缺」は五十五缺、千三百三十九の知県ポストのうち、「選缺」は九百三十六缺あった(3)。

ところで、以下の点に注意しなければならない。つまり空きができたすべての「選缺」は、そのすべてが「月選」の対象であるとは限らない。つまり、「選缺」は、その空き方（たとえば、昇任や転任による空席）によって、「扣留外補」という名目で地方督撫がそれを預かり、「留補缺」として現地にいる候補官から任用することができる。そのため、「月選」で実際に銓選される「選缺」は少なくなる。たとえば、光緒五年（一八七九）七月から六年（一八八〇）十月に至るまでの一年余りの間、各省で「扣留外補」がなされたことによって、吏部の月選で登用された知州（ちなみに、知州の「選缺」が八十二）は一人もいなかったという(4)。

(3) 班

吏部の月選に参加する官僚は、まずは六つの「班」に区分される。ここの「班」とは、分類、つまり月選参加の原因によって参加者を区分するのである。『大清会典』によれば、この六つの「班」とは、「除班」、「補班」、「転班」、「改班」、「陞班」、「調班」である（本書第五章を参照）。このなかの「補班」は、職務復帰の辞令交付を待つ候補官たちの区分である。

以下では、候補の種類から清代の候補制度を検討していきたい。

二　候補の種類

候補者の人数と空きができたポストの数が一致するのは、もっとも望ましいことであるかもしれない。しかし、現実問題として、これはおそらく永遠に解決することのできない難題であるに違いない。科挙の合格者である進士を始めとする新規採用者はともかく、一時的に職を離れ、これから職務に復帰しようとする者が毎日のように現れる。清代の候補制度は、このような職務に復帰しようとする者を対象に作られたものである。先に説明した「補班」を構成するのはこれらの者であった。その「補班」の詳細はおおむね以下の通りである(5)。

「裁缺候補」　衙門やポストの統廃合によって職を失い新しい任命を待つ。

「迴避開缺候補」　迴避しなければならない事情（たとえば、親が転任したことによって、息子の上司になった）によって離任し、新しい任命を待つ。

「丁憂服満候補」　喪を服する期間を終えて、これから職務に復帰しようとして新しい任命を待つ。

「終養事畢候補」　親孝行を終えて、職務に復帰しようとして新しい任命を待つ。

「病痊候補」　病気療養を終えて、職務に復帰しようとして新しい任命を待つ。

「降革開復候補」　降任や革職の処罰が期間満了により解除され、新しい任命を待つ。

「援例捐輸開復候補」　事例にしたがい捐納して降任や革職などの処罰を解除してもらい、新しい任命を待つ。

「遠缺改近親老事畢引見毋庸坐補原缺」　本来、親孝行のためにいったん任命された「遠缺」を「近缺」に変更され、現在、親孝行を終えて「引見」で従来の「遠缺」に補しないことを許され、新しい任命を待つ。

「省親修墓送親帰娶仮満候補」　帰省、お墓の修理、親の帰郷を送る、結婚などを理由に休暇をとり、現在、職務に復帰しようとして新しい任命を待つ。

「因差開缺差竣候補」　公務により離任し、現在、公務を終え新しい任命を待つ。

「部員出学差任満回京候補」(京官)　地方郷試の学差に任命され、いま、北京に戻り新しい任命を待つ。

「降調候補」　降任調用などの処分を受け、新しい任命を待つ。

以上で見られるように、「補班」に属して任命を待つ「候補官」は、新規採用者とは違っており、彼らはこれからはじめて任官されるものではなく、一定の理由で前のポストを離れ、これから職務に復帰しようとして新しい任命を待つものである。

三　「在部候補」と「在籍候補」

新しい任命を待つ候補官は、制度によりさらに「在部候補」と「在籍候補」に分けられる。いったん職を離れて、これから職務に復帰しようとした官僚は、吏部へ「投供験到」をして、はじめて候補官として認められることになる。雍正年間に編纂された『欽定吏部銓選漢官則例』によれば、「投供験到」とは、官僚本人が前任地の上司や原籍衙門(地元官庁)から発行された書類を持参して吏部へ出頭する届出手続きであることが分かる。[6] あとで触れるが、候補官の銓選は主に「単月」(奇数の月)に行なわれるので、彼らは「双月」(偶数の月)の一日までに自ら吏部に赴き、関係書類を提出する。そして、次の「単月」の二十五日にその持参してきた文書の日付順に、相応のポストがあればそれに任命されることになる。なお、「投供験到」から銓選が行われるまでの間、候補官は原則として北京に滞在しなければならない。これを「在部候補」という。

しかし、候補官の全員が全国の各地から北京に赴き、吏部へ出向いて書類を提出するのは、交通費や滞在費などの経済的な負担を考えれば大変である。[7] そこで、金銭を出して、自分の代わりに他人に出頭してもらう者が現れてきた。(8)乾隆十一年（一七四六）、「正八品以下雑職等官」を対象に「在籍候補」の制度が創設された。つまり、これらの下級の官僚にとっては、関係書類を吏部まで送れば、あるいは地方での試用期を終えれば、地元に帰りそこで任命を待つこともできるようになった。新しい任命が降りた場合、吏部は「憑」（人事辞令）を兵部に依頼し、「提塘官」（兵部所管する各督撫の北京出張所で、公文書の伝達を責務とする）を通じて、候補官本籍所在地の督撫あてに発送する。(9)

四　候補官の銓選

先に述べたが、清代の銓選は、大まかにいえば奇数の月に行う「単月急選」と偶数の月に行う「双月陞選」に分けられる。これは単なる時間上の区別ではなく、実は新規採用者と候補者とのバランスを配慮する目的もあった。つまり、「単月急選」と「双月陞選」は、まるで月選制度という車軸の両側にある二つの車輪のように、それぞれの役割を果しつつ、共同で制度を運転させる体系的、能率的なものである。この点について、知県の銓選を例として説明したい。

『(雍正)欽定吏部銓選漢官則例』には、知県の「単月急選」について次のように書いてある。(10)

用応補四人、捐納四人、進士四人、挙貢四人、十六人為一班。

つまり「単月急選」の場合、知県の空きポストがあれば、知県の任用資格をもつ候補官と候選官より十六人で「一班」（一つのグループ）を編成して銓選する。その順番は、まず候補者四人、そして捐納出身者四人、進士出身者四人、挙（人）貢（生）出身者四人である。つまり、一番目から四番目の「缺」は、候補官をもって登用する。五番目以後の「缺」があれば、はじめて捐納出身者や進士出身者などを登用する。十六人をもって一巡してから、十七番目の「缺」は、また候補官にあてるのである。これは候補官を優先する銓選である。

これに対し、知県の「双月陞選」について次の規定がある。[11]

用進士五人、挙人五人、捐納四人、推陞三人、十七人為一班。

つまり「双月陞選」で知県を銓選する場合は、十七人で「一班」を編成する。任用する順番は、進士→挙人→捐納→推陞で、進士や挙人などといった正途出身者を優先する銓選である。

ここで見られるように、候補官を対象にする「月選」は「単月急選」にほかならない。

五　「在外候補」

外補制度の創始については、近藤秀樹がかつて、雍正二年（一七二四）七月に雍正帝の直接提案により作られたと指摘している。[12] 近年、『康熙朝満文硃批奏摺全訳』や『雍正朝満文硃批奏摺全訳』などをはじめとする新しい史料の公表によって、我々は雍正帝が外補制度を提案した経緯を見ることができるようになった。以下、従来の研究をふまえたうえで、新出史料にもとづいて外補制度の成立について私見を述べることにしたい。

(1) 月選を補完する署理制度

「在外候補」の説明に先立って、署理制度を紹介しておかねばならない。先に述べた「単月急選」と「双月陞選」とは、非常に合理的な制度であるように見えるが、実際の運用のなかでは、この月選制度は必ずしも合理的なものとは言えない。なぜならば、清代中国のような広い帝国の各地に散在する約二万名の地方官僚のなかで、[13] 病気で死亡したり、勤務状況によって罷免されたり、臨時の公務で出張したりなどして、急に職務を離れるものがしばしば出てくるからである。[14] たとえば、順治四年（一六七四）十一月二十九日付けの浙江巡撫蕭起元の「掲帖」によれば、彼は浙江省山陰県知県と開化県知県が病死したことを受けて、速やかに後任者の銓選を行うよう中央政府に求めている。同年十二月、湖広湖北巡按御史は、管内の知県が一人病死し、もう一人丁憂で離任したことを報告し、直ちに「銓補」するよう中央政府に求めている。[15]

通常、このような報告が毎月の二十日までに吏部に届いた場合、吏部は二十五日に銓選を行う。「領憑」などの辞令受領手続きをしてから北京を出発するまでに、最大三十五日間かかる。北京を出発してから任地所在の省都に至るまでに、距離の遠近により「憑限」がある。たとえば、先に述べた浙江省山陰県知県の場合、「憑限」は五十五日間とされる。なお、病気や災害など予測外の事情によって遅れた場合、経由地官庁の地方官が発行する印結があれば、遅れた分を「憑限」から最大二〜三ヶ月除外することができる。[16]

このように地方行政の現場では、トップ不在の状況が発生する可能性が出てくる。一見してきわめて合理的な中央吏部という一ヶ所に集中する銓選制度だが、行政現場の状況に素早く対応するのが難しい面があると言わざるをえない。文書や官印の使用を特徴とする中国伝統の行政システムのなかで、「正印官」と呼ばれるトップ不在の状況は原則として一日たりとも許されないことである。このような正印官不在の状況を一日でも早く回避できるよう、吏部で行う銓選とは別に、「署理」と呼ばれる臨時代理の制度が設けられていた。州県地方官の欠員が発生すると、地方の督撫は、吏部に対し後任者の銓選を速やかに行うよう求める一方、「署理」の制度に従って職務の「署事官員」、つまり臨時代理要員を自らの権限で派遣するのである。

「署理」について、『大清会典』の説明では、「有署理以権其乏」、つまり、署理をもってそのポストの一時的な欠員を埋めるのである。[17] この制度は、月選が地方の行政現場の状況にすぐ対応できない状況を緩和する有効な手段として、清末まで維持されていた。ところで、少なくとも康熙の四十年代までは、地方にいる督撫が、その

「署事官員」や補欠要員の人選を決めるに際して、現職の官僚（「見任官員」）を使うしかなかった。[18] 言い換えれば、「署事官員」は現職の官僚に兼任させるのが一般的であった。先に述べたように、中央吏部という一ヶ所に集中する官僚銓選を経て、後任者を決めるまでには時間がかかり、現職の官僚が二ヶ所（ないしそれ以上）の「印務」を長く兼任する、ということは、地方行政の現場にとっても、国の支配者にとっても決して望ましいことではない。地方の行政現場の情況にすぐ対応できるように、康熙四十五年（一七〇六）より「備遣官員」を地方に派遣し、任命を待機させる制度が設けられた。

(2)「備遣官員」の派遣

康熙四十五年、吏部は雲南・貴州・広西・四川の四省の署事問題について、もし当該省内に署事のできる者がいなければ、近隣の省から官員を借りてそれに署事させる、という案を出した。この案に対し、康熙帝は、この案が後任者の早急な着任を解決できないこと、近隣の省から官員を借りてその省の行政に悪影響を与えることを理由に却下した。さらに、後任者が早急に着任できるように、康熙帝自ら「候缺官員」から十人ないし三十人を選んだうえで、「備遣官員」としてその四省に送り、ポストに空きがあれば、督撫はこれらの人員をもってただちに「補授」する、という方法を提案した。吏部はこれを受けて、「候補候選知府同知通判知縣」から「備遣官員」を選び、四省に送った。

しかし、この時の康熙帝は、「備遣官員」の制度を上記の四省以外に拡大することに対し慎重な態度をとっている。翌四十六年（一七〇七）、川陝総督博霽は、甘粛省にある百十七の州県ポストのうち、毎年「丁憂」などによって離任するものが多いことを理由に、康熙帝に対して、甘粛省にも「備遣官員」を派遣し、缺があれば現地での「補授」を許していただきたいと上奏した。博霽の上奏に対し、康熙帝は否定的な考えを示している。

這備遣官員、除雲南・貴州・広西・四川省外、其他省断不可行、施行則必出央求之弊。現在這四省雖没辦法而施行、但仍不能消弭其弊。議論紛紛、暫不得缺而到処求請者、亦不計其数、亦未必能常久施行。

つまり、康熙帝は、北京から遠いこの四省で実施する「備遣官員」の制度を、地方行政を円滑に行うためのやむをえない措置として、他の省での実施は断じて許さないとしている。さらに、この制度の弊害として、「備遣官員」は早く職に就こうとして上司や関係者に不正な働きを行う恐れがある、とも指摘している。最後に、康熙帝は、「備遣官員」の制度は必ずしも長期にわたって実施するものではない、と結論づけた[19]。これは、官僚登用の人事権は安易に地方督撫に譲るべきではないという理念によるものに違いないだろう。

このように、北京から遠い雲南・貴州・広西・四川省においては、地方官の欠員を早く埋めるために「備遣官員」の制度が設けられたが、全国範囲においては、やはり従来どおり吏部での銓選で新たに任命される地方官が着任するまで、現職の官僚に兼任させるのであった。

(3) 外補制度の成立

近藤秀樹に代表される従来の研究では、外補制度の確立に先立つ「分発試用委署人員」の地方への派遣は、雍正帝が創始したものとされている。近藤秀樹が指摘したところによると、「分発試用委署人員」とは、選期の遠い者を地方に送り、一定の試用期間を経て、実績があれば、そのまま地方にとどまり現地採用する(「外補」)か、または吏部の銓選に帰するものを指す[20]。このように、雍正年間の「分発試用委署人員」と先に述べた康熙年間の「備遣官員」とは、性格の面ではまったく一致するとは言えないものの、督撫の権限で現地採用できるという面ではきわめて似ている措置と言えよう。以下では、地方官庁への分発について見てみよう。

雍正帝が即位してしばらくの間、父の康熙帝がとった遠省へ「備遣官員」を派遣する政策を継承しながら、独自の判断で地方督撫からの派遣要請を許可したり、却下したりする措置もとっていた。たとえば、雍正元年（一七二三）十月と二年（一七二四）二月、四川・雲南・山西・湖南・湖北に人員を派遣した時に、吏部と地方の督撫に対し、これらの省でポストに空きがあれば、吏部で銓選せず、地方の督撫が派遣されたもののなかから人を選び、「具題補用」、つまり題本をもって上奏して、皇帝の許可を得られれば、現地で登用するよう命じている。このなかで、四川・雲南への派遣は、父の康熙帝の時代から引き継がれたものと考えてよい。これに対し、山西・湖南・湖北への派遣は康熙帝の時代に始まったのか、それとも雍正帝が創ったのかは、いま判断することができないとしても、この時の雍正帝が父の政策を継承したことは間違いない。なお、河南布政使だった田文鏡は雍正二年六月二十二日に上奏して、「缺多員少、不敷調用」の状況を報告して「卓異の候補候選人員」より「二十員」を河南省に派遣するよう要請した。これに対して、雍正帝は硃批のなかで、河南省への派遣を許可した[21]。

この時の雍正帝は、地方督撫から署理要員の派遣要請がなされたことに対して、父の康熙帝と同じようにすべて許可したわけではなかった。たとえば、雍正二年正月二十五日、閩浙総督満保は福建巡撫黄国材と連名して、「福建地方知県」の欠員状況を報告した。

査得福建地方知県一職甚是重要。今知県出缺八人、雖由隣県官員署理、均因山路相隔較遠、兼辦両県事務実有難処。同知、通判又空缺六人、尚未選員補缺。是以署理空缺辦理事務尚缺人手。叩請聖主軫念福建地方重要、選適合補放知県之官員二十人派往福建、斟酌出缺之情形、一面具奏補放、一面即令署理印務辦事、将与地方大有裨益。

つまり、知県の欠員を他の現職知県に署理させることや、二つの県の事務を兼任することは困難であった。こうした状況に対処するため、満保らは知県として適任な官員を二十人福建に派遣するよう上奏した。さらに、満保らは、知県の缺があれば、これらのものをもって署理させたいと説明した。満保らの要求に対し、雍正帝は慎重な対応をとっている。硃批のなかで、雍正帝は、署理の官員を地方に派遣することは、「長遠之計」ではないとし、現段階では「不妥」との考えを示した。[22]この前後、直隷総督李維鈞と河南巡撫石文焯から同じような要請があったが、いずれも却下された。直隷総督李維鈞あての硃批のなかで、雍正帝は以下のような見解を示している。[23]

即遠省亦不過止此一二次、非常策也。

つまり、署理要員としての遠省への派遣は、「常策」ではなく、臨時性の措置に過ぎないと説明したのである。この説明は数十年前に父の康熙帝が行った説明と同じである。

雍正二年七月、雍正帝が熟慮の末、時間のかかる地方官欠員の補填と署事官員の弊害を一括して解決しようとして、吏部に対しこう述べている。

朕意将揀選挙人選期尚遠者挑選、命往各省、聴候缺出、委用署事。至応選時、仍来京候選。

つまり、雍正帝は父の康熙帝が創始した臨時代理要員の派遣政策を全国「各省」に拡大しようとしながらも、現地での登用についてはなお消極的な態度を示し、北京の中央吏部による銓選を堅持しているのである。これに対し、吏部は、会試で落第した挙人のなかから適任者を選び、雲南・四川・貴州・広西・広東へ「委署試用」人員として送り、督撫は彼らの業績により、そのまま地方で現地採用する（「外補」）か吏部の銓選に帰するかを判断するよう答申した。[24]雍正帝の指示に比べると、吏部の答申は、現地での登用に対し雍正帝より積極的である。

その後、雍正七年（一七二九）頃になって、やはり帝の意向を受けて、「部発人員」、つまり「分発試用委署人員」の派遣範囲は「各省」へ拡大した。[25]ここに至って、外補制度への重要なステップとしての「分発制度」が樹立されることになった。

その後、雍正九年（一七三一）十二月、全国地方官缺の分類作業を終え、「分発委署試用人員」を現地で採用することのできる缺をより明確に決定したこと（「最要缺」と「要缺」）を受けて、「外補の制」、つまり「在外候補」が正式に成立することになった。[26]

このため、普通「候補」といえばほとんどこの「在外候補」を指すことになった。近藤秀樹が指摘したように、「外補制」の成立によって吏部から独立したかたちで、省ごとに「ひとつの自己完結的な官僚昇進の制度」が成立したわけである。つまり、吏部での銓選を経ずに「分発委署試用人員」として地方に赴き、そこで空きポストを署理して、業績があれば現地で正式に任官することができる。しかし、雍正年間の時点では、地方での「在外候補」への道が開かれたが、捐納出身者はこの道を利用して地方に行って、そこで候補とするにはまだ至っていなかった。これについて、節を改めて論じたい。

とりあえずここで明らかにしておきたいことは、清代中期では、「分発委署試用人員」は数年に一度地方に送り、清末のように月ごとに数十名ないし数百名の「分発委署試用人員」を地方に送ることはなかったことである。その人数について、乾隆四十年（一七七五）の規定によれば、「大省」は一度に十二名、「中省」は十名、「小省」は八名、ほかに雲南は二十名、貴州は十二名とされる。[27]これに対し、清末の光緒年間の分発問題については、第三節を参照されたい。

第二節　捐納と候補

以上で見たように、「在部候補」、「在籍候補」及び「在外候補」とは、本来、捐納出身者とは無縁の制度である。「在部候補」と「在籍候補」とは、何らかの理由で離任したのち、その理由の消滅によってこれから職務に復帰しようとする官僚経験者を対象にするものであり、「在外候補」とは選期（＝候選期）の遠い候選官を臨時代理要員として地方官庁に送り、試用させた結果をもとに現地で登用するものである。これに対し、捐納出身の新人官僚は、かつて任官されたことがなかったので、彼らの登用は候選という形で行われていた。『欽定吏部銓選漢官則例』のなかで「捐納候選」という項目が設けられ、捐納出身者の新規採用についての規定が定められている(28)。

ところで、清代中期以後になると、「候補」といえば、その大半は捐納出身者であり、しかもかつて任官したことがない者も数多く含まれていた。これらの捐納出身者と候補制度とのかかわりは、いつからどのような形で発生したのかという問題について、捐納出身新人官僚の銓選問題から説明したい。

一　捐納出身者の注冊

任官資格の捐納を終えた捐納出身者は、「戸部執照」を入手した時点では、任官資格を有するものの、実官実職といった実際のポストをまだ有していない。たとえば、実官の知県を報捐した者は、この時点では「候選知県」と呼ばれる「候選官」に過ぎないのである。かれらは、実官実職のポストを得るための吏部銓選に参加する前に、まず「注冊」という手続きをしなければならない。

注冊とは、吏部が書類を審査したうえで、候選官の名前を銓選あるいは分発の名簿（「冊」）に付ける（「注」）、きわめて重要な人事手続きである。その手続きの概要はおよそ以下の通りである。

地方で捐納して候選官になった者は、「赴選親供結」を添付したうえで、出身地官庁に対し「赴選冊結」の発行を申請する。報捐者出身地の州県地方官は、本人の呈文を受け取ってから半月以内に、当人の「族隣甘結」に詳文や印結を添付し、府を通じて布政司に提出する。省の総督巡撫は、府や布政司より「転詳」されてきた書類にさらに「咨文」を付けて、州県の詳文が作成された日から半月以内に、戸部に提出する。なお、報捐者が地元から上京する場合は、これらの書類を自ら持参して戸部に提出する。戸部はこれらの書類を受け取ってから吏部に通知する。

吏部は、戸部からの連絡を受けて、候選官に対し出頭を求め、候選官は、それを受けて自ら吏部に赴き、本人の親供と同郷六品以上京官の印結を提出する。吏部は、これをもってさらに「原捐衙門咨文」や「捐冊」と照合し（「行査」）、問題がなければその候選官の名前を銓選の名簿に載せる。その候選官は、「班次」（候選の順序）にしたがってポストを選任する「月選」を待つことになる。(29)

二　捐納出身者の月選定員

ここでは、捐納出身知県の銓選にかかわる「単月急選」と「双月陞選」を例に、捐納出身者の月選定員の問題を検討したい。

先に述べた雍正年間の銓選則例によれば、知県の「単月急選」の場合、十六人の候選官からなる「一班」のなかで、捐納出身者に与えられる銓選の順番は第五、六、七、八番であり、あわせて四つの「缺」である。つまり、五番目の「缺」があれば、捐納出身で任官を待っている「候選知県」から「掣籤」して銓選する。八番目の缺までは捐納出身知県で銓選するが、第九番目の缺からは進士出身者などを用いるものである。十六の缺を一巡して銓選してから、再び、同じような順番で銓選する。この意味からすると、「捐納」の中の序列で五番目に当たる候選官は、次の順番が回ってくるまで待たなければならないのである。

乾隆四十八年（一七八三）に刊行された『（乾隆）欽定吏部銓選漢官則例』によれば、知県の「単月急選」の規定が改定され、十六人からなる「一班」は二人を増やして十八人の「一班」になったこと、候補官を用いる銓選ポストは第一缺から第六缺まで占められたこと、それに関連して捐納出身知県を用いる銓選ポストの順番は前より二つを下げて、第七缺から第十缺までになったことが分かる。[30] 清末になると、知県の「単月急選」の場合、「一班」の定員は二十四名まで増えたが、捐納出身者に与えられる銓選定員はずっと四名のままであった。[31]

これに対し、知県の「双月陞選」では、雍正年間の十七名からなる一班は、清末になって二十三名までに増えた。先の「単月急選」の場合と同じように、捐納出身者に与える候選の定員はずっと四名のままであった。[32]

ここで見られるように、仮に規定どおりに二十四名（「単月急選」）あるいは二十三名（「双月陞選」）の知県を銓選することができれば、吏部の月選によって一年間で銓選される知県の缺は、二百八十四であり、そのうち、捐納出身知県の年間最大銓選人数は原則として四十八名であることが分かる（表1-4-1を参照）。ところで、一年間で実際に銓選される知県の缺は、規定どおりの数字ではなかった。たとえば、同治十二年（一八七三）の一年間で月選された知県は、わずか四十七人しかいなかった。[33] 月選の規定は、あくまで一つの基準にすぎないのであり、必ずしも毎年二百八十四の知県缺が空き、それに応じて銓選するわけではないのである。そのため、その十数名ないし二十数名からなる「班」というものは、必ず空きができてくる二十四ないし二十三の缺の銓選に対応するものではなく、さまざまな可能性を考慮し、それに最大限に対応しようとしたものである。

三　捐納出身者の銓選方法

月選の場合では、それぞれの序列を配慮し、採用者数を予め定め、さらに籤引きをして、人為的な要素を最小限に抑えようとする。しかし、現実ははなはだ複雑である。つまり、捐納出身者を用いることになっている定員数は四名だが、月選にあたり、いつも捐納出身者はちょうど四名いるとは考えられない。以前に捐納して候選官になった者の銓選がまだ終わっていないうちに、新たに実施された「事例」にしたがって捐納した者がさらにやってくるように、とにかくいちど捐納した者を短期間ですべて消化して、すなわち全員を登用してしまうことが不可能であった。とすれば、如何にして捐納者のなかで分配されたのか、言い換えれば、籤引きに参加する順番は如何にして決定されたのか。一例を挙げて説明したい。

嘉慶十九年（一八一四）、河南省東部での黄河工事のために開かれた「豫東事例」の実施にあたり、吏部は捐納出身候選官四十五名を一つの銓選単位とし、「四新一旧」（新しく捐納した者は四人、以前に捐納した者は一人を登用する）の銓選方法を提案し認められた（表4-2）[34]。

この銓選方法の原則は「以新圧旧」、つまり新しく開かれた事例で捐納した者を優先して銓選させるものである。たとえば、月選で捐納出身者に与える四つの候選缺のうち、第一番目から第四番目までの缺はすべて当時実施されている「豫東事例」で捐納した候選官をもって銓選する。五番目の缺がくり上がれば、六年前の「土方事例」（黄河工事のために実施した捐納事例）で捐納した候選官にはじめて籤引きに参加する権利が与えられる。これに対し、十六年前の「川楚善後籌備事例」で捐納した序列第一位の候選官は、第四十五番目の缺がくりあがってくるまで待たされなければならないのである。なお、同じ「事例」で捐納する者の候選順位を決めるに際して、まず優先権である「花様」の種類を見る（後述）。もしそれが同じであれば、「注冊」の日付を見る。それでも同

表-4-2　嘉慶十九年豫東事例捐納者銓選序列

	捐納第一缺	捐納第二缺	捐納第三缺	捐納第四缺
正月	豫東	豫東	豫東	豫東
二月	土方	豫東	豫東	豫東
三月	豫東	捐輸	豫東	豫東
四月	豫東	豫東	衡工	豫東
五月	豫東	豫東	豫東	土方
六月	豫東	豫東	豫東	豫東
七月	捐輸	豫東	豫東	豫東
八月	豫東	工賑	豫東	豫東
九月	豫東	豫東	土方	豫東
十月	豫東	豫東	豫東	捐輸
十一月	豫東	豫東	豫東	豫東
十二月	川楚	（豫東）	（豫東）	（豫東）

「豫東」：嘉慶十九年（一八一四）に実施した「豫東事例」。

「土方」：嘉慶十三年（一八〇八）に実施した「土方事例」。

「捐輸」：嘉慶十一年（一八〇六）に実施した「捐輸事例」。

「衡工」：嘉慶八年（一八〇三）に実施した「衡工事例」。

「工賑」：嘉慶六年（一八〇一）に実施した「工賑事例」。

「川楚」：嘉慶三年（一七九八）に実施した「川楚善後籌備事例」。

史料出典：『豫東事例』原奏。

じであれば、籤引きで順位を決めるのである。

ここで見られるように、捐納出身者に与える四つの缺は、「以新圧旧」の原則で捐納出身候選官に与えられるのである。以後、捐納の機会が頻繁に開かれるにつれて、嘉慶十九年の四十五名候選官からなる銓選単位は、咸豊元年（一八五一）になって、百三十二名になった。[35] それによれば、五十余年前の嘉慶三年（一七九八）に実施した「川楚善後籌備事例」で捐納した候選官は、第百三十二番目の缺が空くことになってはじめて籤引きに参加する資格を得ることになる。先に述べた四十八名という捐納出身者の年間最大処理能力を考えれば、この百三十二名を順調に登用するには早くても二年九ヶ月はかかる。現実にはかなりの時間を要するに違いない。なぜなら、先に述べたように「月選」で実際に登用される官僚の人数は定数より少ないからである。なお、その第百三十二番の銓選資格を五十余年前の「川運軍糧事例」で捐納した人たちの序列第一位に与えること自体は、吏部での「月選」の厳しさを物語っている。

四　「花様」の捐納

このように、たとえこの百三十二名からなる捐納出身候選官の銓選序列（「班」）に入ったとしても、いつになったら銓選されるのかは分からない。そこで銓選される可能性を高めようとすれば、自分の候選順位をなるべく前に上げるしかなかった。規定に従い「花様」を捐納するのは、その順番を上げる方法の一つであった。「花様」とは、同じ「事例」で捐納した者のなかにさらに順位をつくりそれを表すもので、一種の優先権である。

「花様」は任官資格の捐納とともに康熙十四年（一六七五）より始まったものである。ポストを捐納するほか、「先用」、「遇缺即用」、「先先用」などの名目をさらに捐納した者に対し、他人より早く任用する優先権を与える。[36]
道光年間より、「本班儘先」、「本班分缺間」、「分缺先」、「遇缺先」などの名目をはじめ、さまざまな花様が次々と登場した。しかも、実際のポストを捐納するより花様を捐納するほうが値段ははるかに高かった。たとえば、光緒十三年（一八八七）に開かれた「鄭工事例」によれば、監生より知県を捐納する金額の千九百九十八両に対し、知県の「遇缺先」の花様は三千八百八両八銭であった。なお、新しい捐納事例が実施されるたびに、所定の金額を払えば、古い「花様」を新しい「花様」に切り替えることもできる。これを「過班」という。ここまでくると、新しい花様を加えて捐納しない者が、実際に銓選されることは難しくなった。

これにより、捐納出身者の候選順位を決めるに際して、「花様」は「事例」より重要な判断基準であることが分かる。一例を挙げたい。光緒十年（一八八四）、「海防事例」が開かれた際に、新たに最も優先的に銓選される「海防新班先用」とそれに次ぐ「海防新班即用」の花様が設けられた。これを受けて、吏部は捐納出身者の銓選規定をまとめた。捐納出身知県の候選順番は、「海防新班先用」二人、「海防新班即用」一人、「旧例銀捐遇缺先」一人、「各項輪用班次」一人というものであった。たとえば、一回目の月選では、捐納出身候選官に与える四つの候選缺のうち、第一缺と第二缺はそれぞれ「海防新班先用」の花様を捐納した二人を銓選する。第三缺は、「海防新班即用」を捐納した者一人をもって銓選する。第四缺は「旧例銀捐遇缺先」の花様を捐納した者一人をもって銓選するが、該当する者がいない場合、「旧例銀捐遇缺」の捐納者一人を銓選する。[37] 二回目の月選では、その第一缺は、「各項輪用班次」、つまり上記以外の花様を捐納した者を一定の順序に従って銓選する。このように一巡してから、また「海防新班先用」の花様を捐納した者に戻して銓選する（表-4-3）。

清末になって、銓選における花様の重要性はますます高くなった。これは正途出身者と雑途出身者ともに、まったく同じであった。『清史稿』で「循吏」として讃えられた陳豪は、同治九年（一八七〇）に正途の優貢で知県の任官資格を得たあと、実缺に早く就くために、花様を捐納した。その原因は、「優貢」出身者のために用意された月選の年間定数はわずか二つしかなかったことにあると考えられる（表-4-1を参照）。要するに、花様を

表-4-3　光緒十年海防事例知県捐納班銓選序列

	捐納第一缺	捐納第二缺	捐納第三缺	捐納第四缺
正月	海防新班先用	海防新班先用	海防新班即用	旧例銀捐遇缺先/旧例銀捐遇缺
二月	各項輪用班次	海防新班先用	海防新班先用	海防新班即用
三月	旧例銀捐遇缺先/旧例銀捐遇缺	各項輪用班次	海防新班先用	海防新班先用
四月	海防新班即用	旧例銀捐遇缺先/旧例銀捐遇缺	各項輪用班次	海防新班先用
五月	海防新班先用	海防新班即用	旧例銀捐遇缺先/旧例銀捐遇缺	各項輪用班次
六月	海防新班先用	海防新班先用	海防新班即用	旧例銀捐遇缺先/旧例銀捐遇缺
七月	各項輪用班次	海防新班先用	海防新班先用	海防新班即用
八月	旧例銀捐遇缺先/旧例銀捐遇缺	各項輪用班次	海防新班先用	海防新班先用
九月	海防新班即用	旧例銀捐遇缺先/旧例銀捐遇缺	各項輪用班次	海防新班先用
十月	海防新班先用	海防新班即用	旧例銀捐遇缺先/旧例銀捐遇缺	各項輪用班次
十一月	海防新班先用	海防新班先用	海防新班即用	旧例銀捐遇缺先/旧例銀捐遇缺
十二月	各項輪用班次	海防新班先用	海防新班先用	海防新班即用

史料出典：『海防事例』海防銓補新章 三b～四b頁。

持っていなければ、銓選される可能性はほぼゼロに近い、ということである。これについて、親戚の王麟書からもらった手紙は彼の行動を褒めて、次のように書かれている。

吾弟加花様極是。年力方強、得一実缺、庶足従容展布、可為地方造福。(38)

これによれば、花様の捐納は「実缺」の銓選にとって欠かせない要件であることが分かる。

許大齢がかつて引用した『選輪定例』（光緒二十五年写本）によれば、花様は二十種類以上にのぼった。進士の「就職難」問題を緩和するために「捐納進士先」という花様も堂々と登場した。天子の門生である進士出身者でさえこの花様を捐納しなければ登用される保証はどこにもない。さらに皮肉なのは、「孝廉方正」の推薦を受けた候選官は、「捐納孝廉方正先」の花様を捐納しなければ、いくら親孝行に努め、品行方正であっても、おそらく従来通りの手続きで選用される可能性はゼロに近いに違いない。

五　「分発」捐納の実施と捐納出身者「在外候補」の誕生

以上、捐納出身候選官の銓選手続きとその運用について説明した。説明のなかで分かるように、清代咸豊年間以降、捐納出身者を含む候選官の銓選問題は次第に深刻になって、吏部で待っている候選官や候補官をすべて選用することはもはや不可能になった。登用順位をなるべく前に上げるために捐納した「花様」は、単なる一種の条件づきの優先権に過ぎないものなので、すぐに登用される保証ではない。そこで一部の捐納出身者は吏部による登用（「月選」）を断念して、「分発」という抜け道を利用して地方に赴き「在外候補」になった。

第一節のなかですでに述べたように、「分発」とは、雍正二年（一七二四）に康熙年間の「備遣官員」政策を引き継いだ形ではじまった「分発委署試用人員」のことで、つまり選期の遠い者は臨時代理要員として地方に送られ、そこで任命を待つのである。この分発のルートが存在することが、捐納者と候補制度（在外候補）とのつながりが形成される契機であった。

分発の捐納がはじまったのは、乾隆二十二年（一七五七）九月であった。当時、両江総督尹継善の奏請により、「河工事例」が実施され、二年間に限って分発の捐納が許されることになった(39)。この時の分発は、常時に捐納できる項目ではなかった。その後の乾隆三十九年（一七七四）、大小金川での用兵にあたり、軍事費の捻出や糧草の調達をするために、「川楚軍糧事例」を実施した時にも、分発の捐納が行われた。翌四十年（一七七五）、「川楚軍糧事例」の実施が終了する際に、本来「暫行事例」としての分発の捐納は、保挙や試俸の免除などの項目と一緒に「常捐例」つまり「現行事例」にくり入れ、常時に捐納できる項目として固定化されることになった。たとえば、知県を捐納した者はさらに千二百両を捐納すれば、選期を問わず各地へ分発試用される。このように、分発という資格の捐納者は分発の優先権を入手することができた(40)。

嘉慶年間までの分発捐納は、ただ分発の資格を捐納するだけで、分発先の指定はなお吏部の専管事項として、籤引きで行われていた。一方、分発に対する中央政府の考え方は、嘉慶年間より大きく変化した。先に述べたように、分発制度の本意は、候選官を地方に送り、行政現場の実務を通じて訓練させるというところにあった。ところが、嘉慶年間になって、「川楚善後籌備事例」をはじめとする暫行事例が相次ぎ実施された結果、候選候補者は必要以上に増えた。このため、吏部での銓選がその登用に対応しきれなくなってしまった。嘉慶十年（一八〇五）、嘉慶帝が「新進士」の「部選」さえ「壅滞」したことを認めたうえ、次のような処理案を命じた。

　是以此次新進士引見後、特降旨交吏部籤掣分発各省、以知県即用。

つまり、新進士の部選をやめ、すべて地方に「分発」するのである。なお、この政策は、五年前に進士に合格し、未だ銓選されていない者に遡って適用するようにしたとされる[41]。ここの「即用」とは、「進士即用班」、つまり空きポストがあれば即時に登用する、という新人進士のために設けた登用優先権であった。この措置は、明らかに分発制度を悪用し、「部選」が「壅滞」したツケを地方に回す政策である。言い換えれば、これは、中央政府が行う「部選」で候選候補官の「壅滞」をこれ以上解消することができない、しかも政府としてその解消を断念するという明確なメッセージであると言えよう。

こうしたことを受けて、捐納出身者のなかに吏部銓選による登用を断念し、地方への分発を希望する者が現れた。その希望に応える形で、道光年間より「指省分発」の捐納も登場し、分発先の指定まで捐納できるようになった[42]。当時の規定によれば、分発を捐納した者は、分発に必要な金額を二倍にして捐納すれば、迴避すべき省を除き、自分の行きたい省に「分発委署試用人員」として行く権利を得ることができる。たとえば、知府の分発金額は千二百八十両であるが、指省分発を捐納する場合の金額は二千五百六十両（千二百八十両×２）である[43]。

このように道光年間以後、捐納出身者が指省捐納をして「分発試用委署人員」として、地方に赴きそこで「在外候補」をするケースが多くなった。捐納出身者にとって、北京で選期がくるのを待つより地方で待つほうがよい。というのは、北京で候選する場合は、臨時性の仕事がほとんど期待できないうえ、付き合いなどさまざまな出費が欠かせないのに対し、「分発試用委署人員」として地方に行けば、総督と巡撫などに接する機会が多く、いずれ抜擢されるかもしれないだけでなく、「署事」や「差委」があれば経済的メリットも期待できるからである。

以上で見られるように、捐納出身者は、吏部での候選を放棄し、さらに「分発」や「指省分発」を捐納し、身分を候選官から候補官に切り替え、地方に赴き「在外候補」の候補官となったのである。

第三節　在外候補者の実態

清末、北京や地方で任官資格を持っていて、缺を待つ候補官が多かったことは周知の通りであるが、その具体的人数や実態については、明らかにされていない。本節では、過去の研究をふまえたうえで、新出資料を利用し、その実態を探ってみたい。

一　在外候補者の人数

候補官の実態を解明するに先立って、官僚予備軍とも言われる監生資格を捐納した「例監生」となった人数を説明しておきたい。清代捐納のなかで、監生資格の捐納は順治六年（一六四九）より始まって以来、清末にいたるまで続けられていた。当初の目的は、監生資格を捐納すれば、州県や府での試験を飛ばして、省で行われる「郷試」に直接参加することが許されるというところにあったが、「暫行事例」の捐納が始まると、監生資格は、捐納によって官職の任用資格を獲得する際の必要条件となった。つまり、監生資格の捐納は、官僚の道で出世したい者にとって、任官資格を得るための近道となったのである。

清代の約三百年間、例監生の人数はどれくらいあったかについては、おそらく天文学的な数字になるに違いないが、道光年間の実数については、湯象龍がかつて档案資料をもとに明らかにした。彼によれば、道光元年（一八二一）から三十年（一八五〇）までに、北京を除く全国十七の省で捐納をして「例監生」になった者は、三十一万五千八百二十五名であった[44]。これらの「例監生」たちを一応官僚予備軍として考えれば、すでに全国地方文官一万三千七名の約二十四倍になる。[45]

以下では、光緒年間を中心に捐納出身者の候補問題を説明したい。

光緒三十三年、北京琉璃廠槐蔭山房が出版した『大清直省同寅録』には、当時、全国の二十一の省で「候補」している道員・知府・同知・直隷州知州・知州・通判・直隷州同知・知県・布政司庫大使の本籍・候補先を記載する名簿が掲載されている。[46]この名簿は完全なものとは言えないが、掲載される候補官八千五百六十名のうち、本籍が判明する者は八千九十一名である。その詳細は、**表-4-4**・**表-4-5**である。

表-4-4によれば、出身地ベスト5は、江蘇省籍の千二名をトップに、浙江省の九百五十三名、湖南省の八百二十三名、安徽省の八百十八名、及び直隷の七百二十一名であることが分かる。なお、江蘇省で「候補」する者がもっとも多く千二百二十六名で、次に直隷の六百五十八名、さらに四川省の六百五十二名、浙江省の六百四十四名、江西省の六百三十名と続く。第一位は第二位の約二倍である。**表-4-5**によれば、候補知県はもっとも多く四千九百四十名で、その次は道員の七百六名で、知府は僅差で七百名であることが分かった。

ここで、その本籍が判明した八千九十一名候補官の「外補確率」、つまり地方で従来のポストに登用される確率（「現地採用確率」）について検討してみたい。

表-4-6で示したのは、光緒三十三年の頃、全国の道員・知府・直隷州知州・知州・通判・直隷州同知・知県・布政司庫大使の定員数に対する候補官の外補確率④（＝外補定員数②÷候補官人数③）である。[47]

これによれば、これらの候補官が従来のポストに登用される外補確率は、知州の0・27を最高に、極めて低いもので、ほとんどゼロに近いことが分かる。各省の外補確率もこれとほぼ同じである。注意すべきは、まず**表-4-6**のなかで「②外補定員数」として示したのは、地方督撫の権限で確実に外補できる「題補缺」と「調補缺」であり、「留補缺」、つまり「扣留外補」という不確定な要素を考えていないことである。もしそれを含めて

表-4-4　光緒三十三年候補者本籍統計

候補地＼本籍	奉天	吉林	直隷	江蘇	安徽	山東	山西	河南	陝西	甘粛	新疆	福建	浙江	江西	湖北	湖南	四川	広東	広西	雲南	貴州	合計
八旗	21	11	47	59	16	44	29	40	10	8	1	18	21	17	36	5	42	32	15	5	4	481
奉天		1	16	9	3	4	9	6		2			1	4	2		1		2			60
吉林	1				1																	2
直隷	11	6		65	30	134	78	116	2	5		14	27	34	50	19	65	39	14	8	4	721
江蘇	6	1	106		89	81	19	65	1	1		29	262	93	106	32	37	45	15	10	4	1002
安徽	6	4	131	247		46	18	44	4	2		12	70	97	55	18	27	21	14	1	1	818
山東	4	1	60	32	18		19	66	6	1		3	11	8	8	6	22	9	4		4	282
山西	3		23	15	5	13		45	8	5		3	2	4	6	4	14	11	2			163
河南	1		40	15	12	43	17		4	2		2	12	21	31	10	23	9	4	1		247
陝西			8	4	3	7	29	14		12			3	3	9	4	43	1	2	1	1	144
甘粛			4	2	1	1	4	4	8		8	9	3		2		19	2	1	1		69
新疆							1															1
福建	2		10	34	2	4	5	13	1	1			33	22	12	9	10	35	7	5	1	206
浙江	9	3	97	267	59	55	31	49	1	3		78		94	54	24	47	60	9	7	6	953
江西			21	87	45	9	3	21	4	1		20	35		61	58	29	40	9	4	2	449
湖北	3		18	74	47	12	18	30	17	3		10	38	78		34	58	13	8	2	4	467
湖南	1		20	221	64	13	6	20	7	6	8	26	62	78	95		60	57	35	14	30	823
四川	1		16	41	13	14	7	21	14	11		32	18	23	53	21		20	13	28	41	387
広東	1		22	23	23	4	6	8				32	18	30	23	14	14		41	5	2	266
広西			4	9	5	2	4	4	1	2		6	11	11	2	16	15	53		10	3	158
雲南			7	10	7	3	3	7	2	2		1	6	9	4	9	54	11	10		27	172
貴州	1		8	12	2	8	2	3	5	1		3	11	4	10	16	72	13	21	28		220
総計	71	27	658	1226	445	497	308	576	95	68	17	298	644	630	619	299	652	471	226	130	134	8091

史料出典：『大清直省同寅録』。

表-4-5　光緒三十三年各省候補官統計

候補地→	奉天	吉林	直隷	江蘇	安徽	山東	山西	河南	陝西	甘粛	新疆	福建	浙江	江西	湖北	湖南	四川	広東	広西	雲南	貴州	合計
道員	8	2	109	210	28	27	17	40	6	4		23	25	40	53	20	34	19	23	13	5	706
知府	9	6	49	100	40	36	27	25	7	5	3	29	80	93	56	15	27	41	26	11	15	700
同知	13	6	43	82	28	27	16	20	7	2	2	26	63	37	33	17	18	20	11	9	15	495
直州			23	28	40	20	34	14	3	3	3	8			20	9	26	21	5	1	4	262
知州	3	5	20	29	11	31	7	24	2					5	24	6	10	11	11	22	7	228
通判	6	2	36	117	34	18	30	34	12	9		27	69	50	51	30	48	67	12	14	19	685
直州同				5	5	3		2		2		5			5	3	6	4				40
知県	32	6	375	652	259	334	171	417	55	42	9	177	406	405	368	197	481	288	138	59	69	4940
布庫			3	3		1	6		3	1		3	1		9	2	2			1		35
総計1	71	27	658	1226	445	497	308	576	95	68	17	298	644	630	619	299	652	471	226	130	134	8091
（出身地判明分）																						
総計2	97	33	687	1301	454	553	322	598	107	84	20	306	672	648	646	307	686	488	232	177	142	8560
（出身地判明分＋「待籍」＋「待省」＋「待査」＋「漢軍」＋出身地「不明」）																						

史料出典：『大清直省同寅録』。

表-4-6　光緒三十三年全国在外候補者外補確率

官職	①全国定員数	②外補定員数	③候補官人数	④外補確率(%)
道員	一〇一	一六	七〇六	0・02
知府	一九八	二八	七〇〇	0・04
直隷州知州	七三	五七	二六二	0・22
知州	一四三	六二	二二八	0・27
通判	一〇五	三五	六八五	0・05
直隷州同知	三四	七	四〇	0・18
知県	一三三九	三九三	四九四〇	0・08
布政司庫大使	二〇	〇	三五	0
平均外補確率				0・13

史料出典：表-4-5及び『(光緒) 大清会典』巻八　一〇五～一〇七頁。

考えれば、この外補確率が少し上がる可能性はある。たとえば、全国には、知府の外補できる缺は十六に過ぎないにもかかわらず、七百六名「候補知府」が各地にいるということは、おそらく「扣留外補」などを狙うからである。第二に、この統計で示した「②外補定員数」とは、規定によるものである。それらのポストはいつ空きができてくるかは分からないから、統計で示した「外補確率」はあくまでも参考数値である。

二　在外候補者の増加

先にのべたが、太平天国を鎮圧することをきっかけに、「籌餉事例」という捐納史上で実施期間の最も長い「暫行事例」が実施された。そのため、各省で候補する者がますます増えるようになった。たとえば、丁日昌が指摘した同治八年の頃、江蘇省での候補道員は「六、七十名」、候補の「同（知）通（判）（知）州（知）県」は「二千余人」であった[48]。光緒三十三年、候補道員は二百十名、候補の「同通州県」は九百十三名になった。四十年の間に、候補の「同通州県」が幾分減少したのに対し候補道員が三倍に増えたということは、「同通州県」の採用状況が少し改善したというわけではない。それは、まず「減成報捐」、つまり捐納の「定価」を引き下げ、道員の捐納金額が安くなった結果である。たとえば、太平天国の乱が勃発した咸豊元年（一八五一）で道員の捐納金額は一万千八百八両だが、その翌年は九千四百四十六両四銭、二年後は七千八十四両八銭、光緒二十六年（一九〇〇）になって四千七百二十三両二銭にまで下がった[49]。候補道員が増えた第二の理由は、「総辦」、「会辦」といった局の長官になるために、道員の資格を必要とする、というところにある[50]。

直隷[51]と湖北[52]での候補官の増加情況も江蘇省と同じように、候補官の数は増え続け、しかも道員や知府などのポストでの増加率は、候補の知州・知県などでのそれを上回ったことが分かる。要するに、清末になると、各省で「候補」している者は、地方官の定員総数を遥かに上回っていた。同治年間に福建巡撫を務めた王凱泰の指摘によれば、各省で「候補」している者があまりに多すぎるので、部下が上司に謁見する「衙参」の日に、官庁に入ることさえできない者がいたという[53]。

三　候補情報の交換

当時、このような各省候補官の人数などに関する情報に対し、捐納関係者は大いに関心を示していた。その原因は、言うまでもなく、これらの情報が彼ら自身の登用に直接かかわるからである。先に触れた陳豪は、同治九年（一八七〇）に「優貢」で知県の任官資格を得たあと、これからの進路について考えていたところ、翌年（一八七一）十月、当時湖北省で「候補」している友人の汪曾唯から手紙をもらった。この手紙の中で、汪曾唯は湖北省の候補情況についてこう紹介している(54)。すなわち、

鄂省候補人員、日見其多。道府六十余員、同通七十余員、州県二百六十余人、佐雑幾及千人。茫々宦海、正不知何日得登彼岸也。

つまり、当時の湖北省では、「六十余員」の道員と知府、「六十余員」の同知と通判、「二百六十余人」の知州知県と約「千人」の佐雑官が候補しているので、ここでの候補生活は決して楽ではないことを説明した。その後、陳豪は、「分発」を捐納した。先に引用した彼の親戚で、江西省にいる王麟書は手紙の中で、その「分発」を捐納したことに対し、「極是」、つまりこれが正しいとしてから、こう述べている(55)。

兄来江時、本班廿三、今則已次第五。循次序補、当在三、五年之間。

とあり、あなたが江西省に来たとすれば、候補知県の第二十三番になるが、登用の順番はすでに五人目のところに来ていて、この順番のままで行けば三年ないし五年で「補缺」の可能性がある、ということである。ここで注意すべきは、「当在三、五年之間」というのは、あくまでも推測であり、何らかの保証があるわけではない。

結局、陳豪は、湖北省に行って、光緒三年（一八七七）、房県の「署事」に充てられるようになった。(56)

国立国会図書館所蔵の『安徽同官全録』にはかつての所有者が書き残したメモがある。

己亥（注：光緒二十五年）七月廿五、劉轂民云、直判本班先已有一人、如捐分缺先、二缺到班、惟出缺尚須送部選一次、要三次出缺方可補。

つまり、その所有者はすでに直隷州州判の候補資格を持ち、「分缺先」の花様を捐納しようとしていたところ、劉轂民という人が教えてくれた直隷州州判の補缺情報によると、三番目に空きができた缺があれば、登用される可能性があると言う。(57)

高級官僚のあいだにも、親類の候補について友人に依頼した例が見られる。晩年、失意ののち、署理陝甘総督・陝西巡撫に起用された林則徐は、「家業蕩然」、「読書未成」の親類を助けようとして「未入流」と陝西省で候補するための「指省」を捐納してやった。その目的は、自分の管轄地域で彼の面倒を見ようとするところにあるだろう。林則徐がその後雲貴総督に転出した際に、その親類の世話を後任の楊以増に頼んだという。(58)なお、子孫のために候補の情報を収集したこともよく見られる。たとえば、咸豊年間、内閣学士を務める呉式芬（有名な金石学者）は、河南省への「指省分発」を捐納した長男のために、友人の河南布政使の瑛棨あての手紙のなかで、長男の候補問題についてこうたずねている。

惟聞豫中補缺亦不容易。未知現在候補者幾人、在省候補之時是否尚有差事可以敷演？

つまり、最近河南省での現地採用は容易ではないことを聞いている。現在河南省にいる候補官のうちの何人に、「候補」するあいだに臨時の仕事があるか、といった情報を教えて欲しいというのである。(59)ここで言う「差事」

とは、「差委」や「署事」のことであり、以下では、これらの臨時性の仕事について説明しよう。

第四節　候補官の「署事」と「差委」

「在外候補」制度の精神からすれば、資格・花様および「指省分発」などを捐納して地方に赴いた候補官は、他の候補官と同じように地方での実務訓練を経て経験を積み、正式の登用に備えなければならない。先に述べた臨時性の仕事である「差委」や「署事」は、その実務訓練である。本節では、これについて述べることにしたい。

一　「到省繳照」

これは、吏部で分発され、あるいは自ら分発先を捐納して「在外候補」となり、地方に赴いた者にとって、一番重要な手続きである。彼らは、実際のポストを有していないものの、身分のうえではあくまでも「官」であるから、任官者と同じように、所定の期間内に分発先の省に行って、着任手続きをしなければならない。清代、在外候補者の着任手続きは「到省繳照」と呼ばれる。つまり、候補先の省に着いて、辞令である「執照」を督撫に提出するのである。この手続きを済ませてはじめて真の「在外候補」として認められる。

たとえば、光緒二十七年（一九〇一）七月、両淮塩運司で「候補」していた「試用運判」の劉芸は、義和団の乱を収拾するために実施された「順直善後実官捐」にしたがい、知府と指分江蘇などを捐納した。二十八年五月に北京で「験看」、翌六月に「引見」を経て、六月十六日に「執照」を受領して、江蘇省に向けて出発した。途中で「風阻患病」などによって、北京を出た九十八日目の九月二十四日にやっと江蘇巡撫所在の蘇州にたどり着き、「稟文」をもって「執照」を提出した。こうしたことによって、江蘇省での候補官身分を認められるようになった。[60]

「到省繳照」という手続きは、非常に重要な意味をもつものである。というのは、任官能力の甄別、候補資格の計算、「署事」や「差委」といった臨時性仕事の割り当て、および正式官職への登用などはすべて「到省」の日付にかかわるからである。たとえば、広東省には、次のような規定がある。

本省以繳照之日作為到省日期。

つまり、「執照」を提出する日をもって「到省」、すなわち省についたと見なすのである。さらに、広東省では、「同例同月到省人員」、つまり同じ事例で捐納し、同じ月に到省した者に対し、籤引きをさせ、これによって順番を決めるのである。[61]

東京大学東洋文化研究所が『海防新班文職官冊』を所蔵している。これは、光緒十年（一八八四）に実施された「海防事例」にしたがって、河道官を捐納し、光緒十二年（一八八五）から十二年（一八八六）までに山東省内の運河と河川を管理する「東河河道総督」のもとに来て「候補」する候補官三十九名の名簿である。[62] その履歴の部分に、必ず「到工」（一般候補官の「到省」に相当）の日にちを書き、同じ日に「到工」した者に対し、籤引きをさせて、「第一」か「第二」といった順番を付けることになっていた。

二　「署事」と「差委」

「署事」とは、知府・知州・知県・県丞のような従来のポストなどを一時代理することで、「差委」とは「差遣委任」のことで、従来のポストの代理ではなく、臨時性の仕事（重要案件の審理など）や清代中期以後相次ぎ設立された各種の「局」などの事務を取り扱う身分である。「署事」と「差委」の任命権は、地方督撫にあった。

中国第一歴史档案館には、光緒三十四年（一九〇八）、順天府所属の宛平県が作成した候補官のリストが二通残されている。これは、「候補正印各員銜名単」と「候補佐雜各員銜名単」である。書式から、このリストは上司に提出するものではなく、一種の「内部文書」であることが分かる。(63)

この史料によって、候補官の実情を知ることができる。これら何らかのかたちで仕事に就いている候補官に対し、「候補正印各員」六十一名のうち、「署事」は十三名、「差委」は二十二名、「赴省」は三名である。残り二十三名のうち、現に把握できる者として住所が記されるのは二十一名、休みをとったのは二名である。「候補佐雑各員」六十六名のうち、「署事」は十二名、「差委」は二十名、転出した者は一名に対し、仕事に就いていない候補官三十三名のうち、二名がすでに亡くなり、八名は長い間衙門に来ていないため、その詳細を把握していないという。この順天府と同じように、先に触れた「東河河道総督」のもとでの候補官全員百八十八名のほとんどは、総督の命令によって、管轄下の河北道、河南開帰道、山東運河道、兗沂曹済道に出向いて、「差委」をした。(64)

ここで見られるように、候補官の一部は、「署事」や「差委」のかたちで仕事に就いていることが分かる。到省の手続きを終えた候補官は、この「署事」や「差委」の現場で地方行政の実務を通じ経験を積み、将来の「現地採用」に備えるのであった。

三　「署事」の任命

「署事」は、二種類に分けられる。一つは「輪委」で、もう一つは「酌委」である。先に述べたように、「署事」の任命権は地方の督撫にあるが、「署事」の方式、つまり「輪委」と「酌委」によってその任命権の行使方式も異なる。

まず、「輪委」を見てみよう。「輪委」とは、吏部の月選と同じように、候補官は予め決められた順番に従って「署事」をするのである。清代乾隆年間以降、一部の省では「署事」の人選を決定するについての規定が設けられた。たとえば、浙江省の「知県補缺画一辦理」（乾隆五十九年）[65]、広東省の「各官委署」、「佐雜互相調署」、「候補與即用知県輪補次序」など[66]、江蘇省の「州県缺出分別委署」（同治三年）、「佐雜委署章程」（同治三年）、「州県酌量委署」（同治十三年）[67]、安徽省の「知県輪委章程」、「佐雜酌委章程」[68]などといったものを確認することができる。このうち、広東省では、候補知県が構成する「班」は、知県の「署事」に充てられる。この「班」のなかに、さらに「超委」、「挨委」、「煙瘴俸満」といった序列があり、その署事の順位は次のようである。

一超委、二挨委、一煙瘴俸滿。計四缺為一輪。

つまり、知県の空席があれば、まず「超委」から一人、そして「挨委」から二人、最後に「煙瘴俸満」から一人を順次に出し「署事」させるのである。一巡してから、「超委」に戻して、順番に署事するのである[69]。これは、明らかに吏部の月選方式を模倣するものであった。

次は、「酌委」を見よう。「輪委」で「署事」することができるのは、省内にあるすべてのポストではなかった。というのは、順序が予め決められた「輪委」に対し、総督と巡撫が自らの判断で自由に人選を決め、その人を「署事」させるからである。それを「酌委」という。「酌委」の対象とするポストはあらかじめ決められたものである。たとえば、広東省の全九十七の知県ポストのうち、「酌委」で占められるのは、約半分の四十三ポストであり、四川省にある百四十あまりの同知・通判・知州・知県ポストのうち、「優缺」と指定される「酌委」のポストは三十六ある。江蘇省では、知県の「部選缺」を除く「要缺」のすべてを「酌委」の缺に指定した[70]。この

「酌委」の缺は主に二種類がある。まずは、広東省南海県のような州県は、収入の多い「肥缺」である一方、「繁要難治」の面もある。次は、広東省鎮平県のような「苦缺」とされる州県は、務めて大した過失でもなければ、次の「調剤」で「肥缺」の署事を期待しうるメリットがある。いずれにしても、在外候補者にとって、「酌委缺」での「署事」のチャンスは決して簡単に恵まれるものではない。

四　「差委」の任命

先に述べたように、「差委」とは臨時性の仕事（重要案件の審理など）や清代中期以後相次ぎ設立された各種の「局」などの事務を取り扱う「総辦」や「会辦」、ないし委員のことであった。それらの臨時性の仕事がほとんど総督や巡撫から与えられるものであり、それらの局も総督や巡撫の衙門に附属する部局のようなものであるから、その「差委」の任命に当たっては、督撫は自らの判断で人選を決め発令することができる。清代中期以後、一部の省で相次ぎ編纂される「省例」のなかに、先に述べたように「署事」の任命についての規定はあるが、「差委」の任命についての規定、ないし「局」などのような新設衙門の組織条例についての規定はなかったということからも、「差委」は総督巡撫の専管事項であることが読み取れよう。

さらに、「差委」は、地方督撫から直接与えられ、直接管理するものであるから、むしろ「署事」以上の重要性とメリットがあると言えよう。たとえば、清代中期以後、新たに設置された地方督撫に直属する「発審局」の「発審委員」は、州県地方長官の代わりに案件の審理を行うことになった。その「発審委員」を務める候補官は、業績を挙げれば、おそらく官僚システムの末端にいる知州知県よりいち早く督撫の目に止まり、その後、督撫の推薦によって正式に登用される可能性は極めて大きい。道光年間、江蘇省の候補知府鐘殿選は、「命盗等案三百十四」件を「審結」したことによって讃えられ、道光二十八年（一八四八）二月、両江総督の李星沅は、江蘇省や安徽省に知府の空缺があれば、彼をもって「補用」するよう上奏した。これを受けて、吏部は「審案出力人員議叙章程」をつくることになった[71]。なお、後に触れる経済的メリットのある「釐捐」を徴収する「釐金局」、地方での捐納事務を取り扱う「賑捐局」などの新設衙門は、言うまでもなく候補官たちが先を争って行きたかったところに違いない。

なお、それらの「局」などには、それが一種の衙門である以上、やはり定員というものがある。その詳しい状況については明らかにすることができないが、清末の四川省の例を参照されたい。当時、候補の「同通州県」が務める「局」や「処」などの委員ポストは、「二、三百席」あったが、**表4-5**によれば、光緒三十三年（一九〇七）に四川の候補「同通州県」は約六百名あり、候補官の人数はその委員ポストの数を上回ることが分かる[72]。

五　任命の現場

候補官の人数が臨時性のポストより遥かに上回っている現実は、不正行為を誘発させる温床になってしまった。候補官の世界で働く原理は、上記のような関係規定より、「コネ」や「賄賂」などといったものであった。そのコネについて、清末のある小説家は、候補官のなかには四種類の人間がある、つまり①督撫の知り合い、②布政使の知り合い、③有力者の紹介がある者、④コネなどが一切ない者、と説明している。さらに、「署事」や「差委」は①〜③の候補官に優先的に与えられ、④の候補官はいくら長寿にして七〜八百年を経たとしても「署事」や「差委」が回ってこない、と彼は付け加えた[73]。

現実は、まさしくこの小説家が指摘した通りであった。直隷の事例を挙げたい。光緒三十年（一九〇四）、直隷で知県を候補している呉宝棣は、光緒元年（一八七五）に生まれ、候補知県のなかで一番若かった。彼は二十七歳になった光緒二十七年（一九〇一）に、監生より県丞・分指直隷試用を捐納した。彼は翌二十八年（一九〇二）

九月、直隷総督の袁世凱より「地方治安に貢献した」ことを理由に知県と同知銜に保挙された。十月に、「東河釐捐分卡」を差委として与えられた。二ヶ月後の十二月、やはり袁世凱の推薦により、皇帝がその保挙を認めた。同三十年（一九〇四）、北京に赴き、「験看」と「引見」をした。三月二十二日、直隷に戻り、四月にすぐ「西北河釐捐分卡」を委員に任命された。彼は捐納出身で、しかも直隷に来て間もなく、「釐捐」という収入のいい差委に与えられた。ところが、候補知県のなかで一番年長の王寰清は道光十八年（一八三八）に生まれ、咸豊十一年（一八六一）に祖父と父親を失い、光緒十二年（一八八六）、四十九歳になって進士の合格を果たした。光緒十六年（一八九〇）、本人の希望により知県として直隷に分発した。それから彼が六十六歳になった光緒三十年（一九〇四）までの約十五年間、彼は、進士出身の候補知県として海運・河川工事・冬撫・災害救助・「稽査師範学堂事宜」の差委に充てられたが、知県の署事や「釐捐」のような差委すら一度も与えられなかった。この王寰清はおそらくその④に属するものであるのに対し、呉宝棣はおそらく①②③の何れかに属するものであるだろう。[74]なお、清末の四川では、総督と親しく、候補官の名簿に載っていない者を「署事」にさせたケースさえあったという。[75]

このように、④の候補官にとって、運命に任せるほか、残った道は「賄賂」を使ってコネを作るしかなかった。一日でも早く「署事」や「差委」をしたい候補官は、上官に賄賂をし、その上官も賄賂を見てからはじめて人選をするのである。咸豊年間、直隷の冀州知州を代理した卞子城が、直隷総督の桂良に「所費不貲」の賄賂を出して、お正月の祝いだけで「千金」を出した。こうしたことによって、通常一年限りの「署事」が、「幾及年余、未曾更動」、つまり一年以上に延長されたのであった。なお、直隷南宮県で署事をするには、「七百金」を出すことが条件とされたという。[76]しかし、これらの財力のある候補官とは別に、賄賂の出せない候補官のなかで、七～八年間にわたって、「署事」や「差委」の任に充てられず、苦しい生活や借金返済に耐え切れなく、家族を残して自殺した者もいたらしい(77)。

無論、これらの仕事を与えられる候補官はすべて捐納出身者ではないが、候補官の任用問題を解決するにあたって、候補官に「署事」や「差委」をさせるのはやはり主要な方法として、長い間使われていた。ところで、主要な方法とはいえ、実際の登用はなかなか難しく、候補官の「就職難」を緩和するには至らなかった。すでに述べたように、候補官が次々と地方にやってきて、その全員の採用問題を完全に解決するのは、「固已属遥遥無期」になってしまい、「署事」を全員に回すだけで「亦非十数年不能得一年」、つまりただ一年の「署事」のために、「十数年」を待たなければならなくなった(78)。同治年間、龔之格は知県となるべく江蘇省で「候補」していた。彼の候補序列は一番前であったにもかかわらず、知県ポストの「署事」を待つだけで十八年間の歳月がかかった(79)。

六　「署事」と「差委」――候補官の収入源

「就職難」の実態をよく知っている大多数の候補官にとって、正式のポストにすぐ就くことができない以上、このアルバイトのような仕事があれば、やはりありがたいことである。というのは、このような臨時の仕事があれば、収入を得ることができ、その収入をもって生活維持や借金返済に充てることができるからである。

清代後期に入って、捐納出身者のなかで、すべて「自己資金」で捐納する者は決して多くはなかった。同治十三年（一八七四）、福建巡撫王凱泰は、こう指摘した(80)。

捐章折減以来、持銀百余両而為佐雑矣、持銀千余両而為正印矣。即道府例銀鉅万以上、今亦折算至三四千両矣。家非素封、人思躁進。或攢湊於親友、或借貸於商賈。以本求利、其弊可勝言哉。

先にも述べたように、当時、清の政府は、捐納による収入を増やそうとして、捐納所要金額を割引するという窮余の策を実施した。その結果、咸豊元年（一八五一）以後、道員知府などの地方高官を含む捐納の金額は次第に下がった。しかし、王凱泰が指摘したように、所定金額が下がったにもかかわらず、親友や商人から借金して捐納する者は少なくはなかった。

先に述べたように十数年を待っていて、やっと「署事」をすることができたような者にとっては、この一年限りの仕事は非常に重要なことである。丁日昌は次のように指摘している。

此前十数年中、衣服飲食之資、養家応酬之費、皆須於一年署事中取償。而後十余年中、衣服飲食之資、養家応酬之費、又須於一年署事中預置。……無恒産因而無恒心。非独人尽無良、抑亦窮困有以致之也。

つまり捐納や生活のために過去の「十数年」で借金生活をした者にとって、一日でも早く仕事に就けば、そこで得た収入から借金の返済に充てることを期待するだけではなく、さらに将来「十余年」の生活資金をもこの一年で稼がなければならないとするのである。なお、丁日昌の説明によれば、「署事補缺」から得られる収入は、「少者数千、多者数万」であることが分かる。[81]

「署事」と同じように「差委」も臨時性の仕事である。しかし、年収「数千」ないし「数万」の「署事」に比べると、「差委」の収入はその局によってさまざまであった。先に紹介した十八年間の候補生活を送っていた龔之格は、知県の「署事」をする前に、「差委」で保甲局の委員を務め、年間二百八十八両の「薪水」で家族四十余人を養うのはなかなか大変であったという。ある日、家主から、家を出てもらいたいと告げられたが、彼は、「茫然無策」であって、友人は、「可嘆可憐」としていた。その後、彼はやっと江蘇省宝応県の「署事」を得たが、喜びはしなかった。というのは、彼は「四大皆空」、つまりあまりにも貧しすぎるので、赴任するための資金をなかなか工面することができなかったからである。友人から援助を得て、やっと任地に赴くことができたという。[82]

ところで、釐金局の「差委」があれば、その役得ははなはだ莫大なものであった。給事中劉曾は次のように上奏している。(83)

査近日各省差事、以釐局為最優。往々委員得一釐差、毎年可獲万金或三、五千金不等。官場中竟有謂署一年州県缺、不如当一年釐局差之語。臣維釐局薪水、為数無多。若非浸蝕朘削、何以得此鉅款。此中情弊、可以概見。

つまり、各省にあるさまざまな差委のなかで、釐金局の「差委」は一番人気であった。というのは、それに就ければ、三千、五千、ないし「万金」を得ることができるからである。これによって、官僚の間では一年の州県缺を「署事」するより釐金局で一年の「差委」をしたほうが儲かるという話がなされていた。しかし、釐金局の「薪水」(正規収入)はけっして高くはないから、「浸蝕朘削」のような悪いことでもしなければ、どこからその収入を得られようか、というのである。

ここで見られるように、候補官のほとんどは、「署事」や「差委」を実務訓練の場として見ているわけではなく、収入を得られる場としてしか見ていなかったのである。そのため、与えられた仕事に対し、責任感はあまり持っていなかった。たとえば、湖北省のある候補知県は、「差委」を奉じてある案件の調査のために出かける前に、方大湜に挨拶をした。方大湜がその案件について尋ねたところ、当の候補知県は、書類があまりにも多すぎるので、まだ詳しく読んでいない、と答えた。方大湜が、さらになぜ読んでいないかと尋ねると、この候補知県は、これは他人のことだからやりたくない(「代他人辦事、便覚意懶心灰」)、と答えた。この候補知県の答えはかなり素直だが、この答えから当時の候補官たちが「署事」や「差委」をどのように見ているかを読み取れよう。(84)

七　「衙参」

先に引用した順天府档案によれば、「署事」や「差委」が与えられたのは、候補官の中の一部であることが分かる。その他の候補官は、実質上では何らの収入ももらえない「失業者」のような者だが、建前上ではあくまでも「官」であった。彼らは、決まった日（「衙期」）に督撫の衙門に出向いて、総督や巡撫に謁見し、衙門で行う様々なセレモニーなどに参列することが義務付けられた。これを「衙参」という。候補官の少なかった時代ではともかく、道光年間以降のような候補官が次から次へ地方にやって来る時代になると、まさしく当時の人が指摘したように、「衙参」の日に、官庁に入ることさえできない候補官があまりに多いため、その官庁が「人境」ではなくなっているように見える、という有様であった。そして、その総督や巡撫は、溢れる候補官一人ひとりの顔を覚えられないため、彼らの「智愚不肖」を判断することもできない、と候補官登用の厳しい現状を訴えている。(85)

制度としての「衙参」は、部下が上司を謁見するだけではなく、さらに重要な意味を持っている。つまり「衙参」に来た候補官の署名に基づいて作成した出勤者名簿は、その月の「差委」や「署事」などの人選を決める際の参考になるのである。しかし、一部の高官（たとえば、候補道や候補知府）を除いて、一般の候補官にとって、「衙参」をしても接見されることはめったにないから、彼らが衙門の受付係に「官銜職名」を書いた名刺を手渡すだけで帰ることがほとんどであった。なお、候補官があまりにも多すぎるので、誰か一人が欠席したとしても、それほど目立つことではなかった。「輪委」の順番はまだ遠い、あるいは自分の番に回ってきたポストに就きたくないと考える一部の候補官は、普段の「衙参」をさぼって、必要のある時だけ「衙参」をする。たとえば、光緒十八年（一八九二）正月、江蘇省安港巡検司の「署事」は、「輪委缺」の順番でゆけば「儘先補用巡検馮瀚」に与えられるべきところ、その馮瀚は何度呼び出しても来なかった。「銜参」の冊をチェックしたところ、彼は光緒十七年（一八九二）十月からの三ヶ月間、「銜参」をしていなかったことがわかった。次に、光緒十八年二月、丹陽県典史の「署事」は、「頂委缺」の順番としてその馮瀚に回ってきた。彼は、丹陽県典史のポストが空いたという情報をいち早くキャッチして、二月の初めに「銜参」をしたという。(86)

馮瀚のような「肥缺」を狙って「銜参」する者とは別に、「署事」や「差委」の望みは薄いことを理由に、所定の手続きをせず、勝手に候補地を離れる者もいる。光緒年間の江蘇省には、数ヶ月ないし一・二年にわたって上司に謁見しない、連絡先さえ分からない候補官がいた。そのため、「署事」や「差委」の人選を決める際の支障となった。江蘇省当局は「銜参」を無断で欠席した候補官に対して、欠席が一回あれば「大過一次」、三回を超えれば「永停差委」の処分をする禁令を出したが、効果はなかった。(87)先に引用した順天府档案によれば、「久未到銜」の候補官は、順天府にもあった。(88)

八　候補官教育―候補官のための官箴書

この候補官が増える状況につれて、候補官を対象とする読み物も現れた。このなかでかなり有名なのは、言うまでもなく方大湜が編纂した『平平言』であるだろう。(89)彼は、この本の第一巻のなかで相当な部分を割いて、候補官教育を訴えた。そのタイトルを挙げてみる。

立志在候補時　　候補宜読書
候補宜択交　　候補宜虚心
候補宜謹言　　候補人員見上司

候補当差　　出差勿計較供応程儀
候補時宜訪求幕友　　候補宜検用
候補時同寅女眷不宜往来

方大湜が書いた『平平言』に対し、何士祁の「候補二十一則」は必ずしも有名ではないものの、候補官を対象とする読み物として注目すべきである(90)。そのタイトルを挙げてみる。

宜練習公事　　請教首府首県
省志律例不可不読　　同寅宜虚衷諮訪
不可党同伐異　　官廨言語尤宜謹默
幕友須平時延訪　　長随宜随時体察
案未訊定不可先稟上司　　衙参陋習不可厭煩
遇有差委奉行宜謹　　寓中度用務従節倹
寓中要整粛安静　　択交不可不慎
嫌疑不可不避　　通行信札必須詳慎
燕会宜省　　客宜日拝客来宜相見
女眷不宜往来　　不可用本地女僕
寓中事宜

方大湜の『平平言』と何士祁の「候補二十一則」を照らし合わせて読んで見れば、似たようなものが多いが、面白い違いをも見出すことができる。二、三例を挙げたい。たとえば、候補官の「衙参」について、方大湜は直接触れていないが、上司の前に「恭敬」すべし、上司の質問に「詳細」に答えるべしとしているのに対し、何士祁は「衙参陋習不可厭煩」の項目を立てて、「衙参」を「陋習」として認める一方、「体統」にかかわる「候補分内之責」として嫌気を起こしてはならないと忠告している。なお、候補官の妻など女性同士の往来について、「浪費」であると他人に「口実」を与える恐れがあるという理由で、方大湜は「候補時同寅女眷不宜往来」を書き、何士祁はこれと似たような「女眷不宜往来」を書いたほか、さらに「内言出閫、多由本地女僕」とし、夫婦間の会話が外部に漏れないよう「不可用本地女僕」を提唱した。

最後に、二人とも候補官に対し、「読書」すべしと薦めているが、行政現場の必要に即して「省志律例」のみを挙げる何士祁に対し、太平天国期の混乱のなかで地方行政にかかわり、治績を挙げ「循吏」として讃えられる方大湜が、候補の時に志を立て、「邪説」に惑わされない方法として「読書」を提唱し、彼が出した書目のなかには「経史」、「歴代名臣言行録」、官箴書など従来通りのものがある一方、『海国図志』、『各国通商条約』のようなものも含まれている。これは、明らかに国家や社会の現実情況を対応しようとするものであり、ここにも近代的な知識を具える官僚を養成する動きを見ることができるのではないだろうか。

第五節　候補官登用問題への対策

清代の候補制度は、太平天国期まではさまざまな問題を抱えながら、ある程度うまく運用されていた。捐納出身候補官が多くを占めた「在外候補」について言えば、雍正帝が提案したこの制度の原意は、新人官僚を候補官として行政の現場で勉強させ、そこで「就職」させてもらうというところにある。乾隆年間、候補官をもっと送ってほしいと要請した地方督撫（たとえば直隷総督方観承）もあった[91]。乾隆三十八年（一七七三）の年末に北京を訪れた朝鮮使節が本国に送った情報によれば、当時の捐納出身者は七、八年を経て登用されていたことが分かる。同四十六年（一七八一）、吏部は、かつて各省で候補していた「試用人員」の約六割が「補缺」されたことを報告した[92]。嘉慶年間のはじめ、候補官の分発をもとめる地方督巡もいた。たとえば、嘉慶元年（一七九六）の二月頃、湖広総督の畢沅は、「差遣紛繁」つまり業務が多すぎることを理由に、「候補丞倅州縣十二員」と「候補佐雜二十員」を分発するよう朝廷に求めた。これを受けて、嘉慶帝は三月二日に上諭を出し、吏部にいる候補人員から適任者を選び迅速に派遣するよう命じた。このほか、両江総督の蘇凌阿も同じような要請を行った[93]。それ以後、この制度は完全に変質してしまった。捐納が頻繁に実施され、「分発」や「指省分発」の捐納も可能になったので、捐納出身者は、自ら候補官となる道を選んで、「分発」や「指省分発」について捐納し、次々と各省に赴いた。これにつれて、清末の候補制度は、成立当初の精神を失い、捐納出身者を中心とする官僚の有資格者の「臨時避難所」になってしまった。ところで、「累千盈百」「難計其数[94]」の候補官の数に比べると、候補官に対する「求人」があまりにも少なかった。このように、清朝一代を通して定数のほとんど変わっていない官僚体制の内部で、候補官の問題を解決することはもはや不可能になった。これによって、清朝の官僚登用制度の一翼を荷いえた候補制度が破綻してしまった。

ここで問題にしたいのは、全国の文官人事を司る吏部、あるいは国を指導する立場に立つ中央政府は、こうした事態に対して、どのような方策を講じていたのか、ということである。

捐納、特に実官実職の捐納に関しては、戸部と吏部はその主管衙門に当たる。捐納関係の上奏や通達などは、この二つの衙門で連名して出したものがかなり多かった。戸部としては、いかにして収入を増やすことができるかが最大の関心事であり、割引をしたり、捐納事例の実施期間を延長したりなど、ありとあらゆる方法を使って、民間から資金を集めようとしていた。官職を捐納した者の就職問題については、職掌の制限もあり、戸部はなにも考えていなかった。これに対し、捐納という財政難を解決する国策の実施によって任官の有資格者が必要以上に増大したことを一番知る立場に立つ吏部としては、ここまでくると、捐納出身者の就職問題を根本的に解決することはすでに不可能に帰したことをよく知っていて、捐納が継続する限り、この問題を解決する望みはどこにもない、と認識していたはずである。吏部は、直面している候選候補官の「壅滞」問題に対し、与えられた条件のなかで最大限の努力をはらって、地方での外補も含む官僚の銓選について、目前の事案だけに対処し、さまざまな「章程」や「例冊」を次々と考案した。その一部を拾って挙げれば、

①『変通選法条款』（道光二十五年四月）
②『変通補缺章程』（道光二十五年六月）
③『酌議分缺間用與迴避即用人員序補章程』（咸豊五年三月）
④『暫行変通章程』（咸豊二年～同治八年）
⑤『大八成銓補章程』（同治八年六月）
⑥『奏進士知県班次壅滞請将選補章程量為変通例冊』（光緒六年十月）、
⑦『海防事例捐納各員銓補章程』（光緒十一年二月）
⑧『奏吏部選補章程請酌量変通例冊』（光緒十一年六月）
⑨『鄭工新例銓補章程』（光緒十三年）
⑩『海防新例銓補章程』（光緒十五年）
⑪『輪選定例』（光緒二十五年）

などがある。[95] この他、随時に各省へ出した「通行」や「通飭」もある。これらの規定は、一見してさまざまだが、実際には一定の方針に従って作られ、ある具体的な事案しか対処しない「時限立法」のようなものである。その「一定の方針」とは、戸部の捐納収入をより増大しようとする思惑に沿った形で、従来の規定を「変通」（『欽定吏部銓選則例』など従来の規定を融通）して、「以新例圧旧例」、つまり候選候補官の銓選に際して、新たに捐納して資格を得た者を優先させるというものである。しかし、吏部のこうした努力に対し、在外候補官の現地登用を左右する地方督撫は、本来、「部選」に帰すべき缺を次々と「扣留外補」した。これによって、吏部の「部選」で取り扱われるポストがさらに少なくなり、吏部の銓選が次第に形骸化してしまった。

先にも述べたが、地方督撫による外補の現場でも同じような状況があり、地方での登用を望む候補官たちが絶えずに各省に流れ込んだことにより、外補制度の運用も次第に行き詰まってしまった。定員わずか「数十人」のポストへの登用を待っている候補官は「千余人」にのぼり、外補制度を利用して候補官の登用を消化する可能性はほとんどなくなってしまった。これを受けて、一部の地方督撫はさらに、皇帝に対し本省への「分発」を一時停止するよう求め、[96] 分発の受け入れをこれ以上できないと明言した。

以上で見てきたように、捐納の氾濫によって、いかに制度を「変通」しても対応しきれない候補官が生み出された。次第に深刻化してしまったこのような事態に対し、清の中央政府や地方当局は長い間にわたって抜本的かつ有効な措置を講じなかった。その原因は、おそらく慢性的財政難に直面している中央・地方政府にとって、従来の人事登用制度と捐納制度を維持するという大前提のもとで、選択肢はほとんどなかったというところにある。そのため、太平天国期以降、清代人事登用制度は崩壊に向かって走り出し、いかなる薬も効かなくなってしまった。光緒三十四年（一九〇九）八月になって、人事登用制度の核心的な部分とも言える知州知県の「部選」が、ついに停止されることになった。[97] こうしたことから、官僚人事の最も重要な部分である「月選」制度の崩壊、および中央吏部の無力化を見ることができる。三年後の宣統三年（一九一一）になって、吏部そのものがついに廃止されてしまった。

おわりに

捐納制度と候補制度との関係は、中国官僚制度史および官僚生活史の研究のなかで非常に重要な問題である。本章のなかで、われわれは、捐納をして任官資格を得た者がどのように登用されるのかという問題を中心に、清代の捐納制度と候補制度の関係を検討した。その結果、われわれは、捐納の関係規定および官僚登用人事の実態、世界の官僚制度史上で極めて特異な存在とも言える失業者のような候補官集団が生まれた理由、および候補官の生態環境を明らかにすることができた。

本章ですでに説明したように、乾隆年間に至るまでの清朝政府は、任官資格捐納の実施に際して、比較的慎重な対応を採っていたと考えられる。つまり、乾隆年間ではなお、必要な時に「暫行事例」を実施するほか、銓選にかかわらない項目を「現行事例」として固定して常時に捐納できるようにしていたにすぎなかった。しかし、その銓選に直接関係する「暫行事例」に対し、清朝政府はその実施期間を厳しく限定した。とくに乾隆四十年代以降、清朝政府はおよそ二十年にわたって任官資格の捐納を一度も実施しなかった。乾隆帝は、「暫行事例」の実施を提案した大臣に対し、捐納した者に官職を授与することは、もとより善政ではないと指摘し、「此奏断不可行」と命じたのであった。この上諭のなかで、乾隆帝は提案を却下した原因の一つとして、官制には定員があるため、捐納出身の任官有資格者が多数になると、正途出身の登用を妨げることを挙げている。(98) つまり、官僚人事への悪い影響を最小限に止めようとするのが、乾隆帝の狙いであった。こうした状況のもとで、候補制度は少なくとも嘉慶年間の初頭に至るまで何とか円滑に機能したのであった。本章で紹介した乾隆四十年代に各省で候補となった人たちの六割が登用されたこと、および嘉慶年間のはじめに地方の督撫が分発人員の派遣を求めたことは、その時代における候補制度の有効性を物語っている。

しかし、白蓮教を鎮圧するために、嘉慶三年（一七九九）より、大規模な「川楚善後籌備事例」が実施された。これを機に、任官資格が捐納できる「暫行事例」が次から次へ実施されることになった。その後の清朝政府は、捐納を財政収入の増加につながる重要な方法として捉え、その支配が崩壊するまで放棄しなかった。そのため、捐納が頻繁に実施され、次々と生み出された候補官などを登用しきれなくなってきた。なお、進士などの正途出身者の登用も、捐納出身の官僚有資格者が限りなく増殖したことによって、次第に難しくなってきた。清代の官僚登用制度は候補官の問題のみならず、新規採用などにも対応することができなくなり、次第に自身の限界に向かって走っていた。言い換えれば、清の支配者たちはそれ自身が造り出した夥しい数の官僚有資格者を体制内部に吸収しきれなくなったのである。行政の現場で人材を育成するために発足した候補制度はその後、捐納出身候補官の任官「捷径」となり、清末になって彼らの「緊急避難先」、国家からすれば吏部の月選で処理しきれない候補官の「捨て場」のようなものになってしまい、ついに形骸化してしまった。さらに官僚制度の歴史からこの問題を考えれば、中国の歴代王朝ないし中国の官僚文化を長く支えてきた従来型の官僚制度、言い換えれば吏部での銓選を中心とする官僚の登用制度は、その抱えるさまざまな問題に対して絶えず改良に改良を加えながら、二十世紀の初頭まで持ちこたえてきたが、制度の内部にあって千年以上にわたって蓄積されたエネルギーもほぼ燃え尽き、自らの終点に接近したと言えるだろう。

問題はこれにとどまらない。候補官たちがありとあらゆる手段を使って、どんなことをしても狭い門を通して官僚になりたいという執念は、その後の中国社会でなお生きつづけたのであって、今日にあってすらそれを完全に克服したとはなお断言できないのではないか。その原因は、おそらくその狭い門にかろうじて入って官僚になれば、計り知れない莫大の有形無形の役得を得られるというところにあるに違いない。(99)

注

(1) 日本における捐納問題の古典的な研究としては、織田万『清国行政法』第一巻 三七〇～三九〇頁、同書第六巻 二〇三～二四六頁、清国駐屯軍司令部『北京誌』一三七～一三九頁を挙げることができる。この二つの研究は、候補制度は任官形式の一種として捉え、捐納制度と候補制度との関係を指摘している。狩野直喜は候補制度について説明をしたが、捐納制度との関係について触れなかった（狩野直喜『清朝の制度と文学』）。なお、許大齢『清代捐納制度』では、捐納で出身した者の任官原則について論じている。ところが、これらの先行研究は、捐納出身者の任官問題について、具体的なところを何も明らかにするに至っていない。

(2)『(光緒) 欽定大清会典』巻九 吏部 文選清吏司 一一一～一一七頁。

(3)『(光緒) 欽定大清会典』巻八 吏部 文選清吏司 一〇四～一〇九頁、同巻九 吏部 文選清吏司 一一一頁。劉子揚『清代地方官制考』二八～二九頁。傅宗懋「清代文官部選缺之選用」『清制論文集』上冊 一五二～一七六頁。

(4)『通行条例』議奏給事中奏知州選缺壅滞請飭部彷照知県定章辦理章程 光緒六年十一月二十七日具奏。

(5)『(光緒) 欽定大清会典』巻七 吏部 文選清吏司 九三頁。

(6)『(雍正) 欽定吏部銓選漢官則例』巻一 候補調補 候補人員取文到部 四五五頁。「凡候補官員取具赴補之文、道府以下各官取具原任或原籍督撫布政司地方官印文、旗下取具原任之文都統之文、倶令人文到部。於双月初一日投供験到、単月二十五日遇缺照赴補之文先後挨補。」なお、『(光緒) 欽定大清会典事例』巻四十三 吏部 漢員銓選 候補文結 五六一頁。

(7) 福建巡撫だった王凱泰はこう指摘した。「聞部寺各署額外司員少則数十人、多則数百人。衙門以内、司署為之擁擠、内城以外、租宅為之昂貴。実則補缺無期、徒耗旅食。」(清) 葛士濬『皇朝経世文続編』巻十 治体十 王凱泰「応詔陳言疏」九 a～一〇b頁。
(8) 周詢『蜀海叢談』巻二 候補人員 三二二～三二三頁。
(9)『(道光)欽定吏部銓選漢官則例』巻二 銓選漢官 京外官員候補取文到部 一七九～一八〇頁、同巻 官員給憑 二一三頁。『(光緒)欽定大清会典事例』巻四十三 吏部 漢員銓選 正八品以下候選候補官 五六一三頁、同書巻七十一 吏部 漢員昇補 各項佐雑人員回籍候補 六〇一七頁。
(10)『(雍正)欽定吏部銓選漢官則例』巻一 候補調補 単月急選 四五九頁。
(11)『(雍正)欽定吏部銓選漢官則例』巻二 大選 双月陞選 四七二頁。
(12) 近藤秀樹「清代の銓選――外補制の成立」『東洋史研究』(京都、東洋史研究会)第一七巻第二号 一九五八年九月 三四～五五頁。
(13)(清)賀長齢・(清)魏源[ほか]『皇朝経世文編』巻十七 吏政 儲方慶「銓政」 四〇九頁。光緒六年(一八八〇)春季の『大清搢紳全書』第一冊 職官総目 六b～九a頁によれば、当時の地方文官は一万三千七名、武官は七千四百六十四名がある。
(14) 清代官僚の病死と病気休養にかかわる問題について、以下の拙稿を参照されたい。「清代地方官の病死・病気休養について――人事管理に関する一考察」『東洋史研究』(京都、東洋史研究会)第五九巻第二号 二〇〇〇年九月 三一～六七頁。
(15) 中央研究院歴史語言研究所蔵清代内閣大庫档案(以下、内閣大庫档案と略称)第〇八五七一三・〇八五八六〇号。
(16)『(道光)欽定吏部銓選漢官則例』巻二 銓選漢官 官員給憑 二一一頁。『(光緒)欽定六部処分則例』巻七 赴任 憑限 一九三～二〇〇頁、同巻 外官赴任違限 二〇五～二〇八頁。
(17)『(光緒)欽定大清会典』巻七 吏部 文選清吏司 八九頁。
(18) たとえば、康熙二十五年二月に定められた「南太慶思四府調補」に関する規定によれば、広西省の南寧府、太平府、慶遠府、思恩府の「道員以下、教職以上」の空きポストの補充要員について、「広西省内品級相当見任官員」のうちから地方の状況を熟知する「廉能」の官員を以て調補するとされている。『六部頒行本朝定例成案合鈔彙編』巻二下 南太慶思四府調補 康熙二十五年二月 五一b～五二a頁。
(19)(清)陸海『本朝則例類編』続増新例 雲貴川広知府以下員将候缺官分撥発往 九a～一一b頁。中国第一歴史档案館『康熙朝満文硃批奏摺全訳』川陝総督博霽奏請補授陝甘州県員缺摺 康熙四十六年十二月初五日 五五四頁。近藤秀樹は、雍正帝が署

事の弊を取り除くために外補制を提案したとしているが、「備遣官員」の制度を含めて、雍正帝が提案した外補制が成立するまでの地方官欠員の対応策について、さらに検討する必要がある。

(20)『(光緒) 欽定大清会典』では、分発について、「有分発以練其事」、つまり未任官の官僚有資格者を中央や地方の官庁に派遣し、行政現場で訓練させると説明している (巻七 吏部 文選清吏司 八九頁)。

(21) 国立故宮博物院『宮中档雍正朝奏摺』第二輯 隆科多「奏為銓選州県缺請旨摺」 雍正二年正月二十六日 二七三頁。中国第一歴史档案館『雍正朝満文硃批奏摺全訳』 吏部奏請銓選州県缺摺 雍正二年正月二十六日 六三四頁。吏部のこの上奏によれば、雍正帝が雍正二年正月二十二日に、湖北省と湖南省に州県官補用人員をそれぞれ二十名派遣したことが分かる。なお、国立故宮博物院『宮中档雍正朝奏摺』第二輯 田文鏡「奏懇簡発賢員以勷盛治摺」 雍正二年六月二十二日 七八七～七八八頁。この奏摺のなかで、田文鏡は、河南省での地方官欠員の実情について、知府二、知県十六、と報告している。

(22) 中国第一歴史档案館『雍正朝満文硃批奏摺全訳』 閩浙総督満保等奏請補放出缺知県摺 雍正二年正月二十五日 六二八頁。

(23) 国立故宮博物院『宮中档雍正朝奏摺』第二輯 李維鈞「奏請簡員発用摺」 雍正二年正月二十七日 二七七～二七八頁、石文焯「奏陳愚悃仰懇聖恩摺」 雍正二年正月二十二日 二五〇～二五一頁。

(24)『清世宗実録』巻二十二 雍正二年七月庚戌 第七冊 三五三頁。

(25) 国立故宮博物院『宮中档雍正朝奏摺』第十二輯 呂耀曾「奏報地方政務摺」 雍正七年二月十六日 四六五～四六六頁。

(26)『清世宗実録』巻百十三 雍正九年十二月戊申 第八冊 五一〇頁。

(27)『上諭条例』第二冊 川運軍糧捐納知県准加捐分発 乾隆四十年九月二十七日奉旨。趙爾巽［ほか］『清史稿』巻百十二 選挙志七 捐納 三二四二～三二四三頁。

(28)『(道光) 欽定吏部銓選漢官則例』巻四 捐納候選 二六二～二六八頁。

(29)『(光緒) 大清会典事例』巻四十三 漢員銓選 五六〇三～五六一一頁。『(同治) 欽定戸部則例』巻九十八 通例 収捐給照事宜 三二b頁。『(道光) 欽定吏部銓選漢官則例』巻四 捐納候選 二六二～二六三頁。『(光緒) 欽定六部処分則例』巻三 陞選 各省捐納人員赴選 九八～九九頁。『銭谷指南・亭・議叙議処』(『明清公牘秘本五種』) 三六一頁。『直隷冊結款式』捐納官赴選親供結式 四三 a～b頁。なお、本書第三章第一節を参照。

(30)『(乾隆) 欽定吏部銓選漢官則例』巻二 銓選漢官 単月急選 一七三頁。

(31)『(光緒)欽定大清会典事例』巻四十四 漢員銓選 単月選法 五六三三頁。
(32)『(光緒)欽定大清会典事例』巻四十四 漢員銓選 双月選法 五六三〇頁。
(33)『申報』同治十二年二月～同治十三年二月。
(34)『豫東事例』原奏。未見、許大齢『清代捐納制度』一一六頁より。『推広捐輸条例』道光二十四年十二月十九日 一a頁。
(35)『籌餉事例条款』原奏 一六b～一七b頁。未見、許大齢『清代捐納制度』(『明清史論集』所収)一三〇頁より。
(36)許大齢『清代捐納制度』(『明清史論集』所収)二四頁を参照。
(37)ここでいう「旧例」とは、咸豊元年(一八五一)から光緒五年(一八七九)に至るまで実施した「籌餉事例」のことであった。「遇缺」とは、同治五年(一八六六)に新たに設けたほかの花様保有者より優先的に登用する花様であった。これに対し、同治八年(一八六九)にできた「遇缺先」とは、「遇缺」花様の保有者よりさらに優先的に登用するための花様であった。織田万『清国行政法』第六巻 二一四～二一五頁。
(38)陳漢第[ほか]『冬暄草堂師友牋存』五六九～五七二頁。趙爾巽[ほか]『清史稿』巻四百七十九 陳豪 一三〇八三～一三〇八四頁。
(39)『乾隆二十六年各部院条例冊豫工事例奏議』。未見、許大齢『清代捐納制度』(『明清史論集』所収)四一頁を参照。
(40)『頒発条例』乾隆四十年十二月二十二日 奏准川捐遁捐分発捐免考試保挙試俸坐補及捐実授捐復各条例列入常捐例内随時報捐。『上諭条例』第三冊 川運例酌留数条列入常捐 乾隆四十年十二月二十四日奉旨。「暫行事例」と「現行事例」について、本書第二章第一節を参照。
(41)『清仁宗実録』巻百四十三 嘉慶十年五月丁酉 第二九冊 九六一頁。
(42)『推広捐輸条例』道光二十四年十二月十九日 一〇b～一二b頁。
(43)『増修現行常例』捐分発 七〇a～七二b頁。
(44)湯象龍「道光朝捐監之統計」『社会科学雑誌』第二巻第四期 一九三一年十二月 四三二～四四四頁。ちなみに、この三十一万五千八百二十五名例監生から得た捐納収入は、銀三千三百八十八万六千六百三十両であった。
(45)張仲礼『中国紳士――関於其在十九世紀中国社会中作用的研究』一一〇頁。
(46)『大清直省同寅録』。この史料には、塩政や河工の候補官も掲載されているが、ここでは省略したい。なお、光緒三十二年

（一九〇六）八月二十四日付けの『申報』は、吏部の資料に基づいて、当時全国で「候補候選人員」は「二十五万七千四百余員」であったとの記事を掲載している。この史料を教えてくださった京都大学人文科学研究所 岩井茂樹教授に感謝する。

(47)『大清最新百官録』直省文職総表 九a～一二a頁。劉子揚『清代地方官制考』四五九～五二三頁。

(48)（清）盛康『皇朝経世文続編』巻十八 吏政一 丁日昌「条陳力戒因循疏」一七a～二三a頁。「即如江蘇一省言之、道員可由外補之缺不過二三員、府州県同通可由外補之缺亦不過数十餘員。而候補道約有六七十人、候補同通州県約有一千餘人。夫以千餘人補数十員之缺、固已遙遙無期、即循資按格而求署事、亦非十数年不能得一年。」

(49)許大齢『清代捐納制度』（『明清史論集』所収）第七章 銀数 歴届捐例貢監生捐納官職銀数表（二）外官 一〇四～一〇七頁。

(50)周詢『蜀海叢談』巻二 候補人員 三二一～三二三頁。

(51)『大清直省同寅録』直隷。『光緒朝硃批奏摺』第八十輯 光緒二十二年十月二十一日、王文韶「奏為捐納労績人員擁滞日甚請暫停分発以漸疏通恭摺仰祈聖鑒事」四九八～四九九頁。

(52)『大清直省同寅録』湖北。陳漢第［ほか］『冬暄草堂師友牋存』二三九～二四四頁。

(53)（清）葛士濬『皇朝経世文続編』巻十 治体十 王凱泰「応詔陳言疏」九a～一〇b頁。「至於各省候補人員、更較京中倍蓰。向来道員候補最少、近則各省或多至数十員、府庁州県以数百計、佐雜則以千計。毎逢衙参之日、官庁幾不能容。」

(54)陳漢第［ほか］『冬暄草堂師友牋存』二三九～二四四頁。

(55)陳漢第［ほか］『冬暄草堂師友牋存』五六九～五七二頁。

(56)趙爾巽［ほか］『清史稿』巻四百七十九 陳豪 一三〇八三～一三〇八四頁。史料の制限により同治末光緒初の江蘇、湖北両省の候補知県の情況を明らかにすることができていないが、光緒三十三年の時点では、江蘇省では六百五十二名、湖北省では三百六十八名の候補知県がいた。『大清直省同寅録』江蘇 湖北。

(57)『安徽同官全録』第五冊 新例試用直隷州州判 四b頁。

(58)（清）林則徐「林則徐致楊以増書札（下）」『文献』第八輯 一二九～一三〇頁。

(59)北京大学図書館古籍善本特蔵部『清代名人手札彙編』第一冊 三八～三九頁。

(60)中国第一歴史档案館蔵順天府档案 第九巻 第〇〇五号。『出山指南』五a頁。

(61)『粤東省例新纂』巻一 吏 試用人員到省掣籤 二一a頁。

(62)『海防新班文職官冊』。

(63) 中国第一歴史档案館蔵順天府档案 第四巻 第〇二三・〇二四号。
(64) 『文職候補官冊』。『海防新班文職官冊』。
(65) 『治浙成規』巻二 三八五～三八六頁。
(66) 『粤東省例新纂』巻一 吏 委署 各官委署 三a～一二b頁。
(67) 『江蘇省例』同治三年 一a～六b頁。『江蘇省例続編』同治十三年 一九a～二二a頁。
(68) 陳師礼『皖政輯要』吏科 委署 九四～九八頁。
(69) 『粤東省例新纂』巻一 吏 委署 各官委署 三a～六b頁。
(70) 『粤東省例新纂』巻一 吏 委署 酌委各缺 一二a～一三b頁。周詢『蜀海叢談』巻二 候補人員 三二〇頁。（清）張集馨『道咸宦海見聞録』一〇四頁。
(71) 『各部院通行条例』道光二十八年 審案出力人員議叙章程。
(72) 周詢『蜀海叢談』巻二 候補人員 三三二～三三三頁。
(73) 呉趼人『二十年目睹之怪現状』第十四回「宦海茫々窮官自縊、烽煙渺渺兵艦先沈」一一二～一一九頁。
(74) 『畿輔同官録』第四冊 候補 各項知県。袁世凱『袁世凱奏議』巻二十 直隷防軍先次剿平拳土各匪彙案択優請奨摺 光緒二十八年九月二十二日 中冊 六五八～六六四頁。
(75) 周詢『蜀海叢談』巻二 候補人員 三二二～三二三頁。
(76) （清）張集馨『道咸宦海見聞録』一九九頁。
(77) 呉趼人『二十年目睹之怪現状』第十四回「宦海茫々窮官自縊、烽煙渺渺兵艦先沈」一一二～一一九頁。
(78) （清）盛康『皇朝経世文続編』巻十八 吏政一 丁日昌「条陳力戒因循疏」一七a～二三a頁。
(79) （清）張文虎『張文虎日記』同治六年十月二十六日 一一〇頁。『民国宝応県志』巻九 官師志 三四a頁。
(80) （清）盛康『皇朝経世文続編』巻十三 治体六 王凱泰「臚陳時事変通疏」七三a～七七b頁。
(81) （清）盛康『皇朝経世文続編』巻十八 吏政一 丁日昌「条陳力戒因循疏」一七a～二三a頁。
(82) （清）張文虎『張文虎日記』同治六年十月二十六日、同治七年四月十五・十九・二十二日 一一〇・一三三～一三四頁。
(83) （清）朱壽朋『光緒朝東華録』光緒五年十二月乙卯 総八五一頁。『清徳宗実録』巻百六 光緒五年十二月乙卯 第五四冊 五六二～五六三頁。清末四川省各局の差委収入について、周詢『蜀海叢談』巻二 各局所 二九七～三一七頁を参照されたい。

(84)（清）方大湜『平平言』巻一 候補当差 六〇〇頁。
(85)（清）葛士濬『皇朝経世文続編』巻十 治体十 王凱泰「応詔陳言疏」九a～一〇b頁。（清）邵之棠『皇朝経世文続編』巻三十三 内政部七 銓選「論停止分発」七a～b頁。
(86)『江蘇省例四編』詳中小班候委人員数月未経呈遁職名扣委 光緒十八年三月。
(87)『江蘇省例四編』詳明在省候委各員一月内並不来司稟見掛号遇輪到班扣委 光緒十六年十一月。
(88) 中国第一歴史档案館蔵順天府档案 第四巻 第〇二三・〇二四号。
(89)（清）方大湜『平平言』巻一 五九六～六〇一頁。
(90)（清）何士祁「候補二十一則」（清）盛康『皇朝経世文続編』巻二十五 吏政八 一三a～一五b頁。何士祁は、浙江省山陰県人、道光二年に進士に合格し、任官して江蘇省川沙庁同知に至る。秦国経［ほか］『清代官員履歴档案全編』第三冊 二八五頁。
(91) 内閣大庫档案 第〇七九五〇八号。
(92)『同文彙考』補編巻六 使臣別単六 一〇六八頁。『各部院条例冊』准捐分発等例 乾隆四十六年十二月二十日。
(93) 中国第一歴史档案館『嘉慶道光両朝上諭档』第一冊 七三・一一四頁。
(94)『海防事例』海防銓補新章 二a・五b～六a頁。
(95) ⑪番の史料は未見、許大齢『清代捐納制度』（『明清史論集』所収）一二二～一二七頁を参照。
(96) 分発の停止について、江蘇（清）朱壽朋『光緒朝東華録』光緒六年七月戊戌 総九六一頁）、広西（同 光緒六年九月甲申 総九八六頁、光緒七年九月戊戌 総一一八四頁）、江西（同 光緒七年二月丙辰 総一〇五八頁）、河南（同 光緒七年七月巳卯 総一一三七頁）、広東（同 光緒七年八月巳丑 総一一七九頁）、四川（同 光緒七年十一月癸巳 総一二三〇頁）、独自捐納の実施について、山西（同 光緒五年閏三月巳卯 総七〇三頁）、四川（同 光緒五年十一月辛卯 総八四〇頁）。
(97)『申報』光緒三十四年八月十五・十六日。『大清最新百官録』各部奏准新章。
(98)『清高宗実録』巻千二百六十一 乾隆五十一年閏七月庚寅 第二四冊九六四頁。
(99) 捐納制度が近代中国社会に与えた影響について、狭間直樹［ほか］『データでみる中国近代史』第二章などを参照。なお、官僚制度への影響について、許大齢『清代捐納制度』（『明清史論集』所収）、近藤秀樹「清代の捐納と官僚社会の終末」（『史林』第四六巻第二号 一九六三年三月 八二～一一〇頁、同第三号 一九六三年五月 七七～一〇〇頁、同第四号 一九六三年七月 六〇～八六頁）などを参照。

第五章　清代官僚の昇進人事と捐陞
――捐陞制度の成立を中心に――

はじめに

清朝時代に実施された捐納制度の対象は、簡単に言えば二つあった。一つは、民間人（俊秀）であった。民間人は、捐納制度の規定に従って捐納すれば、監生、官僚の任官資格、虚銜、封典などが得られる。もう一つの対象は、現職の官僚であった。『清史稿』では、官僚による捐納項目について、下記のように説明している。[1]

而職官並得捐陞、改捐、降捐、捐選補各項班次、分発、指省、翎銜、封典、加級、紀録。此外降革留任、離任、原銜、原資、原翎得捐復。坐補原缺、試俸、歴俸、実授、保挙、試用、離任、引見、投供、験看、迴避得捐免。

処分の取り消しに関する「降革留任、離任、原銜、原資、原翎」の捐復は次の第六章で議論することになるが、上記の史料によれば、現職官僚を対象とする捐納項目は計二十一の細目にのぼることが分かる。これらの項目は、昇進を捐納するものもあれば、試用期間を短縮したり、人事手続きを免除したりするためのものもある。要するに、現職の官僚を対象とする捐納は、官僚の人事、端的に言えば官僚の昇進人事を目的とするものであり、捐納項目の数からすれば、民間人を対象とするものよりずっと多かった。

捐納制度についてのこれまでの研究は、主に前者、つまり民間人による捐納であった。現職の官僚が、捐納制度をどのように利用して自身の昇進をはかったか、という問題については、まだ十分に明らかにされていない。その原因の一つは、これまでの清朝時代を含む前近代中国官僚制度研究の現状にあったと思われる。前近代中国官僚制度についての研究では、科挙制度の研究と関連する官僚の採用人事、監察制度の研究と関連する官僚の人事評価などの分野においては、数多くの業績があげられている。しかし、定期的に行われた採用人事と人事評価のほかに、日常的に行われた昇進人事を含む官僚人事行政の諸問題について、あまり研究されてこなかった。

一度採用された官僚が、どのように昇進したのかという問題は、清朝時代を含む前近代中国の官僚制度の実態を把握し、それを理解するためには、避けて通ることができない。その官僚になった人間は、昇進をつねに望んでいることは言うまでもないであろう。国家もその官僚の上司もまた、昇進という道具を利用して、官僚の心を操縦した。この意味で、官僚を如何に昇進させるかは、官僚人事の中心に位置する問題であり、官僚の世界のみならず、社会全体に与えた影響は、けっして無視できるものではない。この問題を探究することを通じて、清朝時代の官僚システムの制度設計と運用に対する認識をより深めることができるほか、官僚を生きている人間として観察し、それを通して前近代中国社会をより的確に把握することもできる。

本章の目的は、清朝時代における官僚の昇進人事にかかわる捐納制度の概要とその運用の実態を解明して、官僚の人事行政に与えた捐納の影響を明らかにするところにある。そのため、本章では、まず清朝時代における官僚昇進人事の制度設計を概観したうえで、官僚昇進人事にかかわる捐納制度の運用を検討してゆきたい。

第一節　清代の官僚昇進制度

一　官僚の任用

清朝時代における官僚の任命を「授」という。官僚の有資格者もしくは現職の官僚は、「授」の方法によって、六つの「班」に分かれている。それはいわゆる「授官之班」のことである。その六つの「班」について、『（嘉慶）欽定大清会典』には、以下の説明がある。(2)

凡授官之班有六。一曰、除班。二曰、補班。三曰、転班。四曰、改班。五曰、陞班。六曰、調班。

その六つの「班」について、『清国行政法』では次のように解説している。(3)

第一　除　「官吏タル資格ヲ有スル者ニ始メテ官ヲ授クルヲ除ト云フ」。

第二　補　「普通ニ補ト云フトキハ補任ノ義ニシテ一般官吏ノ任命ヲ謂フニ外ナラサレトモ時ニ補班ノ場合ニ於テ云フトキハ既ニ官ヲ有スル者ニシテ或ル事故ノ為メニ一時其職務ヲ失ヒタル者カ其事故ノ消滅ト共ニ原衙門に復職シ又ハ他衙門ニ採用セラルルヲ謂フ」

第三　転　「転トハ或ル衙門ノ官吏カ同一衙門内ニ於テ品級同シクシテ格式較高キ官ニ遷任スルヲ謂フ」

第四　改　「改トハ或ル衙門ノ官吏ヲ他ノ衙門ニ於ケル同品級ノ他官ニ遷任スルヲ謂フ」

第五　調　「調トハ一ノ官吏ヲ他ノ地位ニ更換スルノ謂ニシテ、……改ト大差ナシ」
第六　陞　「陞トハ官吏カ年功其他ノ理由ニ因リ一階高キ官ニ進ムヲ謂フ」

要するに、新任者の採用人事に当たる第一の「除」を除くすべての項目は、官僚の人事異動に関するものであり、官僚たちのほとんどは、そうした「補」「転」「改」「調」「陞」によって昇進や横滑りをし、あるいは降格されたのである。

二　官僚の「陞」

(1) 昇進人事の基本原則

清朝時代の初期においては、現職の官僚を昇進させるに際して、まず重要視されるのは、その人物の業績であった。たとえば、順治十五年（一六五八）、それまで外官陞授の規定としての「俸深有薦、無銭糧盗案参罰者」（推薦されて長年にわたって在任し、かつ税収や治安にかかわる事案で罰俸の処分を受けていない者）という優先順位を、以下のように改めた。(4)

第一、「先儘査解逃人、並帯徴銭糧全完、不論俸次即陞、及卓異官」。八旗から逃走した人口（「逃人」）の取締り、かつて徴収できなかった銭糧の全額徴収を果たしたことによって「不論俸次即陞」、つまり任期の長短にかかわることなく、ポストに空きがあればただちに陞任させる資格が与えられた官僚、および大計で「卓異」の評価が受けられた官僚。

第二、「俸満官員内論運完白糧」。任期が満了した官僚のなかでまずは漕糧の運搬任務を果たした者。

第三、「加級紀薦」。「加級紀録」（功績を挙げた官僚に対する奨励）、または「保挙（推薦）」を受けた官僚。

第四、「論俸」。上記以外の任期が満了した官僚。

このような出身の流品や在任期間より業績がまず重視される昇進策は、全国支配を樹立して間もない頃の清朝政府にとって、その支配を安定させるための人事政策と言えよう。こうした業績を重視する昇進人事の基本原則は、その清初特有な「逃人」の問題が沈静化した後も受け継がれていった。

この順治年間に確立した昇進人事の基本原則から、昇進人事の現場に存在する二つの基準が読み取れる。一つは論功で、もう一つは「資考」であった。右記の第一、二、三を含む前者は、期限通りに税金の徴収、逃亡人口の取締りを果たしたり、「黜陟」を定める「京察」「大計」といった定期的に行われた勤務評価に「一等」の評価を受けたりした者であり、彼らは「卓異即陞」の資格を与えられて、在任期間にかかわらず昇進させることができる、という。後者の「資考」とは、「俸序」と呼ばれる在任期間のことである。昇進人事の現場では、極少数の「卓異即陞」、つまり「俸満」を待たずに昇進させるものを除いて、ほとんどの官僚は、ポストに応ずる所定の在任期間を満たせば、はじめて昇進資格が与えられるのであった。[5] この在任期間の計算結果（「論俸」）による昇進人事は、「推陞」、または「論俸推陞」と呼ばれる。つまり、年功序列に基づいて順番に（「推」）昇進させる（「陞」）、ということである。上記の第四は、これに当たる。

(2)「資考」

言うまでもないが、清朝時代においては、一度採用した官僚をさらに昇進させるために、上記の論功と「資考」のほか、「流品」（「正途」か「雑途」）・「身言」（外見での人物評価）・「事故」（服喪や病気療養の期間）など様々な要素も考慮しなければならないとされている。[6] しかし、全国支配をほぼ安定的に確立することにつれて、官僚の昇進人事における「資考」の重要性が次第に上昇した。これは、『銓選則例』などで「流品」などについては原則的な規定しか書かれていないのに対し、「資考」と呼ばれる年功の計算についての規定がかなり綿密に書かれていることに表れている。このようになったのは、昇進人事を行うための序列化の作業に要請された結果であった。多数の官僚を一定の基準に従い序列化しなければ、官僚の昇進人事に際して、一定の客観性と公平性を保つことができないうえ、現場での事務作業も支障が生じ、円滑に進めることができなくなる。このように、数値で表すことのできる資考は業績と同じように、昇進人事をはかる際に昇進資格をもつ者全員を序列化させる有効な指標であった、と言えよう。

「資考」による布政使、按察使以下の地方官の昇進を例に説明する。清朝時代では、これらの地方官の歴俸期間についての規定は次のとおりであった(7)。

外任官即陞卓異者不論俸、餘皆論俸推陞。司道閲俸二年始許陞転、知府以下有辺俸、有腹俸。腹俸三年始許陞転、閲辺俸二年半準三年。辺俸腹俸相等者、先陞辺俸。

つまり業績が卓越しているがゆえにただちに昇進させる「即陞卓異」の者を除く官僚たちの昇進人事の原則は、先に紹介した「論俸推陞」である。すなわち、歴俸期間と呼ばれる在任期間を基準に昇進人事を行うのである。その「陞転」に関する在任期間の規定は、布政使、按察使、道員は一律に「二年」、指定された「辺俸」地域（辺鄙な地域）に在任する知府以下の者は「二年半」、それ以外の「腹俸」地域に在任する知府以下の者は「三年」とされる。言い換えれば、「二年」ないし「三年」にわたって在任することは、彼らにとって「陞転」できる条件あるいは資格である。

皇帝による特命人事（「簡用」といい、総督、巡撫、学政、布政使、按察使などを任命する方法）の人選リストを作成する際にも、「歴俸」と呼ばれる在任期間が重視されていたものであった。一例を挙げよう。

嘉慶二年（一七九七）二月二十三日に、「現任俸深道員」のリストが上奏された。その詳細は以下の通りである。(8)

満州道員

山西帰綏道斉布森（五十一年六月簡放道員歴俸十一年）

湖南辰永沅靖道成寧（五十五年十月簡放道員歴俸七年）

山東済東道阿礼布（五十八年三月簡放道員歴俸四年十個月）

湖北塩法道保定（五十四年十月簡放道員歴俸八年）

漢道員

江南塩法道方昂（五十四年発往江西試用六十年十二月補授道員歴俸二年）

雲南迤南道顔検（五十八年十月簡放道員歴俸四年両箇月）

直隷永定河道喬人傑（五十五年二月簡放道員歴俸七年十個月）

江西吉南贛寧道雷輪（六十年二月簡放道員歴俸二年十個月）

「俸深」とは、在任期間の長いことである。この八名の「俸深」者が現在の道員ポストに登用されたのは、乾隆五十一年（一七八六）から六十年（一七九五）までであった。言い換えれば、この八名の道員がいずれも先に紹介した「閲俸二年」という陞転条件をクリアしたものであった。リストには、個々の登用年月、嘉慶二年に至るまでの「歴俸」期間が書かれている。皇帝による「簡用」は必ずしも「俸深」だけにこだわるわけではないが、(9)「資考」を重んじる吏部にとって、「俸深」ということはその「簡用」の人選リスト作成の重要基準であることが分かる。

このほか、総督や巡撫が外補制の規定に従って採用先のポストを指定して、知府、知州、知県を異動させようとする際についての在任期間の規定は、左記のとおりであった[10]。

凡府州県官閲俸五年以上、始許題陞。三年以上、始許題調。

つまり現職の知府、知州、知県をより上位のポストに「題陞」する条件は、「五年以上」の在任期間であり、彼らを同列のポストに「題調」する条件は、「三年以上」の在任期間であった、という。ここでの「題」とは、外補制による人事異動を皇帝の許可を求めるための題本のことであった。

(3)「資考」の補充規定

以上で紹介したのは一般的な規定であり、「歴俸期間」と呼ばれる在任期間の計算基準や実施方法などについての規定もある。

まずは、「計日扣除」である。官僚の在任期間は、実授した「本任」に着任した日をもってその実際の在任期間を計算する。この意味で、候補官による署理や護理などのような臨時代理は、歴俸期間には算入されないことが分かる。役所の統廃合による失職、先祖代々のお墓の修理による一時離任、父母の死去による服喪、病気療養による離任の期間、すなわち「事故」による離任の期間は、在任期間の計算から除外される。「革職留任」の処分を受けてから、処分取り消しの開復に至るまでの期間も計算から除外される。これが、いわゆる「計日扣除」、つまり日割り計算であった。但し、以上のようなケースでは、離任以前もしくは処分される以前の在任期間（「前俸」）は、職務復帰もしくは処分取り消し後の在任期間と一緒に計算することができる。言い換えれば、ポストごとに在任期間を計算するのではなく、任地の異なる同じポスト、たとえば、A県の知県とB県の知県に在任する期間を合算するのである。これに対し、一度革職された「廃員」が、皇帝の特別許可を得て起用されても、革職以前の在任期間は、計算の対象ではない、とされている[11]。

次には、特別地域への配慮である。先に紹介したが、知府以下の地方官は在任「三年」ないし「二年半」になって、はじめて「陞転」の資格を得られる。ここの「陞転」とは、「陞」(「一階高キ官ニ進ム」こと)と「転」(「同一衙門内ニ於テ品級同シクシテ格式較高キ官ニ遷任スル」こと)、すなわち通常の昇進人事によるものである[12]。ところが、沿海や沿河(黄河、揚子江、大運河沿い)、および「辺俸」の指定を受けた地域の地方官に限って、「即用」というただちに登用する優遇措置が講じられた。たとえば、康熙三十三年(一六九四)、「台湾各官」に対し、「三年俸満」の際に職責を果たしえた(「称職」)のであれば、「陞すべき缺をもってただちに登用する(「以応陞之缺即用」)との規定が設けられた[13]。雍正元年(一七二三)、河南・山東・江南の沿河州県の地方官に対し、堤防の決壊や「国帑」の浪費がなければ、「三年俸満」してただちに昇進させる、との制度が実施された[14]。類似の規定は沿海州県にもあった。雍正二年(一七二四)、江南・浙江・山東・広東の四十七の沿海州県地方官に対し、三年を期に「緝盗安民」の行政ができれば、地方督撫による「保題」を経て、ただちに昇進させる制度が設けられた。乾隆十九年(一七五四)になって、その制度の適用範囲はさらに福建の沿海州県までに拡大された[15]、という。

要するに、「歴俸期間」(「食俸期間」ともいう)とは、官僚の年功を計算する基準であり、言い換えれば官僚を序列化し昇進させる重要な判断要素であった。

三　「応陞之缺」と『品級考』

以上の紹介では、「陞転」「題陞」などの専門用語に触れている。その「陞」とは、「応陞之缺」、すなわち「陞すべきポスト」への昇進、陞任を意味するものである。清朝時代においては、すべての官僚は、現在のポストに応じて、それぞれ「応陞之缺」があった。それは、現在のポストに対して、さらに昇進できるポストのことである。皇帝の特別な配慮による昇進人事を除いて、通常の人事においては、「応陞之缺」を無視して、官僚の昇進を恣意にすることはできない。その「応陞之缺」を規定して記録するものは、『品級考』である。

『品級考』は、国家文官のあらゆるポストを官品ごとに記録するほか、それぞれのポストの「由」と「陞」のポストを規定するものであった。ここの「由」のポストとは、某ポストの登用対象ポストのことで、「陞」のポストとは、某ポストよりさらに昇進できるポストである。なお、この『品級考』は、官品の変化やポストの調整に応じて絶えず改定された。そのため、『品級考』とは、確かにつまらない書物ではあるが、前近代中国の国家人事制度について最も基本なガイドブックと言っても過言ではないだろう。

知府を例に『品級考』の内容とその改定を説明する。

a【雍正】

正四品

知府

由　各部郎中　順天府奉天府治中　塩運司運同　府同知任陞

陞　各省塩運使　按察司副使

b【乾隆】

従四品

各省知府

由　各部郎中　各部員外郎　順天府治中　奉天府治中　塩運司運同　府同知任陞

陞　各省塩運使　各省道員

c【道光】
従四品
各省知府
由　各道監察御史　各部郎中　順天府治中　奉天府治中　塩運司運同　府同知　直隷州知州任陞
陞　各省塩運使　各省道員

d【光緒】
従四品
各省知府
由　各道監察御史　各部郎中　順天府治中　塩運司運同　府同知　直隷州知州任陞
陞　各省塩運使　各省道員

前述のa、b、c、dは、それぞれ雍正、乾隆、道光、光緒年間に編纂された漢官の『品級考』に見られる知府ポストの関係規定であった。aでは、正四品の知府に昇進しうるのは、各部郎中をはじめとする四種類のポストに在任する者であり、知府よりさらに昇進しうるのは、「各省塩運使」と「按察司副使」の二種類のポストであった。これによれば、通常の昇進人事に際して、各部郎中、順天府奉天府治中、塩運司運同、府同知というポスト以外の者は、通常の昇進人事で知府に昇進すること、および知府は各省の塩運使と按察使副使以外のポストに昇進することは、ほぼ不可能と言ってよい。bとcとdでは、「由」と「陞」のポストが調整された[16]。他のポストについての記述もほぼこのようなものである。このように、官僚の昇進ルートが固定されたことによって、現場での恣意的な行為を最小限に抑えようとする国家人事制度の精神を見出すことができる。

『品級考』という類の書物はいつから刊行されたかはまだわかっていない。管見の限り、現存する最も古いものは、明代万暦二十年（一五四二）、劉光霖らが編纂したとされる『品級考』である。[17] 清朝時代に入ったあと、数回にわたり改訂され、版を重ねていた。[18] これは、前近代の中国の官僚、および彼らの周辺に活動する捐納の代行業者に至るまでのさまざまな者にとって、どのような昇進ルートが用意されているのかを調べるために、手放せない書物であった。利用者は、現在のポストをもとに、将来にどのルートに沿ってどのポストに昇進できるか、すなわち昇進コースを事前に知ることができる。言い換えれば、「応陞之缺」と聞いた前近代中国の官僚たちと関係者のなかでは、その意味を理解しない者はほとんどいなかったであろう。

一方、『品級考』という書物は、使い方によって別の役割もあった。たとえば、知県の昇進ルートとして、編纂年代不同の『品級考』には六部主事や知州など十四ないし十八種が記されている。官僚稼業の中で貧しいという定評のあった京官の六部主事に昇進するよりは、父母官として「尊敬」され、税収と治安の二大権限をもつ知州に昇進したほうがいい。このように、現職の官僚にとって、『品級考』に記載されている昇進ルートを見れば、自分にとって一番有利なルートを選んで、その方向に進むことができるために、就任したくないポストを避ける事前工作をすることもありえた。捐納制度を利用して、時にわざと現在のポストより低いとはいえ、よりよい将来を期待できそうなポストを選んで捐納する（「降捐」）一因は、ここにあった。この意味で『品級考』は、官僚稼業の指南書とも言えよう。

四　月選での昇進

(1)「分缺」とその原則──「二八分缺」

「卓異即用」を除いて、「論俸推陞」を待つ官僚のほとんどは、毎月のように行われる月選の際にその昇進が決められる。その月選で銓選されるのは、推陞を待つ現職官僚のほかに、新規採用を待つ候選官やさまざまな理由で再任を待つ候補官などもいるので、そのバランスをとることができなければ、誰かがなかなか登用されないという「壅滞」が発生してしまう恐れがある。そのため、月選で銓選される官僚の状況に応じる形で、月選されるポストの分類と割合が予め決められる。これを「分缺」という。つまり、月選される銓選対象としての各ポスト（「缺」）について、これを事前に候選者の類別（たとえば、新規採用予定者の進士挙人、任期満了して昇進を待つ者）ごとに登用者数を分配する（「分」）ことである。つまり、新規採用予定者を登用するためのポストは、推陞を待つ者を以て登用することができないのに対し、新規採用予定者も、昇進人事専用のポストで登用することができない、という。

大選の推陞に際して、康熙五年（一六六六）三月より「二八分缺」という原則が確立された。その内容は以下の通りである。[19]

双月大選推陞、如有十缺、二缺推陞見任二人、八缺大選。五缺以上、推陞一人、餘帰大選。如大選人不足、即帰推陞。

凡双月補授各項官員缺、倶按二八分缺。一月並出十缺、将初授大選之人補授八員、見任之官、推陞二員。如出五缺、将大選之人補授四員、推陞官補授一員。如不及五缺、倶帰大選。

ここでいう「双月大選」とは、二・四・六・八・十・十二という偶数の月に行われる「双月陞選」の別称である。これを「大選」ともいう。その「陞選」とは、官僚の昇進人事を意味するものである。

明清中国の官僚人事制度においては、推陞は「双月」にしか行われなかった。上記の規定によれば、その推陞に際して、銓選ポストが二対八の割合で分配されていたことが分かる。つまり、十の銓選ポストのうち、二つのポストは「推陞」、つまり昇進人事のための専用ポストであり、八つのポストはそれ以外の者（「初授大選之人」）の登用に充てられる、とされている。その銓選の順番については、まず「初授大選之人」で、その次は「見任之官」であり、五つの銓選ポストがあれば、そのうちの四つは、「大選之人」を以て登用したのち、「推陞官」一人を登用するのである。なお、大選の人数が不足することによって、残りの八つのポストはすべて使えきれない場合、推陞用のポストに転用することが許される、という。

その後、一ヶ月間に銓選されるポストは二、三しかなく、規定によりほとんど「大選之人」を登用したため、「推陞之官」を登用できず、「壅滞」が発生してしまった（「一月所出不過二三缺、俱補大選之人、以致推陞之官壅滞」）という。これを受けて、「二八分缺」という原則のもとで「推陞大選彙算分缺」の改善策が康熙九年（一六七〇）に決定された。その改善策は、月ごとに銓選ポストを計算することを改めて、月を画することなく銓選ポストを計算することにした。つまりポストに空きがあれば、とりあえず「大選之人」「四員」を以て「補授」して、その後、「推陞之人」「一員」を補授する（「不論一月十缺五缺並出、将大選之人補授四員満日、即将推陞之人補授一員。照此上月下月之缺一並彙算補授、推陞之官壅滞可以疏通」）のである[20]。

その後、「二八分缺」の規定が細分化され、ポストごとに定められるようになった。知県ポストを例に説明する。

康熙二十三年（一六八四）、吏部の提案で「知県分缺之法」が決定された[21]。

嗣後、如知県出有十缺、除推陞二員外、其大選八缺内、将進士選授二缺、貴州捐納即用知県一缺、雲南捐納知県一缺、其長沙等処捐納知県、俱為数較少、応令其輪班選授一缺、挙人貢監以知県用者員数甚多、選授三缺。

つまり、双月大選の知県銓選に際して、十のポストのうち、推陞専用ポストは二、捐納出身者専用ポストは五、挙人と貢監の出身者専用ポストは三、という分配原則であった。この十のポストは、一度の銓選で登用できるだろうと想定した一つの銓選グループであり、通常、「班」と呼ばれていた。その後、双月大選の「知県班」の構成人数は次第に増え、康熙四十二年（一七〇三）になって、その銓選グループの構成員は十七名までに増加した。(22)この増加に応じて、分缺の規定も改定されることになった。それは、推陞用月選ポストを一律に「二」と定められていたことを廃止し、代わりにポストごとに「分缺」の割合を決定したのである。たとえば、双月大選のとき、道員ポストの「分缺」は、「陞用二」と「捐納二」であった。その「陞用」とは、昇進人事専用の銓選ポストである。知県の場合では、十七の候選者からなる一「班」のなかに、推陞専用の銓選ポストは三つであった、という。(23)このように、従来の「二八分缺」に比べて、月選の規定がより細分化されるようになったが、推陞専用銓選ポストが少数にとどまる状況は変わらなかった。

（2）月選の現場

以上の説明から、昇進人事のために使えるポストが比較的に少ないことを窺うことができる。言い換えれば、清朝人事政策の方針は、新規採用者の登用を優先して、昇進人事を軽視するものとも考えられよう。以下に述べるように、昇進人事の具体的な規定からもこの方針を窺うことができる。ここでは、知県に昇進する教職官僚の例を挙げて説明する。

『品級考』の規定によれば、知県に昇進できるポストには、京府教授、外府衛教授、都司教授、塩運司教授、州学正、県教諭などの教職があった。(24)教職官僚の「俸満」は六年であるため、上記のポストで勤めて満六年になった者は、大した過失でもなければ、知県への昇進ができるようになる。但し、毎月の月選で知県のポストに充てられる二十三ないし二十四の缺に対し、「俸満教職」の者のために用意されていたのはわずか二つないし四つしかなかった。(25) これらの数字は、あくまで一つの目安に過ぎず、必ずその数通りの「俸満教職」の者が知県に昇進できるものではなかった。

吏部は、月選に際して、知県に昇進すべきその二名ないし四名の「俸満教職」者のリストを事前に作成しなければならないとされる。それは、雍正十年（一七三二）の規定に基づいて、吏部は、全国の「応陞知県」の教職官僚などのなかから、「参罰案件」のない「俸次最深」の者など二十名を「予行截取」して、月選に備えた、という。(26) この「俸次最深」という規定から、推陞できるのはそれまで在職期間の最も長い官僚であることが分かる。

一例を挙げよう。福建省泉州府晋江県籍の李倪昱は、康熙五十九年（一七二〇）で挙人に合格して、雍正七年（一七二九）に福建省台湾府諸羅県の県学教諭に登用された。雍正十一年（一七三三）四月、俸満した彼はその「双月陞選」で江南松江府青浦県の知県に昇進されることになった。彼が、雍正十一年四月の月選官リストに載せられたのは、言うまでもなく上記の「予行截取」によるものであった。(27)

但し、月選の関係規定と『品級考』を対照しながら見れば、推陞での昇進を望んでいる者にとって、これによって与えられる昇進のチャンスは非常に少なかったことが分かる。まず何より、月選で「推陞」や「俸満教職」などの昇進有資格者のために用意された缺が少なかった。知県の月選をもう一度見てみよう。(28) 清末、知県銓選予定の年間二百八十四の缺のうち、推陞などの昇進待ちの者に提供しうるのは四十八の缺しかなかった。次には、昇進のチャンスが少ないのに対し、『品級考』で規定される昇進のルートがあまりにも多かった。つまり、狭い出口（昇進のチャンス）に対し、入口（昇進ルート）があまりに広すぎる。たとえば、光緒年間、「俸満」によって知県に昇進できる資格を与えられるのは以下の二十三のポストである。

兵馬司副指揮　京県県丞　漢軍七品筆帖式　京府経歴
按察司経歴　布政司都事　塩運司経歴　直隷州州判
州判　按察司知事　外府経歴　外県県丞　京府教授
四氏学教授　外府教授　同知教授　州学正　県教諭
布政司庫大使　塩運司庫大使　塩道庫大使　塩課司大使
批験所大使

すなわち、進士や挙人などの新規採用者を除いて、その二十三のポストで「俸満」した者は、誰しも知県に「推陞」することができる、という。ちなみに、この二十三のポストにかかわる官僚の人数は二千を超えている。言い換えれば、人数を予測できない新規の進士や挙人を除いても、九百三十六とされる知県の月選缺に推陞しうる官僚の人数は、少なくとも二千以上にのぼることが分かる。さらに、その九百三十六とされる知県の月選缺の大部分が、地方督撫によって「扣除」されて「外補」に回されたことを含めて考えれば、「推陞」はいっそう難しくなったことが察知されよう(29)。

このようなことは、知県への昇進以外でも同じであった。先に紹介したように、知県は三年ないし五年の在任期間を満たせば、昇進する権利を得られるが、実際に推陞によって昇進されることは非常に難しかった。たとえば、河南省帰徳府鹿邑県籍の王樹棻は、道光九年（一八二九）に生まれ、咸豊二年（一八五二）で挙人に合格したあと、同治元年（一八六二）での大挑を経て江蘇省で知県の任官資格を得た。その後、彼は江蘇省でいくつかの県の知県を歴任して、光緒九年（一八八三）から江蘇省蘇州府長洲県の知県になって、光緒十六年（一八九〇）に「俸満」した。しかし、知府への昇進が約束されたものの、光緒十八年（一八九二）七月に、彼は北京での引見を終え、任地の長洲県に戻って「在任」のままで知府を候選していた、という。彼の経歴を見れば分かるように、同治元年から光緒十八年に至るまでの三十年の間、王樹棻は、最初の「署理」を除いて、江蘇省で本任の知県として二十数年にわたって務めていた。この間、王樹棻は、三回にわたって「保挙」され、大計と俸満でいずれも「卓異」の評価を受けたにもかかわらず、ずっと知県のポストにとどまり、昇進しなかった。(30)

このように三十年近くずっと同じ品級のポストにとどまっていたことは清末だけのことではなかった。雍正七年（一七二九）二月十六日、四川按察使呂耀曾は、四川省の「州県」や「雑職」のなかで「才幹優長者」が「資格に循って陞遷すれば」、二、三十年をかけても昇進することができない、と上奏して報告した。(31)乾隆三十六年（一七七一）で挙人に合格した陳廷献は、進士になるための会試に十回にわたって挑戦して成功しなかった。その後、彼は、選ばれて浙江省金華府蘭谿県の教諭を務めた。彼は、そこで三十年間務めて、数度の「俸満」を迎えたのち、八十歳になってようやく「国子監典籍」に推陞された、という。(32)

この王樹棻と陳廷献の事例から、俸満による推陞はけっして容易なことではない、ということが分かる。その根本的な原因は、いうまでもなく「官多缺少」、つまりポストが相対的に少ないのに対し、官僚ないし任官の有資格者の人数はあまりにも多かった、というところにあるが、新規採用より昇進人事を軽視した清朝人事政策の方針もその一因であったと言えよう。

以下では、清代国家が官僚たちを昇進させるもう一つの方法、つまり捐陞の検討に入ることにしたい。

第二節　清代における捐陞の開始

一　清代以前の捐陞

捐陞とは、現職の官僚が国家の規定に従い捐納することによって昇進することである。分かりやすく言えば、通常の人事制度による昇進に比べて、捐陞は財力を使ってより速く昇進しうる制度である。

清代になるまでは、捐陞という用語はなかったが、財力による昇進はあった。たとえば、金宣宗貞祐二年（一二一四）、金王朝は「権宜鬻恩例格」を制定して実施した。官僚は、この「格」に従い「進官陞職」をすることができた、という。(33) 明代においては、捐陞が国家の一政策として実際に実施された。

「土木の変」が発生したあとの緊急局面に対応するために、明朝政府は景泰元年（一四五〇）より、捐納者に「冠帯」を与える、および捐納による処分の取り消しなどを含む一連の捐納措置を打ち出して実施した。(34) 景泰二年（一四五一）正月初七日、明朝政府は、これまで実施してきた捐納措置をさらに拡大する案を検討して公表した。捐陞について、この案は、文職官僚の「納糧陞授」を従来通り禁止する一方、武職の「納糧陞授」を許可することになった。詳細は**表-5-1**を参照されたい。

このように、軍の組織を管轄する衛のナンバー・ワンだった指揮使（正三品）を除いて、衛に所属する百戸（正六品）以上の武職官僚のすべては、所定額の「米豆」を納めれば、それぞれ「一級」を「陞」することができた。上記の表を見れば分かるように、衛のナンバー・ツーだった指揮同知（従三品）は五百石の「米豆」を供出

表-5-1　景泰二年武職納糧陞授

報捐者身分	報捐基準	報捐項目
正千戸~指揮同知	米豆五〇〇石	「陞一級」
副千戸以下	米豆三〇〇石	
総旗	米豆四〇〇石	「試百戸」
小旗	米豆四五〇石	

史料出典：『明英宗実録』巻二百 景泰二年春正月丁未 四二四八頁。

すれば、衛の長官だった指揮使の地位までに上りつめることができたのである。

こうした武職捐陞に対して、明朝政府は、時には一定の制限を講じていた。たとえば、成化二十二年（一四八六）三月、保定中衛指揮使で大寧都指揮僉事の「職銜」を捐納した常珍がその虚銜であることに満足せず、大寧都司での任用を求めたのに対し、兵部は、都司が「方面重職」であるため、「軍功」がなければ陞任することができない、と反対の意見を具申した。皇帝も兵部の見解を支持した、という[35]。この事例からは、明朝政府は、一省の軍事行政を担当する都司（都指揮使司）ポストの捐納に対しては、許可しない方針をとっていたことが読み取れよう。

このような制限と同じように、明朝政府はその財政難を克服するために、「開納事例」を何度も実施した。しかし、それらの「開納事例」の内容には、民間人による国子監生資格・武職ポスト・虚銜の捐納、および胥吏による任官資格の捐納などがあったが、現職文官による捐陞はそのなかに含まれていなかった。このように、清朝時代になるまでは、捐陞は、国家が財政上の特定時期において実施した限定的な政策であったことが分かる。そストであった。

の捐陞政策の適用対象も、前近代中国の国家支配の根幹にかかわる文職官僚を除く武職官僚のなかにある低いポストであった。

二　現職文官捐陞の開始

清朝による中国の全国支配が確立された後のかなり早い時期の順治六年（一六四九）より、清朝政府は、監生の捐納を実施したが[36]、康熙十四年（一六七五）に至るまでは、監生・生員・加級・紀録・虚銜などの捐納があったものの、実官の捐納が実施されることはなかった[37]。このなかに、加級・紀録は、現職官僚の昇進に大きく関係する項目ではあるが、現職官僚は、より上位のポストを捐納して昇進することができなかった[38]。三藩の乱が勃発したことを受けて、莫大な軍事費の調達に追われた清朝政府は康熙十四年に、それまでの最大規模の捐納、通称「乙卯捐例」を実施した。

この「乙卯捐例」には、計二十五の捐納項目があり、革職処分を受けた官僚の捐復、および学位を剥奪された進士挙人らの身分復帰、貢生監生および候選官の実官登用資格の捐納などが含まれているほか、現職官僚による捐陞の規定もあった[39]。それは以下のようなものである。

正途知州歴俸五年、捐一千両、以同知先陞。知県亦照此、以評博中行録用。

つまり正途出身で歴俸五年の知州は、銀千両を捐納すれば、同知ポストへの昇進優先権を得られるのである。これと同じように、正途出身で歴俸五年の知県は、銀千両を捐納することによって、「中（内閣中書）行（行人司行人）評（大理寺評事）博（大常寺博士）」といったポストに昇進する権利を得られる、という。具体的な時期は分からないが、おそらくこの「乙卯事例」が実施させた前後、「三年俸満」をして、「参罰」されたことのない知県は、上記の捐納基準を倍に、二千両を捐納すれば、「俸満五年」の知県と同じように、中行評博といったポストに昇進する優先権を得られた、という。(40)

このように、知州と知県という二つのポストに限定する捐陞ではあったが、これは清朝時代においてのはじめての捐陞であったのみならず、明朝時代以来、武職に限定された捐陞規定を突破して、はじめて文職官僚までに拡大されることになった。

それ以後、現職官僚の捐陞は次第に拡大されていった。康熙十九年（一六八〇）、三藩の乱が終結に向かうにつれて、「各路兵馬」は貴州省に雲集した。これを受けて、清朝政府は、貴州巡撫楊雍建の提案を受け入れ、「急需」である軍事費を調達するための「貴州捐納事例」を実施した。(41)

官僚の捐陞については、「貴州捐納事例」は上記の康熙十四年の「乙卯捐例」を継承しながら、その規定をいっそう緩和した。たとえば、「俸満五年」の知県は、「米三百二十石」もしくは「草二万二千四百束」を捐納すれば、従来通りの「中行評博」に昇進する優先権を得られるほか、さらに同知・運副・知州への昇進優先権を加えられた。「俸満三年」の知県は、上記の基準の倍を捐納すれば、「俸満五年」の知県と同じような昇進優先権を入手することができた、という。その後の康熙二十年（一六八一）、「雲南捐納事例」が実施される際に、この「貴州捐納事例」の規定はそのまま踏襲された。(42)

康熙三十一年（一六九二）に実施された「西安捐納事例」では、捐陞の適用範囲をそれまでの知州や知県より、「歴俸三年」をして「銭糧盗案」のない現職の州同、州判、県丞、運判、通判、司府衛の首領官および教職までに拡大されることになった。これらの佐貳官、首領官および教職の官僚たちは、所定の基準に従い捐納すれば、それぞれ「応陞之缺」を以て昇進させる、とされている。康熙五十四年（一七一五）の「甘粛軍需捐例」にも同じような規定があった。(43)

「俸満〇年」という在職期間を限定する捐陞が存在する一方、それをまったく問わない捐陞もあった。たとえば、康熙四十五年（一七〇六）に実施された「捐馬事例」では、「見任知府」をはじめさまざまなポストに在職する文官は、より上位のポストの任官資格を捐納によって得られる一方、在職期間といった条件がまったく含まれていなかった[44]。その規定の一部は**表-5-2**を参照されたい。

表のなかにある「応陞」とは、『品級考』に記される通りに上位のポストに採用されるべきことを意味するので、「即用」「先用」とは、候選の優先順位を示すものであり、後になって「花様」と呼ばれるものである。一般論として、「即用」とは、「遇缺即用」のことで、登用すべきポストに空きがあれば、「単月急選」と「双月大選」を問わず、適格者をただちに登用するとのことであった[45]。たとえば、現職の知州あるいは知県は、馬四十匹を捐納すれば、同知に昇進する優先権を得られ、そのポストに空きがあればただちに登用される権利も得られたのである。「先用」とは、この「即用」に次ぐ銓選優先権であった。

康熙五十六年（一七一七）に実施された「甘粛湖灘河所捐例」になって、「歴俸〇年」の条件が捐納項目から消え、「不論年俸」という規定のもとで現任の知府、同知、運判、知州、州同、州判、知県、県丞等は、いずれも所定の基準通り捐納すれば、「応陞之缺」もしくは知府、知州、知県などといったポストに昇進できる、とされた[46]。

表-5-2　康熙四十五年捐馬事例現職文官捐陞

報捐者身分	捐陞項目	捐納基準（馬・匹）
知府	応陞即用	八〇
員外郎	知府先用	六〇
主事	郎中遇缺即用	四五
内閣中書	応陞先用	四〇
知州・知県	同知即用	
通判	応陞先用	
同知・知州	員外郎即用	
知県	離任主事先用	
布政司経歴	知州即用	
知県	京府通判	三〇

史料出典：（清）鄂海『六部則例全書』戸部則例　巻下　捐叙　捐馬事例　一〇一　a～b頁。

三　候選文官捐陞の登場

康熙十四年に実施された「乙卯捐例」には、上記の現職文官による捐陞のほか、任官資格をすでに持っていて、吏部の銓選を待つ候選官の登用捐納もあった。普通、候選官とは、その資格に応じて相応しいポストに登用されることを吏部で待つ者のことであるから、任官資格を有しながらも、現職の官僚とは言えない「官」であった。

この意味からすれば、現職ではない彼らは、そもそも捐陞とは無縁の存在であった。しかし、捐納による財政収入を増やすために、捐陞の適用範囲は最初から彼らまでをも含めていた。

「乙卯捐例」には、州同、州判、県丞、経歴を候選している者に対し、銀千両を捐納することを条件に、知県のポストで採用される資格を与えること、より早く銓選される「先用」という優先権を銀千五百で捐納して取得できること、などの規定がある。(47) この規定によれば、州同、州判、県丞、経歴としての登用を待っている候選官は、銀千両ないし千五百両を捐納すれば、本来採用されるべきそれらのポストを飛ばして、より上位の知県までに昇進することができるようになったことが分かる。この人事行政のルールをまったく無視するような捐納政策は、より速い昇進ができるものとして、利用者側から歓迎された。それを受けて、立案者側もそれをしばしば実施することにした。

康熙三十一年（一六九二）の「西安捐納事例」では、「未任」の「中行評博」は、「米七百五十石」を捐納すれば、「応陞之缺」を以て選用する、との規定があった。(48) 康熙四十五年の「捐馬事例」が実施される際に、候選および候補をしている主事、中行評博、知県、知府、州同、通判などの者は、いずれも規定によって捐陞することができた。(49) たとえば、候選の中行評博が「馬百匹」で「知府即用」、「馬四十」で「員外郎先用」の資格を獲得することができた、という。

四　現職文官の捐免保挙

康熙三十年（一六九一）二月、清朝政府は、「大同張家口捐納事例」を実施した。この事例のなかに現職官僚の捐陞はなかったが、保挙の捐免がはじめて捐納項目に含まれた。(50) それまでは、道員から州県の佐貳官までの官僚が京官や正印官へ昇進する場合、上官による保挙が条件とされていた。しかし、この「大同張家口捐納事例」では、上官による保挙が捐納で免除されることになった。詳細は以下のようなものである（表-5-3）。

表-5-3　康熙三十年大同張家口捐納事例捐免保挙

報捐者身分	報捐基準		
	米（石）	豆（石）	草（束）
道員	一二〇〇	七〇〇	三万一〇〇〇
知府	一〇〇〇	六〇〇	二万五〇〇〇
同知・運同	七〇〇	四〇〇	一万八〇〇〇
主事・知州・知県	五〇〇	三〇〇	一万二〇〇〇
運判・通判・中行評博	二五〇	一五〇	六〇〇〇*
司府経歴・州県佐貳	一二〇	七〇	三〇〇〇

史料出典：（清）鄂海『六部則例全書』戸部則例　巻下　捐叙　大同張家口捐納事例　八六b～八七a頁。
*史料原文は「千二百束」としているが、前後の文脈から「六千束」に改めた。

保挙捐免そのものは捐陞ではないが、しかし、官僚昇進人事の重要な手続きの一つとしての保挙が捐免されることによって、官僚の人事行政に対してかなり大きな影響を与えたに違いない。この年、中央官僚を中心に保挙の捐免をめぐる大議論が行われ、結局、捐納による保挙の免除は、捐納の一項目として確立することとなった[51]。保挙の捐納に強く反対した陸隴其が、その議論によって監察御史の職を失ったことは周知の通りである[52]。

以上で見られるように、康熙年間においては、現職および候選文官の捐陞は、ほかの捐納項目と同じように統一規定がなく、その時その場の需要に応じて捐納の条件と基準を決めることにしていた。この意味で、少なくとも康熙年間においては、捐陞はその時の需要を満足させるための臨時的「政策」に過ぎず、常時にわたって実施されるある程度固定化された「制度」ではなかった。

第三節　清代における捐陞制度の成立

一　川運事例の実施

雍正五年（一七二七）、土地開墾を名目に実施された「営田事例」では、道員と知府のポストへの捐納および捐陞がないが、それより低いポストの捐納と捐陞が実施された。たとえば、現職の知県は、土地を十八頃開墾すれば、同知や員外郎の「即用」資格を与える、とされる[53]。

乾隆九年（一七四四）五月、直隷地域で発生した水害の災害対策の一環として実施された「直賑事例」のなかに、「中行評博」以下の京官、同知以下の外官について、捐納または捐陞する規定があった[54]。乾隆十三年（一七四八）頃、山東省での災害救助のための「東賑事例」が実施され、雍正以来停止された正印官の捐納が再開し、外官の道員、知府、京官の郎中への捐納と捐陞ができるようになった[55]。ここまで来て、清代捐納制度における実官の捐納規定、つまり外官は「道（員）（知）府」以下、京官は郎中以下の捐納制限範囲がほぼできたと言える。この規定は、清末まで受け継がれた。

乾隆三十九年（一七七四）、金川での軍事行動を支える軍事費を調達するために、大規模な「川運事例」（「川運例」または「川運軍糧事例」ともいう）が実施されることになった。乾隆四十一年（一七七六）までに実施した「報捐銀数、核議最為詳盡」（報捐基準額は最も詳細）としてのこの事例は、これまでの捐納規定を集大成するものであり、捐納の項目から捐納の基準に至るまでその後の捐納制度にとって手本のような存在であった。(56) この意味で、清朝における捐陞は、「川運事例」が実施されることを期に制度として確立されるようになったと考えられる。

二　「川運事例」の捐陞規定

「川運事例」は、上記の捐納制限範囲を踏まえたうえ、さらに『品級考』の規定に従い、「応陞之項」しか捐陞できない原則が成立した。以下では、知府の捐陞を例に説明する（表-5-4）。

表のなかにある一番から九番までは、現職もしくは候補・候選の官僚などによる知府ポストの任官資格を入手するための捐陞基準である。言い換えれば、捐納に必要な最低金額である。たとえば、現職の直隷州知州は、銀三千六百四十両で知府の任官資格を得られるのに対し、直隷州知州の候補や候選をする者は、銀四千八百四十両を捐納してはじめて現職の者と同じような任官資格を入手できる、という。ここで注意してもらいたいのは、一番から九番までの捐納をして知府ポストの任官資格しか得られない、ということである。それを捐納した者は、実際に銓選に参加したい場合、さらに上記十番から十二番の捐納をしなければならないとされる。それは「三班加捐」という銓選の参加権と優先順位を捐納するものであった。(57) たとえば、現職の直隷州知州は、知府の任官資格を捐納するほか、その任官資格をなるべくはやく現実のものにしたい、つまり名実ともに知府の権力を実際に行使できる実職の知府になりたいのであれば、一番早く銓選される「不論双単月即用」までの、セットされた「三班」（十番、十一番、十二番の合計）を捐納しなければならない、とされている。このように、現職直隷州知州による知府の任官資格、および知府のポストに空きがあれば、即時に登用する「即用」資格の捐納金額は、銀三千六百四十+千百+千百+千百両、計銀六千九百四十両であった。

表-5-4　乾隆三十九年川運事例知府捐陞表

番号	報捐者身分	報捐基準（銀・両）
一	正途出身捐職知府*	一万三〇〇
二	現任郎中	二三〇〇
三	候補候選郎中	二七〇〇
四	現任員外郎・内閣侍読**	三三〇〇
五	候補候選員外郎・内閣侍読**	五三〇〇
六	現任直隷州知州	三六四〇
七	候補候選直隷州知州	四八四〇
八	現任治中・同知	四五〇〇
九	候補候選治中・同知	六四八〇
十	本班先用	一一〇〇
十一	単月即用	一一〇〇
十二	不論双月単月即用	一一〇〇

史料出典：『川楚善後籌備事例』満漢在外文職各官 知府 一b～二b頁。許大齢『清代捐納制度』一一一頁を参照。

＊ここの「捐職」とは、捐納して入手した、名誉職として実際に職務を行使できない「職銜」または「虚銜」である。捐納の値段も安い。彼らが、「選用」されることを希望すれば、さらに「本職一成」、すなわち任官資格捐陞基準の一割を増して捐納しなければならない、とされる。

＊＊乾隆十八年以後刊行した『(乾隆) 銓選漢官品級考』によれば、知府の「応陞之缺」のなかに「内閣侍読」がなかったことが分かる。ここではなぜ「内閣侍読」が含まれているかについては、さらに調べる必要がある。

以上で説明した知府捐陞の規定から分かるように、知府を捐陞できるのは、原則としてあくまで一番から九番までの現職、および知府の候補候選資格をもつ者とされる。この捐陞範囲の制限は、基本的には『品級考』によるものであり、つまり知府に昇進できる「官」は、そもそもこれらに限られているからである。但し、それ以外の「官」による知府を捐陞する道が塞がれるというわけではない。『品級考』に載せている昇進ルート、または捐納規定を参照すれば、「遞捐」の方法、つまり段階的に捐納することを通して、上記一番から九番以外の者も知府までに捐陞することができる。たとえば、現職の知県は、そのまま知府を捐納することができないが、直隷州知州を捐納することができる。そこは、現職の知県は、知県→直隷州知州→知府という迂回ルートをたどって、まず直隷州知州の任官資格と銓選の「三班」を銀二千八百四十五+七百+七百+七百=四千九百四十五両で捐納取得して、今度は直隷州知州の名義で先の方法に従って銀六千九百四十両を捐納すれば、合計銀一万千八百八十五両で知府の任官資格および銓選の優先順位を入手することができる。(58)

三　「川運事例」の銓選規定

「川運事例」は銓選の原則について、従来の「四新一旧」を継承した。(59) その「四新一旧」とは、「川運事例」で新たに捐納した者四人を登用してから、それ以前に実施した捐納事例で捐納した者一人を登用する、ということであった。

「川運事例」が始まった乾隆三十九年（一七七四）の時点では、それまでに九つの「旧」の捐納事例で捐納して銓選されなかった者が少なからず存在している。それらの名称と開始年代は以下の通りである。(60)

宮田事例　　雍正五年（一七二七）
戸部糧運事例　　雍正十二年（一七三四）

楽善好施例　　乾隆七年（一七四二）
直賑事例　　乾隆九年（一七四四）
新江賑例　　乾隆十一年（一七四六）
金川運米事例　　乾隆十三年（一七四八）
東賑事例　　乾隆十三年（一七四八）
河工事例　　乾隆十九年（一七五四）
豫工事例　　乾隆二十六年（一七六一）

銓選順番の詳細は分からないが、それ以後の捐納者銓選の規定に照らして考えれば、捐納出身者を登用するために用意された四つの月選ポストの分配方法はおそらく**表-5-5**のようなものである。

以上の説明から分かるように、「川運事例」が実施された乾隆三十九年（一七七四）の時点では、四十七年前の雍正五年（一七二七）の「営田事例」で実官の捐納または捐陞をして、ずっと銓選を待っている者がいた。**表-5-5**で示される銓選の順番からすれば、「営田事例」未登用捐納者の序列第一位の人が「川運事例」のもとで最速で登用されるのは、捐納出身者が専用「分缺」の第四十五番目の空きポストがあってからのことである。このように、捐陞者は捐納で自分の官としての品級を上昇させることは実現させたが、その上昇した品級を現実のポストにするためには、まだ多難の道のりがある。

表-5-5　乾隆三十九年川運事例銓選序列

	捐納第一缺	捐納第二缺	捐納第三缺	捐納第四缺
正月	川運事例	川運事例	川運事例	川運事例
二月	**豫工事例**	川運事例	川運事例	川運事例
三月	川運事例	**河工事例**	川運事例	川運事例
四月	川運事例	川運事例	**東賑事例**	川運事例
五月	川運事例	川運事例	川運事例	**金川運米事例**
六月	川運事例	川運事例	川運事例	川運事例
七月	**新江賑例**	川運事例	川運事例	川運事例
八月	川運事例	**直賑事例**	川運事例	川運事例
九月	川運事例	川運事例	**楽善好施例**	川運事例
十月	川運事例	川運事例	川運事例	**戸部糧運事例**
十一月	川運事例	川運事例	川運事例	川運事例
十二月	**営田事例**	川運事例	川運事例	川運事例
正月	川運事例	**豫工事例**	川運事例	川運事例

史料出典：許大齢『清代捐納制度』（『明清史論集』所収）六七～六八・一二六頁。なお、本書第四章を参照。
太字は川運事例以前に実施した捐納事例である。

四 「改捐」

「改捐」とは、京官が外官ポストの任官資格を得るために捐納することである。

周知のように、清代、京官の俸禄収入は、一部の高官を除いて、外官より低かった。彼らの大部分が、厳しい勤務環境と生活環境を強いられるほか、[61]コースどおりの昇進もかなり難しかった。たとえば、同治十年（一八七一）に進士に合格して刑部員外郎（従五品）になった陳康祺は、『品級考』や先輩の事例から、自分が通政使司参議（正五品）に昇進するには「九転」、つまり九つのポストを歴任せねばならないと予想した。その九つのポストとは、①員外郎（従五品）⇓②郎中（正五品）⇓③監察御史（従五品）⇓④掌印監察御史（従五品）⇓⑤給事中（正五品）⇓⑥六科掌印給事中（正五品）⇓⑦鴻臚寺少卿（従五品）⇓⑧光祿寺少卿（正五品）⇓⑨通政司參議（正五品）である。[62]のちに康有為は、これを例に京官昇進人事の不合理さを痛烈に批判した。なお、康有為が説明するように、工部右侍郎が「十転」してはじめて同じ正二品の吏部左侍郎になること、六部主事（正六品）が御史（従五品）に昇進するためには、必ず「十数年」を「歴」してはじめて「補缺」することができる（「必歴十数年乃能補缺」）ことから、京官昇進が難しかったことが分かる。[63]こうしたことを受けて、京官に任命された進士合格者のなかに、外官に転出したいと申請する者がいた。たとえば、その「九転」を予想した陳康祺本人は、京官をやめて知県に転出した。なお、同治十年（一八七一）に進士に合格した李平先も、「兵部武庫司主事」に任命されたあと、知県に「呈改」して認められた、という。[64]川運事例などの捐納事例にある「改捐」は、これらの京官を対象とする規定であった。

川運事例の改捐規定によれば、同知（正五品）、知州（従五品）、提挙（従五品）、通判（正六品）、知県（正七品）、塩運司運副（従五品）と運判（従六品）など八つの外官ポストに改捐できる京官は、満漢主事（正六品）、都察院満漢都事（正六品）・経歴（正六品）、大理寺寺丞（正六品）、京府通判（正六品）、兵馬司指揮（正六品）、京県知県（正六品）、光禄寺署正（従六品）、中書科中書（従七品）、大理寺評事（正七品）、太常寺博士（正七品）、鑾儀衛経歴（従七品）、内閣典籍（正七品）・内閣中書（従七品）、通政司経歴（正七品）・知事（正七品）、太常寺典簿（正七品）、国子監監丞（正七品）・国子監博士（正七品）・国子監助教（従七品）、部寺司務（正八品）、国子監学正（正八品）・国子監学録（正八品）、詹事府主簿（従七品）、光禄寺典簿（従七品）、翰林院待詔（従九品）など二十六のポストの現任もしくは候補候選の官僚であったことが分かる。[65]『品級考』の規定を見るまでもなく、これらの京官ポストに対し「改捐」の規定を講じたこと自体、その昇進の難しさを物語っている。

その後、嘉慶三年より実施した「川楚善後籌備事例」、およびそれ以後の「暫行事例」は、この改捐の規定を継承した。以下では、「川楚善後籌備事例」によって、知州を例に改捐を説明する（**表Ⅰ-5-6**）。

表の中にある改捐基準額に従って捐納すれば、大理寺寺丞をはじめとする十八種類の京官は、知州の「双月選用」の銓選資格を得られるが、その改捐する者が、さらに速く銓選されることを望むのであれば、「不論双単月即用」などの花様を捐納すればよい。

表Ⅰ-5-6で示されるように、従五品の知州に改捐できるのは、正六品の大理寺寺丞から従九品の部寺司務に至るまで十八種類のポストの現職または候補と候選の官僚である。これらのポストのなかに、『品級考』の規定により正五品の府同知に昇進できる正六品の大理寺寺丞など十一のポスト（**表Ⅰ-5-6**では傍線を施したポスト）が含まれている。つまりそれらのポストの「応陞之缺」の一部は従五品の知州より高い、ということである。『品級考』などの規定に照らして言えば、「応陞之缺」より低い知州のポストを捐納することは、一種の「降捐」である。つまり、一般論としては、改捐対象の京官が改捐規定によって、昇進の難しい京官から外官に転出することができたのみならず、官品の上でもより上位のポストにのぼることができたのに対し、一部の官僚は、『品級考』

表-5-6　嘉慶三年川楚善後籌備事例改捐規定

報捐者身分		改捐基準（銀・両）	改捐ポスト
大理寺寺丞、京府通判	現任	一八三〇	知州
	候補候選	二二七〇	
兵馬司指揮、京県知県	現任	三七七〇	
	候補候選	四四三〇	
光禄寺署正	現任	二六七〇	
	候補候選	三〇〇〇	
中書科中書、大理寺評事、太常寺博士、鑾儀衛経歴、内閣典籍・中書	現任	三六三〇	
	候補候選	四一八〇	
通政司経歴・知事、太常寺典簿、国子監監丞・博士・助教	現任	四三二〇	
	候補候選	四九八〇	
部寺司務	現任	四一八〇	
	候補候選	四八四〇	

史料出典：『川楚善後籌備事例』京外各官専条 六b～七b頁。この事例の「報捐銀数」は、川運事例の規定をもとに一割を割増したものである。

に規定された昇進コースを放棄し、明るい未来を期待できそうなポストを目指して、あえて『品級考』の規定よりやや低いポストへの改捐を選択した。このような改捐は一種の「以退為進」の捐陞策と言えよう[66]。このような改捐コースを設計したこと自体、これまた国家がこれらの京官昇進人事のかなりの部分をほぼ見放していたことを意味する。

五　捐陞の充実

「川運事例」が「報捐銀数、核議最為詳盡」のものとして、それ以後の捐納事例の手本となっている。嘉慶年間以後、大規模な捐納が相次ぎ実施されるにつれて、捐陞についての規定も次第に充実されることになった。

嘉慶三年（一七九八）より、清代を通して最多の捐納収入が得られた「川楚善後籌備事例」が実施された[67]。この事例のなかに二十八の項目からなる「京外各官専条」（以下では「専条」と略称）がある。これは、のちに「加捐」と呼ばれるものである。

この「専条」の内容は多岐にわたるが、二、三を挙げて説明するに留める。

第一は、佐貳官などの捐陞基準額の調整である。つまり、佐貳官を捐納する基準額を下げて同じ官品の正印官と区別するのである。たとえば、「専条」の規定では、正印官の知州（従五品）が佐貳官の同知（正五品）の任官資格を捐納する基準は、銀千五百二十両である。これに対し、その正印官の知州が、同じ正五品でも正印官だった直隷州知州の任官資格を捐納する基準額は、銀二千四百二十両である、とされる[68]。

第二は、捐陞した者の銓選にかかわる離任の加捐である。現職の官僚の捐陞については、在任期間の束縛がなかったため、いつでも捐陞することができる。だが、捐陞した者が、いつ離任できるかについての規定は、嘉慶三年までになかったようである。「専条」の規定によれば、罰俸や「降級留任」の処分者も含む「現任応陞」および「捐陞」した「人員」は、離任を加捐することができる。その基準は**表5-7**を参照。

表5-7　嘉慶三年川楚善後籌備事例加捐離任（単位：銀・両）

四品	五品	六品	七品	八品	九品以下
一一〇〇	八八〇	五五〇	三三〇	二二〇	一一〇

史料出典：『川楚善後籌備事例』京外各官専条　一一b～一二a頁。

このように、捐陞者は、離任を加捐することで任期の満了を待たずに、任地を離れ、銓選や候補に必要な書類を持って吏部の銓選に参加することができるようになった(69)。

第三は、「坐補」捐免規定の訂正である。「坐補」とは、「坐補原缺」ともいう。それは、「終養、告病、及び親老服満」で、一時離任した官僚を対象にするものである。本来、親の介護や本人の病気療養、および服喪のために一時離任した官僚は、職務復帰のため、候補官として本来の官位である「原省原缺」（伍案、本来のポストではない）に補任することになる。これが「坐補」である。川運事例には、これらの者を対象にする「坐補」の捐免規定があって、その後も「現行常例」のなかに纂入された。「専条」では、「原省原缺」の「坐補」を捐免することは「趨避」の弊害を生むを啓く恐れがある、ということを理由に禁止した一方、「坐補」する候補官のなかに、「原缺」での候補をあきらめ「別項」のポストを捐陞することを条件に、「坐補原缺」を捐免する条項が修正されている。それによれば、離任前に道員と知府だった者は銀千四百九十両、知州と知県は銀千四十両、教諭などの教官は銀百四十両を出して「坐補原缺」を捐免してから、「別項」のポストを捐陞で取得することができる、という。「坐補」の捐免条項を修正していることから、あくまで捐陞規定を利用できる者をより多く確保したい、という政府の狙いを見てとることができよう(70)。

この「川楚善後籌備事例」が実施されるなかで、一部の捐納者は捐納費用を節約するために、あまりにも複雑な捐納規定のすきにつけ込んで、捐陞の規定を悪用して、「寄り道」を利用したという(71)。たとえば、規定によれば進士より知府を捐納する基準額は銀一万二千七百八十両であったが、ある者はまずは銀八千七百十両で郎中を捐納して、今度は銀二千九百七十両で郎中により知府を「捐陞」した。こうすると、両者の合計は銀一万千六百八十両であるから、このように捐陞を「悪用」することによって、進士たる者が規定の捐納額より銀千百両安い値段で知府を捐納することができた、という。調べた結果、このような捐陞の規定を「悪用」する方法は、知府のほか、郎中、員外郎、直隷州知州、知州、通判、知県など十数ポストに存在していることが分かった。これを受けて、そのように「悪用」される道を塞ぐことによって、より多くの捐納収入を確保したい清朝政府は、『続徑不准報捐条例』を公表した(72)。

嘉慶初年に充実したこれらの規定は、いずれも以後の捐納事例によって継承されていった。その後、実官や上記の改捐、離任、捐免坐補のほか、官僚の昇進にかかわる保挙、試俸、考試、分発、引見、回避、赴部験看、赴部投供などの人事手続きは、ことごとく『現行常例』のなかに纂入され、いつでも捐納できる項目となった(73)。要するに、月選の籤引きを除く官僚の昇進人事を含む清代官僚人事のほとんどの関係手続きは、いずれも捐納して得ることができるようなった。

言うまでもないが、こうした「捐納事業」の「繁栄」ぶりは、決してそのまま捐納による収入の増加を意味するものではない。嘉慶年間に入ってから、実官の捐納が頻繁に行われた。太平天国の乱を期に、清朝政府は、軍事費をはじめとする経費を調達するために、捐納を実施する際に割引策も導入することにした。しかし、結局、官僚ポストの捐納基準額と同じように、捐陞の基準額も下がり続けた。先に紹介した乾隆中期三千六百四十両という直隷州知州が知府となるときの捐納基準は、清末の光緒年間になって、千四十七両六銭までに下げられた(74)。

これにより、国家の捐納収入も減る一方であった。「川楚善後籌備事例」によって得た捐納収入が銀三千万両であったのに対し、光緒三十三年（一九〇七）に戸部の捐納収入は、その百分の一、すなわちわずか銀三十一万九千六百九十両であった。(75)

おわりに

以上、清代における捐陞の成立を官僚昇進人事の角度から概観してきた。ここで、こうした議論から得たいくつかの知見を述べておきたい。

官僚の昇進人事は、官僚の採用人事と同じように、前近代中国の国家支配にかかわる重要な問題であった。しかし、試験の結果や資格にかかわる官僚の採用人事に比べて、官僚の昇進人事にはかなり難しい部分があった。その最も難しい部分は、現職の官僚を含む任官の有資格者があまりにも多いのに対して、彼らを昇進させるポストの数が絶対的に少なかった、ということである。つまり「官多缺少」という命題は、前近代中国の官僚人事の特徴であり、しかもより高い官位に行けば行くほどこの問題がより顕著になる。しかし、これは、決して前近代中国特有のものとは言えない。現代社会にいる我々も、こういうことに毎日のように接している。

前近代中国における官僚昇進人事の問題は、結局、政府の対応にあった。第六章で議論するように、清朝時代では厳密な考課制度があったものの、捐復制度との併用によって、本来、現職の官僚から強制的に脱落させられるはずの者が、捐復制度を利用して返り咲いた。そのために、現職官僚や新人に対しより多くのポストを提供することができなくなった。本章で論じたところによれば、財政難の対処のための捐陞を実施した結果として、本来、「資考」などの要素を勘案して昇進させる人事制度が破壊されてしまった。そのため、制度が決めている在任期間や必要手続きをすべて飛ばして、より高い官位に採用すべき資格を持つ官僚が必要以上に生まれた。言い換えれば、前近代中国における官僚昇進人事の癌は、人事制度の設計にあったというより、捐復や捐陞などの諸制度を併用するようになった、というところにあった。

捐陞を含む捐納制度に対して、反対の意見は無論あった。但し、国家の財政難を前にして、捐納制度に対して本気に反対する官僚個人は、やはり少なかった。捐納を実施することは、彼ら自身の利益になることでもあった。捐納を利用して昇進をはかったり、受けた処分を軽減したりした官僚のほか、捐納のために設立された「捐納局」「籌餉局」のところで委員として一時身を寄せる官僚もいた(76)。

さらに注目に値するのは、官僚たちの価値観である。前近代中国の官僚の世界においては、現にその官僚であることの意味は、彼らがもつ正途や雑途の出身資格の別にあるというより、より高い官位に登用されるために現在のポストがどのような意味を持つか、というところにあった。彼らの世界においては、高いポストに昇進した者に対し、彼の出身資格または昇進の経路をやかましく言う人はほとんどいなかったであろう。この意味で、前近代中国のほとんどの官僚にとって、「当官」、つまり官僚になるとは、治国平天下の理想を実現させる手段であるより、まずは人間としての存在価値を証明して実現させる手段であった。この点は、官僚世界の「常識」であったと同時に、社会全体の「常識」でもあった。つまり「ヨリ優越的地位に立つもの」が、「絶対的価値体にヨリ近いもの」としての存在を、社会が認めたのである(77)。こうした社会環境のもとで、捐納に対して拒絶反応をする者は果たして何人いたであろうか。汪喜孫の事例を見てみよう。

汪喜孫は、嘉慶十二年（一八〇七）に二十二歳で挙人に合格したあと、「礼部試」で何度も失敗した。嘉慶十九年（一八一四）、彼は「大挑」を待たずに、捐納によって従七品の「内閣中書」となった。それから六年の間、彼はずっと内閣中書の職にとどまっていた。嘉慶二十五年（一八二〇）になって、よりよいポストを求めようとした彼は、実施中の「武陟河工事例」に従い「改捐」を利用して内閣中書より外官の知州（従五品）を捐納した。しかし、「老母」が「外任」させなかったため、彼は今度は、その知州の身分で員外郎（従五品）の任官資格と銓選のための「加捐」を捐納した。[78] 今、資料の制限により具体的金額を確かめることが難しいが、他の事例を勘案すれば、汪喜孫がこの二つの捐納に投じた銀は、少なくとも六千両を超えるものであったと考えられる。[79] ちなみに、従七品内閣中書の年間俸禄の額は、わずか俸銀九十両、俸米四十五斛であった。[80]

しかし、このように改捐や捐陞をした汪喜孫は、官僚稼業で稼ぐことのみを考える人物ではなかった。道光七年（一八二七）、北京で面会した朝鮮燕行使申在植に対し、彼はこう述べている。

僕曾黙禱関帝城隍、居官行事、如有貪贓枉罰弄弊営私之事、雷撃其身、火焚其宅。一片血誠、難得古道如執事、願共勉之。

つまり「私は関帝廟や城隍廟において黙禱したことがあります。それは、官僚になってことを行うにあたり、もしも賄賂を貪ったりでたらめな刑罰を加えたり、小細工を弄して自分の利益になることをするようなことがあれば、雷よ、わが身を撃て、火よ、わが家を焼け、ということです」、と述べたのである。これは、決してポーズを示しただけの空論ではなかった。汪喜孫は、友人宛ての手紙のなかで、「吾以身許国、鞠躬尽瘁、死而後已（自分は身を以て国に献げ、鞠躬尽瘁し、死して止まんと思う）」、と書いたとおり、任地での災害対策に追われて過労のため亡くなった、という。[81]

前近代中国の官僚社会において、「貪贓枉罰弄弊営私」といった官僚に決して属さない汪喜孫のような者でさえ、個人の出世および生活の手段としての捐納を拒否しなかったことは、その時代の社会意識と社会環境を知るうえで、非常に興味深い事実である。つまり、彼のような人物でさえ、捐納というその時代においての「合法」的な方法を利用して「ヨリ優越的地位に」立ち、「絶対的価値体に」より近づこうとしていたのである。我々は、この事例を通して、官僚になる方法、官僚として昇進する方法と官僚としての実際の在り方の間に、実際は大きく乖離したものがあったこと、あるいは一種のダブル・スタンダードが存在したことを見てとることができるであろう。

実は前近代中国、とりわけ清朝乾隆年間以後の官僚たちの多くは、捐納制度を利用していた。たとえば、咸豊二年（一八五二）頃作成された『大捐履歴』は、「籌餉事例」の実施にあたって、報捐代行業者がその依頼主の履歴を記録した業務台帳である。その台帳に記されているのべ百九十一名の報捐者のうち、新たに監生のような資格を得ようと捐納した七十七名（四十パーセント）を除く百十四名（六十パーセント）は、いずれも現職の官僚、または候補官などであった。(82) なお、光緒十六年（一八九〇）前後に編纂した『江蘇同官録』には、両江総督や江蘇巡撫、および江蘇布政使管轄下の四百三十五名の地方官の履歴が記載されている。そのなかに、出身や虚銜、および昇進のための捐納を一回でもした官僚は三百四十五名にのぼり、率にして七十九パーセントであった。そのうちの百四十三名は、二回または三回、四回の捐納をした者であった。(83) このような捐納者名簿および官僚履歴のなかに、先に触れた挙人という正途の出身資格を有しながら、捐陞などをした汪喜孫のような正途出身者がかなり含まれていることは言うまでもない。(84) なお、自身の捐納経歴を堂々と「自撰年譜」のなかに書き記している者は、忙しい政務のかたわらで家族の懿徳および先人の人格を顕彰することに努めていた汪喜孫一人だけではないであろう。

昇進のための捐納は、その社会移動の道具としての役割においては、民間人を対象に実施された貢生、監生などの捐納よりずっと大きな比重を占めた。後者の捐納は、官僚世界の門の扉をたたくに際して重要であったが、それを使って「入門」してしまえば、その役割が終わってしまった。つまり、後者の役割は一過性のものであった。これに対し、前者の捐納は、官僚世界で生きるあらゆる者にとって、官僚であり続けるか命が続く限り、彼ら自身の社会的地位の維持とさらなる向上を図るためには、ずっと使えそうな道具であった。現職官僚の多くが捐納政策の実施に反対せず、そればかりか自身の昇進を図る際に捐陞を利用した一因は、ここにあったと考えられよう。

注

(1) 趙爾巽［ほか］『清史稿』巻百十二 選挙志 三二二三頁。

(2)『(嘉慶) 欽定大清会典』巻六 吏部 文選清吏司 九a～二七a頁。「授官」の分類についてこのように表現するのは、『(嘉慶) 欽定大清会典』以前の康熙、雍正、乾隆などの『大清会典』にはなかった。この表現は、清朝最後の『(光緒) 欽定大清会典』までに受け継がれている。

(3) 織田万『清国行政法』第一巻 二〇三～二〇五頁。

(4) (清) 鄂海『六部則例全書』吏部則例 巻上 陞転 推陞資俸 三三a頁。この資料によれば、康熙三年（一六六四）、第二と第三の適用が停止された、という。

(5)『(乾隆) 欽定大清会典』巻五 吏部 文選清吏司 銓政 一a頁。

(6)『(光緒) 欽定大清会典』巻十 吏部 文選清吏司 一一九～一二五頁。

(7)『(乾隆) 欽定大清会典』巻五 吏部 文選清吏司 銓政 一一a頁。

(8) 中国第一歴史档案館『嘉慶道光両朝上諭档』第二冊 三四二頁。

(9) たとえば、このリストのなかで最も早く昇進したのは雲南迤南道の顔検であった。「歴俸四年両箇月」の彼は、このリストが作成された嘉慶二年（一七九七）の十二月に江西按察使に任命された。これに対し、「歴俸」の最も長い斉布森（「歴俸十一年」」は嘉慶七年（一八〇二）になって広西按察使に任命された。銭実甫『清代職官年表』二一〇二・二一〇七頁。

(10)『（乾隆）欽定大清会典』巻五 吏部 文選清吏司 銓政 一三b頁。

(11)『（乾隆）欽定大清会典』巻五 吏部 文選清吏司 銓政 一一a頁。「内外官員均従実授到任之日論俸、其裁汰告假丁憂告病者、補官後扣除離任月日、仍通理前俸。応降応革遇詔免議、或降革後本案開復、或革職留任後經開復者、亦論前俸。惟廃員奉旨起用者、前俸均不準理。」『（光緒）欽定大清会典事例』巻六十九 漢員陞補 陞転論俸扣算日期 五九八一頁。

(12) 織田万『清国行政法』第一巻 二〇三～二二五頁。

(13)『（光緒）欽定大清会典事例』巻六十五 漢員遴選 台湾調補 五九二一頁。

(14)『（光緒）欽定大清会典事例』巻六十三 漢員遴選 沿河州県調補 五八九八～五八九九頁。

(15)『（光緒）欽定大清会典事例』巻六十五 漢員遴選 沿海各員調補 五九一三～五九一六頁。

(16) a『（雍正）欽定漢品級考』巻一 一七a頁。b『（乾隆）銓選漢官品級考』巻一 四九頁。c『（道光）欽定吏部銓選漢官品級考』巻一 一六a頁。d『（光緒）欽定吏部銓選漢官品級考』巻一 一六a～b頁。知府は、本来は正四品であったが、乾隆十八年（一七五三）で従四品に改定された。奉天府治中は、光緒二年（一八七五）で裁撤された。

(17)『稀見明史籍輯存』第三〇冊 一～二九〇頁。該書は、旧国立北平図書館の所蔵物で、清抄本とされている。なお、『中国古籍善本総目』によれば、中国の江西省図書館には、「明万暦閔廷甲等刻本」とされる『品級考』を所蔵していることが分かる（六二八頁）。未見。

(18) 清朝政府の吏部が編纂した『品級考』は、満州・蒙古・漢員・漢軍といった四種類のものがある。吏部が編纂するもの以外に、「海寧管氏伝鈔本」としての『康熙朝品級考』もある。それは管庭芬（一七九七―一八八〇）が「乙丑（同治四年、一八六五）七月」に杭州の「廃紙担頭」から入手した「数頁」をもとに、「国初会典」を参考にして整理してできたものという。そこでは正一品から未入流までの品級ごとに官職を記録しており、「由」と「陞」の記録はない。なお、「品級考」については、王鍾翰「清代各部署則例経眼録」『王鍾翰清史論集』第三冊 一八四七～一八七七頁を参照。

(19)（清）鄂海『六部則例全書』吏部則例 巻上 分缺 大選推陞二八分缺 二五a頁、同 大選推陞彙算分缺 二五b～二六a頁。

(20)（清）鄂海『六部則例全書』吏部則例 巻上 分缺 大選推陞彙算分缺 二五b～二六a頁。

(21)（清）鄂海『六部則例全書』吏部則例 巻上 分缺 進士挙人貢監捐納分缺 二六a頁。

(22)(清)鄂海『六部則例全書』吏部則例 巻上 分缺 単月挙貢捐納分缺 二六a～b頁、同巻 分缺 増定進士一班授四名 二六b～二七a頁。(清)湯居業『本朝続増則例類編』吏部 選法 単月知県以十二員為一班補用捐納挙貢三項各用四人 康熙四十二年十月 一b～二a頁。
(23)『(乾隆)欽定吏部則例』巻二 銓選漢官 月選 双月大選 一六九～一七〇頁。
(24)『(道光)欽定吏部銓選漢官品級考』巻三 四a～五a頁。
(25)『(光緒)欽定大清会典』巻九 吏部 文選清吏司 一一三～一一六頁。本書第四章を参照されたい。
(26)『(雍正)欽定吏部銓選漢官則例』巻三 開列推陞 推陞予行截取 四九九頁。
(27)秦国経[ほか]『清代官員履歴档案全編』第一二冊 七七二・七七九～七八〇頁。沿海地域と指定された台湾の俸満は、三年であった。『(光緒)欽定大清会典事例』巻六十三 漢員遴選 台湾調補 五九二一頁。
(28)本書第四章、とくに表4-1を参照。
(29)本書第四章を参照。『(光緒)欽定吏部銓選漢官品級考』巻三 四a～五a頁。
(30)『江蘇同官録』秋冊。
(31)国立故宮博物院『宮中档雍正朝奏摺』第十二輯 呂耀曾「奏報地方政務摺」雍正七年二月十六日 四六五～四六七頁。「……臣蒙恩按四川、毎於公事接見属員、察其才幹優長者、州県中十員可得一二人、雑職中十員可得三四人。此等人員、若循資格陞遷、則竭二三十年之力不得一正印。長才淪落、深為可惜」、と。これに対し、雍正帝が「此論固是」など、を硃批した。
(32)(清)陳其元『庸閒齋筆記』巻十一 冷官風趣 二八五頁。「伯祖朝珍公廷献、乾隆辛卯挙人。弱冠登科、意氣豪邁、十上春官不第、選就蘭谿教諭。在都中遇翰苑諸公、必以論文数典困之、洪稚存(伍案、洪亮吉)、張船山(伍案、張問陶)太史均畏其鋒。常自詫曰、『吾來会試、状元総在吾荷袋中、無奈輒遇翦綹賊也。』官蘭谿三十餘年、不問家人生産、惟以飲酒賦詩為事。年躋八秩、奉部推陞国子監典籍。」
(33)(元)脱脱[ほか]『金史』巻五十 食貨志 一一二五頁。
(34)拙稿「明代捐納制度試探」『明清論叢』第七輯 五五～八〇頁。なお、本書第一章をあわせて参照されたい。
(35)『明憲宗実録』巻二百七十六 成化二十二年三月己未 四六五一頁。
(36)(清)鄂海『六部則例全書』戸部則例 巻下 捐叙 納監原例 七九a頁。

(37) 山田耕一郎「清初の捐納——三藩の乱との関係を中心にして」『駿台史学』(東京、駿台史学会) 第六六号 一九八六年二月 二一～五〇頁。
(38) 大野晃嗣「清代加級考——中国官僚制度の一側面」『史林』(京都、史学研究会) 第八四巻第六号 二〇〇一年一月 一～三五頁。
(39) 繆荃孫『雲自在龕筆記』『古学彙刊』第四編 下冊 六a～七b頁。繆荃孫はこの「乙卯捐例」の出典については明言していないが、山田耕一郎は、同時代史料との対照をした結果、この「乙卯捐例」についての記事は「至って信憑性が高い」と結論づけている。前掲(37)山田耕一郎の論文を参照。
(40) (清) 鄂海『六部則例全書』戸部則例 巻下 捐叙 貴州捐納事例 八三a～b頁。
(41) (清) 鄂海『六部則例全書』戸部則例 巻下 捐叙 貴州捐納事例 八一a～八三b頁。
(42) (清) 鄂海『六部則例全書』戸部則例 巻下 捐叙 雲南捐納事例 八三b～八四a頁。
(43) (清) 鄂海『六部則例全書』戸部則例 巻下 捐叙 甘粛軍需捐例 一一五b～又一一五a頁。
(44) (清) 鄂海『六部則例全書』戸部則例 巻下 捐叙 捐馬事例 九九a～一〇四b頁。
(45)『(光緒) 欽定大清会典』巻九 吏部 文選清吏司 一一二～一一三頁。「凡奉旨即用之員、不論双単月、遇缺即選」。
(46) (清) 鄂海『六部則例全書』戸部則例 巻下 捐叙 甘粛湖灘河所捐例 一一八a～b頁。
(47) のちに「先用」が停止された。繆荃孫『雲自在龕筆記』『古学彙刊』第四編 下冊 六b頁。
(48) (清) 鄂海『六部則例全書』戸部則例 巻下 捐叙 西安捐納事例 九四a頁。
(49) (清) 鄂海『六部則例全書』戸部則例 巻下 捐叙 捐馬事例 九九a～一〇四b頁。
(50) (清) 鄂海『六部則例全書』戸部則例 巻下 捐叙 大同張家口捐納事例 八六a～八九a頁。
(51) その後、捐納による保挙の免除が何度も実施された。たとえば、康熙三十年の「甘粛捐納事例」、康熙五十二年「福建開捐事例」、康熙五十三年「広東広西捐納」にも捐免保挙の規定があった。(清) 鄂海『六部則例全書』戸部則例 巻下 捐叙 甘粛捐納事例 八九b頁、同 福建開捐事例 一〇九a頁。
(52) 許大齢『清代捐納制度』(『明清史論集』所収) 第九章 康熙開捐之反応 一四〇～一四七頁。山田耕一郎「監察御史陸隴其と捐免保挙問題」『神田信夫先生古稀記念論集清朝と東アジア』二八九～三〇九頁。

(53)（清）朱植仁『本朝政治全書』戸例下 捐叙 酌増営田事例条 一四七a頁。
(54)『清高宗実録』巻二百十七 乾隆九年五月乙巳 第一一冊 七九八～七九九頁。
(55)（清）程穆衡『金川紀略』中国野史集成本四八頁。
(56)『川楚善後籌備事例』条款 一a～一七b頁。
(57) 織田万『清国行政法』第六巻 二一三～二一四頁。
(58) これらはいずれも計算上最低限の金額である。「部費」などといった手数料のほか、捐納者の希望と本人の条件に応じて、さらに「指省分発」（任官先の省を指定したい場合）や「離任」（今の任期を切り上げて早く任官先に赴任したい場合）などを捐納しなければならない、とされる。
(59)『川楚善後籌備事例』原奏 二頁。
(60) 許大齢『清代捐納制度』（『明清史論集』所収）六七～六八・一二六頁。
(61) この問題について、以下の研究を参照されたい。①張徳昌『清季一個京官的生活』、②本書第三章。ほかに、六部司官クラスの生活と勤務にかかわる絶妙なる描写として、「司官嘆」をぜひ参照されたい。劉烈茂［ほか］『清車王府鈔蔵曲本・子弟書集』二七〇～二七一頁。
(62)（清）陳康祺『郎潜紀聞初筆』巻六 京曹沉滞 一三〇頁。「員外郎内用九階、方得四品、故有『九転丹成』之号、謂員外、郎中、御史、掌道、給事中、掌科、鴻少、光少、通参也。比年京曹沈滞、竟有偏歴九階者。」光緒十年（一八八五）、江陰県知県だった陳康祺は、「操守平常、嗜好甚重、巧於趨避、物議沸騰」を理由に、「庸劣不職」のものとして「特参」され、官職を失った。『清徳宗実録』巻二百十五 光緒十一年九月戊戌 第五四冊 一〇二二頁
(63) 康有為『康有為全集』第七集 官制議第十三 改差為官以官為位 三二五～三二六頁。
(64)『広東郷試同官録』二六a頁。『清穆宗実録』巻三百十 同治十年五月癸巳 第五一冊 一〇九頁。
(65)『川楚善後籌備事例』京外各官専条 六b～一〇a頁。ここで記している官の品級は、『（乾隆）銓選漢官品級考』による。
(66) 京官による外官転出の改捐に対して、京官同士で組織した印結局が、印結銀の減免をはじめさまざまな便宜策を講じていた。たとえば、浙江省印結局では、改捐をする京官に対し、印結銀の「公送」、つまり全額免除との規定がある、という。これについては、本書第三章を参照。

(67) 許大齢『清代捐納制度』(『明清史論集』所収) 四六頁。
(68) 『川楚善後籌備事例』京外各官専条 三a頁、満漢在外文職各官 三b～四a頁。
(69) 『川楚善後籌備事例』京外各官専条 一一b～一二a頁。
(70) 『川楚善後籌備事例』条款 六b～七a頁、京外各官専条 一二a～一四b頁。
(71) 捐納経路について、本書第二章を参照。
(72) 『川楚善後籌備事例』繞徑不准報捐条例 一a～四a頁。
(73) これについて、『現行常例』および織田万『清国行政法』第六巻 二二一～二二七頁を参照されたい。
(74) 許大齢『清代捐納制度』(『明清史論集』所収) 一一一頁。
(75) 織田万『清国行政法』第六巻 二四六頁。許大齢『清代捐納制度』(『明清史論集』所収) 九九～一〇〇頁。
(76) 委員については、本書第四章を参照。
(77) 丸山真男「超国家主義の論理と心理」『(新装版) 現代政治の思想と行動』二〇頁。
(78) (清) 汪喜孫「汪荀叔自撰年譜」『汪喜孫著作集』一一八六・一一九一・一一九七頁。ちなみに、内閣中書の「応陞之缺」には、内閣侍読、六部主事、都察院都事、府同知、内閣典籍がある。『(道光) 欽定吏部銓選漢官品級考』巻三 七b～八a頁。
(79) 『武陟投効例』は未見。しかし、その捐納基準は、嘉慶十三年 (一八〇八) に実施された「土方事例」とほぼ同じである。よって、『捐辦土方議叙条例』の捐納基準額を参照した。『捐辦土方議叙条例』推広土方事例 一b～二a頁、京官改捐外官専条 六b～七b頁。許大齢『清代捐納制度』(『明清史論集』所収) 九二～九三頁。
　なお、員外郎を捐陞した翌年の道光元年 (一八二一) より同八年 (一八二八) までに「(戸部) 山東司行走」として八年間の見習いをした後、汪喜孫はようやく「(戸部) 山東司員外郎」に「奏補」された。それから河川管理の役所に転出される道光十九年 (一八三九) に至るまでの約十一年間にわたって、彼の肩書はずっと戸部員外郎のままであった (清) 汪喜孫「従政録」巻三 戸部山東司紀事『汪喜孫著作集』四八八頁。『清宣宗実録』巻三百十八 道光十九年正月壬戌 九七五頁)。ここからも、京官昇進の難しさが読み取れる。
(80) 『(乾隆) 欽定戸部則例』巻九十一 廩禄 中外文員俸 四三六頁。『大清仕籍全編』京外額俸。黄恵賢 [ほか]『中国俸禄制度史』五六一頁。

(81) 夫馬進「朝鮮燕行使申在植の『筆譚』に見える漢学・宋学論議とその周辺」岩井茂樹『中国近世社会の秩序形成』二九二〜二九六頁。

(82)『大捐履歴』。本書第八章を参照。

(83)『江蘇同官録』。

(84) 清代の捐陞が成立した乾隆三十九年で実施した川運事例の規定では、捐納項目となっている道員、知府、直隷州知州、知州、知県のポストは、主に正途出身者を対象にするものであった。つまり、それらのポストの捐納をする者として想定したのは、進士、挙人などの正途出身者であった。この点は、その後の捐納事例によって受け継がれていた。『川楚善後籌備事例』満漢在外文職各官 一a〜二四b頁。なお、こうした正途出身者による捐納に対し、社会の受け止め方は概ね寛容であった。十九世紀末に編纂されたある中国語会話教科書のなかでは、捐納出身者の腐敗を批判する一方で、「由挙人進士得了小官、改捐大一点児官的還好」、と容認している。福島安正編、紹古英継校訂『四声聯珠・自邇集平仄編』。この教科書の「実質的な編者」は、校訂者の「満州旗士」の紹古英継である、と六角恒廣氏が指摘している。六角恒廣編『中国語教本類集成』第一集 第一巻 所収 書解題 一〇〜一一頁、同第三巻 三七〜三八頁。

第六章　官僚の懲戒処分と捐復制度

――捐復制度の成立を中心に――

はじめに

前近代中国の制度史のなかには、時に理解しにくいものがある。清朝時代に制度化された捐復がその一つであった。前近代の中国では、他に類を見ない高度な官僚制度をより機能させるために、非常に綿密な人事考課制度が設けられた。これについての研究は、中国史研究のなかで蓄積の最も厚い分野の一つと言いうる。しかし、その人事考課制度によって処分された官僚を対象とする「捐復」制度については、これまでほとんど研究されて来なかった。それは、金銭で処分の減軽ないし地位の回復を図る制度であり、処分の抜け道のような存在であった。綿密な処分制度とこれに対する金銭による処分の減軽と地位の回復を目的とする制度とは、一見して相容れないが、ともに国家の制度として前近代の中国で共存していた。これは実に不思議なことである。

人事考課とは、官僚の勤務状況を定期的かつ経常的に評価するシステムを指すものである。それは、定期的に行われた「京察」「大計」のほかに、具体的な行政事案の完成度を『処分則例』などに基づいて評価し、そして官僚に賞罰を与えて、昇進、降格ないし罷免を決めるシステムであった。

清代の捐復制度は、その考課制度によって「降級」や「革職」などの処分を受けた官僚を対象とする、処分減免のシステムであった。考課で処分を受けた官僚は、国家が定めたルールに従い、国家に金銭を納めて、処分の解除または減軽、出身資格（原資）・虚銜（原銜）・翎枝（原翎）などの回復を求めて捐納することが許されていた。金銭で任官資格などを購入する捐納制度に対し、古今、官僚腐敗の温床である、との批判が多い。捐納制度を利用して任官資格を入手した者のうち、さらに実際のポストに就きたい者は、制度としては科挙の出身者と同じように、吏部での人事手続きを済ませなければならない[1]。つまり、捐納出身者の任官に対しては、一定の制限があった。ところが、処分された者が、捐復制度を利用して、処分を減軽したり、解除してもらい、処分される以前の地位を最大限のところまで回復することができるということになれば、その官僚のモラル、そして社会への悪影響は、金銭で任官資格を購入する以上に深刻なものに違いない。考課制度と捐復制度がどのように併存していたのか、また当時の支配者は、どのような理念で捐復を実施し、さらにそれを制度化したのか。これらは、前近代中国の官僚制度とその理念を考察するうえで重要である。これらのことを明らかにすることを通じて、我々は前近代中国官僚制度の制度設計と運用への理解をより深め、それを一つの手がかりとしてその時代の支配理論を考察することもできる。

本章の目的は、捐復制度はどのように成立し、そして清朝中期以後の官僚制度に対し、どのような影響を与えたかを明らかにするところにある。この問題については、『清国行政法』や許大齢の『清代捐納制度』において簡単に触れられたことがあったが[2]、管見の限り、官僚制システムのなかにおける捐復制度の存在、とりわけ捐復制度と考課制度の関係についての研究は、まだ見当たらない。

本章では、まず明朝以来の捐復と清朝の考課を概観したうえで、清朝乾隆年間における捐復制度の成立とその枠組みを検討する。そして、捐復制度の実施によって官僚制度および社会にもたらした影響を考えてゆきたい。

第一節　捐復前史

一　明代考課制度概観

管見の限り、官僚が金銭で処分の解除や減軽を買うことは、一つの政策もしくは一つの制度としては、明朝時代になるまで見当たらない。それ以前に、処分を受けた官僚は、一定の年限や皇帝の恩赦を待つ以外に、処分の解除を期待することができなかった。金銭で処分の減軽をはかる行為自体が、処分の対象となる。[3] 考課制度によって処分された官僚を対象とする捐復が、政策としてはじめて登場したのは、明朝時代であったと考えている。ただし、明朝時代では、「捐復」という名称の存在が確認できていない。

明代の考課制度は、「考満」と「考察」からなるものであった。唐の時代以来継承してきた「考満」とは、任期満了を迎えた官僚に対し行われる考課を指す用語である。それは、三・六・九年の任期ごとに官僚の勤務状況を評価し、それに基づいて昇進、留任もしくは降任を決める制度である。これに対し、「考察」は、任期にこだわらず、三年周期で行われる布政使・按察使以下の地方官に対する「朝覲考察」（「外計」）と六年ごとに五品以下の京官を対象に行われた「京察」からなる考課制度である。それは「考満」と異なり、専ら「処分」を目的として設けられていた。

「考満」の場合では、官僚の勤務状況を「称職」「平常」「不称職」という三段階で評価を行ったうえ、それぞれ「陞二等」「陞一等」「本等用」のほか、「降一等」「降二等」「降三等」「雑職用」「罷黜」などの処分を与えるものであった。(4)

「考察」の場合では、官僚の人物とその能力は「貪」「酷」「浮躁」「不及」「老」「病」「罷」「不謹」といった「八法」で評価される。官僚はその評価により「致仕」「閑住為民」「降調」を処される。(5)なお、正統年間（一四三六—一四四九）より、明朝政府は、巡察御史に強い監察権を付与したことにより、地方官に対する「不時考察」が次第に強化されるようになった。車恵媛の研究によれば、嘉靖二十年（一五四一）十一月から二十二年（一五四三）五月までの約二十ヶ月の間に、四百五名の地方官が考察により弾劾された。そのなかに、二百四十九名の知県が含まれていて、この数が全国の知県ポスト総数の五分の一に当たるということから、考察現場の厳しい状況は想像できる。(6)

この「考満」と「考察」による降職処分は、そもそも「律」「例」が定める贖罪の対象ではないし、明代景泰年間以前では、金銭などによる解除や減軽に関する制度上の規定もいまだ確認されていない。

二　明代における捐復の実施

正統十四年（一四四九）、瓦剌《オイラート》の也先《エセン》の侵攻による「土木の変」は明朝を大きく動揺させた。明朝政府は様々な緊急対策を講じ、北方の国境線をはじめ、国の防衛体制を強化した。そのなかで、軍事費の緊急捻出のため、捐納の実施に踏み切った。(7)

景泰元年（一四五〇）閏正月十三日、北方国境の重鎮である大同への馬草を調達するため、明朝政府は、先月の二十六日の「舎人軍民」を対象とする捐納措置に続いて、その捐納の対象をさらに官僚に拡大する決定を出した。(8)

それによれば、「聴選官」と「承差」が、「草千五百束」、「辦事官」が「草二千束」を大同まで運ぶことができれば、ただちに採用するが、降職の処分を受けた者は、「草二千束」よりさらに「千五百束」を捐納すれば、「復其原職」、つまり降職処分を受ける前の「原職」に復帰することができる、という。

これは、管見の限り、降職などの行政処分がはじめて個人の財力で解除できる対象となった事例であった。つづいて、七月二十六日、戸部は、「応降」処分を受けた官僚が、百五十石の米を臨清より山西省北部の代州まで運べば、「復職辦事」できる、との規定も上奏した。[9]

ここで言う「応降者」は、先に説明した「考満」で「降一等」から「降三等」、「考察」で「降調」の処分を受けた者であった。従来の規定では、降職処分を受けた者は、その「降」されるポストでの銓選を待つとされる。[10]しかし、景泰初年の「捐復」政策は、従来の人事政策を大きく転換させた措置であった。降職の処分を受けた者は、一定額の馬草や米を政府の指定先に運んで納入すれば、実際の降職を逃れることができるようになった。それ以後、免職処分を受けた官僚の復職を目的とする捐納が一時的に実施されたこともあった。成化二年（一四六六）閏三月二日、南直隷の饑饉を救済するために、監生資格などの捐納が実施された。数日後の十四日、戸部は、救済用の食糧を確保するため、「無贓被冤官吏」らを対象に捐納を実施したい、と上奏した。そのなかで、戸部は、罷免された「雑職」以上の官僚が、「百石」ないし「三百石」の米を捐納することを条件に、彼らの「還職着役」を認めよう、と提案した。この提案は認められ「例」となった。[11]嘉靖十六年（一五三七）、皇帝陵や宮殿の建設工事費を調達するため、新たな「開納事例」が実施され、「公罪」を犯した「文武官吏」は捐納をして、本来の官位に復職することができた。[12]

ほぼ同じ時期であるが、「貪淫酷暴」で罷免された官僚を対象に、馬を納入すれば、「贖官」を許す提言がなされた。これに対し、吏部給事中の習敬は、そのようなことをすれば「名節既虧、廉恥莫顧」（名節を欠くうえに、廉恥も顧みない）ことになると批判し、そのような官僚に対し、「復職」のかわりに「冠帯」を与えようとの折衷策を提案し認められた。[13]このように、かつて罷免された官僚は、捐納すれば、冠帯（散官）を持つことを許され、官僚としての体面を保つことができるようになった。結局、「贓汚之吏」は、「納粟納草」をして、ことごとく「郷閭之恥」を隠し、冠帯して帰郷したという。[14]罷免した官僚に対し冠帯閑住の捐納を許す政策は、景泰年間以後も何度も実施された。たとえば、天順七年（一四六三）頃、陝西省で発生した饑饉の応急対策として、罷免した文武官僚に対し、「納米四百石」を「陝西缺糧処」に捐納すれば、「冠帯」を与える政策が実施された。[15]成化元年（一四六五）十月、北直隷保定の水害を救助するための「納米済荒事例」が実施された。「縁事除名」された「文職」官僚は、この「事例」に従い、米三百石を納入すれば「冠帯閑住」を許されるようになった、という。[16]

このように、明代では、罷免された官僚は、時に実施された「事例」に従い、米などを納入することを通じて、「冠帯閑住」の許可を得るだけで、「降級」「罷免」などの処分を、「土木の変」などの一時期を除いて捐納で免除したり、減軽したりするのはできなかったことが分かる。要するに、明代の「捐復」は、固定化された制度ではなく、一時的に実施された「政策」であった。

第二節　清代における考課制度の概観

すでに述べたように、捐復制度は、考課制度により処分された官僚を対象とするものであるため、ここでまず清代の考課制度を捐復との関連性の視角から考えておきたい。

一　制度の整備

清代における捐復が成立していく過程は、考課制度が整備していく過程でもあった。清代考課制度の特徴としては、伝統理念に基づく従来の考課制度を継承する一方で、明末に新たに台頭してくる「考成法」（張居正がつくった官僚の勤務評価制度）を積極的に取り入れて、その適用範囲を次第に拡大させていった、と考えられる。[17]

順治三年（一六四六）より、銭糧の徴収に考成法が導入され、州県地方官に対し定額どおりの徴収が義務付けられた。たとえその「未完」が定額銭糧の一割であっても、知州知県は罰俸一年を科され、陞任や異動も停止され、その「未完」分の早期徴収に努めなければならないとされる。そして、順治年間より康熙年間の初頭にかけて、勤務評価の内容は、次第に州県による銭糧徴収のあらゆる税目に行き渡っていった。

治安に関する案件も考成の適用対象であった。特に「盗案」（窃盗案件）の処理については、期間内に犯人を逮捕することが求められた。それができなければ、「疎防」の罪に問われ、状況に応じ「住俸」「降級調用」「降級留任」、および「革職」などの処分を科される。康熙十五年（一六七六）頃、江南嘉定県で殺人事件が発生した。知県の陸隴其は、証拠が乏しいから、「是盗是仇、未可遽定」（強盗殺人なのか仇殺なのかはすぐ断定できない）、と「実報」した。その後、「真盗」の犯人が逮捕された。これを受けて、「部議」は、最初から「盗」と明確にしなかった陸隴其には「諱匿」の疑いがあるとして、「例」を引いて彼を「革職」した。このように、康熙九年（一六七〇）で進士に合格し、十四年（一六七五）七月に嘉定県に着任してわずか一年あまりで、陸隴其は失職してしまった。[18] この事案からは、盗案に対する考成運用の実態が読み取れよう。

行政現場での運用拡大につれて、考課規定の整理も行われた。

康熙九年（一六七〇）、湖広道監察御史李之芳の提言により、清朝政府は、処分の規定を「徹底釐定」する作業に入った。その後、康熙十二年（一六七三）と二十五年（一六八六）に、改正して増訂した「処分則例」が公表された。[19] この間、官僚に対する締め付けがさらに強化された。康熙二十二年（一六八三）十一月十八日、「九卿詹事科道」官らは皇帝の命令を受けて、案件処理所要期間の短縮と部下への監督強化を提案した。つまり「人命事件」の「審結」は「原限一年」を「六個月」に、「州県官自理事件」の「完結」は「原限一月」を「二十日」にするとし、その期限を過ぎて処理できなかった州県官、そしてその州県官を摘発しなかった総督巡撫の責任を問い、「議処」するとされた。[20]

康熙二十年代より雍正の初年に至るまで、官僚の考課に関する規定が絶えず蓄積され、人事考課の現場で適用されていった。このように、官僚、とりわけ行政の末端に位置する州県地方官、および彼らを監督する立場に位置する督撫や知府は、頻繁に懲戒や処分を科される状況になっていた。たとえば、雍正元年（一七二三）二月、吏部は計百八十七事案、延べ三百四十七名の地方官を「議処」して処分した。[21] こうした運用経験をもとに、雍正の末から乾隆の初頭にかけて新たな『欽定六部処分則例』が相次ぎ公刊され、清代の官僚考課制度は次第に整えられていった。[22]

二　制度の特徴

清代では、犯した過失の内容や程度などによって、官僚はそれぞれ「罰俸」（一ヶ月から二年）、「降級」（降一級留任から降五級調用）、「革職」（革職留任から革職永不叙用）、計三種類十八級の処分を受ける。このほか、「住俸」（俸禄の一時支給停止）と呼ばれる罰俸より軽い処罰もあった。[23] その考課制度の特徴について簡単にまとめよう。

第一に、綿密な処分規定。「処分則例」によれば、処分は行政のさまざまな面に行き渡っていることが分かる。たとえば、官印の紛失が報告されれば、当の正印官は直ちに「革職留任」と処分され、官印の発見に全力をあげなければならない。彼は五日以内にその紛失した官印を見つけることができれば、「革職留任」の処分が解除される。さらに、その官印の不正使用があったかどうかによって、「降一級調用」（窃盗者による不正使用なし）または「降二級調用」（窃盗者による不正使用あり）の処分を受けることになるとされる。(24)

第二に、処分の加算。一例を挙げよう。無錫県知県だった李玫は徴税責任者として、在任中、「学租追徴」（九案）・「虧空追徴」（四案）・「牙税追徴」（二案）・「駅站追徴」（二案）・「那移追徴」（一案）・「兵米追徴」（一案）・「軍需追徴」（一案）を全額徴収することができなかった。そのため、吏部は「例」に照らし、李玫に「毎案罰俸一年」、つまり計二十案＝二十年分の俸禄を罰俸することを議して裁可された。李玫は、「例監」出身で、雍正元年（一七二三）七月に無錫県に着任してから、在任期間はわずか二年余りに過ぎなかった。これらの徴税事案は、ほとんど歴代の前任者が残したものであり、十年以上前の旧案もあった。にもかかわらず、罰せられる俸禄の年数が在任期間の年数をはるかに上回る、ということから、人為的な要素が排除されたかもしれないが、処分は過失の件数に応じて機械的に加算されるものであったことが分かる。(25)このような事例は枚挙に堪えない。

第三に、処分の連帯責任。一人の官僚が処分されると、必ずその上司または部下の責任を問い、連帯責任を負わせることになる。たとえば、州県で「盗案」が発生すれば、その知州知県は現場責任者として犯人逮捕に努めるほか、その州県を管轄する知府および道員もそれぞれの責任を負わせられる。所定期間内に犯人の逮捕ができなければ、現場責任者の知州知県は「住俸」ないし「降一級留任」などを科されるが、知府や道員は少なくとも「罰俸六個月」を科されるのである。(26)たとえば、雍正三年（一七二五）十月二十九日夜、河南省遂平県蔡崗店地方に住んでいる生員徐志彤の家に強盗が押し入って、「銀銭衣飾」を奪って逃げた。この案件は、発生してから四ヶ月を経過してなお検挙できなかったため、河南巡撫田文鏡は雍正四年（一七二六）四月二十一日に、遂平県典史と知県、および汝寧府知府と分巡道を「疎防」の罪で「題参」した。(27)その典史と知県は、言うまでもなく現場責任者であり、残りの二人はその上司であった。

第四に、徹底した責任追及。清朝時代では、行政の責任者に対し、治下のあらゆる案件の検挙摘発を求めていて、責務を果たさない者が処分される。たとえば、「盗案」の場合、発生してから最長四年四ヶ月の時点で、犯人の逮捕をなお果たしていない知州知県は、「降一級調用」を科されるが、後任の知州知県はなお犯人逮捕に努めなければならないとされる。このような処分規定から、清朝時代における考課制度の精神が読み取れる。つまり、検挙できない案件は存在しないとされ、それを解決できなかったのは、関係官僚の過失や無能によるものとされる。この場合、当然その関係官僚に処分が与えられねばならない。言い換えれば、案件を解決する以前に、案件が発生したこと自体が関係官僚の過失や無能とされ、それを解決し犯人を逮捕することは、自らの罪をあがなうものであるという。

われわれは、以上の四点から清朝官僚の勤務環境を想像できるだろう。考課制度のもとで、行政の現場で何らかの事件や案件が発生するならば、現場の責任者のみならず、その上司ないし関係官僚のすべてが責任を問われ、何らかの処分を受けることになる。つまりいくら励んで職務を全うしようと努めても、部下や関係者が原因で何らかの処分を受ける可能性がある。清朝時代の官僚たちが、このような空気のなかで勤務していて、官界に入ってから無傷で「致仕」（定年）を迎えられる者はけっして多くなかった。官僚の「銜名」（肩書き）にある「降八級又降七級又降六級留任」、「降一級留任又降一級留任又降一級留任又降三級留任又降六級留任」[(28)]のようなものから、彼らが頻繁に処分されたことが分かる。

三　処分の解除

官僚たちが受けた処分は、「開復」または「抵銷」により解除される。「開復」とは、処分されてから一定の時間（「降級留任」は三年、「革職留任」は四年）を経過し、またはその職務を無事に果たして、かつ新たな「議処」される事案がなければ、その処分が解除される制度である。功績を挙げた場合、開復することもできる。「抵銷」とは、官僚のもつ「加級」が処分と相殺しうる仕組みである。(29)

右記二つの方法には、共通する部分があった。つまり、一定の期限を無事に過ごすかまたは一定の功績を挙げることが必要とされていた。その「一定の功績」を立てる可能性はけっしてないとは言えないものの、処分の関係規定を読めば分かるように、いつ処分されてもおかしくない空気が漂っている清朝時代の官界では、何らかのことでさらに処分を受ける可能性のほうがはるかに高かった。また、「開復」を待っている間にさらに処分されない保証はない。

処分を受けている官僚たちにとって、もっとも切実な問題は、自分の昇進である。たとえば、「罰俸」で俸禄をもらえないということより、罰せられる俸禄を完納するまでには陞任や調任の人事が凍結されるため、普段通りの昇進が期待できなくなる。(30)官僚たちにとって、受けた処分を一日でも早く取り消すことは、荷を降ろして官界で生き残るための最低の条件であると言えよう。上述した李玟のケースで分かるように、彼は罰せられた二十年分俸禄の全額を完納しなければ、陞任（昇格）あるいは調任（横滑り）はほぼ絶望的なものになってしまったに違いない。離任をともなう「降級調用」などを課される場合、問題はさらに深刻である。その処分を「抵銷」できる「加級」や「記録」がなければ、あるいはその処分が「銭糧」などにかかわる「抵銷」のできないものであれば、最低でも数年先の「開復」になるまで待つしかなかった。しかも、その「開復」は人事の解禁を意味するもので、本来の地位を回復する約束ではなかった。

いずれにしても、清朝時代の官僚にとって、処分をいち早く解除するのはとても重要なことである。つまり、かなり長い年月、かなり大量の財力やエネルギーを注いで、やっと一定の官位に登った官僚が、処分で昇進停止ないし降職や罷免になると、長年の努力と投資はすべて無意味のものになってしまい、これまで歩んできた人生の道が突然中断してしまうのである。この意味で、官僚の一部は、「開復」以外に、簡単かつ迅速に処分を解除できる手段を期待したことが分かる。下降移動をなるべく最小限にとどめたい官僚が多く存在するということは、彼らを対象とする捐復制度の実施環境と言えよう。以下では、清代における捐復の成立を見てゆきたい。

第三節　清代における捐復制度の成立

一　清代捐復の創始期―康熙十四年～乾隆三十年

清朝時代の捐復は、康熙年間に創始されたものであった。康熙十四年（一六七五）から乾隆三十年（一七六五）までは、明朝のやり方を踏襲して、政府が必要な時にだけ捐復の実施を行った。

清代において捐復実施のきっかけとなったのは、三藩の乱であった。康熙十二年（一六七三）末、三藩の乱が発生したことを受けて、清朝中央政府は、軍事費の調達に奔走し、ありとあらゆる手を尽くして財源の開拓に努めていた。康熙十四年（一六七五）、清朝政府は、それまでにない最大規模の捐納、通称「乙卯捐例」を実施した。この捐例の項目のなかに、貢生や監生のほか、実官の任官資格と選任の優先権、および捐復が含まれている[31]。繆荃孫によれば、捐復の基本規定は以下のようなものである[32]。

まずは捐復の資格である。それは、①職務上の過失で革職処分を受けた、四品以下の京官と道員副将以下の外官、②いわゆる「江南奏銷案」で革職処分を受けた地方官、身分を剥奪された進士、挙人、生員であった。次は

表-6-1　康熙十四年乙卯捐例捐復条項

身　分	捐復基準	捐復項目
在京四五品満漢文武官、翰林吏部官／在外道員、副将	銀6,000両	原品録用
知府	銀5,000両	
在京満漢六品以下／在外運同、参将以下	銀2,500両	
文武進士	銀1,500両	復還補用
挙人	銀800両	
貢監	銀200両	
生員	銀120両	

史料出典：繆荃孫「雲自在龕筆記」『古学彙刊』第四編 下冊 六ａ～ｂ頁。

捐復の基準である（表-6-1参照）。この基準に従って所定額の銀を納めれば、革職した官僚は、「原品」で再び登用され、学位を褫奪された者は、その出身資格を再び与えられるようになった。

しかし、『雲自在龕筆記』に収録されているのは、「乙卯捐例」の全容ではない。そこに記している「革職」のほかに、「降級調用」も捐復の対象であった。康熙十一年（一六七二）、順天郷試副考官に任命された翰林院編修の徐乾学は、「漢軍巻」を「遺取」したことを理由に「降一級調用」の処分を受けた。三年後の康熙十四年（一六七五）、彼は捐例に従い「原級」を捐復し、編修に復帰したという[33]。このように、「降級調用」と「革職」の処分を受けた者に対し、捐復による処分解除の道が開かれるようになった。

康熙十七年（一六七八）八月に呉三桂が死んだあと、「三藩の乱」が次第に鎮圧されたことを受けて、清朝政府は、旧三藩地域における善後処置のため、現地で捐納を実施させた。康熙十九年（一六八〇）に実施された「貴州捐納事例」はその一つであった。その項目は、「乙卯捐例」から継承してきた貢監の入学資格、実官の任官資格、実官の選任優先権、加級、記録のほか、捐復も含まれた（表-6-2）。

「乙卯捐例」に比べれば、「翰林吏部官」が捐復の対象から外され

表-6-2　康熙十九年貴州捐納事例捐復条項

身　分	捐復基準	捐復項目
原任在京四五品文武官員	糧二〇〇〇石・草十四万束	官員原職録用
原任在外道府副将		
原任在京六品以下文武官員	糧八〇〇石・草五万六〇〇〇束	
在外運同、同知通判以下		
革斥文武進士	糧四〇〇石・草二万八〇〇〇束	復還
革斥挙人	糧二〇〇石・草一万四〇〇〇束	
原係貢生・監生	糧四〇石・草二八〇〇束	
降級調用文武官員	糧一六〇石・草一万一二〇〇束	復還原級録用

史料出典：（清）鄂海『六部則例全書』戸部則例 巻下 捐叙 八一a～八三b頁。

たこと、捐復基準は「銀」ではなく、「糧」や「草」に指定されたことが分かる。捐復者は、この「事例」の規定に従い、「乙卯捐例」と同じように「原職」あるいは「原級」を捐復することができた。『六部則例全書・戸部則例・捐叙』の記録によれば、清朝政府は、康熙二十年（一六八一）以後さらに捐復を実施した（表-6-3）。

以上で見られるように、康熙年間の捐復は、捐納で「降級留任」「降級調用」「革職」「罰俸停陞」の処分を解除されるものを中心に、ほとんど一時的な「政策」であり、「現行事例」のような固定化された「制度」ではなかった。つまり、明朝型の捐復を踏襲して、必要な時期に実施されるものであった。このような臨時性の捐復「政策」は、雍正年間を経て乾隆の中期にかけて断続的に実施されていた。

表-6-3　康熙二十八年以後捐復表

実施年代	事例名	捐復対象
康熙二十八年	直隷捐納事例	降級留任
康熙二十八年	山西捐納事例	降級留任
康熙三十年	大同張家口捐納事例	因公詿誤革職 降級留任
康熙三十年	甘粛捐納事例	因公詿誤革職 降級留任 黜退進士挙人貢監
康熙三十一年	西安捐納事例	降級調用
康熙三十四年	通倉運米事例	降級留任
康熙四十三年	山東捐納事例	罰俸停陞 降級留任
康熙四十五年	捐馬事例	降級 革職
康熙五十年	戸部捐銀事例	因公詿誤降級調用 因公詿誤革職

康熙五十二年	福建開捐事例	罰俸停陞
		降級留任
		革職留任
		黜退進士挙人貢監
康熙五十三年	広東広西捐納	罰俸停陞
		降級留任
康熙五十三年	甘粛糧草事例	因公詿誤革職
		降級留任
康熙五十三年	江南常平倉事例	罰俸停陞
		降級留任
康熙五十六年	甘粛湖灘河所捐例	降級留任
		虧空解任
		虧空革職
康熙五十八年	大同宣府餵養駝馬捐例	罰俸停陞
康熙五十八年	西鳳捐補運米脚価事例	降級調用
康熙五十八年	湖灘河所捐駝事例	罰俸停陞
		革職留任
		革職

康熙六十年	雲南捐補事例	降級留任 降俸降級停陞任

史料出典：（清）鄂海『六部則例全書』戸部則例 巻下 捐叙 八四b～一三三b頁。

雍正十三年（一七三五）六月、戸部は「予籌糧運事例」の実施規定を上奏した[34]。そのなかで官僚の捐復については、総督巡撫が「特参」した「凶悪」の者を除いて、革職の処分を受けた者は「原職」を捐復することができるとされる。

乾隆帝は即位して間もなく、監生の捐納を恒常化させた一方で、他の捐納を停止させた。その後、乾隆帝は、貢生や「封典」といった国家の資格を栄典をも常時に捐納できるようにしたが、捐復については、乾隆帝は康熙帝以来の政策を継承し、事案ごとに実施させた。

乾隆九年（一七四四）五月、直隷地域で水害が発生した。災害対策の一環として「直賑事例」が実施されることになり[35]、その規定のなかに捐復が含まれている。それによれば、捐復の条件は、「京職外任降（降級留任と降級調用）革（革職）人員」で、しかも「公罪」で処分され、「余罪」がなかったものであったことが分かる。七月になって、吏部は、戸部より送付された捐復者の関係書類を「逐一察核」したところ、捐復対象の範囲をさらに拡大する案を上奏した。たとえば、それまで捐復を許されなかった「私罪」で革職処分を受けた者も、「余罪」のないことを条件に捐復を許された、という[36]。

その後、「新江賑例」（乾隆十一年（一七四六））、「河工事例」（同十九年（一七五四））、「豫工事例」（同二十六年（一七六一））などが相次ぎ実施された。これらの「事例」にはすべて捐復についての規定があった[37]。この間、吏部が捐復事案を報告する題本のなかで使われている「暫開」の用語などからも、捐復は一時的な政策として実施されたことが読み取れよう[38]。

二　清代捐復制度の成立期—乾隆三十年～三十五年

(1) 外補制度補完の提案

以上で見たように、乾隆年間の中頃までに、処分の捐復は、貢監捐納のように常時に実施されるものではなかった。それを恒常化したきっかけは、外補制度の運用から生じた「人地相宜」、つまり適材適所での人材使用ができない、という矛盾であった。

外補制度とは、中央吏部での銓選のほかに、各省が一部の府州県地方官ポストを候補官に充てる制度であった。但し、康熙年間の後半から始まった外補制度の運用は、思わぬ壁——考課制度——によって制限され、地方の督撫がせっかく入手した人事権を思いのままに使用することができなかった。

すでに紹介したように、清朝の考課規定は非常に綿密なものであり、当の責任者一人の責任を追及するとともに、関係者に対して連帯責任を徹底して追及する。しかも、いったん処分を受けると、その官員が「開復」されるまでに人事の異動は原則として認められないとされる。このように、本来は「適材適所」という理念から生まれた外補制度のもとでは、督撫は、その「適所」なポストに「適材」の人物を任命することができず、結局、その人事権は拘束されてしまった。この意味からすれば、少なくとも乾隆年間前期の外補制度は、なお不完全なものであることが分かる。

この外補制度の不備をはじめて指摘したのは、地方の督撫であった。

乾隆三十年（一七六五）八月五日、河南巡撫阿思哈は、「因公参罰有礙陞調」を理由に上奏した。そのなかで、阿思哈は、まず外補で使える官員の資格要件として、歴任三年ないし五年の間に、処分を受けていない者でなければならないことを説明した。そして、考課制度のもとでは、「因公議処」をなかなか免れることができないため、「精明強幹」の者は「公罪」で「降革留任」を「議処」されるため、必要な時に彼らを任命することができないのに対し、その処分を受けていないのが、ほとんど「簡僻小邑」での「才具中平」の者に過ぎない、という地方の現状を報告した。結局、則例の規定に合致し、職務に堪えうる人材をなかなか得られないこと、「降革留任」の処分があれば、吏部がその人事案をすぐ却下してしまうことなど、外補制度運用中の問題を明らかにした。

この問題の解決方法を述べる前に、阿思哈は、「革職降調」の処分を受けた者は、時には引見で「聖恩」を蒙り復職した事例があったのに、それより軽い「降革留任」および「展参」での延期処分を受けた「能員」は、かえって「入選」することができないのが「惜しむべき」ことである、と指摘した。その上、阿思哈は、「要缺得人」のため、「因公罣誤」され、「降革留任」の処分と「展参」での延期処分を受けた者が、「随時捐復」できるよう提案した。なお、吏部の立場を配慮したかたちで、「特参」で「降革離任」した官員は対象外とし、捐復の基準・規定などについては吏部の判断に従う、とした(39)。

乾隆帝が阿思哈の上奏を見たのは八月十五日であった。軍機処の記録によれば、その日、皇帝が見た四十三通の上奏文のうち、そのほとんどが「知道了」と硃批したのみであったのに対し、「該部議奏」と硃批したのは、この阿思哈の上奏文のみであった(40)。詳細は分からないが、この上奏文が皇帝の目にとまったのは、おそらく乾隆帝が、外補制度運用中の「適材適所」問題の重要性に気がついたからだろう。

吏部は皇帝の指示を受けて、阿思哈の提案を検討した結果、九月八日に報告した。そのなかで、吏部は「降革留任」の常時捐復を認め、捐復するには北京で手続きをとらねばならないとした一方で、彼が提案した「展参」による延期処分の捐復について、「展参」処分が犯人の逮捕にかかわる重要性を理由に反対した。このように、地方督撫の提案により、「降革留任」の常時捐復が成立することとなった(41)。

（2）「推広捐復之例」の認可と捐復の恒常化

しかし、この時にいったん確立された捐復の規定は、恒常化した制度とはならなかった。乾隆三十三年（一七六八）六月十九日、陝西道監察御史の金雲槐は、処分された者が直ちに捐復を行うことを「為期太驟」と批判して、処分を受けてから一定期間以内の捐復を禁止するよう上奏した。これを受けて、吏部は、「因公降革留任」に処分された者の「陞補」について、「捐復」を停止させ、「専摺奏聞」、つまり皇帝の判断に委ねる方法を提案して、認められた。このように、乾隆三十年より随時に捐復できる制度の実施が中止されることになった。[42]

乾隆三十五年（一七七〇）になって、乾隆帝は「現行事例」をさらに拡大する方向で、自らこの問題をもう一度提起した。

その年の十月十一日、乾隆帝は、捐納の実施を「究於事体非宜」（国の人事行政のあるべき姿にとってきわめて宜しくないこと）と認めながら、すでに恒常化した「貢監」と「封典」に加えて、「虚銜」と「降革留任」の「捐復」の捐納を肯定する発言をし、その正当性について、こう述べている。[43]

職務上の理由で「降級留任」と「革職留任」の処分を受けた官員は、完全に排斥すべきものではなく、その留任を認めるべきである。ところが、いったん処分を受けると、その官員は昇進と転任ができなくなり、数年後の開復を待たなければならない。これらの官員のなかには有能な人材があり、些細な過失で数年間昇進ができないのは残念である。故にその捐復を許し、改心させたうえで職務に邁進させるべきである。

という。これは、乾隆帝が捐復を恒常化させようとした論理であった。乾隆帝がここで述べたことは、阿思哈が数年前に上奏で述べたこととまったく同じであった。このように、乾隆帝の独断で「降革留任」（「降級留任」と「革職留任」）の捐復が「現行事例」の一項目として固定され、常時に実施されることとなった。

乾隆帝は上記の上諭で「降革留任」以外の処分の捐復について言及しなかったが、その上諭の本音、①「現行事例」の項目をさらに拡大すること、②捐復可否の基準を「因公」、つまり公務執行にともなう過失とすることをすぐ理解した官僚がいた。十一月二十日、大学士尹継善らが乾隆帝の指示に従い、「降革留任」の捐復規定などを上奏したことを受けて、監察御史袁鑒は十一月三十日に、「皇仁」をさらに「公罪」によって「降級調用」と「革職調用」の処分を受けた者に「推広」しようとして、「推広捐復之例」を上奏した。ここでいう「推広」とは、捐復の適用範囲をさらに拡大することである。その日、乾隆帝は「原議大臣」の尹継善らに対し、袁鑒の提案を検討して報告せよ、と命じた。尹継善らは議論した結果、「降級調用」や「革職調用」の処分を受けてすでに「離任」した者が、「降級留任」「革職留任」の処分者に比べ処分軽重の「不同」はあるものの、そのなかの「事属因公」または「牽連被議」で処分された者、しかも「急恩報効」させるべき者に対しては、常時に捐復を許すべきである、と十二月二十一日に上奏して、即日に裁可された。このように、袁鑒が提案した「推広捐復之例」はほぼそのまま認められ、「降級調用」と「革職調用」も、常時に捐復できる項目として「現行事例」のなかに組み込まれた(44)。ここで言う「調用」とは、「他ノ地位ニ更換スル(45)」ことであり、要するに一度の離任がともなう処分であった。これがゆえに、「降級調用」は「降級離任」または「降調離任」、「革職調用」は「革職離任」と呼ばれたのである。

「降級調用」（降級離任）の捐復については、①処分後、「加級記録」による「抵銷」を禁じられた者、②「翰詹科道侍衛以上」の京官、③「藩臬総兵以上」の外官、④京察大計などで処分された者、などを除いて、「捐復原官補用」が許された。つまり、上記した①～④の者を除く「公罪」で「降級調用」の処分を受けた者は、捐納をして「原官」に復帰することができるという。たとえば、「降級調用」に処分された知県が捐復する場合、「降」される「一級」の捐復基準額は銀九百両であった。それ以上の「降」される「級」があれば、その捐復基準額

（銀九百両）のほかに、「一級」に付き銀五百両（つまり、降二級の捐復額は九百両＋五百両＝千四百両）を捐納すれば、「原官」に復帰することができる。地方文官の降級離任捐復の基準について、**表-6-4**を参照されたい。

表-6-4　乾隆三十五年地方文官降級離任捐復基準

捐復者ポスト	捐復一級	さらに一級毎に
道員	一四〇〇両	七〇〇両
知府、運同	一二〇〇両	六〇〇両
同知	八〇〇両	六〇〇両
直隷州知州	一〇〇〇両	七〇〇両
運副、通判、提挙、運判	七〇〇両	四〇〇両
知州、知県	九〇〇両	五〇〇両
—以下省略—		

史料出典：中国第一歴史档案館蔵清代寧古塔副都統衙門档案 第九十四号。

「革職調用」（革職離任）の捐復については、①「特旨」で「革職」された者、②「翰詹科道侍衛以上」の京官、③「藩臬総兵以上」の外官、④京察大計などで処分された者、⑤「永不叙用」の処分を受けた者、などによる捐復が禁止されたが、「革職調用」の処分を受けたものの、「職銜頂帯」を「賞給」された者は、「降等捐復補用」、つまり処分前の「原官」より「一等」下のポストを捐復することが許される、のである。たとえば、「革職調用」された正四品の道員は、銀三千八百両で「一等」下の正五品の直隷州知州を捐復することができる。地方文官の革職離任捐復の基準について、**表-6-5**を参照されたい。

表-6-5　乾隆三十五年地方文官革職離任降等捐復基準

捐復者原級原職	降等捐復ポスト	捐復基準
正四品道員	正五品府同知	三五〇〇両
	正五品直隷州知州	三八〇〇両
従四品知府、運同*	従五品知州	三五〇〇両
	従五品提挙	三二〇〇両
正五品同知、直隷州知州	正六品外府通判	三〇〇〇両
従五品知州、運副、提挙	従六品布政司経歴、理問、州同	一八〇〇両
正六品京県知県、外府通判**	正七品知県	三二〇〇両
	正七品按察司経歴	一三五〇両
従六品布政司経歴、理問、塩運司運判、直隷州州同、州同	従七品布政司都事、塩運司経歴、州判	一三五〇両
正七品知県、府教授、按察司経歴、京県県丞	正八品按察司知事、府経歴、県丞	七二〇両
	正八品州学正、県教諭	五二〇両
—以下省略—		

史料出典：中国第一歴史档案館蔵清代寧古塔副都統衙門档案 第九十四号。
＊正印官の経験を持たない運同は、知州の報捐はできない。
＊＊正印官の経験を持たない外府通判は、知県の報捐はできない。

この表で見られるように、乾隆三十五年に成立した「革職調用」（革職離任）の捐復は、「降等捐復」であった。つまり捐納で原級原職を回復することではなく、その「一等」下のポストの「開復」という資格を得ることができた。その捐復をした者は今度、「開復班」の一員として吏部の月選に参加して登用されることを待つことになった。嘉慶二十四年（一八一九）、「武陟河工事例」が開かれる際に、「降等捐復」の規定が改められた。それを受けて、革職離任の処分を受けた者は、「降等捐復」よりさらに高い基準に従って捐納すれば、原級原職を回復することができるようになった（表6-6）[46]。

なお、以上で述べた「降級調用（降級離任）」と「革職調用」（革職離任）が捐復できないものとされない「藩臬総兵以上」の外官とは、布政使、按察使、総兵官を指すに違いないが、「翰詹科道侍衛以上」の京官については、少し説明したい部分がある。「科道」とは官僚の監察を担当する六科給事中と監察御史であり、捐復の対象から外れるのは当然のことと言えよう。「侍衛」とは、皇帝の警護を担当する近衛兵のことである。問題は「翰詹」にある。「翰」は翰林院、「詹」は詹事府、いずれも「清要」の職である。ただこの二つの衙門にあるすべての官が捐復の対象ではなかった。乾隆三十五年の規定によれば、捐復の対象となっ

表6-6　嘉慶二十四年地方文官革職離任捐復基準

捐復者ポスト	革職離任捐復基準
正四品道員	八〇〇〇両
従四品知府	六六四〇両
従四品運同	六〇〇〇両
正五品直隷州知州	四二二五両
正五品同知	三五二五両
従五品知州	三二〇五両
従五品運副、提挙	二四〇〇両
従六品運判	二〇八〇両
正六品通判	一九四〇両
正七品知県	二六四五両
従六品	八六五両
—以下省略—	

史料出典：『現行常例』捐復降革離任　五五b～五六a頁。

たのは翰林院の典簿（従八品）、待詔（従九品）と孔目（従九品・満缺／未入流・漢缺）、および詹事府の主簿（従七品）であったことが分かる。要するに、「文移案牘」を司る品級の低い者を除いて、翰林院の修撰などのような「国史、図籍、制誥・文章ノ事ヲ掌ル儒臣ノ華選ト号ス」者が、その捐復の対象ではなかったのである。[47]

「降級調用」（降級離任）と「革職調用」（革職離任）の捐復は「離任」した者を対象とする制度であるため、そのすでに「離任」して、捐復の基準に従い捐納して処分を解除してもらった者は、吏部での月選を待つことになる。彼らは、さらに「応補班」のような資格を捐納すれば、より早くポストに就くことが可能であった。たとえば、捐復をして「開復班」で月選を待つ知県は、さらに銀六百両を「加捐」すれば、「開復班」より先に銓選される「応補班」に入る候補資格を入手できる、という。

このように、乾隆三十五年（一七七〇）になって、「降革留任」と「降革離任」の捐復はようやく恒常化された。[48]その後の乾隆四十年（一七七五）に、捐復は常時に捐納できる「常捐例」つまり「現行事例」のなかに組み込まれることになり、[49]清末まで実施されていた。道光年間の『現行常例』（道光二十九年〔一八四九年〕）、同治・光緒年間の『増修現行常例』（同治十年〔一八七一年〕）などには、いずれも捐復の規定がある。[50]道光年間以後の捐復制度の構成については、**表6-7**を参照されたい。

表-6-7　清代文官捐復制度（道光二十九年）

捐復分類	文職	説明
①捐復降（級）革（職）留任	在京文職捐復降級留任	捐納によって原級原職を回復することができる。
	在外文職捐復降級留任	
	在京文職捐復革職留任	
	在外文職捐復革職留任	
②捐復降（級）革（職）離任	在京文職捐復降級離任	捐納によって原級原職を回復することができる。
	在外文職捐復降級離任	
	在京文職捐復革職離任	
	在外文職捐復革職離任	
③降（級）革（職）加五捐復	京外文員降級留任加五捐復	「降革留任」の処分を受け、「展参」を適用できない官員は、「降革留任の基準より1・5倍の金額で捐納して、原級原職を回復することができる。
	京外文員革職留任加五捐復	
④捐復原銜	在京文職捐復原銜	「革職離任」の処分を受け、②の適用を許されなかった者は、原銜のみ捐納で回復することができる。
	在外文職捐復原銜	
⑤捐復原資	文進士挙人貢監生員	褫奪された出身資格を捐納で回復することができる。

史料出典：『現行常例』捐復降革留任、同 捐復降革離任、同 降革加五捐復、同 捐復原銜、同 捐復原資 四一 a～七五 a頁

三　捐復の一般手順

乾隆三十五年（一七七〇）、捐復は制度化され、常時に捐納できるようになったが、捐復の手順は基本的に康熙年間以来の方法を踏襲した。以下では、史料を総合してそれを簡単に紹介したい。

【申請】捐復者本人が、捐復申請の呈文を吏部に提出する。そのなかで、捐復申請者は、任官履歴のほか、処分を受けた事案、本件以外の処分、および任期中で三百両以上の未納銭糧の有無を声明しなければならない。

【審査】その呈文を受けとったあと、吏部考功司は処分の経緯、戸部は「欠項」の有無を確認する。その結果を踏まえて、吏部は、「応准応駁」の原案を作成し、月に一度「彙奏」し、捐復申請者を謁見させて、皇帝の裁可を仰ぐ。

皇帝は、吏部が上奏した原案をもとに、捐復申請の許可を最終的に判断する。皇帝が許可した場合、吏部はその旨を捐復申請者と戸部に知らせる。

【納付】捐復申請者は、皇帝の聖旨を受けた日より三ヶ月以内に、「捐項」、つまり金銭を戸部に納付しなければならない。戸部は捐復申請者の「捐項」を受け取ったあと、その人に対し「執照」を発行するとともに、咨文で吏部に「知照」する。

【請旨】吏部は、戸部の「知照」を受け、月に一度「彙奏」を行い、皇帝に対し処分の解除を最終的に申請する。このなかで、吏部は、捐復申請者ごとに処分された経緯、納入した金銭の数を報告する。たとえば、乾隆四十二年（一七七七）九月十八日、吏部は同年六月二十九日～七月三十日に「納付」をした官僚一一名の処分解除についての原案を上奏し、その処分の「査銷」許可を求めた。そのなかに、「革職」処分を受けた知府、筆帖式、知県、典史、または「降級調用」処分を受けた同知や主事などが含まれている。処分を受けた事案は、「題本行文関係死罪事件、草卒填発」(死罪についての題本などにはミスがある)から、「絞犯在監自縊」(死刑の判決を受けた犯人は監獄で自殺した)まで様々であった。この原案に対し、皇帝が「依議」との聖旨を出せば、処分は最終的に解除されることになる。(51)

【候補】「降級留任」と「革職留任」の処分を受けた官員は、ここまで来ることができれば、処分が解除され、処分される以前の状態に回復することができたと言えよう。ただ、「降級離任」や「革職離任」の処分を受けた官員は、処分の解除はできたが、ポストに就く状態に回復することはまだできなかった。つまり、「離任」した彼は捐復した時点でただの官僚の有資格者に過ぎないため、所定の人事銓選手続きをとらなければ、ポストに就くことができないのである。そこで、「降級離任」と「革職離任」の処分が解除された者は、もう一度最初からポストの空きを待つことになる。

この方法は、官僚系統の内部で時間がかかる一方、些細なこと(書類の不備など)で却下される可能性も否めないため、督撫による皇帝への直接申請は、よく使われる捐復の申請方法であった。本人の代わりに、任地の督撫は、その人が処分された理由、捐復させる理由とその必要性を上奏し、皇帝の許可を直接伺う。通常、皇帝はまず吏部に審議させるが、そこで許可されれば、捐復者本人に対し、捐復申請の呈文を戸部に提出するよう指示する。先の方法に比べて、時間の節約というより、皇帝の許可を盾に速やかに捐復できることが一番のメリットであった。

しかし、こうした方法は、督撫とその捐復したい者との間に、請託や賄賂などの不正を生ずる可能性が非常に高いものとして、吏部は何度も批判した。たとえば、乾隆五十六年(一七九一)、江西巡撫の姚棻が上奏して、管轄下の県で発生した犯人が監獄から逃走した事件で「降一級調用」の処分を受けた九江府知府だった達桑阿のために、知府の捐復と「留省補用」を申請した。これに対し、吏部は、「監犯越獄、案情較重」(監禁中の犯人が脱獄することで、過失の度合はやや重い）として、その申請を却下したうえ、地方督撫が「案情公私軽重」を許らず、処分された「属員」の捐復を申請することは「定例」に違反し、「僥倖」を啓く行為である、と批判して、今後、このような督撫の「奏請」があれば、吏部としてはすべて却下したい、と上奏した。乾隆帝は、吏部の判断を支持した。(52) 我々は、ここから吏部と地方督撫は人事権の掌握をめぐる格闘を見出すことができる。しかし、その後、地方の督撫による「属員」の捐復申請は後を絶たなかった。道光十二年（一八三二）に本人が自ら申請しなければならないという「例」が一応成立したが、状況はいっこうに変わっていなかったという。(53)

おわりに

以上で見てきたように、清朝時代の捐復制度は、康熙年間から乾隆三十年の間に明代のものを踏襲したのち、乾隆三十五年をめどに成立することになった。それから清末に至るまで、多少の変化があったものの、捐復制度は、捐納制度の「現行事例」を構成する一部分としてずっと存在していた。清朝の国家支配と社会に対し、この制度はどのような影響をもたらしたのか。以下、所見をのべて結論とすることにしたい。

まず、注目したいのは、考課制度と捐復制度の併用によってもたらされた影響である。必ずしも意図的に行われたとは言えないが、奇しくも捐復制度と考課制度はともに整備され、併用されてきた。一方では、考課制度の規定も運用も次第に厳しくなり、他方では、「公罪」で処分された者を対象にする捐復も一時的な「政策」から国家の一「制度」として定着してきた。考課制度の運用を通じて、官僚の綱紀粛正をはかるのに対し、「開復」以上に処分をなるべく早く解除できる方法も用意し、官僚に「自新」「自効」の道を与えるのは、「寛」「厳」を併用し、「恩」「威」を兼ねて施すものである。これは中国の歴代王朝における理想的な支配手法とされてきたやり方であり、考課制度と捐復制度の併用は、まさにこれにあたる。しかし、乾隆年間とそれ以後の「吏治」の状況を見れば、この二つの制度がそれ自身の標榜する目的に達成したとは、とうてい考えられない(54)。

考課制度の目的は、目標をより具体的に設定し、時には具体的な数値（業務の所要期間、銭糧の完納比率など）を決めることを通じて、官僚たちの勤務状況を評価し、そして官僚人事と連動させ、権力と地位などを再分配する、というところにある。この意味からすれば、官僚にとって、考課制度は「公平」であった。しかし、捐復制度には、そのような「公平性」が著しく欠けていた。処分された者のうち財力のある者は捐復できるが、その財力のない者は、借金でもしなければ数年先の「開復」を待つしかなかった。結局、捐復制度は、官僚に対し蓄財を促すものになってしまった。財力があり捐復していち早く以前の地位を回復することができなければ、出世の道を閉ざされ、社会のなかでは下降移動になってしまったに違いない。

このように、処分された者に「自新」「自効」のチャンスを与えると標榜する捐復制度は、皮肉にも新たな処分候補者を再生産するための装置になってしまった。というのは、次のように考えることができるからである。

前近代の中国においては、制度の成立にあたり最高支配者が発した一言は、ときにはその制度存在のすべてであって、合理的かつ客観的な論証検討はほとんどなされなかった。また、個別の制度として、その設計はかなり厳密なものと言えなくはないが、個々の制度の併用によって、時には設計当初の意図にまったく反する結果となってしまう。考課制度と捐復制度の併用はその一例である。考課制度のもつ機能は、官僚の綱紀粛正を図る一方、業績目標の達成度に応じて強制的に脱落者をつくりだすものでもある。前近代中国では、この点をはっきり指摘する政治家がいた(55)。清朝時代の中国では、官僚予備軍の人数は、官僚ポストの何倍にも達し、官僚の採用昇進において「疎通」の対策を講ずることは、吏部にとって常に重要な職務内容の一つであった。本来、考課制度を利用して強制的に脱落者をつくりだし、より多くのポストを新人に提供することは不可能ではなかった。しかし、振り落としたはずの者は、捐復制度を利用して返り咲いた(56)。その影響で、官僚の昇進や新規採用がますます難しくなった。これは、清代中期以後、官僚人事の停滞を引き起こした重要な原因の一つとなったと言えよう。あえて言えば、本来、一部の「有能」な官僚を救済するための捐復制度であったものが、考課制度そのものを台無しにしてしまい、官僚制度全体に悪影響を与える惨憺たる結果となった。結局、考課制度と捐復制度の並存は、国の商売道具になってしまった。考課制度は、捐復の「市場」を確保するための装置となり、捐復の購入者、つまり処分され一時脱落した官僚の集団という「市場」をたえず開発して維持し、今度は、その脱落者たちは捐復制度を利用して地位を回復する。要するに、考課制度は、官僚の綱紀粛正のための存在というより、捐復制度を機能させるための存在となってしまった。

次に、捐復制度は督撫の人事権を強化する道具となったことである。創始期においては、明朝より継承してきた政策としての捐復は、緊急時の財政増収をはかる道具であった。しかし、成立期とそれ以後では、その財政増収の役割を継承する一方で、人事の道具としての役割ももつようになった。ただし、ここでいう人事の道具とは、国家のそれではなく、外補制度下の地方督撫の掌中にある道具である。外補制度は、中央吏部から独立した人事のピラミッドであったため、地方の督撫にとって、捐復は地方支配に必要な人材を確保する道具であった。すでに述べたように、捐復制度が恒常化するきっかけは、外補制度を思いのままに運用できない地方督撫の発案であった。地方での外補制度を運用するにあたり、督撫たちにとってはまだ処分を受けていない官僚がいることなどが必要条件であった。考課制度の実施により、現職で処分を受けていない地方官を見つけるのはなかなか難しい。しかし、外補制度の規定では、適当な人選のないポストは吏部に帰して銓選するとされるため、督撫の人事権は制限されてしまう。そこで、督撫は捐復の恒常化を提案し、そして属員のために捐復や「留省候補」を申請することを通じて、処分を受けた官僚を捐復させ、いつでも任命できるようにした。このように、督撫は、外補制度、言い換えれば彼らがもつ人事権の形骸化を回避しようとしたのである。われわれは、ここに地方督撫が人事権を掌中におさめ、その自己完結的な性格をもつ人事の小ピラミッドを確固たるものにしたい、という彼らの狙いを見出すことができる。この意味からすれば、捐復制度が確立した過程は、地方督撫の権力が拡大した過程でもあったと言えよう。

ところで、古今の支配者と同じように、「官邪」が「国家の敗」[57]をもたらす原因であるという常識は、清朝時代の支配者ももちろん持っていた。にもかかわらず、彼らはなぜ歴代の支配者がなしえなかった捐復を制度化し、捐納制度の実施に拘っていたのか。財政面の配慮は言うまでもないが、その根本的な原因は、おそらく彼らの政治哲学、つまり政治思想と支配理念の深層にあると考えられる。この問題は今後究明すべき課題となるであろう。

本章では、清代における捐復制度の成立を考察して、捐復制度と考課制度の関連を明から清への、中国官僚制度史の流れの中に位置づけようと試みた。ただし、官僚への懲戒処分全体像の把握という観点から見れば、さらに研究しなければならない問題が少なくとも二つある。

一つは、刑罰（「律」による官僚懲戒）と処分（「処分則例」による官僚処分）の関係であり、もう一つは贖罪による懲戒処分の減軽である。特に贖罪については、宋代にその下地がほぼ出来ており、明代に至って多面的な展開を見せる、との指摘がある。[58]贖罪は、金銭などで罪や処分を軽減するという面に限って言えば、捐復との共通点があると思われる。清代の捐復については前代からあったこの金銭による贖罪との関連を念頭に置きつつ、さらに研究を進めてゆく必要があると考える。

注

(1) 本書第二・四章を参照。
(2) 織田万『清国行政法』第六巻 二三二～二三四頁。許大齢『清代捐納制度』(『明清史論集』所収) 八二頁。
(3) 高橋芳郎『訳注名公書判清明集：官吏門・賦役門・文事門』一二三～一二五頁。なお、宋代の官僚処分について、以下の研究を参照した。梅原郁「刑は大夫に上らず」『東方学報』(京都、京都大学人文科学研究所) 第六七冊 一九九五年三月 二四一～二八九頁。苗書梅『宋代官員選任和管理制度』四六六～四九一頁、同「宋代黜降官員叙復之法」『河北大学学報(哲学社会科学版)』一九九〇年第三期 三六～四一頁。
(4) 『(万暦)大明会典』巻十二 考功清吏司 考覈通例 二二八～二二九頁。『吏部職掌』考功清吏司 有司科 陞降定格 一七一頁。
(5) (清) 張廷玉 [ほか]『明史』巻七十一 選挙志 一七二一～一七二四頁。
(6) 車恵媛「明代における考課政策の変化」『東洋史研究』(京都、東洋史研究会) 第五五巻第四号 一九九七年三月 一～四〇頁。
(7) 拙稿「明代捐納制度試探」『明清論叢』第七輯 五五～八〇頁。
(8) 『明英宗実録』巻百八十八 景泰元年閏正月戊午 三八三六頁。「戸部奏大同宣府急缺馬草、民間供給不敷、請勅吏部暫令聴選官并承差有能輸草千五百束、辦事官輸草二千束者、即時用、応降者加輸千五百束、復其原職。」
(9) 『明英宗実録』巻百九十四 景泰元年七月戊辰 四一〇〇～四一〇一頁。「初、山西代州急缺糧餉。戸部奏允軍民有能自備脚力赴臨清官倉運米三百石至代州納者、給與冠帯。至是、有吏奏自願運米如軍民例、乞冠帯資格出身。事下戸部、議令在京辦事官吏承差、比軍民加米一百石、吏部聴選官、并在京當該吏典、及官応降等、吏応重歴者、加米五十石、倶自臨清運至代州。辦事官聴選官承差不拘資次除授、官応降等者復職辦事、當該吏典不待実撥考覈就給冠帯、応重歴者免重歴、亦與冠帯、倶撥辦事、満日循資格出身、候事平有糧之日停止。従之。」
(10) 『吏部職掌』文選清吏司 缺科 清理員缺 二三頁。
(11) 中国第一歴史档案館、遼寧省档案館『中国明朝档案総匯』無贓被冤官吏人等及有贓例無冠帯者送災荒去処納米還職著役冠帯例 第八七冊 九三～九八頁。
(12) 『明世宗実録』巻二百 嘉靖十六年五月戊申 四二一〇～四二一二頁。「時修飭七陵、預建寿宮、及内外各工凡十有九所、工所月費常不下三十万金、而工部庫貯僅百万。巡視科道以為言、上命各有事衙門従長会議。于是工部尚書林庭棉等会同吏戸礼兵諸臣議区処事宜六条。……一、議罪犯収贖。凡文武官吏監生公罪、及軍職立功等項、并軍民人等徒罪以下、倶准収贖有差。」

(13)『明英宗実録』巻百九十 景泰元年三月辛亥 三九〇二～三九〇三頁。「吏科給事中習敬言、内外官員先因貪淫酷暴罷為民者、令或自備鞍馬以贖官、或輸納草束以復職、名節既虧、廉恥莫顧、惟思多方科斂、朘生民之膏血、償自己之私債、激変之由、良以此也。乞令納草贖罪官員照知府駱敏例、給與冠帯、以終其身、則上有以廣君恩、下有以遂私願矣。従之。」

(14)『明英宗実録』巻二百九 景泰二年十月庚寅 四五〇五頁。「監生郭佑上疏曰、……又言、昨以国用耗乏、謀国大臣欲紓一時之急、令民納粟者賜冠帯。今軍旅稍寧、而行之如故。夫名以表実、服以彰徳。彼農工商販之徒、不分賢愚、惟財是授。使之驕親戚、誇郷里、而長其分外之心。又有贓汚之吏、罷退為民、欲掩郷閭之恥、納粟納草、盡冠帯而帰。何前日以財而去職、今日以財而得官、甚非朝廷重惜名爵之意也。况堂堂天下、藏富于民、未至于大不得已之時、而如此挙措、是以空乏示敵、而啓其侵寇之心、願裁自今、止以全国家之体。奏下大臣会議、謂其窒礙難行。寝之。」

(15)『明英宗実録』巻三百五十 天順七年三月乙卯 七〇四二～七〇四三頁。「減陝西納米冠帯則例。先是、戸部奏、凡文武官下舎人為事為民官員、有能納米四百石於陝西缺糧去処者、給與冠帯、以栄終身。至是、陝西按察使項忠奏、比者天時荒旱、米麦騰貴、累次募人上納、并無至者。乞量減米数、凡納百石者、給與冠帯。従之。」

(16)『明憲宗実録』巻二十二 成化元年十月丁亥 四三五～四三六頁。「巡視保定等処工部右侍郎沈義奏、保定等府水災、視他処尤甚、而本処粟米比之淮揚粳米價直不同、其納米済荒事例、宜加数上倉。因具為条件以請。……其請勅旌異者、原一百石以上、今加三百石。文職縁事除名者、原二百石、今三百石、准令冠帯閑住。……事下戸部覆奏。従之。」同書巻二十五 成化二年正月己巳 五〇七～五〇八頁。「戸部郎中王育言、湖廣荊襄諸郡賊勢猖獗、官軍征守日久、供餉不足、請令……罷職文官納米一百五十石者、許以冠帯閑住。……事下戸部覆奏。皆従之。」

(17) 宮崎一市「清初における官僚の考成――清初財政史の一齣（1）」『釧路論集』（釧路、北海道教育大学釧路分校）第一号 一九七〇年三月 二一～六〇頁。谷井陽子「明朝官僚の徴税責任――考成法の再検討」『史林』（京都、史学研究会）第八五巻第三号 二〇〇二年五月 三三～六七頁。小野達哉「清初地方官の考課制度とその変化」『史林』第八五巻第六号 二〇〇二年十一月 三四～六一頁。

(18)（清）呉光酉『陸隴其年譜』四二～四四頁。「（康熙十六年）部議以先生初不直指為盗、疑有諱匿、引例革職。」

(19)『清聖祖実録』巻三十三 康熙九年四月辛卯 第四冊 四四一頁。「湖廣道御史李之芳疏言、皇上因雨沢愆期、特論大小臣工、力図修省。臣査吏部考功事例、有不可不除者。外官参罰処分、降級革職、条例甚多。即罰俸一項、常有莅官一二載、罰俸至五六年、有至十餘年者。雖廉能之官、一遇小節細故、即不能久安其位。亦属可惜。况則例紛紜、胥吏欲軽、則有軽条。欲重、則有重款。事同法異。総縁多立名色、便於高下其手。乞敕部院大臣、将該部見行事例、徹底釐定、務使永遠可行。疏入。下吏部議。尋吏部覆請委満漢司官将見行事例釐定画一、進呈御覧、欽定遵行。従之。」なお、谷井陽子「清代則例省例考」『東方学報』（京都、京都大学人文科学研究所）第六七冊 一九九五年三月 一九五～二〇二頁を参照。

(20)『清聖祖実録』巻百十三 康熙二十二年十一月乙酉 第五冊 一六五～一六六頁。「九卿詹事科道等遵旨会議、一、直隷各省人命事件、原限一年審結。因限期甚遠、以致牽連苦累、胥縁索詐等弊。今応改限六個月完結。……以上各款、応行直隷各省遵行。従之。」『（雍正）欽定吏部処分則例』巻四十二 刑 審断 州県事件 三六七～三六八頁。

(21) 中国第一歴史档案館『雍正朝内閣六科史書・吏科』第六冊 一～二〇頁。

(22) 前注（19）谷井陽子「清代則例省例考」二一一～二一四頁を参照。

(23)『（光緒）欽定大清会典』巻十一 吏部 考功清吏司 一二七頁。

住俸の制度について、これまで清代官僚の処分制度に関する研究のなかではほとんど触れられなかった。たとえば、艾永明『清代文官制度』一七八～一八四頁。孟姝芳『乾隆朝官員処分研究』一四～一七頁。実は、清朝政府は明朝より継承してきた「住俸」の規定を、税糧徴収や犯人逮捕などについて規定どおりにできなかった官僚を対象にたびたび適用した。たとえば、乾隆二十五年（一七六〇）分の「地丁本色米豆」を規定通りに徴収できなかった鎮洋県知県頼晋は、「住俸」の処分を受けた。彼は「戴罪」のままで未納分の徴収に努め、四年後の乾隆二十九年（一七六四）にようやく「照数徴完」をした。これにより、彼の受けた「住俸」の処分が「開復」された。中央研究院歴史語言研究所蔵清代内閣大庫档案（以下、内閣大庫档案と略称）第〇一五六九七号。

(24)『（光緒）欽定六部処分則例』巻十 印信 遺失印信 二六四～二六六頁。「在外各官印信、如在署存儲、或係行寓存儲、被賊徑行窃去。有印官革職。公罪。五日以内自行拿獲究辦、開復原参処分。未経行用、減為降一級調用。已経行用、減為降二級調用。倶公罪。」拙稿「官印和文書行政」周紹泉［ほか］『98国際徽学学術討論会論文集』三三二～三五八頁。

(25) 中国第一歴史档案館『雍正朝内閣六科史書・吏科』第三一冊 八五～九六頁。『無錫金匱県志』巻十五 職官 四六 a頁。『文陞閣縉紳全書』江南 無錫県。

(26)『(光緒)欽定六部処分則例』巻四十一 盗賊 外省盗案 八二〇頁。

(27)内閣大庫档案 第〇一五六九七号 河南巡撫為生員家宅被盗題参疏防文職由 雍正四年四月二十一日、張偉仁『明清档案』第四〇冊 B二二八八九～B二二八九五頁。なお、張偉仁『清代法制研究』第二冊 四八九～五〇一頁を参照。

(28)内閣大庫档案 第〇二八八〇七・〇五二七八〇号。

(29)清代地方官のなかに、赴任するにあたり、「公罪」の「抵銷」に備えるために、「加級」を捐納する者がいた。たとえば、乾隆五十一年（一七八六）、汪輝祖は湖南省永州府寧遠県の知県に選任されたあと、「加二級」を捐納した。その目的について、汪輝祖は「備公過抵銷」と説明している。（清）汪輝祖『病榻夢痕録』巻上 五五a頁。なお、加級の問題について、大野晃嗣「清代加級考――中国官僚制度の一側面」『史林』（京都、史学研究会）第八四巻第六号 二〇〇一年一月 一～三五頁。

(30)『定例類抄』巻五 吏部 降復 二二b頁。『欽定吏部銓選章程』巻十六 陞調 再陞再任人員応繳罰俸銀両 四b～一五a頁。

(31)官僚銓選の優先権の捐納問題については本書第五章を参照。

(32)繆荃孫「雲自在龕筆記」『古学彙刊』第四編 下冊 六a～b頁。「凡因公詿誤革職、在京文武四品官以下、在外道員副将以下、並江南等省抗糧案内革職官、進士、挙人、生員、倶准捐銀、照原品録用。」

(33)『清史列伝』巻十 徐乾学 六七八頁。

(34)内閣大庫档案 第〇二六一五九号 張偉仁『明清档案』第一四四冊 B八一一〇七～B八一一〇九頁を参照。「予籌糧運事例」の実施開始時期については、趙爾巽［ほか］『清史稿』の選挙志では雍正十二年としているが、誤りである。

(35)『清高宗実録』巻二百十七 乾隆九年五月乙巳 第一一冊 七九八～七九九頁。「大学士鄂爾泰等…又称、将來普賑興工、所費不貲、請於江南限満停捐之後、改於直省収捐。……今直属畳被災傷、賑卹工作、需帑浩繁。該副都御史（励宗万）請照例開捐、弥補工賑之費、実権宜応行之挙。……従之。」

(36)『清高宗実録』巻二百二十 乾隆九年七月丙戌 第一一冊 八三六～八三七頁。「吏部議奏、現准戸部将京職外任降革人員具呈捐復者、陸続咨到、逐一察核。査直賑定例内開、凡京察大計及所犯私罪者、均不准捐復外、其餘事属因公、審明定案後並無餘罪者、均准一体捐復。但其中事介両歧、恐辦理歧誤、上下其手。臣等酌議、内外革職人員除事属因公応准捐復外、至雖非因公、而審明定案後並無餘罪、及有餘罪而准納贖者、究與犯貪酷迥異、応准捐復。其或奉特旨、或於京察大計案内革職者、或革職後曾経引見奉旨仍行革職者、或革職外餘罪不准納贖者、或犯贓奸及故勘斃命出入人罪者、均不准捐復。若革職後、又有另案擬罪者、応否捐復、請照一案内革職、又経擬罪人員一体核辦、至革職外有別案革職、及別案降調注冊者、応將原参革職之案照例准其捐復。但照原捐之例、未免過重、応比照捐復降級減半之例、減半加捐。再、京察大計案内降調、或曾経引見奉旨仍行降調者、亦応不准捐復。其餘降調人員、情罪本軽、例得補用。応請無論是否因公、准其捐復。至比照六法条例降調者、與京察大計特参人員不同、亦応准捐復。其降調注冊者、応照所降之級報捐。再、休致人員除由京察大計特参、及奉特旨休致者不准捐復外、其餘告休勒休、有願出貲捐復者、倶准捐復。以上各項、悉由戸部具呈。務将原参続参降革治罪共有幾案、并曾経引見與否、逐一聲明、移咨査核。又、文職既経酌量情節准其捐復、則綠旗満漢遊撃以下武職除軍機獲罪、軍政糾参及貪婪等員不准捐復外、其餘因公罣誤無餘罪者、倶准捐復、與文職画一辦理。従之。」

(37)『清高宗実録』巻二百七十五 乾隆十一年九月己未 第一二冊 五九五頁。内閣大庫档案 第〇二六一五九号 張偉仁編『明清档案』第一四四冊 B八一一〇七～B八一一〇九頁を参照。

(38)内閣大庫档案 第〇五二〇八一号。

(39)国立故宮博物院『宮中档乾隆朝奏摺』第二五冊 六六七～六六八頁。内閣大庫档案 第〇六四六三八号。

(40)中国第一歴史档案館『乾隆朝軍機処随手登記档』第一七冊 乾隆三十年八月十五日 二九二～二九四頁。

(41)『彙刊条例冊』第一冊 内外官員降級革職留任已経議結之案有情願捐復者准其在部投捐 乾隆三十年九月十一日奉旨。「査官員降級留任、三年無過開復、革職留任、四年無過開復。其未開復之前、例不准其陞補。凡身膺繁劇之員、処分必多。毎遇要地需員、保題揀選、有礙定例、転不如簡僻小邑尋常供職処分甚少者易符陞調之例、自応量為調剤、以励人材。今、該撫奏称、降革留任原属因公罣悞、准其随時捐復、俾自新有路、要地得人等語、応如所請。嗣後官員降級革職留任、已経議結之案、有情願捐復者、聴其随時報捐、庶賢能之員益鼓舞以図自効。再、内外官員事同一例、応一体辦理。至該撫奏称例有展参之案、亦准捐復之処、査処分尚有展参、係未経議結之案。如催追銭糧、緝捕罪犯、均有定限、勒令帯罪承追承緝、必俟参限満後、始能議結。若将有展参之案概令捐復、凡有承追承緝之責者、均得倖図遷転、脱然事外、則承追者終無完日、承緝者弋獲無期、於公務必多貽悞。応将該撫奏請捐復展参之案、毋庸議。……再、該撫奏請或就近在各省布政司衙門収捐、或在部報捐之処、査捐復人員向例具呈戸部、移咨吏部、核明案情相符者、戸部収捐後、知照吏部銷案。如或另有情節以及案情與例不符者、吏部査出、知照戸部、概不収捐。若在各省報捐、必須咨報戸部、移咨吏部査核後、再行知照該省。往返需時、且内外各官既准其一体査辦、不若令其在部投捐、以帰画一。」『清高宗実録』巻七百四十四 乾隆三十年九月辛巳 第一八冊 一八八頁。

（42）内閣大庫档案 第〇二一二六八号。「掌陝西道監察御史臣金雲槐謹奏為請定処分捐復之限以昭慎重事。伏査現行事例、官員遇有降革留任処分、准其捐復、一体題陞調補、俾該員不以一眚罣誤、遂使遷擢久稽。其中間有人地相需者、亦不致格於成例、有妨陞転、原属愛惜人材之道。捐復之期向未定有成限、或甫経被議、即准報捐。一面捐復処分、一面得邀陞調、為期太驟。不独体制未協、転使僥倖易萌。……臣請嗣後降革留任人員、酌立捐復限期。査例係応降革留任者、扣限半年、准其捐復。例応降革離任而奉旨従寛留任及帯於新任者、扣限満一年、准其捐復、均以題奏奉旨之日為始、按期扣算。」

『彙刊条例冊』第四冊 要缺擬補之員有因公降革留任之案准専摺奏聞停止捐復 乾隆三十三年七月初七日奉旨。「査地方官罣誤処分、在在不免、若既准其報捐、而又定以半年一年之限、則為期日積、処分日多。……臣等悉心酌議、向来要缺需員、格於成例。原有専摺奏聞請旨之例、応請嗣後各省遇有緊要員缺、人地実在相需、而所擬陞補之員又因公降革留任之案、准照専摺奏聞例、将降革留任案件於摺内声明請旨、可否准其陞用、恭候欽定。」

『清高宗実録』巻八百十四 乾隆三十三年七月壬辰 第一八冊 一〇〇一～一〇〇二頁。

（43）『清高宗実録』巻八百七十 乾隆三十五年十月癸未 第一九冊 六七〇頁。「至降革留任人員、原属因公処分。且其人尚不至於擯棄、是以量予加恩、俾得在任自効。但一経議処、即停其陞転、直待数年無過、方准開復。従前曾有捐復之例、復経部議刪除。第念此等人員内、未嘗無可及鋒而用之人、若以微眚淹滞多年、亦覚可惜、自当仍准援例捐復、俾得黽勉自新。」

（44）『（光緒）欽定大清会典事例』巻八十六 吏部 処分例 官員開復 六二一七～六二一八頁。『清高宗実録』巻八百七十 乾隆三十五年十月癸未 第一九冊 六七〇頁。中国第一歴史档案館『乾隆朝軍機処随手登記档』第二二冊 乾隆三十五年十一月三十日 四六九～四七〇頁。中国第一歴史档案館蔵清代寧古塔副都統衙門档案 第九十四。

（45）織田万『清国行政法』第一巻 二〇四～二〇五頁。

（46）『現行常例』清単 一一a頁。

（47）中国第一歴史档案館蔵清代寧古塔副都統衙門档案 第九十四号。服部宇之吉『清国通考』第一篇 五〇～七五頁。

（48）『川楚善後籌備事例』満漢京外文武官員降調。趙徳貴「清代乾隆朝『推広捐復之例』研究」『歴史档案』一九九四年第一号九八～一〇八頁（この論文は、制度への誤解はあるが、『推広捐復之例』をはじめて紹介した）。もちろん、乾隆三十五年以後、捐復規定の微調整があった。たとえば、三百両以上の未完「官項」があれば、捐復の申請は許可しないとされる（『清高宗実録』巻九百三十 乾隆三十八年閏三月甲戌 第二〇冊 五一七～五一八頁）。紙幅の都合で省略したい。

(49)『頒発条例』乾隆四十年十二月二十二日、奏准川捐遁捐分発捐免考試保挙試俸坐補及捐実授捐復各条例列入常捐例内随時報捐。『上諭条例』第三冊 川運例酌留数条列入常捐 乾隆四十年十二月二十四日奉旨。
(50)『現行常例』四一 a~七五 a頁。『増修籌餉事例条款』増修現行常例 五六五~六四一頁。
(51)内閣大庫档案 第〇四八七一七号 乾隆四十二年九月十八日 大学士管吏部阿桂題報革職降調官員遵例捐復原議之案應准査銷 張偉仁『明清档案』第二三二冊 B一三〇六二七~B一三〇六三二頁。
(52)『清高宗実録』巻千三百八十八 乾隆五十六年十月乙巳 第二六冊 六三六頁。
(53)『(光緒)欽定六部処分則例』巻二 降罰 七〇~八五頁。
(54)謝世誠『晩清道光咸豊同治朝吏治研究』八七~一三三頁、唐瑞裕『清代乾隆朝吏治之研究』二四~三一頁。
(55)前注(6)車恵媛「明代における考課政策の変化」五~六頁。
(56)言うまでもないが、振り落とした者は官界に留まるために、「現行事例」の捐復規定を利用する以外、「暫行事例」の規定に従いポストの銓選資格を直接捐納することもできる。たとえば、光緒四年(一八七八)、江西省撫州府金谿県知県周福清(魯迅の祖父)は、「辦事顢頇、文理尚優」を理由に罷免され、「教職」の「選用」を待つことになった。その後、彼は家の土地を売却して、「籌餉事例」の規定に従い「内閣中書」の候補資格を捐納で得た。翌五年(一八七九)の九月二十九日に、彼は「額外中書舎人」として着任した。中国第一歴史档案館『清代档案史料叢編』第九冊 二六二~二六四頁。松岡俊裕「魯迅の祖父周福清攷(7):その家系、生涯及び人物像について」『東洋文化研究所紀要』(東京、東京大学東洋文化研究所)第一二八冊 一九九五年十一月 一~一八五頁。『大清搢紳全書』(清光緒六年斌陞堂刊本)内閣 六 a頁。周作人『知堂回想録』八頁。
(57)『春秋左氏伝・桓公二年』。
(58)梅原郁「刑は大夫に上らず」『東方学報』(京都、京都大学人文科学研究所)第六七冊 一九九五年三月 二四一~二八九頁。

第七章　清代の賑捐——光緒十五年江浙賑捐を中心に——

はじめに

　生命財産への自然災害の脅威にどのように対応するかは、古今東西を問わず人々の関心の的である。自然災害から人々の生命財産を守ることは、為政者としての使命であり責務である。それをはたしてこそ、秩序のある安定した支配というものがはじめて成立しうる。これは古今東西、民族や宗教、およびいかなる社会支配理念の違いを超えるものである。国家や政権、要するに組織された一部の人間による大多数の人間を統治するシステムができて以来、社会の秩序と経済活動の秩序を維持し、ひいては自らの支配を維持するためにも、災害への対処、言い換えれば災害行政というものは国の行政を構成する重要な部分であった。その重要性は、外敵の侵略から国を守ることにも劣らないものであると言えよう。

　秦の始皇帝が中国を統一した紀元前二二一年以降、分裂した時期も含めて、中国の歴代王朝は、ほとんど例外なく災害対策を講じ、災害行政を行っていた。その災害対策および災害行政を、中国の歴史上では「荒政《こうせい》」と言うが、その荒政の問題について、数多くの研究がなされている。

たとえば、鄧雲特（鄧拓）は『中国救荒史』のなかで、紀元前一七六六年から紀元後一九三七年に至る約三千七百年ものあいだに、中国で発生した災害の数は世界歴史上でもっとも多く、五千二百五十八回にのぼったことを示したうえで、中国の自然環境や社会的要素などから、災害の発生原因を分析し、中国の救災思想や歴代王朝の救荒政策や措置について綿密な研究をおこなった(1)。

中国の歴代王朝による救荒政策の根幹とも言える救済用の穀物を貯蔵する常平倉をはじめとするさまざまな賑済倉については、星斌夫が包括的な研究を行っている。彼の研究により、清朝は前代王朝の常平倉政策を継承して、全国各地で整備を進め、乾隆年間には常平倉が清朝荒政政策の中心的な役割をもつ施設となるが、嘉慶年間以後、常平倉の運営が次第に破綻し、道光年間に勃発した太平天国による国内混乱が常平倉に終止符を打ったことが分かる(2)。

これらの研究は、主に制度や政策の角度から救荒措置を分析するものであり、以下の点についてはあまり触れていなかった。①国家が、どのように災害の状況を把握し、災害に直面したときにどのように官僚システムを通じて災害行政を行ったか、②その救荒措置の実施を通じて、官僚制度を含む伝統中国の国家支配システムが、どのように機能していったか、③こうした救荒措置の実施を通じて、中国の歴代王朝の国家と社会、あるいは官僚と民衆の関係がどのようであったか、などである。学界でこれらの問題が大きく取り上げられたのは、二十世紀の七十年代に入ってからである。

ピエール・エティエンヌ・ウィル（Pierre-Étienne Will、魏丕信）は *Bureaucratie et famine en Chine au 18e siècle*（『十八世紀中国における官僚制度と饑饉』）を著し、乾隆八～九年（一七四三―一七四四）、京師（いまの北京）に近い直隸（いまの河北省）南部の三十七の州県で発生した旱害を対象に、清代の官僚制度・国家財政・地方社会・

食料の安定供給・商業と国内市場・農村経済・農村生活などを分析し、清朝国家の救荒制度と措置、及びその効果を研究した[3]。その研究を通じて、彼は、従来の十八世紀の清朝国家による経済や社会の発展に対する貢献を否定する意見とは対照的に、当時の清朝国家が経済や社会の発展に対し積極的に取り組んでいたこと、また国内の経済や社会問題に対応する組織能力・権威性および効率性を高く評価した。時期は、十八世紀の中葉の乾隆年間であった。一六四四年（明朝崇禎十七年・清朝順治元年）に始まる満州人による中国支配は、七十数年間にわたる乾隆帝の祖父である康熙帝（在位一六六二～一七二二）と父の雍正帝（在位一七二三～一七三五）の時代を経て、外交・内政の両面において統治の基盤を固め、揺るぎ難い体制を作り上げた。二十五歳で即位した乾隆帝が中国に君臨した一七三六～一七九五年の期間は、清朝支配の絶頂期であった。したがって、清朝国家が災害発生時、迅速に対応する能力をもっていたとしてもさほど不思議ではない[4]。

これに対し、何漢威は、光緒二～五年（一八七六～一八七九）、華北地域で発生した大旱魃を研究し、清朝衰退期における荒政の実像を描いた。何漢威は、大旱魃を誘発した社会的要因、国家および地方当局の対応を説明したうえ、災害救助の効果を検討した。彼によれば、国家と地方当局が災害救助に全力を挙げたにもかかわらず、その成果は人を失望させるものであった。その原因の一つとしては、彼は財政出動の不足にあったと指摘している[5]。

ウィルが指摘したように、災害がいつ発生するかを予測できないため、災害救助への財政出動は緊急性があるものの、国家や地方政府の通常の財政支出には組み入れていなかった。中国の歴代王朝の国家や地方財政のなかには、わずかながらも浮浪者などを救済する経費の項目があったものの、大規模自然災害に対処するための財政の準備措置をほとんど講じていなかった。たとえば、清の絶頂期だった乾隆三十年（一七六五）には、救済用の名目で支出された銀と銭は、支出総数の０・０３パーセントでしかなかった、という[6]。こうした災害救助の財政措置が事前にほとんど講じられていなかったことに対し、災害発生時の食糧調達などは、時には莫大な規模と費用が求められる。乾隆九年に直隷で災害救助を現場で指揮した直隷布政使、方観承の記録によれば、清朝政府は、およそ一年の間に、満州、江南などから米、小麦、高粱などを調達して、総数百十万七百二十石の食糧を百六十万八千九百十万人の被災者に分配し、投入した資金が、銀百十万五千四百七十六両にのぼったこと、資金の不足により、ときには計画通りに穀物を購入することができなかったこと、などが分かる。[7]

このように、大規模災害が発生した際に、国家と地方当局は賦税の減免やその納入期限の見合せなどの措置を講ずる一方、短期間に救助用食糧の調達および救助活動に必要な巨額の資金を税金徴収以外の方法で調達する方策を考えなければならなかった。これは、中国王朝が災害救助の際にまず考えなければならない問題であった。政府が官僚や庶民を対象に、官職や栄典などを所定の規定に従って販売する、という措置により通常財政以外から救済資金を調達する方法は、しばしば実施されたものであった。清朝時代においては、これを賑捐《しんえん》という。つまり被災者を救うための捐納である。

賑捐の歴史は、中国の歴代王朝においては長かった。『史記』の記録によれば、少なくとも秦の始皇帝による中国統一以前の時代にさかのぼることができる。秦王政（のちの始皇帝）が即位した四年目（前二四三）の十月、秦の国では蝗が発生し疫病も流行した。それに対応するために、秦の朝廷は、「粟千石」で民爵の爵位一級を売り、救済資金を調達したという。[8]それ以降、歴代の中国王朝は、災害の救済資金を調達するために賑捐をしばしば実施した。前漢初年、現在の陝西省延安付近で発生した旱害を救助するために、「売爵令」が再び実施された、という。[9]清朝時代に入っても、賑捐は、軍需・河工などと並ぶ捐納の重要項目であった。[10]賑捐はこのように国家にとって重要な施策であったから、それがどのような実施であったかを研究しなければ、中国の伝統的な災害行政を語ることができないといってよい。

これまでの中国の伝統的な災害行政や捐納制度についての研究においても、賑捐について触れたものがいくつかある。清代捐納問題についての古典的な研究のなかで、許大齢は賑捐を含む捐納制度の基本構造についての検討を行った。また先に言及したウィルと何漢威による清朝中期と後期の災害問題についての研究のなかでも、賑捐の実施あるいは実施時の弊害に触れているが、賑捐の立案および実施の過程という問題については研究しなかった(11)。

賑捐は、捐納という政策ないし制度を構成する重要な一翼であったのみならず、前近代中国歴代の政府による荒政を含む国家支配に対し、重要な役割をも果たしていた。このため、賑捐問題についての研究は、政府による災害救助資金の調達を明らかにすることを通して、前近代中国の中央政府による国家支配、地方当局による社会統制などを見ることができるほか、庶民たちが自身の利益を追求するために政府の賑捐政策をどのように利用したかについても、見ることができる。

本章は、清朝における賑捐の状況を概観し、そして光緒十五年（一八八九）江浙賑捐を見ることを通じて、賑捐を含む清末における捐納の準備・実施・効果を明らかにするとともに、捐納の実態と捐納の社会的影響、および清末の国家、地方社会と庶民の関係を考えたい。

第一節　清代賑捐の概要

一　清代賑捐の開始

中国本土への支配を確立する以前、遼東地方を支配していた満洲政権は、救災策としての賑捐をすでに提起していた。崇徳六年（一六四二）、遼東地方では凶作に見舞われ、物価が上昇した。これを受けて、都察院の参政祖可法ら四人は、「厳沽酒之禁」、「杜塞囤積之弊」、「疏浚河渠之路」、および「請開納粟之例」の四項目からなる対策を提言した。その四番目の「請開納粟之例」は以下の通りである(12)。

一、請開納粟之例。或論罪之大小、限以米数捐贖。或無罪之平人有急公輸粟者、量加奨録。因荒而用転移之法、遇饑而沛権宜之令。俟秋成豊稔、即行停止、不以為例。

つまり、漢人官僚によるこの提案の対象は、犯罪者と一般人民であり、犯罪者に対し、その罪に応じ一定量の「米数」を「捐贖」させ、一般人民の寄付者に対し「奨録」を行うという。この提案が上奏されると、ホンタイジ（皇太極）はただちに承認した、という。資料の制約により、この提案の詳細および実施の有無については不明であるが、満洲人による中国支配が確立する二年前、古巣の遼東地方において、賑捐が救災方法の一つとしてすでに提案されたことがこれによって分かる。

清代に入って、はじめて全国範囲で災害救助資金を調達するための賑捐を実施したのは順治九年（一六五二）

の秋であった。その年の九月三日、山東道監察御史王秉乾は、災害救助について次のように上奏した[13]。

邇来水旱頻仍、議賑議蠲、慮或未尽。応倣周礼荒政、専申輸粟之令。有罪者、准与納粟贖罪。倡義助賑者、酌量褒奨。一切山沢之利、暫弛其禁。俾百姓藉以糊口。亦救荒之一策也。下所司議奏。

このように、王秉乾は、政府による「賑」と「蠲」だけでは救災の需要を満足しきれないとし、『周礼』に従い、民間に食糧の寄付を呼びかけ、食糧を寄付した犯罪者の贖罪、および一般人民への奨励をするよう提案したことが分かる。彼が提案した食糧を寄付した「士紳富民倡義助賑者」への奨励は、「頂戴・服色・記録」であった。戸部が協議した結果、十月五日、王秉乾のこの提案と吏科右給事中魏裔介がほぼ同じ頃上奏した「旌輸粟」の提案を認めた[14]。これは清代に入ってはじめての賑捐であった。

これらの提案の実施基準についての詳細は不明であるが、翌順治十年（一六五三）、水害救済のために銀や米を捐納した「士民」に対し、奨励の基準が提示された。つまり、「銀百両」または「米五十石」を捐納した者に地方官名義の扁額、「銀二百両」または「米百石」を捐納した者に虚銜としての「九品頂帯」、さらに多く捐納した者に対し、その捐納した銀や米の数量に応じて「虚銜」を与えるというものであった[15]。山田耕一郎の研究によれば、清朝の順治から康熙年間に実施された捐納は六十四回にのぼり、そのうち災害救助資金を集めるための賑捐は二十三回あり、全体の約四割を占めていたことが分かる[16]。

二　清代順治康熙年間の賑捐報奨項目

先に述べた順治十年の規定で定められた捐納に対する報奨は、頂戴・虚銜と扁額であったが、順治十一年（一六五四）、貢生・監生と加級紀録が、賑捐の報奨項目としてはじめて導入された。その基準は**表I-7-1**の通りで

表-7-1　順治十一年賑捐基準

捐納者身分	捐納基準	捐納報奨
現任官員・郷紳	銀一〇〇〇両／米一〇〇〇石	加一級
	銀五〇〇両／米五〇〇石	記録二次
	銀一〇〇両／米一〇〇石	記録一次
生員	米三〇〇石	貢生
俊秀	米二〇〇石	監生

史料出典：『（康熙）大清会典』巻二十一　荒政　一六a～b頁。『（光緒）欽定大清会典事例』巻三百八十八　八九四一頁。

あった。

順治十年の賑捐規定に比べてみれば、順治十一年の賑捐規定には、生員を対象とする国子監貢生資格、一般庶民を対象とする国子監監生資格、および現職官僚を対象とする加級記録など、「実利」の期待できそうな項目が含まれていることが分かる。こうした報奨項目の「充実」から、清朝国家が「実利」と引き換えに、より多い通常財政外の災害対策資金を獲得しようとする狙いが見られる。

その後、賑捐の実施につれて、資金をより多く集めるために、報奨項目は次第に増加した。

康熙二十八年（一六八九）、直隷地方で旱害が発生したことを受けて、直隷総督の于成竜は、すでにあった頂戴・監生・加級記録などの捐納報奨項目に、さらに封典と開復を加えるべきであるとし、「直隷捐納事例」の実施を要請した。その詳細は**表-7-2**である。

康熙三十一年（一六九二）、西安付近で発生した不作を受けて、「西安捐納事例」が実施され、実際の官職や候

表-7-2　康熙二十八年直隷捐納事例報奨規定

捐納者身分	捐納基準	捐納報奨
富民	穀四〇〇石／米二〇〇石	九品頂戴
	穀六〇〇石／米三〇〇石	八品頂戴
旗民・俊秀子弟	穀二〇〇石／米一〇〇石	監生
司府首領州県佐貳教職	穀二〇〇石／米一〇〇石	応得封典
内外大小文武官員	穀四〇〇石／米二〇〇石	応得封典
旗民文武官員	穀一〇〇石／米一〇〇石	記録一次
	穀八〇〇石／米四〇〇石	加一級
降級留任文武官員	穀四〇〇石／米二〇〇石	開復一級

史料出典：（清）鄂海『六部則例全書』戸部則例 巻下 捐叙 直隷捐納事例 八五a～b頁。

選官の優先権である「花様」（「分缺即用」・「応缺先用」）も賑捐の報奨項目として導入された。その詳細は**表-7-3**を参照されたい。

このように、清代康熙年間の中期までに、清代捐納制度の展開とともに、虚銜・貢監・封典・加級・捐復などが賑捐の報奨項目として次第に定着されることになった。しかし、以上で見られるように、清代捐納制度の「開創期」とされる順治から康熙年間にかけては、賑捐の報捐基準が一定しておらず、賑捐を実施するたびにそれを定めることにしていた。したがって、その頃はなお、賑捐を含む捐納制度自身が統一性と安定性を欠いていた。乾隆年間に入ったあと、清朝中央政府は捐納制度の整理に乗り出すのである。

表-7-3　康熙三十一年西安捐納事例報奨規定

捐納者身分	捐納基準	捐納報奨
漢軍・漢人郎中	一五〇〇石	道員・知府の分缺即用
貢生・監生	五〇〇石	兵馬司副指揮
	四〇〇石	光俸寺典簿
	三〇〇石	理藩院知事、国子監典簿等
恩・抜・歳・副貢生等	一五〇石	学正・教諭
七品筆帖式	二五〇石	応缺先用
八品筆帖式	五〇〇石	知県

史料出典：（清）鄂海『六部則例全書』戸部則例 巻下 捐叙 西安捐納事例 九三 a～九四 a頁。

三　賑捐の実施と「常例」の成立

乾隆元年二月十二日（一七三六）、乾隆帝の指示を受けて、戸部は、国子監生資格捐納の継続について上奏した。そのなかで、その捐納によって得た収入の使途について、戸部はこう述べている。

臣等又考『周官』、大司徒之職「以荒政十有二聚万民」、発倉廩以予民者、僅居其一。其根本所恃則在「五党為州、使之相賙」。而士師掌荒辯之法、令民通財。漢文帝時、許民売爵。蓋以民俗日澆、使相賙則富民吝而不出、使相貸則貧民久而不帰。故使各有所利以通其財、然後可以御天災而救民困也。若以毎歳捐監交部之銀留為各省一時歳歉賑済之用、勿充他費、以存古昔帝王勧民相養之義。其于士民均有裨益。

つまり、戸部は、監生捐納を正当化する理由をつけるために、『周礼』や漢代の典故を引用して、監生捐納から得た収入を「一時歳歉賑済之用」に充てるよう上奏して、裁可された。このように、乾隆元年より、ほかの捐納項目がすべて停止させられるなかで、監生の捐納だけが経常性の捐納報奨項目として固定され、しかもその収入を賑済専用に充てることとされた(17)。

乾隆三年（一七三八）より、乾隆帝は、災害時の救済用食糧を備蓄する常平倉を充実させることを名目に、乾隆元年以来実施した監生資格の捐納を「常平捐監」に改めた。それまでの監生捐納は、北京の戸部を窓口として指定され、報捐者が戸部に所定額の銀を納入することとされていたのに対し、「常平捐監」の場合では、報捐者が地元の省に「本色」の穀物を納入すればよい。つまり、手続きの面で簡素化されたのであった(18)。しかし、乾隆帝の期待は外された。その原因の一つは、本色の納入にあった。報捐者側が穀物運搬のコストなどを考慮して捐納を断念し、管理者側としての地方当局もその本色の穀物を管理する煩雑さと考成を顧慮したため、せっかく現れた報捐者に対し受付を渋っていた。「常平捐監」が実施されて三年後の乾隆五年（一七四〇）になって、「報捐者寥寥無幾」（奉天）、「通省僅捐監生十七名」（四川）との惨憺たる実績が報告された(19)。本来、「三千余万石」を目標とした「常平捐監」の捐納額は、「二百五十余万石」に過ぎず、その目標の一割さえ満たさなかったという。これを受けて、清朝政府は乾隆六年（一七四一）、それまでの政策を改め、「悉聴士民之便」、つまり報捐先は北京か地方、報捐の中身は本色の穀物か折色の銀、などについてすべて報捐者自身の判断に任せる、という現実的な政策をとった(20)。

以上で見られるように、乾隆元年の捐監と乾隆三年からの「常平捐監」は、いずれも災害救助用の救済資金や食糧を備蓄するための政策であり、言い換えれば、州県単位での災害対応能力を増強しようとするものであった。

四　賑捐の実施と「常例」の拡大

乾隆七年（一七四二）に淮河が氾濫したとき、清朝政府は被災者を救済するために、その年の十月から、一年の延長を含めて十年（一七四五）十月までに「楽善好施例」（「両江捐例」「江南捐例」とも言う）を実施した。この「楽善好施例」の報捐基準は雍正五年（一七二七）の「営田事例」の基準を四割引きしたものであり、その報捐項目は、同じく「営田事例」に準ずるものであった。たとえば、貢生と監生は「楽善好施例」の規定に従って州同の虚銜について捐納できるが、現職の官僚も捐陞や銓選の優先権を得るために捐納できた、という。[21]

この「楽善好施例」実施がまだ終わらないうちに、乾隆八年（一七四三）から九年にかけて、ウィルが研究した直隷南部の旱害が発生した。その旱害に対応するために、乾隆九年（一七四四）五月二十八日、清朝政府は副都御史の励宗万の提案を受け入れて、「直賑事例」を実施した。[22] この「直賑事例」は、「営田事例」と「楽善好施例」の規定を継承しながら、より多額の財政外救助用資金を獲得するために、乾隆年間に入ってはじめての実官の報捐を許したものである。それは、内閣中書・行人司行人・大理事評事・太常寺博士以下の京官と、同知・通判以下の外官のポストであった。[23]

乾隆十年十月十日、乾隆帝が直隷各地で「賑務俱已完竣」などを理由に、大学士の鄂弥達らに対し、直賑事例を終了させる時期と方法を検討するよう指示した。[24] そのとき、乾隆帝がかつて述べた「生童の捐監を留めること」は「士子」の「進身之始」であるとの意向に従い、御史楊開鼎が廩生による貢生の捐納を存続させるべきことなどを提案している。

直隷捐款現在奉旨令大学士等酌定期限停止、原所以慎重名器。但貢生與監生同為士子上進之階、非捐納職銜可比。且捐貢例无銓選、不碍正途、応請酌留。至封典、孝治攸関。但身沾一命之栄、皆思顕揚其祖父。况所給只属空銜、與実授官職有間、亦請酌留。

ここで楊開鼎は、まず貢生と封典の捐納は官職の銓選に支障を与えるものではない、と強調した。つまり、前者の貢生とはすでに常時に捐納できる項目としての監生と同じように、「士子上進の階段」に過ぎず、「職銜」(虚銜)を得るため捐納することと違うほか、銓選の参加もできず、正途出身者の妨げにはならない。また後者はその「祖父」を「顕揚」しようとするものであり、しかもその「祖父」に与えた「封典」(封贈)は「空銜」であり、実際に授かる官職とは異なる、という。そのうえ、この二つの項目はいずれも官職の銓選とは無関係であることを理由に、それらを残すべきであると主張している。大学士らが楊開鼎の意見を踏まえて協議した結果、廩生による貢生の捐納と官僚による封典の捐納を、監生の捐納と同じような通常に捐納できる項目として存続することを決め、二十二日に乾隆帝に報告して承認を受けた[25]。

これらのことから一つの流れを見ることができる。つまり官職などを捐納で得られる捐例が終了したのを受けて、本来そこにあった銓選と無関係な項目(たとえば、監生、貢生、封典)を抽出し、それを常時に捐納できる項目として固定化させたのである。実は、捐納の「常例」(「現行事例」)はこうした流れの結果として形成したものである。この流れを受けて、それ以後、銓選とは無関係、あるいは関係の薄い分発・捐免なども「常例」の報奨項目として定着されることになった。

五　清代中期以降の賑捐

乾隆九年に「直賑事例」を実施したあと、清朝政府は、さらに「東賑事例」（乾隆十三年〔一七四八〕）などの災害救助資金と食糧を調達するための賑捐を相次ぎ実施した。たとえば、乾隆十八年十月に「奏准」され、翌十九年（一七五四）正月二十一日より始まった「河工事例」は、乾隆二十年（一七五五）正月二十一日を以て終了するまでに、銀四百四十三万七千八十一両の資金と穀十七万千九十三石の食糧を集めることができた、という。(26) 乾隆三十五年（一七七〇）になって、乾隆帝は「名器無妨」を理由に、それまでの賑捐の項目としての虚銜、封典、監生、貢生、および加級を「現行事例」に組み入れることを命じた。これらの項目は、賑捐の主要項目として清末までに受け継がれていった。(27)

乾隆の四十年代以後、国家の財政は未曾有の好景気および白銀の流入などによって恵まれたこともあり、自然災害があったものの、すでに「常捐例」つまり「現行事例」に組み込まれる貢監、虚銜、封典、分発などの捐納を除いて、(28) 清朝政府が賑捐を含む「暫行事例」の捐納を実施することはなかった。嘉慶年間に入って、国家の財政が次第に破綻しはじめ、災害を救助するための資金を集めるために、清朝政府はやむをえず再び賑捐を実施することになった。嘉慶六年（一八〇一）、北京近郊の永定河の氾濫による災害復旧と被災者救助のため、「工賑事例」が実施された。その報捐規定は、乾隆三十九年（一七七四）より実施した「川運事例」に準ずるものであるため、貢生、監生、虚銜、封典のほか、郎中以下の京官および道員以下の外官の任官資格が捐納で取得できた。(29)

嘉慶十九年（一八一四）、河南省と山東省で黄河の氾濫を受けて、「卹撫難民、賑済災区」の救済資金を調達するために「豫東事例」が実施された。(30) その実施にあたり、嘉慶皇帝は上諭のなかでつぎのように述べている。

此朕万不得已之挙、非以捐例為必可行也。諸臣食君之禄、皆当忠君之事。除此次曾経交議者毋庸再行涜奏外、其余各大臣果真知灼見能為裕国之策者、必須字字確切、毫無流弊、不准泛論、紙上空談、仍犯議論多而成功少之弊。如確有把握、能済軍需河工之用、奏上時、朕決採取施行、即将捐例停止。若只言捐例之弊而別無良謀、其言皆朕所稔知、無庸虚陳奏牘也。

このなかで、道光皇帝は、「豫東事例」の実施はやむをえないことであり、国家の財政難を解決できる切実な方法を上奏すれば採用するが、捐納の弊害を指摘する一般論だけであれば一々上奏する必要がない、としている。この上諭から財政難に悩まされる嘉慶皇帝の心境を読み取れよう。(31) 以後、道光三十年（一八五〇）、「籌賑事例」も実施された。

清朝末期、とりわけ太平天国以後、内憂外患に直面した清朝政府は軍事費などを捻出するために、咸豊元年（一八五一）より約二十五年間にわたり官職の任官資格などを捐納できる「籌餉事例」を実施した。光緒年間に入って、「籌餉事例」が終了して間もなく、軍事費や黄河工事費を調達するための「海防事例」・「鄭工事例」・「新海防事例」などの「大捐」が次々と行われた。その一方、相次いで発生した自然災害に直面して、救助の陣頭指揮をとる被災地の督撫は、救済資金を調達するために、中央政府に対し賑捐の実施についての提案を行った。これから検討する光緒十五年（一八八九年）の江浙賑捐、およびその後順直賑捐（光緒十六年）、山東賑捐（光緒十七年）などはいずれも総督や巡撫の提案によって実施されたものであった。

これらの「地方性」の賑捐の報奨項目は、同時に実施された「大捐」の報捐項目と重なることを避け、官職・分発・指省・捐免・捐復など銓選にかかわるものがなく、虚銜・封典・貢監・翎枝などに限定された。各地で実施した賑捐の捐納基準は、ほとんど「常例」を基準にして割り引くものであった。

六　清末賑捐の主要項目

以上ですでに見てきたように、清末賑捐の主要項目は、虚銜・封典・翎枝・貢監などであることが分かる。ここでは、これらの項目についてまとめて説明しておきたい。

①【虚銜】

虚銜は、「職銜」とも言い、皇帝の恩典として官僚に与える職掌なきポストのことであった。たとえば、康熙五十四年（一七一五）、十年間にわたって「勤労供職」をした直隷巡撫の趙弘燮への恩賞として「総督職銜」を与えた[32]。なお、退職した官僚に対し虚銜を与える事例もあった。乾隆五十七年（一七九二）、すでに退職して八十歳になった上駟院卿李質頴に対して、「親見七代、五世同堂」の「熙朝盛事」を理由に、「総管内務府大臣職銜」を下賜した[33]。これらの「総督職銜」・「総管内務府大臣職銜」は、いずれも職掌なき虚銜である。

清朝の官僚制度では、実際の官品より高い官品の虚銜があれば、応分の制服・帽子・駕籠・家屋などの使用が認められる[34]。なお、一定の虚銜があれば、ほかの官僚と接する際に、応分の礼儀で対応することができる。光緒二十一年（一八九五）前後の上海では、「二三品職官虚銜」を捐納する「富紳巨賈」が多く、彼らは、「意氣甚盛」で、平日に「上海道」と対等関係の礼儀で挨拶し、庁や県の官僚をまったく無視している、と張之洞が述べている[35]。

清末になって、捐納できる虚銜は、京官は郎中以下、外官は道員以下のポストであった。報捐者の身分に応じて、捐納の銀額は異なる。たとえば、郎中の虚銜を捐納する場合、貢監生からは銀三千八百四十両、同知の肩書きをもつ者からは銀千六百五十六両であった[36]。

②【封典】

封典は本来、皇帝の恩典として官僚の品級に応じて、その本人、およびその妻・父母・祖父母らに贈られる名誉的称号であった。封典は「封贈」とも言う。存命中の者に贈ることは「封」、物故者に追授することは「贈」であった。清初の封典は、皇帝の「覃恩」あるいは「三年考満」（官僚の任期満了）の恩賞として贈られたが、康熙四年（一六六五）より、「三年考満」の官僚に対して封典を贈る規定が廃止され、もっぱら皇帝の「覃恩」により下賜されるように絞られた。一例を挙げよう。康熙十四年（一六七五）冬、その年の四月に嘉定県知県に任命された陸隴其の父母に対し、皇帝より「文林郎」と「孺人」が贈られたという(37)。

封典賜与を一本化することによって、かつて「三年考満」のときに必ずと言っていいほどもらえた封典は、皇帝の特恩となり、余程の業績や功勲を立てない限り賜ることができなくなった。こうした封典政策の転換は、当時の官僚社会に大きな影響を与えた。「孝を以って天下を治す」と標榜する王朝支配のもと、孝道を提唱する時代に生きている文人官僚の大多数にとって、皇帝から賜った目に見える形の封典は、自らが道徳を重んじていることを証明してくれる何より重要な証であったと考えていたに違いない。ところで、任期三年のうち、必ず業績や功績を立てられる保証は何処にもない反面、処分される可能性は十分考えられる。そのため、「覃恩」の封典をもらえず、他人に「親不孝」を見せてしまい、ひいては官僚としてさらに昇進する道を塞ぐ恐れさえある。そこで、そういう親孝行の証を欲しがる官僚の願いをターゲットに、康熙二十八年（一六八九）、于成竜が封典の捐納を提案した。乾隆十年（一七四五）以降、それらは「常例」に組み込まれて、「現行事例」の一部となり、規定に従い捐納すれば、いつでも封典を入手することができるようになった。

乾隆三十八年（一七七三）、「名器」を慎重すべしという名目のもと、封典捐納についての上限が講じられた。つまり、八品官が七品、七品官が五品以下、五六品官が四品以下、三品の武官が二品以下の封典であれば捐納をして獲得できるが、その上限を超えて封典を捐納することは禁じられた(38)。これによれば、捐納出身の四品官（たとえば道員）は二品以上の封典を捐納することができなくなった。

清末になって、捐納による収入の増加を図ろうとして、捐納して実際のポストより一段ないし数段高い虚銜を得た者、あるいは虚銜だけを捐納した者は、さらに捐納すれば、実際の品級より高い封典を得ることが許されるようになった。結局、その乾隆三十八年（一七七三）の「定例」が破られて、捐納出身の四品官は二品以上の封典でも捐納することが再びできるようになった。光緒初年に実施された旱害救助のための「晋豫推広章程」には、「従一品封典」という項目が堂々と登場したのであった。(39)

③【貢監】(40)

貢監とは、貢生と監生のことで、いずれも北京にある国の最高学府、国子監で教育を受けられる生徒身分である。これらの資格があれば、さまざまな面で優遇されることになる。たとえば、貢生と監生の資格を持つものは、州県レベルで行う試験を飛ばして、省レベルで実施する科挙の「郷試」を受けることができるほか、税金、司法などの面においてさまざまな特権を享受することができる。さらに重要なのは、貢生と監生とは、捐納による任官の基本資格であった。つまり、官僚ポストの任用資格を捐納して得たいのだが、進士挙人などの正途出身資格を持っていない者にとって、貢生と監生の資格を捐納によって取得することは必要条件であった。いずれにせよ、官僚になりたい者にとっては、科挙受験のために長い年月をかけて進士や挙人の資格をとるより、貢生と監生の捐納が入仕の捷径であったと言えよう。したがって、賑捐を含む捐納の報奨項目として貢生と監生を取り入れた目的は、やはりここにあったと思われる。そのため、貢生や監生の捐納は、清朝一代を通じて止むことなく、清朝が崩壊するまで続いた。

捐納によって貢生や監生になった者は、「例貢」と「例監」と呼ばれた。清朝に入って「例監」(41)がはじめて誕生したのは順治六年（一六四九）であったが、賑捐の報奨項目に「例監」と「例貢」が組み込まれたのは順治十一年（一六五四）であった。

康熙年間には、貢生と監生の捐納基準が高く設定された。記録によれば、康熙年間「捐納俊秀監生」の「正項雑費」は、銀三百両であったことが分かる。これは、一品文官の年間俸禄額の銀百八十両をはるかに上回るものであり、一般人が容易に支弁できるものではなかった。雍正年間に入って、監生の捐納基準が緩和され、銀百両と改定された(42)。これによって、一般人が容易に捐納できるようになった。そして、乾隆元年（一七三六）と十年（一七四五）、監生と貢生の捐納は相次ぎ「常例」の報奨項目として固定された。たとえば、一般人民は銀百八両を出せば、「例監」の資格を入手することができたのである(43)。

④【翎枝】

翎枝は、「頂戴」と呼ばれる清朝皇族や官僚などの帽子に飾られる孔雀や鶡《やまどり》の羽毛であり、前者は「花翎」、後者は「藍翎」と呼ぶ。「花翎」の着用対象は一品から五品の官僚であったのに対し、「藍翎」の着用対象は六品以下の官僚であった。本来、翎枝は、貝子や護衛などの皇帝の側近だけに特別許可され飾られるものであった。清朝の初年、「功績偉茂」の「勳臣」へ「花翎」を賜うことがあったが、乾隆年間以降、皇帝の「特恩」として、郡王・内閣大学士・総督などにも「花翎」を与えることになった。皇族出身の昭槤は、彼が九歳の時に乾隆帝より「双眼花翎」を与えられたことについて、「実為千古栄遇、至今思之、猶感激涕零云」、と記している(44)。罪や過誤を犯した場合、「花翎」の剥奪が行政処分として科されることもあった。要するに、現代の勲章をはるかに上回る名誉を意味するものであった。

ほとんどが清朝時代の前期や中期に定着したこれまで述べた賑捐項目に対し、翎枝が賑捐項目に取り入れられたのは太平天国の乱が勃発してからのことである。咸豊元年（一八五一）、太平天国の乱を鎮圧する軍事費を調達するために、清朝政府が「籌餉事例」を実施することを決めた。翌咸豊二年（一八五二）、定郡王載銓らが二十二

の項目からなる「酌擬寛籌軍餉章程」を上奏した[45]。その第十四項は、

文武各官分別京外、准各按品級報捐花翎。

とあり、京官や外官であれば、それぞれの品級に応じ「花翎」を捐納によって得ることができるように求めた。その後、咸豊帝はこの上奏を聞き入れて実施させ[46]、清朝政府も『現辦捐翎章程』と『捐戴翎枝章程』などの翎枝捐納規定を公表した。翎枝の捐納基準は以下の通りである[47]。

表7-4　翎枝捐納基準（単位：両）

身分	花翎	藍翎
外官	七〇〇〇	三五〇〇
京官	四〇〇〇	二〇〇〇

史料出典：『新増籌餉事例』報捐翎枝　三〇a～b頁。

このように、本来、皇帝の判断で臣下に与えていた国家の栄典は、捐納で入手することができるようになった。光緒三年（一八七七）十一月、河南省当局は、賑捐の実施に際して、中央政府に対し、「花翎」と「藍翎」の捐納実施許可を求めた、という[48]。

以上、清代の賑捐を概観したが、次に、光緒十五年（一八八九）の江浙賑捐を見てみよう。

第二節　光緒十五年江南水害の概況

一　光緒十五年の中国

十九世紀末の中国においては、光緒十五年（一八八九）は相対的に平穏な一年であった。咸豊元年（一八五一）から十四年間にわたって南方数省を中心に続けていた太平天国の乱が鎮圧されたあと、国内には大規模な民衆反乱がなかった。光緒十五年（一八八九）に入って、数年前に起きたフランスとの戦争が終結し、また光緒十三年（一八八七）に黄河の堤防が決壊したが、光緒十四年（一八八八）の十二月にはその修復工事は一応竣工した。この年は、外交や政治の面において、問題がまったくなかったわけではなかったが、日清戦争、戊戌変法のような大きなものはなかった。こうした内外情況を背景に、光緒十五年（一八八九）の二月、長年にわたって垂簾聴政をしていた西太后は、結婚を控えた光緒帝に政治の実権を帰した。このように、清朝社会は、光緒二十年（一八九四）に日清戦争が勃発するまで、最後の安定期に入った。

こうした安定した国内情況のもとで、清朝政府の財政は、「戸部財政の崩壊」[49]と言われるように、戸部銀庫の現銀がわずか十数万両しか残っていなかった同治四年（一八六四）に比べれば、戸部の経常収支は多少改善したとはいえ、余裕はほとんどなかった。

光緒十五年前後、清朝にとって国を挙げて行う最も重要かつ大規模な行事は、光緒帝の婚礼であった。光緒十三年（一八八七）五月二十日、西太后は、その婚礼の所要経費を銀四百万両とし、戸部などに対しこれを用意するよう指示した。[50] 光緒十四年（一八八八）正月十七日、西太后は、その銀四百万両が「尚不敷用」ことを理由に、戸部に対しさらに銀百万両を調達するよう指示した。この延べ銀五百万両にのぼる皇帝婚礼経費については、戸部がすでに用意したため、問題にはならなかったようであったが、[51] それ以外の支出については、戸部の悩みはかなり深刻であった。たとえば、先に述べた光緒十三年の黄河堤防の決壊にあたり、河南巡撫の倪文蔚は、戸部に対し、緊急の救済経費として二十四万両を支給するよう求めたが、戸部は即応することができなかった。[52] また、光緒十四年頃、西太后は、紫禁城の西側にある中南海を光緒帝に実権を帰したあとの自分の住まいとして指定し、それを修繕するという名目を立て、戸部に対し修繕用塗料を調達する銀を宮中に納入するよう指示した。西太后のこの指示を受けて、五月初一日、戸部銀庫などの「三庫」は連名で上奏を行い、「戸部無款」の苦境を報告したという。[53] これより一ヶ月前の四月初四日に、戸部尚書の翁同龢は同僚に対し、自らの「三大願」を明らかにした。それは、①戸部の倉庫に「千万」の銀があり、②北京で「制銭」を流通させ、③「天下銭糧」を全額徴収する、という内容である。[54] 清朝財政の最高責任者としての戸部尚書が訴えたこの「三大願」から、清朝の脆弱な内実を見ることができよう。

この意味で、光緒十五年（一八八九）に水害が発生したときは、清朝の内政、外交などの面においては、基本的には安定していた時期ではあったが、清朝政府は、深刻で慢性的な財政難に直面していたのである。

二　光緒十五年の江南水害

清代、江南地方とは江蘇省南部の蘇州府・松江府、そして浙江省北部の杭州府・嘉興府・湖州府・寧波府・紹興府を指す地域であった。ここは温暖湿潤な気候に恵まれ、地理的にも農業に適するため、米・麦などの農作物が多くとれる。三国時代、呉の国を開いた孫権は本拠地をここに置き、開発を進めた。唐代から宋代にかけて、江南地方は中国の最重要経済地域の一つとしての地位を確立し、爾来、中国内外の政治・経済・社会状況が目まぐるしく変動するなかでも、千年以上にわたってその地位は変わらなかった。

ここは、いまでも中国の重要な穀倉地帯である。清朝時代以前から、江蘇省と浙江省が豊作であれば、天下の食料が足る（「蘇杭熟、天下足」）、という諺がすでに流行した。清朝中央政府にとって、同じく長江下流域の安徽省・江西省とあわせて北京への食料供応の最重要地域であった。毎年のように北京への二百五十万石の漕糧を負担するのは上記の地域であるため、清朝政府にとって、江南は財政上政治上ともに重要な意味を持つ地域であった。

一八六〇年代のはじめ、江南地方は、太平天国の乱によって大きな打撃をこうむったが、その後、恵まれた自然環境・豊富な資金力を背景に、いち早く復興し、ふたたびかつての繁栄を取り戻した。さらに、山西・河南・山東、および東北地域で発生した自然災害に対しても、援助を行っていた。たとえば、先に触れた光緒十三年（一八八七）の黄河堤防の決壊によって被災した百八十九万の難民に対し、「中外臣工、四方義士」が寄付を行い、その義援金の総額は白銀七十五万七千四百両余りに達した。そのなかで浙江省当局が寄付した義援金は各省のなかでの最高額の十三万両で、江蘇省が寄付した義援金は三万両であった[55]。

ところで、江南地方は揚子江下流域や太湖流域の水郷地帯に位置し、東シナ海にも面するため、水害や台風の被害が少なくなかった。鄧雲特の統計によれば、十九世紀だけでも、江蘇省で四十一回、浙江省で二十七回の水害が発生したことが分かる[56]。

光緒十五年（一八八九）は、江南地方が百年に一度の大水害に見舞われた年であった。

浙江省の北部（杭州府・嘉興府・湖州府・寧波府・紹興府）では、この年の五月から七月までに、「晴多雨少」「晴雨相間」の天気が続き、紹興府などの一部地域では「田禾缺水」が報告されたという。七月二十五日、上海の

『申報』に掲載される「四明秋景」と題される記事のなかで、寧波府では七月十七日より連日のように高温少雨の天気が続き、気温は（華氏）「百余度」（摂氏四〇度前後）まで上昇したと報じ、もしこのような異常気象がさらに続くのであれば、疫病が発生する恐れがある、と不安を記している(57)。

その記事が掲載された当日の七月二十五日と翌日の二十六日、浙江省北部の杭州府・嘉興府・湖州府・紹興府・寧波府、および南部の温州府は暴風雨に襲われた。八月の初め、被災の情報が上海に伝わった。八月四日の『申報』によれば、七月二十六日から降り始めた雨は、二十九日まで続き、寧波市内では浸水し、死者の人数は未だ不明だが、けがをした人は「四十余名」としたうえで、「一大災也」との認識を示している(58)。その後、浙江省各地の被災情報が上海に届き、被災の状況も次第に明らかになった。

たとえば、紹興府山間部にある嵊県では、長さ「七十余里」（約三五キロメートル）、幅「二十余里」（約一〇キロメートル）あった「大小八十余村」が、洪水で流されて「沢国」になり、新聞では「百数十年来未有之奇災」と報じている。温州府玉環庁のある村は、もともと世帯二百余り、人口八百人が住んでいたが、洪水が去ったあとに生き残ったのはわずか八人であった。また、湖州府のある村では、住民三四百世帯のうち、生き残ったのは男子七人だけであったという(59)。

光緒十五年の浙江省にとっては、まさしく「一難去ってまた一難」という諺のように災害が相次ぎ発生した。七月下旬の暴風雨のあと、八月の初めから九月下旬にかけての四十日の間、その暴風雨によってすでに罹災していた浙江省の北部の湖州府・嘉興府、および江蘇省の蘇州府をはじめとして、江南地方各地では曇りや雨の天気が続いた。浙江省湖州府では、七月下旬に暴風雨が来たとき、稲がすでに成熟して、収穫を待つばかりであったが、洪水で水没してしまった。それでも、水位が下がり、晴天に恵まれれば、ある程度の収穫はなお可能だと当地の人々は期待していた。だが、八月初めからの連日の雨で、水位がなかなか下がらないため、水没している穀物が発芽したり、腐ったりして、収穫を見込めなくなった。にもかかわらず、農民たちはわずかな期待を持ちながら、水車を使って田んぼの水位を下げようと必死に努力したが、効果がなかった。前回の暴風雨で家屋が壊れ、長雨のなかで住むところもなかった難民の悲鳴が遠くからも聞こえる、と上海で発行されていた新聞が報じている。(60)

同じ頃、戸部尚書の翁同龢は、「修墓」のために休暇をとり故郷の蘇州府常熟県に帰省した。七月十八日に北京を出発した彼は、二十六日に常熟県に入り、九月三日に離れるまで、そこに三十六日間滞在した。彼の日記によれば、そのうちの十五日間は、曇りや雨の連続であった。彼は故郷を離れる数日前の八月二十九日の日記のなかで、次のように記している。

晴矣、入夜又雨、綿花已減色、早稲亦恐爛矣。

とあり、雨による綿花と早稲の生産を心配している。(61)地元を離れ、上海で北上の船を待つ二週間も、雨がずっと降り続いた。九月八日に彼は日記に、

竟日雨、二更大雨、綿花既壊、稲亦生芽。吁、可怕哉。

と記し、心配していた綿花と米の生産に絶望した、という。(62)

このように、七月下旬の暴風雨と八月から九月にかけての長雨によって、相当に広い地域で秋の農作物の収穫が絶望的になった。こうしたことをうけて、浙江省の省都だった杭州をはじめ、各地の米価格が上昇しはじめた。九月二十四日の『申報』によれば、杭州の近郊では、普段「二十六文」であった一升の米は、「三十六文」にまで上昇した。米価格と連動する形で、野菜や塩などの日常必需品の値段も上昇した、という。(63)

浙江省では、この二度の災害によって多くの人命を失った。また、財産を失った人数がいったいどのくらいであったかは、近代的な統計のなかったこともあり正確な数字が分からないが、かなり多かったと思われる。光緒十六年（一八九〇）二月六日付けの奏摺のなかで、浙江巡撫の崧駿が報告した救済の対象だけで、「極貧次貧大小丁口一百一十四万八千余人」にのぼったというから、被災人口はこれをはるかに上回ったことは想像に難くない(64)。

第三節　光緒十五年江浙賑捐の展開

一　起案

光緒十五年（一八八九）秋、江南地方の浙江省と江蘇省を襲った水害がもたらした災害、その両省の地方長官が災害救助の始動段階で行った上奏およびとった緊急措置については、すでに述べたところである(65)。

嘉慶年間（一七九六―一八二〇）以後、江南地域を含む救済倉の経営は、次第に破綻し、太平天国期以降、江南にかつて存在していたそれらは壊滅的な打撃を受けて、光緒十五年頃にはもうほとんど存在していなかったと考えてよい(66)。そのため、災害が発生するたびに、為政者はその救済資金の調達を考えねばならなかった。

光緒十五年、江南水害の救災資金問題の解決について、浙江巡撫の崧駿が八月二十六日と九月二十一日に提出した奏摺のなかではなお、賑済資金を調達するために捐納を実施するということについては、言及していなかった。ただ、十月七日付けの奏摺のなかで、崧駿は、浙江省所管の倉庫から銀十五万両の支出許可を朝廷に求める一方、「此後款項如有不敷、再由奴才飭司随時籌画、奏明辦理」と声明して伏線を敷いた(67)。実は、上奏前日の十月六日、崧駿は、浙江省布政使と按察使に対し、救災措置と「官款捐款」の管理方法を早急に検討するように指示した[68]。その後、彼の指示によって救災資金を調達する窓口として浙江省籌賑総局が設立された。

光緒十五年（一八八九）十月十八日付けで設立された浙江省籌賑総局は、設立当初に作成された「開辦章程」のなかで、過去の「賑捐章程」に照らし、捐納を実施することを上奏するよう明確な提言を行っている[69]。

> 除奏撥庫款外、①所有隣省及本省募捐銀洋、均請奏請照歴届賑捐章程、准予請奨封典・虚銜・貢監。②並援照晋豫推広章程、准捐従一品封典・三品銜。③其原有三品銜之道員准捐二品頂戴・翎枝一項、現在山東賑捐業已奉准、応請一体稟請准捐納、俾得踴躍楽輸。④再、封典・虚銜・貢監三項賑捐、本係奉准通行、擬請藩司先頒空白実収、発交各府、遇有捐生報捐、即由府就近填給実収、以期迅速観感。

①は、浙江省内外から「銀洋」を捐納する者に対し、過去の「賑捐章程」に照らして「封典」「虚銜」「貢監」を与えることを言う。これは、従来の賑捐規定に沿った提案であった。②と③は、収入確保の狙いから、「晋豫推広章程」と「山東賑捐」の規定に照らして、浙江省でも「従一品封典」「三品銜」「二品頂戴」「翎枝」など新規賑捐項目の実施を求めるように、との提言であった。①〜③が賑捐項目についての提言であったのに対し、④は①で言及した「封典」「虚銜」「貢監」の報捐手続きについて要望するものであった。つまり浙江省籌賑総局は、①の各項目がもとより「現行事例」（＝常例）に属するものであることを指摘し、その所管官庁である布政司に対し、あらかじめ「空白実収」（第二章参照）を各府に配ることを提案したのである。④の提案の理由は、捐納領収書及び資格臨時証明書である「実収」を「報捐」した「捐生」に早く交付できれば、「迅速観感」、すなわちその「捐生」たちが先を争って捐納してくれることを期待できる、というところにあるに違いない。

以上によって、光緒十五年（一八八九）秋に江南地方水害が発生したあと、その救援が始動して間もない段階で、浙江省の救援担当機構――籌賑総局は、すでに賑捐による救済資金の調達を提言したことがわかった。

では、浙江省の地方当局は、なぜ救援活動が開始して間もない十月の時点で、すでに賑捐の実施を計画したのか。実は、その背後には、一部の被災地ですでに発生した憂慮すべき社会治安の問題があった。

二　起案の背景

光緒十五年（一八八九）九月十一日の『申報』では次のような記事を載せている。災害発生後、海塩県知県が輿に乗って被災地を訪れ、情況を調査している真っ最中に、数名の難民が突然、知県を輿ごと水中に放り込んだ。ずぶ濡れになって驚かされた知県はすぐ助けられ、命に別状はなかったが、その数名の難民が現行犯として逮捕され、今回の水害でのはじめての逮捕者となった(70)。

上記の記事が報じられた翌日より、さらに憂慮すべきニュースが次々と報じられた。まずは衙門に対する被災者の騒擾である。九月上旬、寧波府奉化県では、災民が衙門に乱入した事態も発生し、事態のさらなる拡大を恐れた知県は、「弾圧」のために、上司に対し兵士の派遣を要請した。九月二十一日、「数千」の難民が嘉興府城内にある嘉興県と秀水県の衙門にも乱入した。夕方になって、いったん解散した難民が暴動を起こし、嘉興府城の南門あたりで商店を襲った。省都の杭州では、衙門への乱入こそ避けられたが、二千人の難民が布政使司衙門へ災害情況を直訴した。布政使がその直訴を受理しなかったため、衙門の外で待っていた難民は、たまたま通りかかった浙江省糧道を布政使であると勘違いし、さらに直訴しようとして一時混乱した。先に述べたが、光緒十五年水害の特徴の一つは、四十日間にも及ぶ長雨である。当時、一部の地方官は、「乞晴」、つまり雨が早く止むよう焼香念仏し、「禁屠」、つまり鶏や豚などの食肉用の家畜を殺すことを禁止する、といった伝統的な措置をとっていた。ところで『申報』の記事によれば、九月二十一日、浙西（銭塘江より西の地域）の「禁屠」令が敷かれていた某県では、四百人あまりの難民が県の衙門に来て、知県に被災情況を報告しようとしたが、その知県は難民との面会を拒んだ。腹にすえかねた難民は、役所内で暴動を起こし、衙門の奥に位置する知県私邸の厨房に入り、そこでさばいたばかりの、これから料理しようとする新鮮な肉・鶏・魚・アヒルを見つけ出した。憤怒した難民は、それらを県衙門の大堂に持って行って、知県に詰問したあと、さらに知府衙門に持って行った。知府はその肉などを水中に捨てるよう、難民を慰めたという(71)。

次は民間人への騒擾である。災害発生後、米価をはじめ、食糧価格が上昇したことはすでに触れたが、八月頃、湖州府長興県のある「農戸」は、「三十余担」の米を船に載せ、販売先に向けて航行していたところ、二・三隻の小船に分乗する三十余人のグループが、その米の半分を奪って去った。紹興府治下の餘姚県では、衙門に乱入とは報じられていないが、九月二十二日から二十五日にいたるまでに三日間、難民たちが大挙して城内に入って、米を「借りたい」という名目で地主や富豪の家を「敲戸撞門」して襲った。こうした事態を収拾するために九月二十六日、紹興府餘姚県の知県は次のような「四言告示」を出している。

早禾登場　晩禾未割　縦使成災　豈已絶食
爾等愚民　被棍扇惑　恃衆横行　毀門搶物
此等刁風　焉能寛恕　良民帰家　奸徒改悟
官兵一臨　厳拿重懲　如敢違抗　格殺勿論

このなかで知県は、早稲はすでに収穫しているのだから、晩稲を未だ収穫していないからと言って、たとえ被災したとしても、食糧がすでに完全になくなっているわけではない、と諭したうえ、騒乱行為を批判した。最後に、帰宅の命令に従わず、ならず者が改心しなければ、厳しく処罰しその場で処刑しても責任を問わない、つまり切り捨て御免である、と警告している。

紹興府のある「有心無力人」からの『申報』への投書のなかでは、地元の状況について「難民乞食、刁民索詐、良民其何以堪」であると説明している。ここでは、「難民」・「刁民」・「良民」のように分類している。「良民」は被害した地主や地方のエリートたち、「刁民」は略奪行為などをした被災者、「難民」は上記両者以外の被災者であろう。その乱を避けるために、九月の下旬から紹興府の一部地主や富豪は、上海に逃げ出して避難した。彼らが上海で下船したとき、持っている荷物のなかには多くの「箱籠物件」があった、と目撃者が話している。(72)

このように、災害が発生したあとの九月に、浙江の被災地にすでに不穏な空気が漂っていたことが分かる。必要な資金を調達して、迅速に災害救助を行うことが、被災者を救うためだけでなく、大規模な社会治安問題の発生を未然に防ぐ最適な手段でもあった。賑捐による災害救助資金の調達がいち早く提案された原因は、上述したような社会事情にあったと思う。

三　江南の督撫の連名上奏

光緒十五年（一八八九）十月六日、両江総督の曾国荃が上奏のなかで、蘇州府一帯の「秋災情形」と自らとった緊急対応措置について報告した。(73) その三週間後の十月二十七日、曾国荃をはじめ浙江巡撫崧駿・江蘇巡撫剛毅・安徽巡撫沈秉成らが連名で、「請仍開辦賑捐疏」を上奏した。(74)

①窃江蘇浙江両省秋後連遭霪雨、被災情形迭経両省撫臣専摺奏報在案。近日天気雖已晴霽、而江湖充満、消退無期。小民無米可収、無麦可種、人心惶懼、有岌岌不可終日之勢。江蘇如宜興・荊渓・呉江・震沢・昭文等県、浙江如杭州・嘉興・湖州三府、災象尤重。兼有客民乗機煽惑、地方因之不靖。②現経両省官紳籌辦義

賑、而災区太広、籌款極難。臣接京外各紳告災求賑之書、堆案盈几。奈司局各庫支絀異常、応解緊要協餉均尚無款可籌。雖経臣在賑餘款内咨撥銀三万両、稍済燃眉之急。今冬能否勉強敷衍、尚無把握。迨来年青黄不接之時、即江寧各属及安徽之泗州・鳳陽等処皆宜普籌撫恤。杼柚久空、一籌莫展。不敢不未雨綢繆、預籌有著之款、藉救無告之民。査各省連年荒歉、紳富一捐再捐、均已筋疲力竭。非杖朝廷恩意給予奬叙、不足以資鼓動。[3]上年、臣奏辦江蘇安徽賑捐、経部臣議准、凡捐封典・虚銜・貢監、均照常例減五成給奬。翎枝、三品以上捐銀二千両、四品以下捐銀一千両、准給花翎、捐銀五百両、准給藍翎。限半年截止、由臣填発実収、将副実収随冊送部、由部核准頒発執照。於正捐毫無占礙、於災民裨益良多、行之無弊、著有成効。現与司道再四籌思、擬即循照此章続行開辦半年、由臣派員及咨隣省各督撫広為勧募、以期集腋成裘、専備江蘇浙江及安徽賑撫之用、俾各路飢民蠢蠢欲動之心藉資鎮定。

この上奏のなかで、曽国荃らは、まず①被災者は大きな不安を抱え、「客民」（出稼ぎ労働者）の扇動もあり、被災地の社会状況は「不靖」であると報告した。そして②被災地が広くて、救済資金の調達はもとより、規定通りに納付すべき「緊要協餉」の調達さえ難しい、という域内財政の苦境を説明している。そこで、彼は③「再四籌思」をして、かつて実施した「江蘇安徽賑捐」の規定に照らして、半年間に限って賑捐を実施しようとする提案を皇帝に具申して、実施の許可を求めている。彼らが求めている賑捐項目と銀額は以下の通りである。

【封典】　「常例」に照らして×0・5
【虚銜】　「常例」に照らして×0・5
【貢監】　「常例」に照らして×0・5
【翎枝・花翎】　三品官以上　銀二千両

【翎枝・藍翎】　四品官以下　　銀千両
　　　　　　　　四品官以下　　銀五百両

たとえば、「常例」と呼ばれる『現行常例』の規定によれば、監生の報捐基準額は銀百八両であった。上述した曽国荃の提案によれば、その報捐額は百八×0・5＝五十四両であった。

彼らはさらに、報捐者にとって封典や虚銜などは捐納する魅力がすでに低くなったのを理由に、「二品頂戴」の捐納と「捐復」を求めている。[75]その「二品頂戴」の捐納基準は以下のとおりである。

【二品頂戴】　三品道員・塩運使銜保有者
　　　　　　　　銀五千四百両×0・5
　　　　　　三品道員・塩運使銜保有者以外
　　　　　　　　銀五千四百両×2×0・5

ここで、曽国荃が求めている「捐復」について少し説明しておきたい。

「捐復」とは、清代捐納制度を構成する重要な部分であり、「捐」とは捐納することで、「復」とは処分解除のことである。清代、官僚はその職務上で犯した過失により、「降級」や「革職留任」、ないし出身資格や翎枝の剥奪などといった懲戒処分を受ける。康熙年間より、これらの処分はすでに捐納によって解除することができた。乾隆三十五年（一七七〇）以降、捐復は経常性の捐納項目として「現行事例」に組み入れられた。[76]しかし、「捐復」といっても、すべての懲戒処分がこれによって解除できるわけではない。一般論として捐復が許されるのは、職務遂行の際に官僚本人がその連帯責任、および自ら犯したミスにより受けた「調用」「降級」「革職」などの行政処分に対する措置であった。定期的に行われる京察、大計などで受けた処分は、そもそも捐復の対象ではなかったが、「奸贓情罪」がないことを条件付きで捐復することも可能であった。たとえば、『現行常例』の「捐復原銜」の第一条には、

京外文武官員革職離任、有情願捐復原銜者、准其報捐。至文職京察大計六法、武職軍政被劾各官、例不准其捐復。如此項人員並無奸贓情罪、亦准捐復原銜。

との規定がある[77]。つまり、定期的に行われる文武官僚の勤務評価（文官は「京察」と「大計」、武官は「軍政」）で処罰を受けた者は制度上、そもそも捐復を許されるのは、本来のポストに相当する虚銜でしかなかった。

曽国荃は、自ら求める「捐復」についてこのように説明している。

各省文武因案被議、及年終甄別人員、除情節較重者、限於例制、不准捐復外、如有願捐鉅款、稟請開復銜翎原官、而核其情節本在可原之例者、自応予以自新之路。擬随時奏明請旨勅部核准後、再将捐項核収。

これによれば、曽国荃が求める「捐復」の対象は、京察や大計などのような定期的に行われる官僚の勤務評価によって懲戒処分を受けたのだが、情状を酌量する余地があり、しかも「鉅款」を捐納する者であることが分かる。言い換えれば、捐復の範囲を『現行常例』の規定よりさらに拡大しようとしたのである。

両江総督の曽国荃は賑捐の実施を求めるこの上奏を提出した翌日の十月二十八日に、浙江巡撫の崧駿宛てに返信の手紙を出した[78]。

頃奉二十五日環章、敬承種切。……日前因念江浙同時被災、需款孔亟、不得不広籌接済以拯災黎。而目下籌

款之方、非開捐輸不足以集鉅款。昨已敬列台銜、瀝情入告、請照蘇皖賑捐准其報捐銜封翎枝等項、以広招徠。業已備具会回稿咨送尊処、此事得能仰荷恩俞、与両省災黎深有裨益。至另片所云将來集有成数、由敝処派員会同地方官賑撫一節、実為報銷之地、想仁弟必能鑒之。

これは嵩駿の二十五日の来信に対する返事である。このなかで、曽国荃は、救済資金の調達について、捐納以外に方法がないとし、昨日はすでに連名での奏摺を出したことを告げ、そして申請した賑捐項目と実施方法をも伝えた。

四　清朝中央政府の対応と江南賑捐実施体制の整備

光緒十五年（一八八九）十月二十七日に曽国荃らが連名で上奏したこの奏摺に対して、十一月六日に光緒帝は戸部に対し、迅速に議論して結論を報告するよう指示した。戸部としては、被災地域に対しより大きな財政援助を行えない以上、地方で捐納を実施することを許し、救済資金の調達を地方に任せる方法しかとれなかった。実は、清代の後期では、地方の「賑捐」は救済金を調達する主要な方法としてすでに「定着」していた。そのため、戸部は、曽国荃ら江南地方督撫の要求をほぼそのまま認める方針を決めて、十一月十一日に皇帝に「具奏」して報告した。ただし、曽国荃らが求めている「捐復」の拡大については、戸部は吏部・兵部とさらに「酌核」する必要があるとして即答を避けた。皇帝は戸部の方針を即座に認め、「依議」の聖旨を出した(79)。

皇帝が許可したことが江蘇省や浙江省に正式に伝わったのは、十一月の二十二日（江蘇省）と二十五日（浙江省）であった(80)。

両江総督の曽国荃はこの賑捐の最高責任者として、戸部による「具奏」が行われる前の段階ですでに、「京友」

からの「電信」を通じて、上奏がすでに「議准」され、それを通知する文書は二十日前後に正式に届けられるだろう、との情報を入手していた(81)。このように、皇帝の最終許可が出された翌日の十一月十二日、彼は正式な通知を待たずに、賑捐窓口の設立を部下に指示し、賑捐管理の組織を整えることに乗り出した。十一月二十日、まずは総督駐在の南京で「籌辦蘇浙賑捐総局」が設立され、その後上海で「籌辦蘇浙賑捐滬局」が開設された。その「籌辦蘇浙賑捐総局」は設立後すぐ浙江省の籌賑総局に対し、「咨文」を以て開設したことや賑捐事務を知らせた。その咨文は十二月二日に浙江省籌賑総局に伝わり、そして籌賑総局を通して十二月十日に紹興府に届いた。ほぼ同じ内容の知らせは、寧紹台道の道員だった呉引孫を経由することによっても、十二月三十日に紹興府に届いた(82)。

浙江省側でもこれを受けて、賑捐のための人事を行った。浙江省布政使は、候補知府の戴燮元を杭州府へ、候補知府の趙慶祺を紹興府へ、現地にいる知府と「会同」して「勧捐事務」を行わせる目的で派遣した(83)。

五　両江総督と浙江巡撫の役割分担

先に述べたように、この賑捐の最高責任者は両江総督の曽国荃であるが、浙江省においては、その責任者は浙江巡撫の崧駿であった。崧駿は、曽国荃との役割分担について、部下に対し次のように説明した(84)。

此項捐輸奨叙統帰両江奏請、所有各項捐款、除各省大員捐助暨捐請建坊、及不願請奨者、均由本部院専案具奏請旨外、凡係情願照章請奨者、無論外省協済並本省紳富塩当糸茶各捐、均由該局及派出勧捐委員暨各該府分別詢明情願何項奨叙、按照原奏捐項実数、核明造冊、由総局或按月或彙総造具清冊二分、一分送本部院衙門存案、一分詳咨両江奏奨。

つまり、賑捐の最高責任者は両江総督であるが、浙江省で捐納をした高級官僚、捐納をして「牌坊」を建てたい者および捐納して奨励を辞退したい者については、浙江巡撫がその責任で中央政府に報告し、指示を仰ぐことに対し、浙江省で捐納した外省の報捐者・および省内の紳士・富豪・塩商・当商（質屋）・糸商・茶商などに対し、知府と浙江省籌賑総局から派遣した「勧捐委員」が、その捐納したい項目をいちいち確認し、そして捐納者のリストである「清冊」を二部作成し、一部は「存案」のために浙江巡撫衙門に送り、一部は捐納の手続きを済ませるために両江総督に送るのである。

ここで見られるように、崧駿は、浙江省で賑捐を取り扱う窓口として籌賑総局を指定した。同時に、崧駿は籌賑総局に対し、浙江省で賑捐を実施するための規定として「捐輸章程」を作るよう指示した。その指示を受けて、籌賑総局は浙江布政使と協議して「章程十四条」を作成して、崧駿に提出した。光緒十六年（一八九〇）二月六日、崧駿は、その章程を認可した。二月二十二日、この章程は、籌賑総局によって紹興府に送られた[85]。

六　浙江省における賑捐実施の実態

浙江省の賑捐がどのように実施されたのかについては、資料の制限もあり、その全容の解明はまだできていない。以下では、地方政府の対応を見てみよう。

すでに述べたが、浙江省籌賑総局は浙江省当局に対し、災害救助資金を調達するための賑捐を実施すべきことを提言した。そのあと籌賑総局は、その賑捐を行う具体的作業として、「捐冊」を省内に配布できるよう、「詳文」を以て浙江巡撫に対して認可を申請した。その「捐冊」は、「捐戸姓名・銀数」を記録する帳簿であり、将来、中央政府に報告を行い、報捐者に対する「奨励」や資格などを与える原始記録でもある。崧駿は、光緒十五年（一八八九）十一月九日、つまり皇帝が崧駿を含む江南地方の督撫から提出した賑捐の申請を許可した二日前に、籌賑総局のこの申請を認可した。この件が紹興府に正式に伝わったのは、十一月の二十六日であった。さらに、二日後の二十八日に、「勧捐事務」を手伝うとの名目のため候補知府の趙慶祺らを紹興府に派遣する命令も紹興府に届いた(86)。

賑捐の実施にあたり、浙江省の地方当局は地方の士大夫をも利用した。光緒十五年(一八八九)十一月二十八日、浙江籌賑総局は、「勧捐事宜」を円滑に進めるには「本地紳士」の協力が不可欠であるとの理由で、紹興府出身で「資望素孚、郷里推重」であった「候選知府徐樹蘭」を「勧捐事務」の「会同弁理」に指名し、これを紹興府に通知した(87)。

徐樹蘭(一八三七～一九〇二)は、紹興府山陰県の人で、字は仲凡である。彼は、光緒二年(一八七六)の郷試で挙人に合格した。翌年の光緒三年(一八七七)、彼は会試に参加して落第したあと、兵部郎中を捐納した。その後、彼は、知府の候選資格なども捐納したが、母親の病気を介護するのを理由に光緒十四年(一八八八)で官途を辞して帰郷した。徐樹蘭は、故郷で慈善活動を行い、中国近代早期の蔵書楼である古越蔵書楼、および近代学校の中西学堂の創立者としても知られている。光緒十五年(一八八九)の秋、彼は「紹城紳董」として地元の災害行政や救災活動に積極的に関わっていた。たとえば、紹興府知府は、紹興府に配分された「欽頒帑銀」三千五百両の受領業務を彼に委託した(88)。

士大夫のほか、浙江省地方当局は、ギルドの組織力をも利用した。崧駿は次のように指示している。

凡係情願照章請奨者、無論外省協済並本省紳富塩当糸茶各捐、均由該局及派出勧捐委員暨各該府分別詢明情願何項奨叙(89)。

個人からの捐納はともかく、浙江省当局が目を付けたのは、「本省紳富塩当糸茶」、つまり省内の紳士・富豪・

塩商・当商（質屋）・糸商・茶商であったことが分かる。そこで、崧駿は籌賑総局・「勧捐委員」・各知府に対し彼らに勧誘活動を行うよう指示したのである。こうした勧誘活動の詳細は分からないが、強引なところがあったのだろう。被災地の民間から苦情が寄せられた。一例を挙げよう。

光緒十六年（一八九〇）二月頃、紹興府の「銭業」（金融業者）は紹興府に「稟文」を提出した。

具稟銭業為奉諭稟覆陳叩恩免事。窃商等忝居治下、蒿目時艱、承大憲胞与為懐、並各憲諄諄勧諭、凡属蚍蠓、如能為力、自当仰体憲懐、輸将恐後。無如紹地殷富、均恃田土為主、非省会可比。去秋霪雨為災、収成歉薄。承大憲奏減銭漕、俯憐民困、現在各業経営、清淡異常、而銭業為各業総彙之源、亦因之而獲利維艱。然易放難収、不得不勉力支持、俾図後望。支絀情形、諒邀憲鑒。可否仰懇憲恩、転求大憲、俯憫下情、恩准免捐、以紓商力、実為徳便、公感上稟。

これによれば、紹興府の銭業の業者たちが、賑捐の免除を地方官に嘆願したことが分かる。この「稟文」のなかで銭業者たちは、巡撫（「大憲」）と各地方官（「各憲」）が出した捐納を「勧諭」する趣旨はよく分かるとしたうえで、彼らの苦境を陳情した。彼らは、紹興府の「殷富」はもっぱら農業（「田土」）に頼っており、省都の杭州に比べられないとし、水害後の紹興府では、各業の経営が不振に陥ったため、「各業の総彙」としての銭業も経営困難に陥り、貸し出した金銭はなかなか回収することができず、いまは辛うじて経営を維持しているだけである、と説明した。紹興府知府に対し、銭業に課せられる賑捐を免除してほしいとの要望を浙江巡撫へ伝えるよう、嘆願したのである。

このように銭業が提出した嘆願書に対し、紹興府知府が出した「批」、つまり返事は以下の通りである。

上年紹地与杭嘉湖等府均因秋雨為災、民情困苦。大憲軫念窮黎、設局籌賑、祇以地方較広、需款浩繁、全頼各処紳商殷富慷慨捐助、藉資接済。歴年外省因災募捐、紹地紳民舗戸尚多踴躍楽輸、今有桑梓之誼、奚可反図吝慳。況所勧不僅該銭荘一業、凡各業経営較大者、均当一律勧募、以期集腋成裘。該銭業素来好義急公、着即従豊捐繳、聴候給照請奨、毋再藉詞観望。切々。

これによれば、紹興府知府は言葉を選んで捐納の勧誘をしつつ、これ以上あれこれ言うことは許しがたい、という厳しい意思を示したことが分かる。この「批」のなかで紹興府知府は、まず浙江省の災害救助における捐納の重要性を説き、紹興府の「紳民舗戸」は省外の災害救助に「踴躍楽輸」したのであるから、地元での災害救助のために、かえって捐納しないことをはかってはならないとした。さらに、銭業のほかに「営業較大者」であれば、みな一律に募金することを勧め、このようにして少しずつ募金を集めれば、多くの救済資金を集めることができるようになると諭し、最後に、紹興府の銭業にはもとより「好義急公」の伝統があるとし、直ちに最大限の捐納をし、言い訳をして怠ってはならない、と命令したのである[90]。

賑捐が開始されたあと、捐納された金額が、おそらく期待より下回ったのであろう。苛立った浙江省当局は、治下の地方官に対しより多く集めるべく催促した。たとえば光緒十六年（一八九〇）閏二月十一日、紹興府は籌賑総局から催促の「札」を受け取った。そのなかで籌賑総局は、紹興府では賑捐開始以来すでに「数月」が経っているにもかかわらず、収めた捐納の金額について一度も報告が来ていないと指摘し、本月以内に「典商」（質屋商人）分の捐納をすべて徴収し、省に送るよう命令している[91]。数日後の閏二月二十八日、籌賑総局はさらに催促の「札」を紹興府に送った。そのなかで籌賑総局は、紹興府に「捐冊」を三百冊送って以来、すでに四、五ヶ月が経っているが、収めた捐納の金額が少ないと指摘し、「春賑」資金を緊急調達し、三月十五日までにさらに治下に督促するよう命令している。[92]

ほぼ同じ頃、両江総督の曽国荃は、自ら銀三千両を寄付したほか[93]、関係の地方長官に手紙を送り、募金を呼びかけた。直隷総督の李鴻章宛ての手紙のなかで、「尚祈広大仏力、設法勧募、多々益善、以応急需」、と願っている。四川布政使崧蕃（浙江巡撫崧駿の弟）に対しても、「務祈飭属推広招徠」と言っているように、所属の官民に対し捐納を呼びかけるよう願っている。さらには閩浙総督の卞宝第に対しても、「満目哀鴻、嗷嗷待哺」の窮状を訴え、両広総督の李瀚章に対しも、「貴省為饒富之区、招徠尤易」であるとして、「転飭広為籌捐」を頼んでいる。[94]

このようにして光緒十五年（一八八九）十月にスタートした浙江省の賑捐は、翌十六年七月までに省の内外からは銀百三十一万余両の各種収入を得た。[95]その後、未完事務を処理するため、浙江省の賑捐は光緒十六年（一八九〇）年末まで延期され、救済や賑捐事務の窓口だった籌賑総局は、十月一日付けで「浙江賑捐核奨局」に改名された。[96]

おわりに

本章では、光緒十五年（一八八九）の秋に江南地域で発生した水害救助にかかわる救済資金の調達を中心に、江蘇省と浙江省の地方当局が、どのように救済資金を工面し、どのように中央政府に働きかけて賑捐による資金調達の許可を求めたのか、できるだけ詳細に述べた。それは、この賑捐を清代賑捐の一つのモデルとして、救済資金の調達をめぐる官僚たちの対応を分析したいからである。

清朝一代の賑捐を概観すれば、おおよそ以下の流れを見ることができる。順治・康熙・雍正は第一期であり、賑捐の報奨項目と捐納基準は一定なものではなく、その賑捐が実施されるごとに決められるものであった。監生や封典などの捐納報奨項目と捐納基準が安定し、しかも「現行事例」のなかに組み込まれた乾隆・嘉慶・道光年間は第二期であった。ただし、この間は必要に応じて暫行事例を実施することもあった。清代賑捐の第三期は光緒・宣統年間であった。中央政府が中心に運営した第一・第二期の賑捐との違いは、この頃の賑捐の提案者はほとんど地方督撫であり、実際に運営に携わる人間もほとんど地方官や在地勢力であり、彼らが賑捐効果の拡大を狙い、第二期で定着した捐納基準を割引し、捐納報奨項目の範囲をさらに拡大することを求めた。

このように、賑捐は清代を含む中国歴代王朝の「荒政」と呼ばれる災害行政のなかで、重要な意味をもつ施策であったことが分かる。荒政は、そもそも国家がその国民を災害から救助すべき義務を負っている理念の現れであったが、実際にはさまざまな問題を抱えていた。つまり、荒政の理念と現実のあいだに、ときには大きなズレがあった、ということである。そのもっとも大きなズレとは、通常財政における原額主義と非日常的な災害支出とのズレである。原額主義という社会・政治秩序の安定を最重要視する財政制度は「善政」の現れとされ、それは中央財政と地方財政の収支を毎年ほぼ一定額に固定するものであったが、一方でこのような財政制度に頼る荒政は、経常性支出項目として計上されるわずかな額の支出では、とうてい期待される通りの効果を発揮しきれなかった。この「善政」の理念に基づく財政制度は、やや大規模な災害への対応はもちろんのこと、日常の「善政」である養済院の運営にすら支障を与えていた。社会福祉事業や災害救助の面に即して言えば、一種の「善政」の悪循環が見られる。つまり、「善政」を実施しようとしたが、十分な財政措置が講じられなかったため、実際上はそれを実施することができず、結局、「善政」の理念が導いたのはしばしば「悪政」であった。政府としては人民を救助する義務を負っている以上、このような理念と現実のズレに対し、有効な解決策を講じなければ、その政府自身の存在価値が問われることになる。このようなズレに対し、中国の歴代王朝の政府が考え出した解決策は賑捐、すなわち政府が国子監の貢生・監生の資格や任官資格、および国家の栄典などを販売するという「悪政」であった。

救済資金の調達問題に即して言えば、さまざまな面ですでに末期現象を呈していた光緒年間の江南地方官たちが見せた判断力、組織力および効率性は、ウィルが研究した乾隆八～九年（一七四三～一七四四）の直隷旱害に対処する乾隆時代の直隷地方官に比べても、それほど衰えておらず、比較的にすばやく対応していた。彼らは、救済始動の段階で地方所管の財政から救済資金を出したほか、中央政府に対する賑捐の許可を求める方針を決め、そして、正式な文書によるより電報でいち早く許可の知らせを受けると、直ちに賑捐の組織を立ち上げた。そして、江南地方官の間では、賑捐の問題をめぐって、書信を通じて意見や情報を交換したほか、江南地域以外の地方官に対し、書信で救済の協力を求めた。ここで、江南の地方官は「縦」（対中央）と「横」（対地方）の両面で関係者に働きかけて、救済活動に必要な資金を調達した。言うまでもないが、このような地方官の行動様式は、光緒十五年（一八八九）江南水害のときのみ存在したわけではないと考えられる。

人間は、一度ある制度や行動方式を選択し、しかもその制度を利用して当初の目的を達成することができれば、行為慣性の影響によって、既得権益の喪失を恐れ、かつて選択した制度をそのまま踏襲しつづけ、大きな社会変動やその制度を取り巻く環境が変わるまで、変化を求めようとしない。こうした行為慣性は、それを選択した人間の活動によって、さらに強化されることになる。一方、社会で人間の活動に一度役立った制度は、その後の人間の行為慣性によって、その社会構造や社会環境のなかでさらに強化され、社会に役立つと同時に、その制度自身が存在する社会構造や社会環境から影響も受ける。やがて、その制度は社会の一部として定着することになる。

賑捐によって救済資金を調達する清代荒政の歴史を含む近代前夜中国の歴史は、まさしくこのような図式に沿って展開した。災害救助に伴い、政府財政の臨時支出が増大した。それによる政府の財政収入の不足を補う方法として、清代初期では賑捐を利用することによって救済資金の調達ができた。その後、賑捐は、清朝の荒政政策や荒政制度の一環として定着し、乾隆八～九年の「直賑事例」と光緒十五年の江浙賑捐を含む清代の賑捐は、いずれも救済資金を調達するために開いた捐納である。清朝の国家と官僚は、その行為慣性によって、ずっと賑捐による資金調達を求めつづけた。前近代の中国では、捐納がもたらす弊害に対する認識がなかったわけではないが、彼らがとれる対策は結局、捐納しかなかったと言えよう。

最後に、もう一点を指摘しておきたい。曽国荃らの賑捐要求への皇帝の裁可が光緒十五年十一月十一日に出される前に、地方レベルで賑捐実施への動きがすでに始まっていたことは、すでに述べた。これはおそらく、各地で災害救助のために捐納を実施しようとする要求に対し、中央政府はまず間違いなしに許可してくれるものと、見透かしていたと考えられよう。これは、釐金制度ができた時の状況とよく似ている。つまり中央の許可や指示を待つことより先に、現場では現実に押し切られるかたちでまず実行に移すのである。こうした点からも、十九世紀の末頃、清朝中央政府と地方政府の関係のあり方を読み取れよう(97)。

注

(1) 鄧雲特（鄧拓）『中国救荒史』三〇～六一頁。この本が、何度もリプリントされた。たとえば、一九五八年（北京、生活・読書・新知三聯書店）と二〇〇二年（広州、花城出版社、鄧拓全集第一巻）がある。なお、初版が出た二年後の一九三九年、川崎正雄より和訳された（『支那救荒史』、東京、生活社）。このほか、中国歴史上の自然災害について、陳高傭『中国歴代天災人禍表』、佐藤武敏『中国災害史年表』を参照。清代の荒政を研究する論著は、李向軍『清代荒政研究』、陳樺・劉宗志『救災与済貧』などがある。

（2）星斌夫『中国社会福祉政策史の研究――清代の賑済倉を中心に』を参照。同書第一章「清代初期の予備倉と常平倉」九～九二頁、第二章「清代常平倉の発展と衰滅」九三～二〇三頁。

（3）（仏）ピエール・エティエンヌ・ウィル（Pierre-Étienne Will、魏丕信）：*Bureaucratie et famine en Chine au 18e siècle*, Paris, 1980. 二〇〇三年、南京の江蘇人民出版社より『十八世紀中国的官僚制度與荒政』と題する中国語訳が出版された。以下の引用はこれによる。

（4）荒政の問題を考えるにあたり、地域的な要素も考慮しなければならない。たとえば、江南に比べて社会経済や文化などの発展がやや遅れた直隷地域における災害救助においては、民間による救助活動が見られず、政府がほぼその全責任で取り組んでいたことが、ウィルの研究から読み取れる。その原因は、直隷地域の在地勢力がもつ経済力だけでは大きな自然災害に対処することができない、というところにあったと思われる。こうした経済発展の格差により生じた社会および政府活動の行動様式の違いについては、夫馬進も中国善会善堂史の研究のなかですでに指摘している（『中国善会善堂史研究』付篇一「清代沿岸六省における善堂の普及情況」七五七～八一一頁）。

（5）何漢威『光緒初年（一八七六―七九）華北的大旱災』第五章「救災成効的検討」八七～一一〇頁。

（6）岩井茂樹『中国近世財政史の研究』四八九頁。

（7）（清）方観承『賑紀』巻八 序 一a～b頁、同書巻六 院奏於古北口外買米摺 一二a～一三a頁、同書巻六 部覆前事 一四a～一五a頁。方観承はそもそも「庫銀二十万両」を出し古北口外で「粟米二、三十万石」を購入したかった。しかし、乾隆八年の冬、古北口外の穀物が「価貴」のため、「七万九千二百九十五石六斗」しか購入できなかった。なお、ウィル『十八世紀中国的官僚制度與荒政』一二六頁。

（8）（漢）司馬遷『史記』巻六 秦始皇本紀 二三四頁。

（9）（漢）班固『漢書』巻二十四上 食貨志 一一三五頁。

（10）許大齢『清代捐納制度』（『明清史論集』所収）一六～二四頁。

（11）ウィル『十八世紀中国的官僚制度与荒政』一二三頁。彼によってその利用価値がはじめて明らかにされた方観承の『賑紀』は、災害救助の全過程を、その間形成した公牘を使って鮮明に記録されている書物である。しかし、乾隆九年（一七四四）より実施された「直賑事例」についてまったく触れていないことについて、残念に思う。何漢威『光緒初年（一八七六―七九）

華北的大旱災』第四章「清廷及其他省份対災区的支援」六七〜八二頁。
(12)『清太宗実録』巻五十八 崇徳六年十一月戊寅 第二冊 七八八〜七八九頁。祖可法は、趙爾巽［ほか］『清史稿』巻二百三十四 九四二八〜九四二九頁に伝あり。
(13)『清世祖実録』巻六十八 順治九年九月壬申 第三冊 五三〇頁。王秉乾は、「輸粟」が「周礼荒政」の規定に従うべしとしている。しかし、『周礼』の荒政には「輸粟」がなく、おそらく「大荒大札」への「通財」の規定であるだろう。ところで、『周礼』の「通財」は「帰粟」、つまり穀物搬送のことであり、「贖罪」や「褒奨」のことではない。
(14)『清世祖実録』巻六十九 順治九年十月癸卯 第三冊 五四三頁。
(15)『(康熙) 大清会典』巻二十一 荒政 一六 a頁。『(光緒) 欽定大清会典事例』巻三百八十八 八九四〇〜八九四一頁。
(16) 山田耕一郎「清初の捐納——三藩の乱との関係を中心にして」『駿台史学』(東京、駿台史学会) 第六六号 一九八六年二月 二一〜五〇頁。順治・康熙年間で実施した捐納を研究するこの論文は、これまであまり知られていない資料を発掘し、論説を加える労作であるが、捐納事例の統計には少し問題がある。たとえば、皇帝の遺詔や即位詔書のなかで言及される慈善行為の奨励について、山田はこれを捐納事例として計上するが、厳密にいえば、それは皇帝の「恩典」に属するものではあるが、戸部などが取り扱う「捐納事例」とは言えない。
(17)『上諭条例』乾隆元年 議停捐納止留戸部捐監一条。中国第一歴史档案館『乾隆帝起居注』第一冊 二一一頁。
(18)『清高宗実録』巻六十一 乾隆三年正月庚午 第一〇冊 七〜八頁。
(19)『清高宗実録』巻百十四 乾隆五年四月庚辰 第一〇冊 六七四〜六七五頁、同巻百二十二 乾隆五年七月癸未 第一〇冊 七九八〜七九九頁。
(20)『清高宗実録』巻百三十六 乾隆六年二月癸卯 第一〇冊 九六〇〜九六一頁。
(21)『清高宗実録』巻二百十七 乾隆九年五月乙巳 第一〇冊 七九八〜七九九頁。
(22)『清高宗実録』巻二百十七 乾隆九年五月乙巳 第一〇冊 七九八〜七九九頁。
(23)『清高宗実録』巻百七十二 乾隆七年八月壬辰 第一一冊 一九五〜一九六頁。
(24)『清高宗実録』巻二百五十 乾隆十年十月戊申 第一二冊 二二九〜二三〇頁。中国第一歴史档案館『乾隆起居注』第四冊 六九〇頁。中国第一歴史档案館『乾隆朝軍機処随手登記档』第三冊 二四九頁。

(25)『清高宗実録』巻二百五十一 乾隆十年十月庚申 第一二冊 二四〇頁。中国第一歴史档案館『乾隆朝軍機処随手登記档』第三冊 二六一頁。
(26)中央研究院歴史語言研究所蔵清代内閣大庫档案 第一〇三二一六 署理両江総督尹継善為暫開捐賑事 乾隆二十年六月十七日。同一四八〇八三号 戸部為江賑報捐官生続収銀両事 乾隆二十年十二月。
(27)『清高宗実録』巻八百七十 乾隆三十五年十月癸未 第一九冊 六七〇頁。
(28)『頒発条例』乾隆四十年十二月二十二日 奏准川捐通捐分発捐免考試保挙試俸坐補及捐実授捐復各条例列入常捐例内随時報捐。『上諭条例』第三冊 川運例酌留数条列入常捐 乾隆四十年十二月二十四日奉旨。
(29)許大齢『清代捐納制度』(『明清史論集』所収) 四六～四七頁。
(30)『豫東事例』奏議。未見。許大齢『清代捐納制度』(『明清史論集』所収) 四九頁より。
(31)『清仁宗実録』巻二百八十二 嘉慶十九年正月己巳 第三一冊 八五二～八五三頁。
(32)『清聖祖実録』巻二百六十二 康熙五十四年三月庚子 第六冊 五八三頁。
(33)『清高宗実録』巻千三百九十四 乾隆五十七年正月庚辰 第二六冊 七二九頁。
(34)清代官僚の服飾について、張友鶴「清代的官制」(李宝嘉『官場現形記』附録一〇七五～一〇七七頁) を参照されたい。
(35)(清) 張之洞『張之洞全集』巻三十七 奏議三十七 江蘇辦理捐借尚無擾累摺 光緒二十一年四月初五日 九七九～九八二頁。
(36)『増修籌餉事例条款』増修現行常例 捐職銜 六八一頁。
(37)(清) 呉光酉『陸隴其年譜』四一頁。
(38)『川楚善後籌備事例』封典 一六a～一九a頁。
(39)『光緒十五年十月 日奉各憲札飭査明本省災区籌辦賑務撫恤巻』(以下は『賑務巻』と略称) 一a～二b頁。
(40)貢監資格の捐納は、明代より始まった。本書第一章を参照。
(41)一般人民が捐納して監生資格を取得できるのに対し、生員は捐納して貢生資格を取得できる。前者を「例監」、後者を「例貢」という。
(42)(清) 蕭奭『永憲録続編』三三二～三三三頁。
(43)『上諭条例』乾隆元年 議停捐納止留戸部捐監一条。なお、本書第二章第一節を参照。

(44) 趙爾巽［ほか］『清史稿』巻百三 輿服志 三〇五八頁。（清）昭槤『嘯亭続録』（昭槤『嘯亭雑録』附録）巻一 三八二～三八三頁。

(45) 劉錦藻『皇朝続文献通考』巻九十三 選挙考十 貲選 考八五二九頁。

(46) 趙爾巽［ほか］『清史稿』巻百十二 選挙志 三二三七頁。

(47)『新増籌餉事例』報捐翎枝 三〇a～b頁。

(48)（清）袁保恒『文誠公集』奏議 巻六 請辦翎捐助賑片。未見、何漢威『光緒初年（一八七六―七九）華北的大旱災』六八頁より。

(49) 岩井茂樹『中国近世財政史の研究』一二五～一二六頁。

(50)（清）翁同龢『翁同龢日記』第四冊 二一一九頁。「（光緒十三年五月二十一日）昨日醇面奉懿旨、大婚典礼著戸部先籌画銀二百万両、並外省予捐銀二百万両、備伝辦物件之用。」

(51)（清）朱壽朋『光緒朝東華録』光緒十四年正月己巳 総二四〇九頁、同十四年三月甲戌 総二四三三～二四三四頁。（清）翁同龢『翁同龢日記』第四冊 二一七五頁 光緒十四年正月二十日。なお、清代戸部銀庫の収支については、史志宏『清代戸部銀庫収支和庫存統計』を参照。著者の説明によれば、この本の統計は、中国社会科学院経済研究所が蔵する清朝戸部銀庫黄冊抄档にもとづいて行われたものである。

(52)（清）翁同龢『翁同龢日記』第四冊 二一四一頁。「（光緒十三年八月二十九日）入署遇福公、倪文蔚奏請截留三十万辦急賑、……同官咨嗟、竟無可撥。」

(53)（清）翁同龢『翁同龢日記』第四冊 二二〇〇頁。「（光緒十四年五月初二日）昨三庫奏、三海工程顔料折価、戸部無款、……。」

(54)（清）翁同龢『翁同龢日記』第四冊 二一九三頁。「（光緒十四年四月初四日）飯後訪閻相劇談、余三大願不遂、激昂殊甚。三大願者、内庫積銀百万、京師尽換制銭、天下銭糧徴足。即虧六百万猶可自立。銭糧若起、釐金可罷。」

(55)『申報』光緒十六年閏二月十二日。

(56) 鄧雲特（鄧拓）『中国救荒史』五六～五八頁。

(57) 国立故宮博物院『宮中档光緒朝奏摺』第四冊 五二八・五五八～五五九・六四一～六四二頁。『申報』光緒十五年七月二十五日。

(58)『申報』光緒十五年八月初四日。

(59)『申報』光緒十五年八月十六日・八月十七日・八月二十二日。

(60)『申報』光緒十五年九月十八日・二十一日。

(61)（清）翁同龢『翁同龢日記』第四冊 二三〇九頁。

(62)（清）翁同龢『翁同龢日記』第四冊 二三一二頁。

(63)『申報』光緒十五年九月二十四日。

(64)『賑務巻』七八 a～七九 a頁。

(65) 拙稿「災害情報の伝達と救済資金の調達——一八八九年中国江南の水害を中心に」『東アジア研究』（八尾、大阪経済法科大学）第四三号 二〇〇五年十一月 一九～三三頁を参照。

(66) 光緒十五年秋の『申報』では、救済倉などに貯蔵している穀物をなぜ放出しないのかについて、たびたび地方官や「紳董」を批判する記事と社説を掲載した（『申報』光緒十五年十月十三日）。ただし、罹災後編纂された『上虞県志』によれば、救災のために、上虞県の「社倉」から「九千九百七十六石」あまりの「積穀」が出されたという。『（光緒）上虞県志』巻二十九 六一一～六一二頁を参照。

(67) 国立故宮博物院編『宮中档光緒朝奏摺』第四冊 七三四頁。『賑務巻』一四 b～一五 b頁。

(68)『賑務巻』一 a～二 b頁。

(69)『賑務巻』四一 a頁。

(70)『申報』光緒十五年九月十一日。

(71)『申報』光緒十五年九月二十四日・二十五日、十月初六日。

(72)『申報』光緒十五年九月十二日・二十九日、十月初二日・初九日。

(73)（清）曾国荃『曾忠襄公奏議』巻三十一 秋災情形片 三〇八七～三〇八八頁。

(74)（清）曾国荃『曾忠襄公奏議』巻三十一 請仍開辦賑捐疏 三〇九五～三一〇〇巻。

(75)「二品頂戴」の捐納については、「請准捐二品頂戴及開復原官一律減五成片」、（清）曾国荃『曾忠襄公奏議』巻三十一 三〇九三～三〇九四頁、および中国第一歴史档案館『光緒朝硃批奏摺』第八〇輯 一六六頁を参照。ただし、この「片」の日付について、前者は「光緒十五年十月二十日」とし、後者は「光緒十五年十月二十七日」としている。内容から見れば、おそらく後者の日付は正しい。ゆえに、ここでは後者に従う。

(76) 織田万『清国行政法』第六巻 二三二～二三四頁。許大齢『清代捐納制度』(『明清史論集』所収) 八二頁。捐復については本書第六章を参照。

(77)『増修籌餉事例条款』増修現行常例 捐復原銜 六一九頁。

(78)(清) 曽国荃『曽忠襄公書札』巻二十一 致崧鎮帥 二二二九～二二三二頁。

(79)『賑務巻』五六 a～五九 a頁。曽国荃が求めている「捐復」について、戸部・吏部・兵部の連名で、光緒十五年十二月二十二日に従来の規定に従い、「甄別」で革職処分を受けた者の「開復」は「応勿庸議」、つまり許可することができないとし、反対の意見を皇帝に上奏した。『賑務巻』七二b～七四 a頁。

(80)『賑務巻』七九b～八一 a・七〇b～七一 b頁。

(81)(清) 曽国荃『曽忠襄公書札』巻二十二 致崧鎮帥 二二七〇～二二七二頁。

(82)『賑務巻』六四b～六六 a・五四b～五五 a頁。

(83)『賑務巻』四五b～四六 a頁。

(84)『賑務巻』七九b～八一 a頁。実際には、崧駿は、多額の金銭を寄付した人たちのことを、奏摺をもって中央政府に報告し、「牌坊」などの奨励を申請することを度々した。その数例として、国立故宮博物院『宮中档光緒朝奏摺』第五冊 四〇・五二一・五五五頁を参照されたい。

(85)『賑務巻』七九b～八一 a頁。

(86)『賑務巻』四三b～四四 a・四五b～四六 a頁。

(87)『賑務巻』四六 a～b頁。

(88)『賑務巻』四四 a～四五b・四七 a～四九 a頁。徐樹蘭について、顧志興『浙江蔵書史』五二七～五三二頁。

(89)『賑務巻』八〇 a～八一 a頁。

(90)『賑務巻』七七 a～b頁。

(91)『賑務巻』八三a～b頁。
(92)『賑務巻』八六b～八七a頁。
(93)(清) 曽国荃『曽忠襄公奏議』巻三十一 覆陳江蘇賑務情形疏 光緒十五年十一月十七日 三一〇一～三一〇五頁。
(94)(清) 曽国荃『曽忠襄公書札』巻二十二 復邵筱邨 二二六七～二二六九頁、致李中堂 二二七五～二二七六頁、致崧錫侯 二二八七～二二八八頁、致卞頌帥 二二三一四～二二三一五頁、同巻二十一 致李筱帥 二二四六～二二四七頁。
(95)国立故宮博物院『宮中档光緒朝奏摺』第五冊 五七九～五八一頁。なお、この賑捐で監生などを報捐した者の詳細について、本書の附録を参照されたい。
(96)浙江省での「賑務」終了について、国立故宮博物院『宮中档光緒朝奏摺』第五冊 三九〇・五八二～五八四頁を参照。『賑務巻』一二八a～b頁。
(97)岩井茂樹『中国近世財政史の研究』一二七～一三七頁。

第八章　捐納制度の実施と商人

はじめに

本章では、捐納制度の実施における商人、とりわけ清代道光年間以後の山西票号商人の役割にまつわる問題を取り上げて検討したい。

国家の制度や法律、および政策の変化に応じて、社会における各集団またはその内部においてさまざまな動きが引き起こされる。その動きが現実社会においてどのように表現されるかは、その動きをもたらす主体が求めている利益やイデオロギーによって規定される。一般論として、国家という政治権力に対し、真正面から対立し、時には暴力手段を訴える社会集団（あるいはグループ）もあれば、その制度や法律、および政策の変化にうまく順応し、そこから自身の存在と調和させ、利益を得られるように行動する社会集団もある。明清中国の社会においても、例外ではなかった。

学識を背景に政権への接近を図る「士」という社会集団と異なって、商人という社会集団は、その財力もしくは資財運用能力を背景に、政権への接近を図ることがよくあった。彼らは、たとえば塩の専売などの国家政策や、物品の調達などの政府の消費を自らの商機と捉え、彼らの信用性の向上を図る最高のチャンスとして活用することによって、一般消費者を相手にする場合をはるかに上回る利益を獲得できたし、また社会における自らの存在の維持を図ることもできた。このように、主に衙門や官僚と結びつき、特権的な利益を狙う商人が、中国の歴代王朝には常に存在していた。たとえば、春秋戦国時代の范蠡・呂不韋から、清朝時代の「皇商」范氏・両淮塩商・「紅頂子商人」胡雪岩に至るまで、有名な商人はほとんどと言っていいほど御用商人であった。

山西省出身で、全国各地に活動を展開していたいわゆる山西商人は、商幇と呼ばれる各地域商人集団のなかで政府との結びつきがもっとも強かった。(1)彼らは、明朝の時代に、国境地帯への食料運搬により、明朝政府から塩の専売権を付与され、莫大な利益を得た。清朝による中国支配が成立した後も、彼らの活動は一段と活発化して、軍需物資の運搬、北部国境での国際貿易、塩の買売、「洋銅」貿易などの国家事業にかかわり、その活動の範囲を全国ないし海外に広げていった。科挙に合格し官僚になるという明清中国の社会通念と違って、彼らは商業活動からもたらされる利益に魅了され、山西省では官僚となる「名」より商人となる「利」が重んじられ、郷試の合格者が定員を下回るという珍しい現象も発生したという。(2)

山西商人と清朝政府の捐納政策の関係についての研究では、これまで山西票号商人の営業項目の一つとして捉えるものが数多くなされてきた。しかし、「捐納代行」という事実を述べることにとどまり、国家政策の変化と商人の役割についてほとんど触れていなかった。この点で、本稿の視点とは少し異なる。本章では、捐納という国策の実施にあたり、山西商人はどのように反応し、どのように行動していたのか、などといった問題を中心に、国家政策の実施とその実施を利用して自らの利益を追求する商人組織の役割を検討することを通じて、前近代中国における国家と社会の関係を考えてゆきたい。

以下では、山西商人がどのように国家の捐納政策を自らの商機として捉えたかについて明らかにしたうえ、山西商人による報捐代行の手法を分析する。そして、報捐代行によって、山西商人はどのように利益を得たのかについて検討を加える。最後に、国家政策の実施における商人の役割を論じたい。

第一節　国の政策を商機に

一　山西商人と捐納

清朝時代に捐納が実施されたあと、山西商人のなかに、この捐納を利用して自分自身もしくは子孫の社会地位の向上を図ろうとする者が現れた。清朝前期に有名な「皇商」の一人、山西介休范氏の一族のなかに、捐納によって任官資格または現職の官僚ポストを得た者は少なくとも十人以上いた。(3) しかし、これは山西商人が国の捐納政策を利用した事例であり、この点においてはおそらくほかの商人集団とはそれほど異なる部分はなかったに違いない。少なくとも乾隆年間から嘉慶年間にかけて、山西商人が国の捐納政策を自らの商機とした事例、言い換えれば山西商人が商売として捐納という清朝国家の国策と直接かかわったような事例は、この時期にはいまだ確認されていない。

捐納の実施に際して、一部の民間金融業者は早くも康熙年間にすでにその代行を行っていた。康熙四十四年（一七〇五）、王鴻緒は黄純祐による報捐「包攬」（請け負い）の状況を康熙帝に報告した「密摺」のなかで、北京の「恩成銀号」が黄純祐の窓口であることに言及している。(4) 乾隆十九年（一七五四）頃には、北京の「宣武門外菜市口地方」に「通会銀号」、「正陽門西河沿地方」に「広泰銀号」があり、それぞれ捐納手続きの代行業務をしていた、との報告があった。[5]嘉慶三年（一七九八）、清朝政府は四川・湖北・陝西の隣接地域で発生した白蓮教を鎮圧するための資金を集めるに際して「川楚善後籌備事例」、通称「川楚事例」を実施した。その時の実施規程集である『川楚善後籌備事例』が、日本の国立国会図書館に所蔵されている。そのなかに「正陽門肉市街中間人和銀号」という戳記がある。この戳記から、その書物のもともとの所有者は北京の「人和銀号」であったこと、この銀号は捐納業務を取り扱っていたことが推知されよう。このように、銀号などの金融機関による捐納手続きの代行は、かなり早い段階ですでに存在していたことが分かる。

山西省平遙県の顔料商人が、はじめて「日昇昌」という「票号」を設立し、送金の業務などの経営を開始したのは道光三年（一八二三）頃であった。[6]その前後、清朝政府は、治河・賑災などの経費を調達するために、「常捐」（現行常例）の実施と並行して、官職の捐納ができる「大捐」を相次ぎ実施した。たとえば、「武陟河工事例」（「武陟投効例」とも、嘉慶二十四年、一八一九）、「酌増事例」（道光七年、一八二七）、「籌備経費事例」（道光十三年、一八三三）などがあった。これらの「大捐」の実施によって、正規財政以外で莫大な収入がもたらされた。道光七年（一八二七）年に実施された「酌増事例」では、銀二千万両という捐納史上の単年度最高額ともいうべき記録が残されている。[7]捐納に必要な部費・照費・結費など経費をあわせて考えれば、相当な金額にのぼる大金が国内で動いていたに違いない。やはりこの頃から、創立されてまもない票号商人は、国の捐納政策を商機として機敏にとらえ、そして各地の報捐者が「得照迅速」（捐納証明が速やかに入手できる）である北京で報捐したいという「消費意欲」に応えるかたちで、自身が経営する従来の送金業務に加えて、報捐代行業務を「開拓」した。[8]道光二十四年（一八四四）七月十三日、山西の大手票号の一つだった蔚泰厚票号の京都分号（北京支店の正式名称）から蘇州分号宛てで発した書簡のなかに、捐納送金業務について以下の一文がある。

十年間、咱号各処捐項、蘇局首一、常局在二、其余不須指望。

つまり過去十年の間に、我が蔚泰厚票号が取り扱う報捐代行業務の実績から言えば、蘇州分号の営業額が最も高く、二番目は常徳分号であった、という。(9) 常徳とは、湖南省北部の一都市である。この資料から、遅くとも道光十四年（一八三四）頃から、蔚泰厚票号はすでに捐納送金業務を始めていたことが推知できる。(10) ちなみに、その前年度の道光十三年（一八八三）九月から「籌備経費事例」が実施されて、その窓口は中央戸部であった。(11) 初年度での捐納収入は銀八百万両であったが、(12) そのなかに各地にある票号の分号を通じて送金されたものがかなりあったと考えられる。

二　捐納実施情報の収集伝達

このような報捐代行業務が、山西票号の取り扱う業務のなかで相当の割合を占めている状況は、それぞれの票号経営者にとって無視できないことであった。このため、捐納の実施時期および実施の関係規則は、商人たちにとってきわめて重要な経営情報であった。以下では、太平天国の乱が勃発した咸豊元年（一八五一）に実施された捐納事例に則して、これにかかわる情報収集を挙げて説明したい。

咸豊元年（一八五一）九月十二日、蔚泰厚票号の京都分号から蘇州分号宛てに出した書簡の最後に次のような内容がある。(13)

耳聞戸部奏准開捐、俟有条例、即報兄知。

つまり、戸部による捐納実施の上奏が許可されたことと聞いているが、捐納の関係規則が出されたならば、ただちに知らせる、というのであった。

実はその前日の九月十一日に、清朝の財政を担当する戸部は、捐納の実施について上奏し、ただちに許可された[14]。その情報をいち早くキャッチした蔚泰厚票号京都分号は、翌日早くも蘇州分号に知らせたのである。捐納の実施にあたり、蘇州のような経済先進地域で多くの捐納者を集め、票号独自のネットワークを利用し捐納手続きを代行することを通じて利益を獲得する、という狙いによるものであった。その十日後の九月二十一日、蔚泰厚票号の京都分号は、入手した「戸部奏准開捐単一紙」を蘇州分号に送った。これは、おそらく上記の捐納の実施に関する規定であるだろう[15]。

十一月十九日、蔚泰厚票号京都分号は、皇帝が前日に裁可された清末で最大規模の捐納、つまり「籌餉事例」の実施について詳しい上奏文を入手し、蘇州分号に知らせた。書簡のなかで、捐納実施に関する情報、たとえば、捐納の基準額、報捐者の銓選規定、捐納の実施期間を説明したほか、京都分号の責任者は蘇州分号に対し、印刷された「例本」を入手すればただちに送るとしたうえで、代行業務について以下のように述べている。

随捎去奏摺収閲、適有赶辦托咱者、即可按本平足銀毎百両外加平八両之譜収攬。如有俊秀加捐者、要另加貢監結銀。

つまり、報捐したい者があれば、「本平」(票号独自の秤量基準)百両ごとに八両の「加平」(両替の割増金)を上乗せして受け付けよう、そして「俊秀」(一般人)の捐納者が官職の任用資格を報捐したい場合は、貢生監生資格の捐納金と結費(「貢監結銀」)を加算するよう、などというものであった。これらは、いずれも蘇州分号への捐納代行業務にかかわる連絡であった[16]。

十一月二十九日、蔚泰厚票号京都分号は入手した「三班[17]」捐納価格の値下げ情報を書簡で蘇州分号に知らせた。

そのなかで、「例本」がなく詳細が分からないとしたうえ、とりあえず報捐者の要求に応じるように（「望兄等総宜活動答応」）、としている。これは、明らかに京都分号の責任者が、「籌餉事例」が実施されたあとにおける捐納関係業務の実績を考慮して、蘇州分号へ与えたアドバイスである。[18]

十二月六日、蔚泰厚票号京都分号は、蘇州分号宛てに「捐例」を送った。これは、おそらく十一月十九日付けの書簡で言及した「例本」であった。「捐例」とは、項目ごとに定められた捐納基準および銓選方法などを含む、捐納の実施に関する詳細な規定である。蘇州側がその「捐例」を受け取ったのは、二十日後の十二月二十六日であった。[19]

このほか、蔚泰厚票号の京都分号は咸豊二年（一八五二）二月四日に、捐納代行業務に必要な「福建新漲印結単一紙」を蘇州分号に送った。[20]なお、捐納関係業務を請け負う最前線の票号分号は、業務の遂行に際して、京都分号に対し必要な資料の取り寄せを求めた。たとえば、咸豊二年正月十二日、蔚泰厚票号蘇州分号は京都分号宛ての書簡のなかで、「『籌餉事例』四本、『都門紀略』一部」の送付を求めた。[21]

三　ノウハウの蓄積

国家政策がどのように変化したのかを理解し、さらにその関係規定を理解して、これを蓄積してゆくことは、業務の遂行を円滑にするための重要な手段であった。捐納業務の諸手続きは非常に複雑なものであり、報捐者の身分、報捐したい官職、報捐方法、および報捐時期とその後の進路によって、必要な金額や書類などがまったく異なる。こうした関係規定は、「捐例」（「例本」）にすべて書かれているとは限らず、戸部や吏部、そして各省の印結局に直接問い合わせなければ分からなかった部分もあった。時には、報捐者の履歴書に書いてある一文字を確認するために、票号の京都分号と地方分号のあいだで、書簡が何度も往復された。[22]このような情報が蓄積された結果、票号のなかには報捐手続きや人事について問い合わせの書簡をもとにして、今度の報捐に使えそうな事例を集め、独自の事例集を作成するものもあった。中国の山西財経大学は、このような事例集（抄本）を所蔵している。

作成者不明のこの事例集に集められている「由京査来」（北京で調べてきた）事例は、光緒四年（一八七八）四月（二件）と十二月（一件）、光緒五年（一八七九）三月（三件）、光緒六年（一八八〇）八月（一件）、光緒八年（一八八二）五月（一件）、光緒九年（一八八三）四月（一件）と七月（一件）、光緒十年（一八八四）七月（二件）、および光緒十一年（一八八五）四月（一件）、計十三件である。[23] そのなかには、捐納方法、吏部人事、候選候補の期間など多方面にわたる問い合わせ事項が見える。以下では、清朝時代の官僚登用制度の規定に照らして、この「事例集」内容の一部を検証したい。

たとえば、このような事例がある。[24]

光緒四年臘月由京査来。

再、抜貢就職未就教諭、不能就訓導。若捐訓導、與歳貢、廩貢同選、無所分別。

これは、某「抜貢」の登用問題にかかわる問い合わせの結果である。清代の人事制度によれば、抜貢出身者の初任ポストは儒学の「教諭」（正八品）であった。[25] しかし、この抜貢の肩書を持つ者は、「教諭」の任官資格を放棄し、格下の「訓導」（従八品）に任官したかった。理由はおそらく「教諭」になるための候選期間があまりに長いため、より低いポストでもよいからなるべく早く官職に就きたい、というところにあった。この抜貢は、捐納の可能性を含めて票号に問い合わせを依頼した。上記の回答によれば、抜貢の者は「教諭」への任官を放棄するからと言って、「訓導」に就くことも許されず、捐納して「訓導」に任官する道もあるが、（抜貢としての優先権がなくなり、ほかの）歳貢や廪貢とともに候選しなければならない、ということであった。当時実施中の「籌餉事例」が定める「復設教諭」と「復設訓導」に関する捐納規定によれば、「未経就教之歳貢」や「廪生捐貢」の者は、「訓導」を捐納することができるが、抜貢はそれを捐納することができないとされていたのである。(26) つまり、どうしても「訓導」の任用資格を捐納したい場合、「抜貢」の身分ではなく、「未経就教之歳貢」あるいは「廪生捐貢」の身分でなければならない、ということである。このように、上記の事例は当時の官僚銓選規定に合致していることが分かる。

また「孝廉方正」の出身で、「知県」の任官を希望する「某君」は、孝廉方正出身者専用の知県登用ポストでの登用が期待できないうえ、しかもそれに相当するほかのポストでの登用もできないため、登用優先権を与える「花様」の捐納について尋ねた。票号側が問い合わせた結果は以下である。(27)

光緒十一年四月由京査来。
査該君孝廉方正、按知県補期無望、不准借補別缺。此項人員専帰外補、計上次用至分先前、再出缺用分先、故捐分先可望到班。但遇有人捐新班先即用、則捐分先擬〔似〕比新班先即頂補。如捐本班儘先、補缺無期。又及。

つまり、「孝廉方正」の資格をもつ候補知県は、「分先」すなわち「分缺先用」の花様を捐納した場合のみ、登用される可能性がある。ただ、「新班先用」もしくは「新班即用」の花様を捐納した「孝廉方正」の者がいれば、そちらの採用が優先される。「本班儘先」の花様を捐納すれば、「補缺無期」すなわち登用される可能性がまったくないとまで付け加えている。「孝廉方正」出身知県の登用は、そもそも難しいことであった。知県の月選（「双月大選」）規定によれば、年間銓選定額二百八十四缺のうち、「孝廉方正」出身知県のために用意したのはわずか一つであって、しかも年に必ず一人を登用するわけではなかった。なお、光緒十一年（一八八五）の時点では、「孝廉方正」出身知県は「部選」（吏部での銓選）の缺ではなく、外補の缺であった。要するに、問い合わせの結果、「分缺先用」の花様を捐納し、外補制度を利用する場合に限って登用の可能性はわずかに残る、という。[28]現実はまさにこのようであった。瞿同祖の統計によれば、清朝中期の乾隆十年（一七四五）では、「孝廉方正」出身の知県が六十九名いて、率にして5・4パーセント、太平天国前夜の道光三十年（一八五〇）になると、「孝廉方正」出身の知県が八十九名いて、率にして7・0パーセントに過ぎなかったことが分かる。[29]「部選」の場合、清代の文官銓選則例によれば、知県に就任したい「孝廉方正」の者には、「選用両班之後」、つまり二十三人からなる知県候選者の銓選を経てから、ようやく「一人」を登用するチャンスがある、と規定されている。[30]

このように数年（光緒四～十一年〔一八七八～一八八四〕）にわたって事例を集め、事例集を編纂したことから、票号が国家の制度と政策をその営業のノウハウとして蓄積し、今後の業務遂行のなかで生かしたいという票号の意図が読み取れよう。

以上で見られるように、北京で活動していた票号の各分号は、捐納関係の情報に対し常に高い関心を持ち、いったん捐納実施の動きがあれば、直ちに情報収集に乗り出し、入手したわずかな情報でも自らのネットワークを通してただちに全国各地の支店に送った。国の政策に対しこのように敏感に反応するのは、言うまでもなく利益追求によって国の政策を自らの商機とし、捐納代行というビジネス競争のなかで勝ち残り、そして最大限の経営利益を確保しようとする商人たちの狙いによるものであった。ある票号の経営責任者は回顧録のなかで、「因得中興、捐班人員愈多、票荘之財源愈大」、つまり太平天国の際の捐納業務で莫大な利益をもたらした、と素直に認めている。[31]

第二節　票号の報捐代行業務[32]

一　報捐資金の送金

地元山西省の平遥などに本号（本店）を置く各票号は、中国各地に分号を設置していた。たとえば蔚泰厚票号は、道光二十七年（一八四七）に北京のほか、蘇州・漢口・常徳・沙市・盛京などで六つの分号を持っていた。これに対し、日昇昌票号はあわせて十七の分号を持っていた（道光三十年、一八五〇）[33]。票号はこのように各自の商業ネットワークを構築していた。票号の報捐代行業務は、そのネットワークを通じて、各分号間の内部連携によって成立していたものと考えられる。

道光二十一年（一八四一）八月二十八日、御史の宜崇は上奏のなかで、捐納者が「会票」を利用して銀号宛てに送金し、捐納手続きを代行させていることを指摘したうえ、その原因について、「実由路途遥遠、携銀来京、不唯費用耗資、亦且時日需久」、つまり遠路から大量の銀両を携帯し上京するのは、費用も時間もかかり、手続きの代行は彼らにとって大変便利であった、と説明している[34]。この上奏文から、票号が従事する報捐業務は、報捐者が自ら大量の銀両を持って上京するより安全・迅速・安価などのメリットがあったことが読み取れよう。同治七年（一八五七）頃、各銀号はそれぞれ「十余万両」単位の報捐業務を獲得した。その理由については、「価廉咨速」のためであると説明した者がいた[35]。

（1）報捐資金の送金業務

票号は、捐納する者に代わって北京への送金を行うが、その際に送金の手数料を取る。たとえば、道光二十四年（一八四四）十月二十七日、蔚泰厚票号蘇州分号は、董基昇から依頼された捐納資金の「曹《ママ》平足銀一千三百七十四両九銭」を京都に送金した。[36] およそ二週間後の十一月十五日、蔚泰厚票号の蘇州分号は、「周祝君老爺」の依頼を受け、「功名」を捐納する資金として「曹《ママ》平足銀四百両」を送金した。[37] 上記二件の送金にかかる手数料については、書簡のなかで明言していない。実は、票号の送金手数料は、為替相場や金利など複数の要因を総合的に考慮したうえで決めるものであった。[38] たとえば、同年四月五日、蔚泰厚票号京都分号が蘇州分号宛てに送金した五件の手数料は、およそ千両ごとに六両から十四両までであった。[39]

光緒年間になって、報捐送金業務をより迅速に行うために、「電会」と呼ばれる電信送金も登場した。光緒十七年（一八九一）正月十八日、蔚泰厚票号京都分号の経営責任者だった李宏齢はオーナー宛ての書簡のなかで、数年前「鄭工事例」と「海防事例」の際に、「款項広多」のため「別号」（他の票号）が「電会」（電信送金）したことによって、「得意」（業績が上がった）であったことを報告している。[40]

送金と報捐代行をあわせて引き受けるケースもあった。たとえば、咸豊元年（一八五一）二月一日、蔚泰厚票号の蘇州分号は、「監生」と「未入流儘先補用」を報捐する張承涛の履歴を京都分号に送った。二月十三日に、蘇州分号は京都分号に対し、「今已将銀収清、至日與伊速為上兌、趕頭次辦出為要、照出之日趕快寄蘇、再與伊打聴何時可能選出、寄信示」、（張承涛が必要な費用をすべて納めたので、速やかに報捐手続きを済ませ、執照が発行されたらできるだけ早く蘇州の方へ郵送し、さらに彼の登用にかかわる情報を収集して知らせてもらいたい）と、書簡で連絡している。[41]

(2) 報捐資金の立替

上記の送金による報捐に対して、票号は北京で立て替えて報捐手続きを済ませ、次いで地方分号で清算する方法を採っていた。**表-8-1**は蔚泰厚票号の京都分号が蘇州分号に知らせた捐納資金の立替状況である。

表-8-1　報捐資金の立替

年月	件数	立替総額（両）
道光二十四年四月	8	2667.17
道光二十四年五月	2	454.22
道光二十四年六月	9	1157.72
道光二十四年七月	1	113.16
道光二十四年八月	0	
道光二十四年九月	4	3366.33
道光二十四年十月	0	
道光二十四年十一月	3	1087.54
～	～	～
咸豊元年八月	1	2515.80
咸豊元年閏八月	1	136.76
咸豊元年九月	5	660.32
咸豊元年十月	0	
咸豊元年十一月	1	139.82
咸豊元年十二月	0	
咸豊二年正月	0	
咸豊二年二月	3	411.16
咸豊二年三月	1	674.96
咸豊二年四月	1	568.00
合　計	41	13952.96

史料出典：『山西票号史料（増訂本）』一一三一～一一五八・一一八四～一二一二頁。

これによれば、蔚泰厚票号側は、のべ四十一名の報捐者のために、総額一万三千九百五十二両九銭六分の銀を立て替えたこと、月間最高の立替額は三千三百六十六両三銭三分であったことなどが分かる。票号が捐納資金を立て替えて、報捐業務を一手に引き受ける事例を一つ挙げよう。

道光二十四年（一八四四）五月二十八日、蔚泰厚票号蘇州分号は京都分号宛てに「従九品職」（従九品職銜、つまり名誉職）を報捐したいという黄偉と司藹雲の報捐用履歴を郵送した。六月二十三日にそれを受け取った京都分号は、すぐ報捐手続きに取り掛かった。同二十八日付の蘇州分号宛ての書簡のなかで、報捐資金として周学浩のために銀百十八両四銭、黄偉と司藹雲のために銀百四十五両八分をそれぞれ立て替えたことを知らせ、「註帳」、つまり帳簿に付けるように、と連絡をした。七月十六日、京都分号は、発行された三人の「執照」を蘇州分号に送り、査収してそれぞれに渡すよう（「至日均為査収転致」）依頼した。このように、蔚泰厚票号の蘇州分号が受付や送金をし、京都分号は報捐手続きを代行して発行された執照を蘇州分号宛てに送り、その後、蘇州分号は周学浩らとその立替分を清算して、執照を手渡すのであった。ちなみに、上記三人の捐納「執照」が蘇州に届いたのは八月五日であった[42]。ほかに、報捐者が北京で票号に報捐代行を申し込み、地方分号で立替分を清算したケースもあった。いずれの場合も、一種の取引契約が結ばれることとなり、清算や執照手渡しの際に、依頼者は「憑帖」か「取照条」を証明として地方分号まで持参しなければならないとされている[43]。

急いで報捐したい依頼者に対して、票号側は迅速に対応した。咸豊元年（一八五一）三月初三日、蔚泰厚票号蘇州分号は、京都分号宛てに「加二級」を報捐する候補知県陰昌庚の履歴書を送り、「伊惟恐有処分之説、故託咱号趕緊辦理」（彼は処分されることに備え、処分と相殺できる加級を早く捐納したいと我が号に依頼した）、と速やかに処理するよう連絡した。四日と七日にも書簡によってこれを強調した。四月五日、京都分号は、手続きはすでに完了し、立替額は銀五百六十八両であったことを蘇州分号に知らせた(44)。

以上の報捐代行はいずれも報捐者が「自己資金」を持っているケースであるが、「自己資金」がなくても報捐をしたい者に対し、票号はその必要な資金を貸し付けることもあった。たとえば、李鴻章の姻戚で、知府から署理陝甘巡撫などを歴任した張集馨（一八〇〇〜一八七八）は、自撰年譜のなかで、嘉慶十九年（一八一四）頃に亡くなった彼の叔父が「諸生」より「双月知県」を報捐するために、「西賈」から「数千両」を借り入れたことを書き記している。「西賈」とは、いうまでもなく山西商人を指す言葉である(45)。ほかに、山西の志成信票号が「買官人」に貸した報捐資金は、「不完全統計」によれば「二百万両」にのぼる、との研究もある(46)。

二　報捐資金の貸付

寺田隆信はかつて「票号の関係者」三人から以下のような話を直接聞いたという。

官僚になりたい者は票号をつうじて捐納を行った（捐款）が、この風潮は西太后時代に最も盛んであった。官僚志望の者に代わって、票号は銀両を提供し、彼らの任地で立て替えた資金を回収した。その際、一つの条件が付されていたが、それは、新任の捐納官僚は必ず任地の支店に政府資金の取り扱いを任せねばならぬという条件であった(47)。

もっともこれらの「票号の関係者」の話は、清朝時代の制度に合致しない部分がある。というのは、捐納をすることとは官職に就くこととは別なことであったため、捐納をしたからといって、すぐ官職に就くわけではなかったからである。仮に捐納をしてまもなく地方官のポストに任命されたとしても、「任地の（票号）支店に政府資金の取扱いをまかせ」ることができたかどうかは甚だ疑問である。つまり、票号の支店（「分号」）は主要な都市にしかなく、そこの州県地方官のポストは、ほとんどその省の督撫が外補制の規定に従って任命する「要缺」であるため、いきなり新米の「新任の捐納官僚」を登用することは、官僚の人事制度上ではたいへん難しいことであった。一歩譲ったとしても、たとえ「新任の捐納官僚」が「票号の支店」のある州県で就任し、関係業務を票号支店に任せようとしても、上司ないし長年そこにいる同僚の存在、および既存の取引関係をまったく配慮しないというのは、とうてい考えられない。そもそも、不確定の要素の多い「新任の捐納官僚」に対し、そのような「条件」をつけること自体、果たしてどのぐらいの現実性があっただろうか。

要するに、上記「票号関係者」が言及したことは、個別案例としての可能性がまったくないとは言えないが、票号が果たしてどのような条件で報捐したい者に所要資金を貸し付けたかについては、新たな資料の発掘をも含めてさらに検討しなければならない問題であると思う。

三　票号と報捐の手続き

報捐は最終的に戸部にて手続きを済ませるが、その場合、地方で報捐業務を引き受けた票号は具体的な報捐手続きを北京の銀号に依頼するか、票号自ら直接行うことかのどちらかであった。

(1) 銀号への依頼

北京においては銀号は、官炉房（略称は炉房、銀塊加工業）や金店（貴金属の売買業など）とともに報捐業務の窓口であった。銀号は、そもそも両替を本業とした金融機関であり、銀票の発行および預金の受け入れも兼ねていた。戸部は納入した銀の純度を保つために、特定の銀号の戳記を押した「元宝」（馬蹄銀）やその銀号が発行した銀票しか受け付けなかった。そのような措置は、結果として銀号の信用度を高めた。銀号は、衙門からの信用を盾に報捐業務を行っていた[48]。

たとえば、道光三十年（一八五〇）の二月から四月にかけて、日昇昌票号の京都分号は、葉徳堯ら十二名の報捐手続きを裕成銀号に依頼した。その際、裕成銀号は「日昇昌宝号捐摺」という帳簿を作成した。それによれば、裕成銀号は「卯期」、つまり規定期日どおりに報捐の手続きを済ませたのだが、日昇昌側は一つ一つの手続きごとに支払うのではなく、一定の日にちにまとまった報捐用銀を裕成銀号に支払っていたことが分かる。四月二十五日の時点で、裕成銀号が代行した報捐手続きの代金総額は銀千三百四十一両四銭であったのに対し、日昇昌が支払った銀の総額は銀千七百両にのぼっている[49]。この事例から、おそらく日昇昌と裕成銀号の取引関係はある程度固定的なものであったことが推察できよう。

日昇昌の競争相手だった蔚泰厚も同じであった。道光二十四年（一八四四）頃、貢生を報捐しようとした黄麟は、あわせて名前の変更手続き（「更名」）を蔚泰厚票号に依頼した。蔚泰厚京都分号は、更名の可否を銀号に依頼して吏部に問い合わせた。四月十七日、「黄麟兄更名之件」は銀号の回答を待っている、との旨を書簡で蘇州分号に知らせた[50]。五月四日、蔚泰厚票号京都分号は蘇州分号に対し、「黄麟兄更名之事、費銀三十二両、内有小結銀四両」、つまり黄麟が依頼した更名は成功し、結費を含んでかかった費用は銀三十六両であった、との連絡をした。これは言うまでもなく、銀号からの返事を聞いてからの連絡であった[51]。

(2) 票号自身による報捐

銀号は中央衙門と緊密な関係を持っていたが、票号も税金の送金業務を引き受けることによって、中央衙門との関係を築いた。たとえば、日昇昌票号京都分号は、「部友」からの情報として、「大捐」実施期間の延長を書簡で関係者に知らせた[52]。ここで言う「部友」は、間違いなく中央六部の役人であった。報捐業務を遂行するに際して、票号はこのような関係を利用することもあった。一例を挙げよう。

光緒十三年（一八八七）八月九日、「分発浙江補用知州」の李圭（一八四二―一九〇三）は引見のほか、保挙を捐免するなどのために寧波より上京して北京に到着した。その日、李圭は宿舎である旅館に行く前に、まず源豊潤票号の京都分号を訪ね、諸手続きについて問い合わせた。そして、源豊潤票号の京都分号は李圭のかわりに、戸部での報捐手続き、吏部での引見手続き、江蘇省印結局での印結発行をすべて代行することになった。結局、李圭は、北京滞在の約二ヶ月間、票号の指示どおりに験看や引見を行うほか、友人訪問・観劇・買物などをしていた。[53] これは、票号が衙門および印結局との関係を利用して、報捐代行業務を行う事例であった。

票号が報捐手続きを代行する資料として、『大捐履歴』（中国国家図書館所蔵、稿本）という帳簿史料を挙げることができる。この史料の概略については、**表-8-2　大捐履歴報捐概略**を参照されたいが、以下では、この報捐にかかわる重要資料から読み取りうる、いくつかの問題について記そう。

『大捐履歴』は、咸豊二年（一八五二）二月以後、「籌餉事例」によって官職や人事の手続きを捐納する人たちの履歴および捐納金額を記した帳簿である。作成者名などは明記されていない。報捐者名の上に「具呈」「領付」「交庫」などの戳記、[54] および「註冊」[55]「験看」などの注記が記してある。これらの戳記は、いずれも報捐手続きを済ませる際の必要手順であるため、この『大捐履歴』は報捐業務を管理する戸部捐納房の担当者が、報捐手続きを依頼しにきた者から提出された報捐者履歴関係資料と捐納項目をもとに作成した台帳である可能性が比較的高いと考えられる。

この帳簿は、のべ報捐者百九十二名の氏名・本籍・年齢・身体特徴・身分・報捐項目・捐納額・尊属三代などの情報を詳細に記しているほか、依頼先や手続きの進行状況も明記している。このなかに、報捐手続きを途中で取りやめた者が八人、報捐手続きを取り直した者が五人、報捐を二回した者が三人いる。実際に報捐した者は百七十六名で、報捐件数は百七十九件であった。一人あたりの捐納額は最高の銀八千百七十六両から最低の銀七十六両までであり、総額は銀二十四万九千八百六十九両にのぼっている（捐納額が記入されてない二件を除く）。報捐者のなかに、戸部員外郎や知県を含む現職の官僚は二十一名のうち、「正途」の出身を持っているにもかかわらず報捐をした者は七名いた。「大捐」（籌餉事例）の報捐であるため、報捐の項目は、監生のようなものではなく、ほとんどが官職ないし官僚の人事手続きであった。ここで注目したいのは、依頼先についての記載である。

帳簿には一頁に報捐者一人の情報を記している。各頁の右上に依頼先を、「蔚泰厚託」「日昇昌託」「孫老爺自託」のように記載している。個人の依頼件数はわずか八件であったことに対し、二十八の金融機関から合計百七十一件の報捐の依頼があった（**表-8-3**参照）。

表-8-3で見られるように、報捐手続きの引受件数と「営業額」の上位を占めていたのは、いずれも山西の票号である（番号1～14）。そのうちに「蔚字五聯号」（集団経営）傘下の蔚泰厚（番号3）・天成亨（番号1）・蔚豊厚（番号4）の三票号は、あわせて五十八件の報捐手続きを引き受け、総金額の三割以上を占める銀八万六千八百六十九両の「営業額」を上げている。この数字は、そのライバルの日昇昌グループ（日昇昌と日新中、番号6・8）の十八件、二万四千七百十九両を大きくリードするものであった。この帳簿の記載内容に限って言えば、「蔚字五聯号」は報捐代行業務を積極的に行っていたことが分かる。

金額の面でグループ（A：山西商人が経営する票号＋帳局＝番号1～13、B：その他の金融機関＝番号14～28、C：個人＝番号29～35）別に見れば、票号（A）は

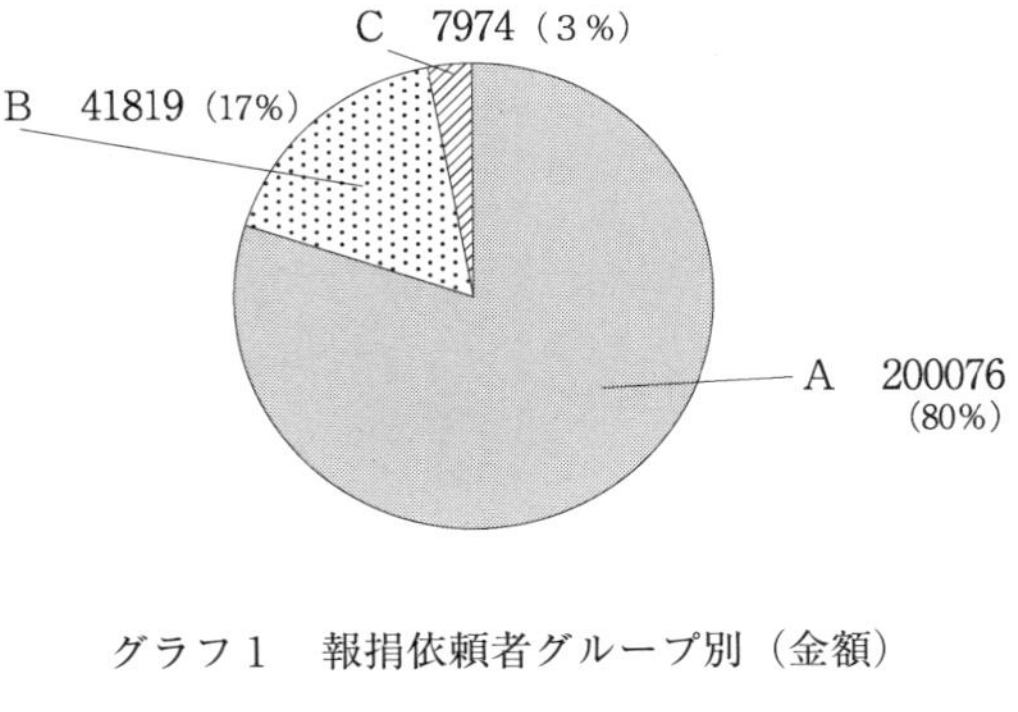

グラフ1　報捐依頼者グループ別（金額）

報捐総額の八十パーセント、その他の金融機関（B）は十七パーセントをそれぞれ獲得していたことが分かる。しかも、現職官僚の報捐者はいずれも票号に依頼して手続きを済ませていた。個人の依頼者（C）による報捐の金額は、総額の三パーセントしか占めていなかった（グラフ1を参照）。報捐者件数でも同じような割合が示される（グラフ2を参照）。この帳簿資料から、報捐手続きを行う主体は票号などの金融機関であったこと、なかでも山西の票号商人は報捐業務代行というビジネスのなかで重要な位置を占めていたことが分かる。

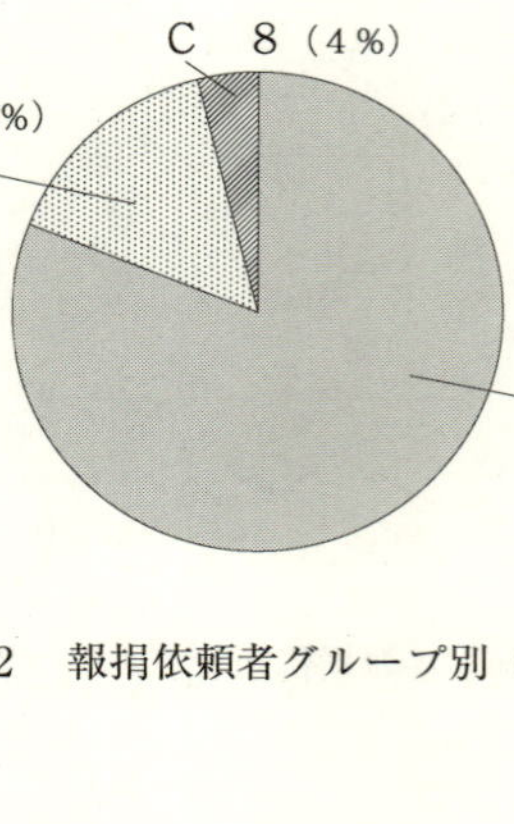

グラフ2　報捐依頼者グループ別（件数）

四　報捐代行の競争

当時においては、票号商人同士のあいだで、捐納代行業務をめぐって激しい競争があった。票号内部の商業書簡からは、競争状況の報告や相手に対する分析などを読み取ることができる。現存している蔚泰厚票号の書簡のなかでは、報捐問題について詳細に記しているため、報捐業務競争状況の一端を知ることができる。

たとえば、道光二十四年（一八四四）四月二十三日、蔚泰厚票号蘇州分号は京都分号宛ての書簡のなかで次のように報告した。

再報蘇地大勢、功名以及銭店生意、咱号概不能做分文。皆因日昇昌・広泰興等号、今年以来収攬従九監生、加色漕平、二十二両微大些、二十・二十一両不等。照此弟等実無化算、是以只可不做、但不知伊等如何算法。

ここの日昇昌とは、道光三年（一八二三）頃はじめて設立された山西平遙幇の票号で、蔚泰厚の競争相手として知られる。広泰興も山西平遥幇の票号であったが、詳細は分からない。書簡の内容により、「従九品」や「監生」の捐納代行ビジネスにおいては、日昇昌と広泰興が「安売り」の手法で客を集めたことによって、蔚泰厚票号の蘇州分号はたいへん苦しい立場に追い込まれたことが分かる。その蔚泰厚の蘇州分号は、相手がなぜそんなに安売りできるかについて、分からないとしている。(56)

これに対し、蔚泰厚票号の京都分号は道光二十四年（一八四四）五月十六日に出した返事の書簡のなかで、競争相手の各票号による報捐代行業務について、知っている情報だけでは儲かるはずがなく、おそらく彼らには北京においてずるいやり方がある（「想是伊等京中另有取巧之処」）のか、あるいは現金が欲しいのではないか（「或者以図現為訂兑用項」）、と推測し、蘇州で営業利益を上げるための戦術ではないか（「尚是希冀蘇利一時之大区劃也」）、とも判断している。そして京都分号は、各種の必要経費を計算した結果として、報捐代行の一件につき赤字八両が生まれ（「尚短銀八両」）、報捐の引き受けがなかなか難しいと素直に認めている。しかしまた、蘇州分号に対し、諸般の事情を配慮し、報捐業務を引き受けたほうがいい、と助言している。(57)これは、同業同士の競争も含めて、報捐代行業務を含む種々の競争において、業務の全般や顧客の信用などを勘案した判断であった。

同年六月一日、京都分号は、捐納業務の「内緊外松」（関係者のあいだではその厳しい状況を知っているが、対外的には平穏な姿勢を装っている）状況を知らせた。それは、九月末までに延長された「豫工事例二卯」の報捐者があまり多くないことに加えて、戸部銀庫が「加平」の値上げをしたからである。そこで、蘇州分号に対し、外部に対して報捐手続き代行費用は据え置くのがよいと言い、報捐の依頼者があれば酌量して引き受けるように（「酌量収攬為妙」）と助言している。(58)

七月十三日、京都分号は蘇州分号宛ての書簡のなかで報捐代行業務の全般を以下のように分析し、対策を提案している。

至於常捐、如従九・監生、前信已報、各銀号倶照旧不収、此刻果然。拠弟等之見、至年尽有半載、南北過帳、雖無余剰、只可照旧。望兄等聡明合算、不誤収攬為妙。唯大捐以此刻大勢倶少、料想秋期各外省許有赶九月辦理名字。望兄如大捐名字乗此赶辦之際、切宜手松些、到許至臨時交足有宗項、勝無宗項、其銀数幾千両以及万数八千両者、更宜遷就譲一二点、有益多時。此事不待弟冗陳、兄等久知。(59)

書簡のなかでは、まず、「常捐」(現行常例)について、各銀号は採算を考慮して「従九」と「監生」の報捐代行業務を見合わせていた状況を知らせた。但し、年末まで「常捐」の報捐代行をそのまま維持する必要があるとしたうえ、採算を考慮して代行業務の引き受けが遅れないよう、との意見を述べている。次に「大捐」(「豫工事例二卯」)について、現在の報捐状況は思わしくないが、終了予定の九月までに駆け込みで報捐する者がいるだろう、と分析している。そして、報捐者からの依頼があれば、条件を緩和して引き受けるべきだと言っている。もし「数幾千両」ないし「万数八千両」で報捐する者があれば、大目に見て条件をさらに緩和して引き受けるように、と念を押している。最後に、こうすれば「有益多時」となり、報捐者との取引関係を維持することは、票号自身の利益にもなると強調している。この書簡から、報捐代行業務の競争のなかで、採算を重視しながらも、顧客(報捐者)との取引関係の維持を最重要視する票号の姿勢を読み取ることができる。蔚泰厚票号の競争相手だった日昇昌も同じであった。日昇昌票号が引き受けた一件「廩貢加捐訓導」の業務では、六両の赤字を出している(「貼銀六両有余」)。(60)このように、同業との競争のなかで赤字を覚悟しながら、顧客を獲得して取引関係を維持していくことは、大局的に見て票号自身にとって大きな利益であったらしい。

第三節　報捐代行の利益

一　従来の見解

票号は報捐代行業務を自らの業務の一環として位置づけ、当然ながら応分の営業利益を期待した。特に、各地で分号が集めた報捐資金を北京に送金するにあたり、「匯水」や「得空期」などの営業利益を得ることができた。「匯水」とは送金手数料のことであり、「得空期」とは、票号側が送金するあいだに、顧客から預けられた銀を運用して利益を上げる方法であった。これらについては、これまでいくつかの研究があったが(61)、以下では、「匯水」や「得空期」以外、つまり「結費」「館捐」「補平」による報捐代行の利益を検討したい。

この問題については、一部の研究者によって以下のようなほぼ同様な見解が示されている。

①結費の基準が固定的なものではないため、金額の「斟酌」によって「額外」の利益がもたらされる。

②「館捐」「小費」「補平」なども金額の「斟酌」から利益がもたらされる(62)。

問題は、これから引用する史料にある「斟酌」という二文字にある。「斟酌」とは、諸般の事情を熟慮することであるが、その研究者たちは「斟酌」を「討価還価」、つまり値段の交渉をすることと解釈している。

右記の見解は、いずれも山西財経大学に所蔵されている印結に関する一史料を根拠としている、と考えられる(63)。以下、この立論のもととなった史料を引用しつつ検討していきたい（標点は原文のまま、数字は漢数字に改める）。

安徽印結（略）

江蘇印結（略）

……

以上所開各省〔計、直隷、山東、山西、河南、安徽、四川、浙江、江蘇、江西、陝西、湖南、湖北等十二省〕印結、其館捐大約毎名十～二十両、小費大約毎名二～三両、補平毎百両加七八両不等、俟攬辦時、斟酌加算可也。

以下では、報捐代行による利益の問題について検討してゆきたい。

二　批判と分析――「結費」「館捐」「小費」

(1)「結費」

「結費」についてはすでに第三章で説明したところである。結費には固定した基準があり、原則としてその値段を交渉することができるものではなかった。筆者が指摘したように、清朝中期以降、五・六品の京官を中心に、省ごとに印結局が組織され、関係規定も制定発行された。結費の支払先は、吏部ではなく、各省の印結局であり、印結局は受けとった結費を印結銀として、印結発行名義人の五・六品京官に分配する。要するに、結費を決めるのは印結局であり、票号ではなかった。先にも言及した蔚泰厚票号の京都分号が蘇州分号に送った「福建新漲印結単一紙」は、その福建省出身京官が組織した福建印結局の「結費値上げ通知」であった。印結の関係規定による限り、結費の交渉をした事実を確認することはできない(64)。

(2)「館捐」

「館捐」とは、結費とあわせて印結局に支払う「会館捐」のことである。前近代中国、とりわけ北京では地方から来る上京者に対し宿泊の便宜を提供するため、会館が設けられた。その運営経費に当たる「会館捐」は、一定の基準で徴収するものであった。浙江省印結局の規定では、「館捐」の基準は報捐者の身分などに応じて銀百両から一両であり、教職や監生を報捐した者に対しては、「無捐」(全額免除)とする措置が講じられた。たとえば、浙江省嘉興府出身で四品の道員を捐納した者の場合は、「館捐」の基準は銀十二両であった。[65]このように、「館捐」も値段交渉の対象ではないことが分かる。

(3)「小費」

「小費」とは、印結局側が結費とあわせて徴収する一種の付加費であった。その徴収は一定の基準にもとづいて行われたものであった。たとえば、直隷の場合、封典を捐納によって得るにあたり、一名につき「六吊文」の「小費」が徴収されたとされる。[66]したがって、票号側は、利益を上げるために勝手に「小費」の交渉をすることはできない。右記史料のなかで報捐代行の一件につき小費は銀二両四銭～二両八銭であったが、それは「斟酌」した結果ではなく、印結局側が定めた基準に沿って報捐者に請求したのであったと考えられる。

ここで見られるように、徴収基準のある「結費」「館捐」「小費」は、その研究者たちが述べる「斟酌」、つまり値段の交渉ができるものではなかった。このように考えられるならば、右記史料末尾の「斟酌加算」とは、公に発行されている各省印結局の規定に照らして、政府が定めた捐納基準額に関係費用を合計する、ということであり、報捐代行の利益を捻出するための「加算」ではなかったと考えられる。

三　批判と分析―補平（加平）

清朝時代の中国は、統一した国家とはいえ、北京をはじめ全国各地で流通している銀貨の鋳造に対し、国家は自由放任の政策をとっていた。こうした奇妙な金融政策によって、市場で使用されている銀貨の名称も規格（種類と純度）もさまざまであった。清末において中国国内で流通している銀貨の種類は約百種、「平」と呼ばれる秤量基準は「幾百幾千種」にのぼっていたことは、先人の調査研究からも分かる。(67) 日常の交易活動において、「平」の換算と「火耗」（再鋳造による発生する不足分を補う付加金）の計算は、現代社会において外国為替をその相場に従って行なうのと同じように、一種の生活または経済活動の常識であったと言えよう。票号自身も、送金や為替などの業務を遂行するために、独自の秤量基準として「本平」「咱平」を制定した。(68)

報捐業務の現場では、報捐者からいったん納められた銀貨は、いつも同じ規格のものではなかったし、ときにはさまざまな規格の銀貨をもって報捐しにくる者もいた（「但捐生捐項銀両、倶由湊合、原雜一色」(69)）。なお、各地で営業していた票号は、いつも同じ秤量基準（「平」）や同じ規格の銀貨（「色」）を取り扱っているわけでもなかった。また戸部銀庫は、「庫平」を基準に銀貨の納入を受け付けたが、結費の納入にあたってはこれと異なり、各省の印結局の方でもそれぞれの基準で「平」の計算を行った。それらの基準より少ない「平」の銀貨を納付して手続きを済ませる者に対し、戸部では「加平」、各省印結局などでは「補平」をそれぞれ計算した。すなわち、報捐の各段階および個々の窓口において、「加平」もしくは「補平」の計算がなされたのである。現代の銀行で行われる外国為替の計算レートがそれぞれ異なるのと同じように、票号側も採算など諸般の事情によって「本平」を基準に「補平」を「斟酌」したことは、金融機関として業務上当然かつ基礎的なことであったと言えよう。たとえば、咸豊元年（一八五一）閏八月十六日、蔚泰厚票号京都分号は、加平の計算基準として「捐項加平細単壱紙」

を蘇州分号に送った。そして十一月十九日に京都分号が蘇州分号宛てに出した書簡のなかで示された「本平足銀百両外加平八両」とは、やはり報捐代行業務を引き受ける時の加平についての指示であったと考えられよう[70]。もちろん、この計算基準が現代の銀行や両替店のように明示されていたかどうかは分からないが、少なくとも報捐者を含む一般人はその計算基準に対し、現代の消費者がそうであるように、ほとんど疑いを抱いたり詰問したりすることはなかっただろう。

報捐業務の現場では、「加平」や「補平」の相場について、業者側が「言わない」ことと依頼者側が「聞かない」こととは、一種の「取引常識」のようなものであった。すでに紹介した李圭の事例をもう一度挙げよう。「捐免保挙」の基準は「庫平銀一千両」とされていたが、票号は李圭に「銀一千九十六両」を請求した。なお、捐納に必要な結費について、江蘇省印結局が定めた基準価格は「五百五両三銭」（これはおそらく「京公砝平」）であったのに対し、票号から李圭への請求額は「申銀五百四十三両九銭三分」であった。ここには、「加平」や「補平」などがなされていたに違いないが、その基準と換算方法が示されなかったにもかかわらず、李圭は当然のこととして受け止めている[71]。これと同じように、光緒七年（一八八一）六月、票号側は「捐免試俸」の手続き代行を依頼した江西省弋陽県知県の欧陽駿に対し、「統共合本平足銀一千二百五十両四銭」の請求を行ったが、そのなかに含まれる銀百三十両二銭六分の「加平」「補平」の計算基準については明示しなかった（表-8-4参照[72]）。

票号などの報捐代行業者は、「加平」「補平」を「斟酌」して利益を上げることに努めている。大徳恒票号関係者の一人は、「平」の計算はいつも票号にとっていちばん有利な相場で行われ、一般人はそれを知らない、と述べている[73]。

表-8-4　欧陽駿捐免試俸歴俸（単位：銀・両）

支払先	支払項目	金額
戸部	正銀	960.00
	加平火耗	124.80
	部飯銀	32.64
吏部	行査吏部覆片銀	6.00
湖南印結局	試俸	60.00
	歴俸	60.00
	随封	1.00
	補平	5.46
	局耗費	0.50
統共合本平足銀		1250.40

史料出典：「屢年由京辦過取結捐項摺」。『山西票号史料（増訂本）』七五七頁。

四　報捐資金立替の利益

報捐資金の立替についてすでに触れたが、これによってどれくらいの利益がもたらされるのであろうか。これについて直接言及する史料はあまりなく、これまでの研究でも問題にされなかった。ここでは票号の内部書簡にもとづいて、報捐資金の立替によって得られる利益を推測したい。

咸豊元年（一八五一）の閏八月から二年の二月までに、蔚泰厚票号京都分号は蘇州分号から依頼を受けて、九件の監生報捐を代行した。京都分号は蘇州分号に対し、報捐のために「咱平」で立て替えて納めた銀の額を書簡

表-8-5　蔚泰厚票号による監生報捐手続きの代行（単位：銀・両）

京都分号送信日	報捐者	立替額	基準額*	差額**
閏八月三日	李錦堂	136.76	128.26	8.50
九月二十六日	李応元	137.99	128.26	9.73
九月二十六日	林肇成	137.99	128.26	9.73
九月二十六日	曹玉蘭	139.82	128.26	11.56
九月二十六日	王成林	137.02	128.26	8.76
十一月二十九日	周珍宗	139.82	128.26	11.56
二月二十九日	銭修仁	137.74	128.26	9.48
二月二十九日	陳正清	137.74	128.26	9.48
二月二十九日	潘志仁	135.68	128.26	7.42

史料出典：『山西票号史料（増訂本）』一一八七～一二〇八頁。
＊基準額は『山西票号史料（増訂本）』一二〇二頁より。
＊＊差額=立替額－基準額。

で知らせている。その九件の詳細は**表-8-5**を参照されたい。

上記九件の報捐手続きは、票号側が直接代行した可能性もあるが、史料では確認できなかったため、銀号に依頼した際の基準額、つまり「本平松江銀一百二十八両二銭六分」をもとに計算した。上記の差額（平均九両五銭八分）から「往来筆墨之費」（「幾銭」）や「寄照費」（一両四銭程度）などのコストを除けば、票号側による報捐資金立替の利益が分かる。蔚泰厚票号京都分号は蘇州分号宛ての書簡のなかで、報捐代行業務について「少做不如多做」、つまり薄利多売の方針を伝えているが、上記の統計から見れば、一件の報捐代行につきおよそ銀数両ないし十数両の利益が得られたことは推察できよう。

五　「追加商法」の手口

金融業者による捐納代行はあくまでも非合法の慣行であった。禁止令は何度も出されたが、効果はなかった。非合法でありながら公然と営業しており、現職の官僚が業者を訪ね、報捐手続きを依頼することが日常的にあった。裏を返せば、このようなビジネスに対する規制もなく、業者に任意操作のできる空間を与えてしまった結果となった。一方、報捐代行業者にとって顧客である報捐者のなかに、報捐の規定および銀両の為替などを熟知する者はけっして多くなく、そのほとんどは報捐の過程よりもその結果のみを重視した。つまり、些細な金額のことより資格や官職を如何にして早く入手することができるかこそが、報捐者にとって一番の関心事であった。このような「消費者」心理を利用して、票号などの報捐代行業者はさらなる利益を追求する。

咸豊元年（一八五二）十一月十日、雲南道監察御史周有篁は上奏文のなかで、「候補京堂」、「巡撫」、「藩司」、および知府との姻戚関係などを盾に、店を開いて報捐を引き受け、ときには架空の請求書を公然と出す「市儈」の行為を暴きだしたあと、票号の手口を次のように指摘している。

各省票号、雖不比開設堂名之市儈需索過多、亦毎於正項外添設一二名目、向捐生包攬。(74)

つまり、報捐者本人が希望した捐納項目以外に「一二名目」を勝手に追加して、報捐代行の請負を行っている、という。これで分かるように、票号の手口は、「市儈」がしばしば用いるような悪徳ペテンほどではないとしても、本来、捐納しなくてもよい項目を無断で追加するなど、「追加商法」のようなものであった。こういう手口が使えるのは、言うまでもなく報捐者は捐納規定をほとんど理解していなかったからである。すでに指摘したように、報捐の規定は一種の高度専門知識であったため、それを理解してはじめて報捐しに行く者は、けっして多くなかった。このように、「一二名目」を勝手に付けられても、一般の捐納者はほとんど分からないまま、票号の言われる通りに銀を支払っただろう。

すでに触れた「捐免保挙」などの手続きを源豊潤票号に任せた李圭は、票号商人から差し出された「京公砝足銀一千八百二十二両六銭三分」の「公事単」に書いているさまざまな項目に対し、何の疑問も感じなかったようである。(75) つまり、彼にとって重要なのは、計算の根拠ではなく捐納の結果であった。「消費者」としての報捐者のこうした結果重視の姿勢は、このような報捐代行業者の手口を助長した。

「屢年由京辧過取結捐項摺」という史料には、あわせて二十数人の報捐代行にかかる費用が費目別に詳細に記されている。(76) それらの項目を捐納の関係規定に照らしていちいち確かめるのは、捐納の生きている時代の人間でも難しかったに違いない。たとえそれらの費目のなかに無理やりに報捐させられた「一二名目」を見抜けたとしても、その些細なことのために時間や金銭をかけて商人に取り消しを要求したり、商人を相手に取り消すための訴訟を起こしたりするのは、おそらく簡単なことではなった。山西商人への「老西児《ラオシール》」という蔑称からも、彼らに対する不満に対する「無奈（仕方がない）」という思いを読み取ることができるだろう。(77) このように、「一二名目」を勝手に付け加え、無理やりに報捐させるという手口は、票号商人により多い利益をもたらした。

報捐を代行することによって莫大な利益が得られたことは、票号側自身が認めている。蔚泰厚票号京都分号の責任者だった李宏齢は、票号業務が「漸次拡張」したきっかけについて、「籌餉事例」の実施にあたり、報捐者の「大半」がその報捐手続きを票号に委託したからである、と説明している。(78) 該票号が作成した一件の文書には、咸豊二年（一八五二）以降、我が号は毎年のように何十倍の利益を獲得した（「我号自咸豊二年【残】、年々蒙天獲利、幾数十倍」）、と書いている。(79) 咸豊二年とは、太平天国の乱の勃発を受けて、清朝政府は「籌餉事例」を実施した翌年であり、光緒五年（一八七九）までに実施されていたこの事例は、清朝時代を通して実施された最大規模の捐納として知られている。これらの記載から、票号の収益は、「籌餉事例」の実施による報捐代行業務の増加によってもたらされたことが分かる。

もっとも、彼ら各票号が本当のところどのような手口を用いていたのか、なかなか窺うことが難しい。彼らは報捐代行業務をめぐって激しい競争をしていたから、当該業務の収益をどのようにして得たのかという核心的な情報を絶対に外部に漏れないように努めていた、と考えられる。すでに述べたように、道光二十四年（一八四四）五月十六日、蔚泰厚票号京都分号は蘇州分号宛ての書簡のなかで、競争相手の日昇昌などによる報捐代行業務について、知っている情報だけでは儲かるはずがなく、おそらく彼らには、ずるいやり方があるのではないか（「想是伊等京中另有取巧之処」）、と書いていた。このように「取巧之処」という抽象的な見解として記さざるをえなかったのは、彼ら各票号の真の収益がどのように上がるのか、外からではなかなか窺うことのできない秘密であったことを示しているのであろう。ここでいう「取巧之処」は、収益秘密の所在であるだろう。

おわりに

最後に、捐納制度が施行され捐納が実施されている当時の中国社会において、山西商人の存在はどのようなものであったのかについて、所見をまとめたい(80)。

山西商人が経営する票号が報捐代行に参入したことは、道光年間以後の捐納政策の実施にとって非常に重要であった。すでに指摘したように、山西の票号商人は、報捐代行を創始したのではなく、従来の個々の商人による行為を票号業界全体のビジネスとして成立させた。各地で営業していた票号の分号は、一つの報捐ネットワークを形成し、そのネットワークを通じて、各地にいる報捐者からの捐納資金は清朝政府に吸い上げられるようになった。この意味で、清代道光年間以降の捐納制度は、票号商人が「協力」することによってはじめて可能となり、従来にも増して、より広範な庶民性を有する制度となったと言えよう。

捐納制度の秩序を維持するために、国家による規制があったのは当然であるが、それを実際に運用し機能させた票号商人による内部からの秩序維持も無視することができない。制度というものは、一定の秩序を保つことができなければ、機能させることができなくなり、本来期待していた目的の達成もできなくなる。清朝時代には、営利目的のみで時には法外の利益を求めて報捐を代行する「市儈」がいた。たとえば、湖南省長沙で「中立堂」を経営する李家敏は、「候補京堂」「巡撫」「藩司」「知府」との「姻戚」や「交好」を盾に、報捐の請け負いを行っていた。彼のもとでは、「道庫大使」の報捐を依頼したのに、間違って「従九」を報捐したり、また「布経歴」を報捐した人に対し法外に「千余金」を請求することがあり、捐納の秩序のみならず地方社会の秩序まで攪乱してしまった(81)。このようなものに比べるならば、あくまでも事業の一部として報捐代行に従事する山西票号商人のような商人が存在することは、捐納制度の内部で制度自身を正常に機能させるために、やはり重要な条件であった。

清朝中期以前に国家からの資金提供を受けて、国家の指定事業に参入した従来の山西商人と違って、票号商人による捐納という国家事業への参入と「協力」は、国家からの要請ではなく、利益に誘導されて自ら選んだ結果であって、一種の時代の偶然でもあった。つまり創立されたばかりの票号は、その時に頻繁に実施されていた捐納または社会に捐納したい者が数多く存在することに着眼し、それらを自らが成長のチャンスとして機敏に捉え、積極的に加わった。票号が最初の発展を成し遂げた一八二三〜一八五三年のあいだは、偶然にも清代後半にさまざまな「大捐」が頻繁に実施された時期でもあった(82)。票号の発展が捐納の実施という恵まれた条件の結果であったことは、票号の関係者も認めている。

言うまでもないが、捐納代行は、あくまで票号の経営項目の一つであり、他に中央政府や地方政府の依頼を受けて、税金の送金業務なども収益性の高い経営項目であった。しかし、数多くの地域商人のなかで、ほかの地域商人ではなく、山西の票号商人だけが報捐に深くかかわり、そこから自身の発展を図った理由は、まず、政権への接近を常に最重要視する山西商人の伝統にあったと考えられる。

本章のはじめの部分ですでに述べたように、少なくとも明朝時代以来、山西商人は、「開中法」などを通じて政権への接近をはかっていたので、それ以来、それぞれの時期において、さまざまな方法で政権へ接近し、自身の発展を遂げた。[83] それら一連のことを通じて、山西の票号商人は政権との結びつきを利益獲得のための重要な方法と見なし、皇族や官僚との個人的付き合いから国家制度や政策の変化に至るまで常に細心の注意を払って、新たな商機の発展に努めていた。そのため、各票号は、北京支店の責任者を「文雅幹練之人材」（雅やかな有能で経験豊富な人物）に充てる人事をした。そのなかに、「挙貢生員」の出身で、慶親王奕劻や張之洞と親交を持つ者もいたらしい。[84]「官路不通、而利微矣」、つまり衙門や官僚との付き合いに支障があれば、利益獲得の望みはあまりない、という票号の「総号長」の言葉は、こうした山西商人が持つ経営理念の根本のところを最も露骨に説明したものであったと言いうる。[85]

このように自らの存在と国家の政策を積極的に結びつけようという根本的な姿勢は、清朝一代ないし明清時代を通じて少しも変わっていなかった。こうした根本姿勢は、山西票号を発展の頂点までに押し上げた原動力であったが、衰退の原因でもあった。つまり、中国社会における国家と商人の関係は、国家側が言うまでもなく常に主導的地位に立ち、商人側は従属的な地位に立つものであったため、国家が商人を利用するかどうかは、すべて国家の側から発想された。国家の政策に従いそこから得られる利益のみに着眼することによって、山西票号商人の業界全体はいったんは成功を収めたが、新しい社会状況に対応するための国家政策の変化、たとえば、票号の税金送金業務を奪って、政府が自ら中国通商銀行や戸部銀行を設立するなど[86]、を十分に読み切れなかったし、社会の変化に対する関心や順応する能力もあまり持たなかった。結局、個別の票号が銀行を設立したものの[87]、票号業界の全体としては、時代の新しい要求に対応できる銀行へ移行することができず、衰退の一途を辿った。票号創立初期、国家の捐納政策を商機として捉え、二十年もたたないうちに勢力を伸ばしたその勢いは、その頃もはや失ってしまっていた。これは、山西票号商人の限界であったと言えよう。結局、山西票号商人は清朝支配の終結とあい前後して歴史の舞台から消え去ったのである。

表-8-2　大捐履歴報捐概略

番号	依頼先	姓名	本籍	年齢	報捐時身分	捐納項目	捐納額
1	蔚泰厚	曹燮坤	順天大興	56	江西饒州府景徳鎮同知	知府双月三班分発指省江西	8,176
2	蔚泰厚	曹椿業	順天大興	39	安徽候補從九	州吏目双月三班分発指省安徽	712
3	蔚泰厚	呉鴻慶	江蘇武進	41	議叙八品頂戴	県丞双月三班分発指省江西	1,173
4	新泰厚	孫承祖	浙江会稽	34	新捐監生	未入双月三班分缺先選	672
5	天成亨	邱学沛	四川天全	24	山西試用直州判	過班分発留省	328
6	蔚泰厚	張承涛	安徽桐城	24	新捐監生	未入双単本班儘先選	504
7	日興蔚	徐　淳	貴州開泰	23	監生	從九双単分発指省陝西	604
8	日興蔚	潘文鏡	四川華陽	26	監生	從九双単	252
9	新泰厚	呉師曽	江蘇江寧	31	新捐監生	未入流不論双単月選用	252
10	光泰永	王友蘭	河南孟県	49	貢生	訓導不論双単月並分発	508
11	義興永	沈廷栄	河南祥符	42	豫工例過班即用未入流	過班分缺先選捐免遠省指入近省	577
12	蔚豊厚	杜維崧	湖北江陵	26	四川試用從九品	過班並分発留省並分缺先補用	752
13	蔚豊厚	徐俊鏞	順天大興	36	豫工二卯分発四川試用從九	過班分発留省並分缺先補用	752
14	蔚豊厚	孫　増	順天大興	39	新捐監生	道庫大使不論双単月分発指省四川試用	680
15	蔚泰厚	周慎枢	直隷灤州	39	奉天試用未入流	過班並分発留省試用	332
16	巨和源	王　亘	山西岳陽	22	新捐監生	未入流不論双単月並分発指省陝西免試用分缺先補用	1,178
17	巨和源	王　徳	山西岳陽	20	新捐武監	営千総本省撥補	504
18	日新中	邵　漣	浙江山陰	38	新捐監生	按察司経歴不論双単月並分発指省山東試用	2,120
19	聚発源	劉継善	順天涿州	22	新捐監生	未入流不論双単月並分缺先選用	672
20	蔚豊厚	趙徳熙	江西南豊	39	監生	未入流不論双単月並分発指省陝西免試用分缺先補用	1,178
21	万成和	汪承業	江蘇如皋	33	浙江分缺間用県丞	過班分発留浙江本班儘先補用	1,026
22	隆盛長	宋玉璐	河南祥符	27	新捐監生	外府経歴双月選用	702
23	聚発源	鍾道銓	浙江長興	28	新捐監生	未入流不論双単月本班儘先選用	504
24	光泰永	黄爾均	安徽桐城	30	新捐監生	未入流三班分発指省甘粛	604
25	天成亨	増　溶	漢軍正黄	15	新捐監生	八品筆帖式補用	342
26	天成亨	松　俊	漢軍正白	18	新捐貢生	七品筆帖式補用六品苑丞双月用	2,118
27	隆盛長	松　俣	漢軍正白	16	新捐監生	八品筆帖式補用	342
28	日昇昌	劉　震	順天大興	33	監生	從九品双月単月不論双単月分発指省河南	604

番号	依頼先	姓名	本籍	年齢	報捐時身分	捐納項目	捐納額
29	日昇昌	金旭昌	江蘇塩城	46	挿班間選訓導	過班分発挿班間選過入新例分缺先用	489
30	天成亨	姚継祖	江蘇婁県	38	貴州試用未入流	捐離原省並過班分発指省四川試用	552
31	義興永	劉其東	河南固始	33	河南撫標右営額外外委	把総分発本省撥補	306
32	蔚泰厚	呂鍾璜	安徽旌徳	42	就直隷州州判	教諭不論双単月選用	453
33	天成亨	何丙勲	浙江山陰	55	知府用陝西定遠廳同知	加五成捐離任仍留陝西帰候補班補用	1,512
34	聚発源	郭錫栄	山西介休	56	戸部陝西司員外	知府双月本班単月不論双単月	4,752
35	日昇昌	沈　雯	浙江烏程	40	儘先選用未入	過入新例不論双単月儘先選用	213
36	日昇昌	賞　礼	安徽盱眙	38	新捐監生	従九双月単月不論双単月	252
37	天成亨	呂瑞琪	安徽旌徳	24	新捐監生	知州不論双単月選用	5,769
38	蔚泰厚	盧成璐	湖北蘄水	58	分発江蘇試用従九	過班分発留省	不詳
39	万成和	張映川	江西南昌	56	分発浙江試用未入	過班分発仍留原省補用	216
40	万成和	李廷燮	湖北監利	43	新捐監生	従九品不論双単月並分発指省江西試用	604
41	蔚豊厚	黄　増	安徽桐城	27	按司獄道大使	従九品不論双単月並分缺先選用	588
42	聚錦良	郝勳封	山西介休	37	前任五寨県訓導	県丞加捐知県不論双単月選用	4,311
43	蔚泰厚	黎丙甲	陝西乾州	52	現任江西上饒県県丞	布政司理問双月在任候選	405
44	天成亨	葉　煦	福建閩県	30	新捐監生	従九品不論双単月分発指省浙江分缺先免試用	1,178
45	天成亨	葉　熙	福建閩県	29	新捐監生	県主簿不論双単月分発指省江蘇分缺先用免試用	1,910
46	天成亨	張雲祥	四川華陽	24	新捐監生	未入流不論双単月分缺先選	672
47	日昇昌	焦樹森	四川安県	35	試用訓導	過班分発分缺選用	775
48	光泰永	張守長	山東海豊	34	新捐監生	州吏目不論双単並分発指省甘粛試用	883
49	協慶号	王沛然	直隷束鹿	28	新捐廩貢	訓導不論双単月並分缺先選用	855
50	日昇昌	呉承芸	湖北江夏	46	新捐監生	従九品不論双単月並本班儘先選用	504
51	鐘大兄	任召棠	浙江会稽	不詳	新捐監生	従九品不論双単月並分缺先選用	672
52	蔚泰厚	鄧　馨	河南洛陽	36	新捐監生	未入流不論双単月並分発指省山東試用	604
53	蔚泰厚	金廷珪	直隷天津	26	候選県丞	監生県丞過班並分発指省河南試用	788
54	蔚泰厚	樓桂馨	浙江蕭山	19	監生	未入流不論双単月選用	252
55	新泰厚	姚永平	河南輝県	31	現任江南蘇州衛前幇領運千総	准帰単月以衛守備即用	1,251

番号	依頼先	姓名	本籍	年齢	報捐時身分	捐納項目	捐納額
56	聚発源	李右文	順天通州	45	已揀選挙人	知県双月本班先用単月不論単双月	2,970
57	聚発源	閻承綸	河南開封	21	監生	州吏目不論双単月並本班儘先選用	885
58	万成和	厳国佐	浙江建徳	48	分発安徽試用従九品	過班分発仍留省試用	不詳
59	蔚豊厚	曽葵向	江西廬陵	30	捐職布理	布政司理問不論双単月並分発指省湖南試用	2,253
60	蔚豊厚	李逢春	直隷景州	31	分発湖南試用知県	捐免試用一年	672
61	天成亨	李宝琭	順天宛平	51	現任四川保寧府経	通判不論双単月並分発指省四川加塩提挙陞銜	4,502
62	純裕和	顔葆濂	順天大興	37	分発山西試用知州	過班分発仍留原省試用	2,344
63	聚発源	余紹昶	江西奉新	42	山西試用大挑知県	以知県仍留原省帰大挑本班儘先補用	3,174
64	新泰厚	信鴻來	山東徳平	42	新捐監生	県丞不論双単月選用	1,053
65	聚錦良	程国光	江蘇金山	31	議叙八品頂戴	県丞不論双単月分発指省浙江分缺先補用免試用	2,338
66	日新中	張允重	山西猗氏	28	分発陝西試用従九品	未入不論双単月並分発指省陝西分缺先補用免試用	1,094
67	日昇昌	高善元	湖北竹溪	48	現任湖北徳安府学訓導	復設教諭不論双単月仍在任候選	612
68	日昇昌	斉長庚	江蘇甘泉	32	副貢生	内閣中書不論双単月並分発	2,893
69	天成亨	魏輔宸	四川大寧	29	分発試用訓導	過班分缺先選用	672
70	天成亨	呉慶栄	江蘇陽湖	20	新捐監生	県丞双月選用	702
71	天成亨	翁　植	湖南善化	29	四川試用未入	過班分発免試用分缺先用	906
72	昌裕和	斯錫玉	順天大興	42	豫工例双単月未入流	府経歴不論双単月選用	882
73	天成亨	孫定揚	浙江山陰	28	監生議叙八品頂戴	布庫大使補用分発指省分缺先用免試用	5,416
74	蔚豊厚	史　鎏	江蘇溧陽	36	監生	未入流双月単月不論双単月分缺先選用	672
75	蔚豊厚	張応蛟	四川巴県	17	捐職従九	従九品双月単月不論双単月	153
76	蔚豊厚	徐　僎	四川叙永	37	就職教諭	双月単月不論双単月本班儘先選用	912
77	日昇昌	謝　暄	湖北松滋	8	新捐監生	道庫大使不論双単月	328
78	蔚豊厚	馮蘭馨	四川忠州	29	双月候選県丞現任順天府照磨	県丞不論双単月在任候選	642
79	泰山号	楊鴻春	山東滋陽	24	新捐監生	把総分発本省撥補	306
80	聚発源	閻魁芳	山東濟陽	30	武生	把総分発本省撥補	306
81	聚発源	殷萃哲	直隷清苑	28	議叙従九	従九品不論双単分発指省河南議叙班用	557

番号	依頼先	姓名	本籍	年齢	報捐時身分	捐納項目	捐納額
82	聚発源	張道南	山西臨汾	42	新捐分発山東試用府経歴	府経歴不論双単月分発指省山東分缺先補用並免試用	1,165
83	隆盛長	秦本提	湖北漢川	19	監生	従九品不論双単月分缺先選用	672
84	聚発源	董汝蘭	浙江山陰	29	双単未入	未入不論双単月過入新班選用	112
85	聚発源	朱燮元	浙江海塩	39	現任河南登封県	同知双月在任候選	1,296
86	沈大兄	張奚亭	浙江山陰	47	候選未入	未入流不論双単月分発指省江蘇分缺先補用並免試用	960
87	三和世	楊仁植	順天大興	20	新捐監生	府経歴不論双単月選用	1,053
88	蔚泰厚	江　喧	安徽青陽	30	双月選用科中書	内閣中書不論双単月並分発行走	1,184
89	万興号	孫光弼	湖南沅陵	36	新捐廩貢	訓導不論双単月並分缺先選用	855
90	新泰厚	孫承祖	浙江会稽	34	新捐分缺先選用未入流	典史不論双単月分缺先選用	76
91	蔚豊厚	寧　磑	湖南武陵	30	双単月選用従九品	従九品不論双単月過入新班並分発試用	332
92	隆盛長	謝国輔	広西宣化	24	新捐監生	府経歴不論双単月分発指省河南試用	1,373
93	義興永	勾遇春	山東歴城	25	新捐監生	把総分発本省撥補	306
94	協慶号	李全義	直隷束鹿	29	未揀選挙人	直隷州知州不論単双月選用	6,870
95	万昌号	定　祥	満洲鑲紅	28	候選八品筆帖	過班分部六部選指分六部分缺先用	1,044
96	義興永	諸　鼎	浙江山陰	35	監生	未入流分発指省江蘇本班儘先免試用	1,010
97	日新中	邵瑩葆	安徽黟県	37	議叙国子監典籍銜廩貢生	復設訓導双月単月不論双単月分缺先用	1,224
98	義興永	陳　炯	順天大興	38	分発河南試用未入流	過班分発仍留原省分缺先補用	752
99	聚発源	李沢霖	漢軍正黄	59	分発山東候補知県	不論双単月並分発仍留山東帰新例捐納班補用	2,391
100	日昇昌	王鶴鳴	江蘇東台	15	新捐監生	都司双月即用	3,240
101	日新中	蕭長華	福建帰化	32	新捐監生	未入流不論双単月選用	252
102	万成和	王錫三	直隷撫寧	49	豫工頭卯分発漕標試用衛千	衛千総過班分発仍留漕標試用	428
103	光泰永	秦自昌	江蘇金匱	21	監生	未入流不論双単月分缺先選用	672
104	泰山銭鋪	張継祖	順天大興	29	豫工二卯分発河南候補未入流	過班分発留省分缺先補用	752
105	聚発源	王彝煒	安徽六安	31	候選従九	典史不論双単月並分発指省河南試用	496
106	聚発源	李茂春	陝西華州	36	監生	従九品不論双単月分缺先選用	672
107	蔚豊厚	恒　昌	満洲正黄	39	現任戸部山東司員外郎	直隷州知州不論双単月並分発試用	2,965

番号	依頼先	姓名	本籍	年齢	報捐時身分	捐納項目	捐納額
108	新泰厚	孫肇坦	浙江会稽	34	監生	府経歴不論双単月並分発指省福建試用	1,363
109	泰山銭鋪	莊恭寿	江蘇武進	33	捐輸未入	未入流不論双単月過入新班選用	112
110	広昇号	丁振彪	山東濟陽	25	武生	把総分発本省撥補	306
111	蔚泰厚	張　倬	安徽定遠	不詳	廩貢	復設訓導不論双単月並分発試用	508
112	天成亨	范廷錫	甘粛皐蘭	37	双月選用府経	改捐県丞本班単月不論双単月分発指省陝西	671
113	新泰厚	王葆中	浙江山陰	25	監生	塩大使補用	2,160
114	聚発源	楊　傑	江西新淦	31	現任山東掖県県丞	離県丞任以知県不論双単月仍留山東帰候補班無論提調選缺出留省補用	1,952
115	聚発源	王承翼	陝西汾陽	52	現任翰林院待詔	同知不論双単月選用	5,535
116	新泰厚	黄紫詔	福建浦城	19	武監	衛千総不論双単月選用	603
117	昌裕和	明　舒	満洲鑲藍	18	監生	八品筆帖式補用	342
118	義興永	奎　璧	蒙古正黄	32	附監	通判双月選用	2,466
119	義興永	張清漳	山西夏県	不詳	監生	県丞不論双単月並分発指省陝西分缺先免試用	2,538
120	聚発源	張　杰	安徽泗州	26	現任河南滎陽県典史	知県不論双単月選用	4,562
121	聚発源	陳清河	順天宛平	40	応補班候選未入流	未入流不論双単月分発指省安徽帰曽任実缺候補班補用	634
122	楊芝圃兄	寿　昌	満洲鑲黄	32	一品廕生以三等侍衛用	満洲主事用並分部行走	3,576
123	天成亨	王洪範	四川永寧	35	就職教諭	復設教諭不論双単月並本班儘先選用	912
124	天成亨	陳恒吉	浙江義烏	36	捐輸即用府経歴	府経歴不論双単月過入新班並分発指省四川試用	712
125	日新中	汪星煃	広西貴溪	31	捐職県丞	県丞不論双単月並分発指省福建免試用本班儘先補用	2,043
126	侯四爺	王樹屏	山西平遙	27	監生	衛千総不論双単月選用	603
127	蔚泰厚	李振聲	順天通州	29	武生	衛千総不論双単月並儘先選用	1,603
128	聚錦良	郝勳封	山西介休	37	不論双単月即用知県	本班儘先選用	3,174
129	屠三爺	茅継昌	浙江山陰	37	已満吏	未入流不論双単月指項典史分発指省安徽試用	707
130	屠三爺	劉文麟	順天大興	26	監生	未入流不論双単月指項典史分缺先選用	748
131	新泰厚	孫承宗	浙江会稽	29	監生	従九品不論双単月指項巡検分発指省江蘇免試用分缺先選用	1,254

番号	依頼先	姓名	本籍	年齢	報捐時身分	捐納項目	捐納額
132	日新中	陳世増	浙江仁和	40	山東候補従九品	過班分発仍留山東補用	276
133	蔚豊厚	洪国柱	安徽歙県	44	現任両淮泰州運判	捐免試俸	1,152
134	蔚豊厚	孫兆蕙	順天宛平	54	候選従九	未入流不論双単月指捐塩茶大使分発指省四川免試用分缺先補用	686
135	蔚豊厚	凌樹棠	安徽定遠	52	知州補用	知州不論双単月分発指省四川帰候補班補用	3,639
136	蔚泰厚	姚憲之	浙江餘杭	38	分発山東試用知県	仍留山東免試用本班儘先補用	3,846
137	隆盛長	斉恩銘	直隷天津	55	分発河南分缺間用未入流	未入流不論双単月過入新班分発留省並過入分缺先補用	500
138	聚発源	孔継恭	江蘇句容	26	監生	未入流不論双単月並分缺先選用	672
139	聚発源	楊承霈	福建政和	41	捐職科中書銜	県丞不論双単月並分発指省江蘇試用	1,048
140	聚発源	栄　晋	漢軍鑲黄	47	現任武備院員外郎	知県不論双単月選用	1,431
141	隆盛長	陶綬紫	江西南昌	35	分発河南試用布政司都事	布政司都事不論双単月過入新班並分発留省河南補用	896
142	義興永	陳兆觀	江蘇呉県	47	東河遇缺即補同知	同知過班仍留東河分缺先補用	4,666
143	泰山号	何錫齡	浙江嘉興	31	儘先選用衛千総	衛千総過入新班儘先選用	588
144	日昇昌	高延緒	江蘇陽湖	28	監生	未入流不論双単月選用	252
145	日新中	単宝書	浙江蕭山	45	監生	通判不論双単月分発指省陝西免試用本班儘先補用	7,548
146	万成和	徐国華	浙江餘杭	32	議叙県丞職銜	従九品不論双単月選用	152
147	元成号	吉　普	蒙古鑲黄	18	監生	八品筆帖式補用	342
148	春馨公	周　景	浙江山陰	31	監生	未入流不論双単月選用	252
149	義興永	李葶棻	安徽阜陽	33	廩貢	部寺司務不論双単月並分部行走	2,606
150	義興永	滕在良	順天大興	48	議叙候選未入流	未入流不論双単月分発指省山東試用	456
151	天成亨	玉　珊	漢軍正藍	17	捐輸候選道庫大使	通判不論双単月選用	3,348
152	天成亨	胡興倬	湖南保靖	30	分発山東試用府経歴	知県不論双単月選用	3,708
153	蔚豊厚	胡　榛	江西南城	26	監生	従九品不論双単月選用	252
154	天成亨	姚　錕	安徽桐城	45	現任陝西咸陽県県丞	知県不論双単月在任候選選用	1,431
155	純裕和	閻竜見	山西楡次	40	捐輸本班儘先訓導	復設訓導分缺先選用	509
156	新泰厚	徐玉成	江蘇甘泉	53	江西候補県丞	県丞過班分発仍留江西補用	394
157	益興号	鍾　瑞	蒙古正黄	37	現任直隷広平府同知	捐免試俸	1,440
158	聚発源	程縄武	江蘇武進	42	現任山東沂州府蘭山県巡検	県丞不論双単月並分発指省山東免試用本班儘先補用	2,007

番号	依頼先	姓名	本籍	年齢	報捐時身分	捐納項目	捐納額
159	任老爺	任　銓	浙江奉化	34	武挙人分発漕標候補衛千総	衛千総過班分発仍留漕標補用	276
160	聚発源	蔡宗茂	江蘇上元	52	翰林院侍読降補中允	道員分発陝西帰候補班補用	3,312
161	蔚泰厚	劉昇平	山西洪洞	47	現任貴州広順州吏目	州判不論双単月並分発指省貴州試用	1,787
162	義興永	方振業	安徽桐城	29	貢生	県丞不論双単月並分発指省東河試用	1,373
163	天成亨	帥学孔	四川溫江	36	未満吏	未入流不論双単月並分発指省陝西分缺先免試用	1,223
164	隆盛長	王　憲	甘粛隴西	52	東河候補同知以知府用	離同知任免補本班以知府留於河南地方帰入候補班内補用	3,888
165	潤茂桐	李昌鑯	漢軍鑲黄	45	分発山西試用大挑知県	知県仍留山西帰大挑本班儘先補用	3,174
166	天成亨	洪瞻陛	浙江臨海	53	分発四川候補知県	知県仍留四川帰新例捐納班補用	2,391
167	兌生号	周惺怸	浙江諸暨	28	捐輪不論双単月閣中書	内閣中書不論双単月過入新班選用並分発行走	1,297
168	天成亨	蕭汝霖	湖北公安	25	候選教諭	直州判不論双単月並分発試用	853
169	兌生号	和爾錦	漢軍正黄	52	現任内務府会計司員外郎	知府不論双単月分発並指省山西試用	7,312
170	天成亨	陳海燦	四川納溪	33	新捐廩貢	教諭不論双単月並分発試用	1,051
171	泰山号	陳恩寿	順天宛平	21	監生	州同双月選用	1,233
172	義興永	劉錫俊	陝西韓城	49	現任山東曹州鎮標鉅野営守備	帰双月以都司即用	720
173	義興永	李俊英	山東歴城	20	武生	把総分発本省撥補	306
174	新泰厚	劉　灝	順天通州	不詳	議叙双月選用県丞	県丞不論双単月並分発指省福建試用	671
175	斉老爺	斉応章	河南滑県	29	武進士以衛用	営守備選用	432
176	天成亨	范積厺	直隷清苑	28	甘粛間用府経県丞	離県丞任免補本班以知県仍留甘粛帰候補班補用	3,383
177	春馨公	楊増標	安徽建平	41	捐輪訓導	復設訓導不論双単月帰入新班並分発試用	325
178	聚発源	瑞　林	満洲正白	46	現任戸部江南司員外郎	知県不論単双月選用	1,431
179	聚発源	瑞　林	満洲正白	46	現任戸部江南司員外郎	知県不論双単月分発指省山西試用	1,920

史料出典：『大捐履歴』
＊この表に掲載しているのは、実施に捐納した者である。

表-8-3　大捐履歴所見捐納代行業務状況（単位：銀・両）

番号	グループ	票号	件数	票幇	創業年代	廃業年代	別名	代行額
1		天成亨	25	平遙	1826			46,262
2		聚発源	25	平遙	1823後	1863前		44,456
3		蔚泰厚	16	平遙	1826			22,327*
4		蔚豊厚	17	平遙	1826			18,280
5		義興永	13	平遙	1823後	1863前		18,082
6		日昇昌	11	平遙	1823前後			10,162
7	A	新泰厚	11	平遙	1826			9,749
8		日新中	7	平遙	1838-1842	1861		14,557
9		隆盛昌	7	平遙	1823後		隆盛長	8,373
10		万成和	6	平遙	1823後	1863前		2,426*
11		光泰永	4	平遙	1823後	1863前		2,667
12		巨和源	2	陽曲				1,682
13		三和世	1	不明	1823後	1853前		1,053
14		聚錦良	3					9,823
15		泰山号	3					2,127
16		兌生号	2					8,609
17		協慶号	2					7,725
18		純裕和	2					2,853
19		昌裕和	2					1,224
20		日興蔚	2					856
21	B	泰山銭鋪	2					864
22		春馨公	2					577
23		潤茂桐	1					3,174
24		益興号	1					1,440

番号	グループ	票号	件数	票幇	創業年代	廃業年代	別名	代行額
25		万昌号	1					1,044
26		万興号	1					855
27		元成号	1					342
28		広昇号	1					306
29	C	屠三爺	2					1,455
30		楊芝圃兄	1					3,576
31		沈大兄	1					960
32		鍾大兄	1					672
33		侯四爺	1					603
34		斉老爺	1					432
35		任老爺	1					276
総計			179					249,869

史料出典：『大捐履歴』

＊金額が記入されていない捐納は一件ある。

注

(1) たとえば、徽商(「新安商人」とも、安徽商人)・晋商(山西商人)・閩商(福建商人)・粤商(広東商人)・江右商(江西商人)・陝西商(陝西商人)・山東商(山東商人)・龍游商(龍游商人)・寧波商(寧波商人)・紹興商(紹興商人)などといった「十大商幇」があった。

(2) 佐伯富「清朝の興起と山西商人」『中国史研究』二二六三~三二二頁。初出は『社会文化史学』一 一九六六年三月。佐伯富「清代における山西商人」『中国史研究』三 九四~一一二頁。初出は『史林』(京都、史学研究会)第六〇巻第一号 一九七七年一月 一~一四頁。なお、「清代之山西商人」と題する中国語訳は『歴史学報』(台北、台湾師範大学)五 一九七七年四月にて掲載されている。寺田隆信『山西商人の研究』三三一頁。黄鑒暉『明清山西商人研究』三四二頁。

(3) 何炳棣著、寺田隆信・千種真一訳『科挙と近世中国社会——立身出世の階梯』二七〇~二八一頁。松浦章「山西商人范毓馪一族の系譜と事蹟」『史泉』(吹田、関西大学史学会)第五二号 一九七八年 一六~四〇頁。張正明［ほか］「従『范氏家譜』看山西介休范氏家族」『中国晋商研究』四一六~四二二頁。張正明等は『范氏家譜』を利用して、范氏一族の官職や資格について数字を挙げて詳しく述べている。しかし、それらが科挙によるのか捐納によるのか、どのように獲得したかについては、残念ながら全く触れていない。

(4) 故宮博物院文献館『文献叢編』第二輯 一四 a 頁。

(5) 中央研究院歴史語言研究所蔵清代内閣大庫档案 第〇九七六四一号 戸部右侍郎署理歩軍統領事務阿里袞奏為請旨事 乾隆十九年七月三十日。

(6) 黄鑒暉『山西票号史(修訂本)』五五~五八頁。張正明［ほか］『平遥票号商』八~一一頁。一方、山西票号の誕生は順治十六年と主張する研究者もいる。楊文忠・楊永麗「山西票号創始年代初探」穆雯瑛主編『晋商史料研究』一九三~一九九頁。

(7) 許大齢『清代捐納制度』(『明清史論集』所収)一〇〇頁。

(8) 御史宜崇為推原捐項以期速充国計的奏摺 道光二十一年八月二十八日『山西票号史料(増訂本)』二四頁。

(9) 『山西票号史料(増訂本)』一一四二~一一四三頁より。なお、濱下武志［ほか］『山西票号資料 書簡篇(一)』四五頁を参照。

(10) 黄鑒暉『山西票号史(修訂本)』一〇〇~一〇七頁。

(11)『籌備経費事例』原奏二a頁。
(12) 許大齢『清代捐納制度』(『明清史論集』所収)五三・一〇〇頁。
(13)『山西票号史料(増訂本)』一一九二頁。なお『山西票号資料　書簡篇(一)』一四二頁を参照。
(14)(清)王慶雲『王文勤公日記』咸豊元年九月十一日八四三〜八四五頁。「十一日、入朝、並帯領引見。……又封奏開捐、奉旨依議。……軍務河工、意外之費千万、遂致復蹈故轍。此其中殆有天焉? 天不可知、無乃人事未尽、不足以挽回天意歟?……恐粃政遂従此萌芽、可危可懼、莫過於此時。」
(15)『山西票号史料(増訂本)』一一九二頁。なお『山西票号資料　書簡篇(一)』一四四頁を参照。
(16)『山西票号史料(増訂本)』一一九八頁。なお『山西票号資料　書簡篇(一)』一六六〜一六七頁を参照。
(17) 銓選にかかわる捐納項目である。つまり「単月」(奇数の月)と「双月」(偶数の月)、および「不論単双月」である。この三つを一緒に捐納することを「三班加捐」という。これがあれば、「単月」と「双月」に行われる吏部の月選で通常より早く登用される可能性が高くなる。織田万『清国行政法』第六巻二一三〜二一四頁を参照。
(18)『山西票号史料(増訂本)』一二〇〇頁。なお『山西票号資料　書簡篇(一)』一七〇〜一七一頁を参照。
(19)『山西票号史料(増訂本)』一一七〇・一二〇〇頁。なお『山西票号資料　書簡篇(一)』一七五〜一七六頁を参照。
(20)『山西票号史料(増訂本)』一二〇五頁。なお『山西票号資料　書簡篇(一)』一九八頁を参照。印結については、本書第三章を参照されたい。
(21)『山西票号史料(増訂本)』一一七一頁。なお『山西票号資料　書簡篇(一)』一七九〜一八〇頁を参照。ここで言う『籌餉事例』とは、咸豊元年(一八五一)より実施された籌餉事例の実施規定であり、『都門紀略』とは清末北京の観光旅行ガイドブックである。『都門彙纂』とも言う。
(22)『山西票号史料(増訂本)』一一一七・一一二一〜一一二三・一一二八・一一四三〜一一四四・一一四六・一一五二・一一五五頁。なお『山西票号資料　書簡篇(一)』三三・五〇・五六〜五九・七八〜七九・八九〜九〇頁を参照。
(23)『山西票号史料(増訂本)』七六一〜七六二頁。その史料のタイトルについても明示されず、全文であるかどうかにも触れていない。
(24)『山西票号史料(増訂本)』七六一〜七六二頁。

(25)『(道光)欽定吏部銓選漢官則例』巻二 双月大選 一九三頁。
(26)『籌餉事例』満漢在外文職各官 復設教諭 四二b~四三a頁、同 復設訓導 四三a頁。
(27)『山西票号史料(増訂本)』七六二頁。「知県」は、該史料では「知事」としている。清代の銓選規定によれば、「孝廉方正」の任官ポストは「知県」であり、「知事」ではなかった。
(28)本書第四章を参照。
(29)瞿同祖『清代地方政府』三七頁。
(30)『(道光)欽定吏部銓選漢官則例』巻二 双月大選 一九二頁。
(31)趙子香「票荘遺事紀略」『山西票号史料(増訂本)』一四一頁より。
(32)報捐については、本書第二章を参照されたい。
(33)『山西票号史料(増訂本)』四三頁。
(34)御史宜崇為推原捐項以期速充国計的奏摺 道光二十一年八月二十八日『山西票号史料(増訂本)』二四頁。
(35)『峴嶕山房日記』前函 第八冊 同治七年十月初八日。未見。『山西票号史料(増訂本)』二六頁より。
(36)『山西票号史料(増訂本)』一一二七頁。なお『山西票号資料 書簡篇(一)』八四頁を参照。
(37)『山西票号史料(増訂本)』一一二八頁。なお『山西票号資料 書簡篇(一)』九〇~九一頁を参照。
(38)陳其田『山西票荘考略』一一四~一一五頁。
(39)なお、送金にあたって、票号側は「余平」からの利益もある。『山西票号史料(増訂本)』六九五・七一五頁を参照。
(40)李宏齢『同舟忠告』一〇五頁。
(41)『山西票号史料(増訂本)』一一七三~一一七六頁。なお『山西票号資料 書簡篇(一)』一八七~一八八・一九三頁を参照。
(42)『山西票号史料(増訂本)』一一一四・一一四〇~一一四一・一一四三・一一二〇頁。なお『山西票号資料 書簡篇(一)』一九~二〇・三七~三九・四六~四七頁を参照。
(43)『山西票号史料(増訂本)』一一四一~一一四二・一一〇〇頁。なお『山西票号資料 書簡篇(一)』四四・一七二~一七三頁を参照。
(44)『山西票号史料(増訂本)』一一七八~一一七九・一二一二頁。なお『山西票号資料 書簡篇(一)』二〇一~二〇三・二二五～二二六頁を参照。

(45)（清）張集馨『道咸宦海見聞録』六頁。「…三叔本一諸生、家無長物、貧不能娶。進京與邑人鄭健堂太守之子平山諸生借銀二千両、又與西賈借銀数千両、捐納双月知県、会票来家兌還。…未捐分発、…」この史料では、返済時の利息またはその叔父死後の返済について触れていない。実は、嘉慶年間の竹枝詞によれば、「京債」を高利で貸し出す有名な山西商人には「三不還」の「成例」があった。「借債商量折扣間、新番転票旧当刪。憑他随任山西老、成例猶遵三不還。」原注、「京債者山西人居多、折扣最甚。然旧例未到任丁艱者不還、革職不還、身故不還。」撰者未詳『燕台口号一百首』（雷夢水『中華竹枝詞』第一冊所収）一二六頁を参照。

(46) 楊文忠・楊永麗「志成信票号始末」『晋商史料研究』二八六～二九一頁。志成信票号と「白銀二〇〇万両」のかかわりの一例としては、両広総督だった叶名琛が在任中、「銀二百万両」をその票号に預金したことが挙げられる。もっとも、これを裏付ける史料は明記されていない。中国第一歴史档案館『咸豊同治両朝上諭档』咸豊九年九月十九日 四九九～五〇〇頁。

(47) 寺田隆信「山西票号覚書――『山西商人の研究』補遺之二」『集刊東洋学』（仙台、東北大学中国文史哲研究会）第五四号一九八五年 九四～一〇五頁。その三人の「票号の関係者」は、インタビューした一九八一年十二月の時点で「いずれも九〇歳近い老齢」の方々である、と著者は説明している。

(48) 本書第二章を参照。清国駐屯軍司令部『北京誌』四二一～四二六頁。

(49)『山西票号史料（増訂本）』裕成號摺 七六三～七六四頁。

(50)『山西票号史料（増訂本）』一一三四～一一三五頁。なお『山西票号資料　書簡篇（一）』一一頁を参照。『山西票号史料（増訂本）』では、「更名」が「功名」の誤りであるとしている。元文書を確認したわけではないが、書簡の文脈による限り、「更名」のほうが正しい。ちなみに、『山西票号資料　書簡篇（一）』では「更名」である。

(51)『山西票号史料（増訂本）』一一三六頁。なお『山西票号資料　書簡篇（一）』一七頁を参照。

(52)『山西票号史料（増訂本）』八三六頁。

(53)（清）李圭『入都日記』光緒十三年八月初九日・初十日・二十一日 七a～一〇a・二一a～二二b頁。ちなみに、源豊潤票号が李圭に渡した「公事単」（請求書）には、捐納費用（戸部）と引見費用（吏部）と結費（江蘇省印結局）をあわせて「京公砝足銀一千八百二十二両六銭三分」と書いているが、票号側が諸手続きを代行する際に発生するはずの手数料について全く触れていない。

(54) 本書第二章を参照。

(55) 本書第四章を参照。

(56)『山西票号史料（増訂本）』一一一頁。なお『山西票号資料　書簡篇（一）』六～七頁を参照。

(57)『山西票号史料（増訂本）』一一三七頁。なお『山西票号資料　書簡篇（一）』二三～二四頁を参照。

(58)『山西票号史料（増訂本）』一一三八頁。なお『山西票号資料　書簡篇（一）』二九頁を参照。

(59)『山西票号史料（増訂本）』一一四二～一一四三頁。なお『山西票号資料　書簡篇（一）』四五頁を参照。

(60)『山西票号史料（増訂本）』八三六頁。

(61) 黄鑒暉『山西票号史（修訂本）』一三〇～一三二頁。張正明［ほか］『平遥票号商』四四頁。宋恵中「山西票商與官僚的非正式関係」『中国晋商研究』八八～一二六頁。しかし、これまで「匯水」「得空期」の研究は、ほとんど票号が従事する一般の送金業務についてのものであり、報捐資金の「匯水」「得空期」については、史料の発掘を含めて解明する必要がある。

(62) 黄鑒暉『山西票号史（修訂本）』一六三～一六四頁。なお、張正明［ほか］『平遥票号商』三三頁。董継斌［ほか］『晋商與中国近代金融』一九〇頁。

(63)『山西票号史料（増訂本）』七五九～七六〇頁。しかし、当該史料集の編纂者は、その史料のタイトルなどについて明示していない。この史料にかかわる三つの問題点について、以下に指摘する。

第一に、『山西票号史料（増訂本）』のなかで一部省略して公表されているこの史料は、十二省の結費記録しかないということから、残本である可能性がかなり高い。なお、その十二省の順番は清代の一般的な配列順序とは異なる。史料の原文がそうであったのか、それとも編纂者の作為であるのかについての説明がなされていない。

第二に、この史料では結費を（安徽）「郎中四百」のように記しているが、それは捐納で郎中を報捐する際の結費基準であるか、それとも郎中の職銜または加級などを報捐する際の結費基準であるか、または票号の手数料がそこに含まれているかどうかは示されていない。

第三に、当該史料集七五九頁の注①で、結費については、捐納手続きを済ませる際に「吏部」に納めるものである、と説明している。これは結費についての誤解である。印結は、報捐の際に吏部に提出する文書であったのに対し、結費は、印結を発行した北京の各省印結局に納める手数料であった。詳細については、本書第三章を参照されたい。

(64) 結費の関係規定について、『重訂浙江印結簡明章程』(清光緒年間浙江印結局刊本)を参照されたい。黄鑒暉は『山西票号史(修訂本)』のなかで、「結費」と「印結銀」を混同している。そもそも、「結費」は、捐納に必要な印結発行手数料であり、「印結銀」はその「結費」から転化した印結発行者の手当てである(一六三〜一六四頁)。

(65)『重訂浙江印結簡明章程』代収園館各捐。

(66)『各省印結』(清光緒年間刊本)直隷。

(67) 清国駐屯軍司令部『北京誌』五六六頁。広畑茂『支那貨幣史銭荘攷』九八〜一一三頁。楊瑞六『清代貨幣金融史稿』七三頁。

(68)『山西票号史料(増訂本)』六九四〜六九五頁。

(69) 雲南道監察御史周有簾為制止市儈開設堂名包攬捐項奏摺與摺片 咸豊元年十一月初十日『山西票号史料(増訂本)』二四〜二五頁。

(70)『山西票号史料(増訂本)』一一八八・一一九八頁。なお『山西票号資料　書簡篇(一)』一三〇〜一三一・一六六〜一六七頁を参照。

(71)(清)李圭『入都日記』光緒十三年八月二十一日二一 a〜二二 b頁。

(72)「屢年由京辦過取結捐項摺」。『山西票号史料(増訂本)』七五七頁。「試俸」とは、捐納出身官僚の試用期間であった。それは捐納で短縮することができる。

(73)『山西票号史料(増訂本)』六九五頁。「加平」「補平」の利益を算出することはきわめて困難である。その原因は、まず報捐者が持参した銀の「平」についての記録はない、というところにある。

(74) 雲南道監察御史周有簾為制止市儈開設堂名包攬捐項奏摺與摺片 咸豊元年十一月初十日『山西票号史料(増訂本)』二四〜二五頁。

(75)(清)李圭『入都日記』光緒十三年八月二十一日二一 a〜二二 b頁。

(76)『山西票号史料(増訂本)』七五五〜七五九・七六〇〜七六一頁。

(77) 清国駐屯軍司令部『北京誌』五三二頁。山西商人による貸し出しの手口について、呉趼人『二十年目睹之怪現状』第九十六回「教供辞巧存体面、写借据別出心裁」九一一〜九一三頁、第九十七回「孝堂上伺候競奔忙、親族中冒名巧頂替」九一四〜九一六頁を参照。なお、山西商人が地位や財力によって相手を差別すること（「勢利」）について、呉趼人『二十年目睹之怪現状』第八十八回「勧墮節翁姑齊屈膝、諧好事媒妁得甜頭」八二七～八二八頁を参照。

(78) 李宏齢『山西票商成敗記』序 一七七頁。

(79)『山西票号史料（増訂本）』一二一三頁。

(80) 山西商人による報捐代行について、一部の研究者は、清朝政府の支配に加担するものとして捉え、その「封建性」を指摘し（中国近代金融史編写組『中国近代金融史』一一三～一一四頁を参照）、一部の研究者は、単なる利益の追求にすぎない行為として捉え、その商人としての特性を強調する（史若民「従光緒廿二年至廿三年日昇昌長沙分号流水帳看票号資本的性質」『中国晋商研究』一八九～二〇八頁を参照）。

(81) 雲南道監察御史周有簾為制止市儈開設堂名包攬捐項奏摺與摺片 咸豊元年十一月初十日『山西票号史料（増訂本）』二四～二五頁。

(82) 黄鑒暉『山西票号史（修訂本）』九八～一七〇頁。

(83) 寺田隆信『山西商人の研究』三三五頁。

(84) 范椿年「山西票号之組織及沿革」『山西票号史料（増訂本）』七七〇頁より。

(85) 山西商業専門学校『晋商盛衰記』一四頁。『山西票号史料（増訂本）七七〇頁より。

(86) 光緒二十二年（一八九六）九月二十六日、盛宣懐が「中国銀行」の創設問題について上奏した。翌光緒二十七年（一八九七）四月二十六日、中国通商銀行が設立された。楊瑞六『清代貨幣金融史稿』三四六～三四九頁。

(87) 蔚豊厚票号を母体に、一九一六年に蔚豊商業銀行が設立された。『山西票号史料（増訂本）』八二一頁。

終章

本書の序章で述べたように、筆者は、官僚人事制度史と社会史という二つの側面から、明清中国の捐納制度に接近することを試みた。本書の議論を締めくくるに際して、以上の検討を通じて得たいくつかの知見について述べておきたい。

明清中国において、国家の一制度として存在した捐納は、社会に対してどのような影響を及ぼし、どのような役割を果たしたのか。この問題については以下の三点を指摘したい。

第一に、これが科挙と並ぶ社会移動の道具として、重要な役割を果たしたことである。かつて何炳棣は、その著書のなかで「唐代以後の中国における社会移動と社会的変化に及ぼしたその影響という観点から見れば、科挙制度に匹敵し得る要因はほとんどない」、と指摘したことがある。(1) 唐代以後の中国社会における人材の教育と抜擢の面で国家の支配、および人々の社会移動、言うまでもなくその上昇移動を支えた面からすれば、科挙は確かに大きな役割を果たした。そのため、宋代以後の中国社会を「科挙社会」と呼ぶこともしばしばである。(2)

ところが、何炳棣が言う「社会移動と社会的変化」は、言うまでもなく官僚になるための出身資格を取得するまでのことであった。彼の研究対象—科挙制度—からすれば、上記の結論はもちろん正しい。しかし、人間の社会移動は人間の生涯にわたるものである。官僚になるための進士、監生などといった出身資格を得るということだけは、人間の生涯という視点から観察すれば、社会移動の一部に過ぎなかった。つまり、官僚になるための資格を取得したからといって、社会移動そのものがすべて終わったわけではないのである。実は、官僚になるための資格の取得ということは、生涯を通して人間の社会移動中にあったさまざまな通過点の一つに過ぎない。われわれは、考察の範囲を官僚になるための出身を取得する、ということから人間の生涯そのものに拡大すれば、科挙、捐納などを含む色々な社会移動の道具が持つ役割をより全面的かつ客観的に見ることができる。

本書のなかですでに明らかにしたように、少なくとも近世のなかでも明清中国においては、捐納が科挙と並んで人々が上昇移動を果たす重要な道具であった。庶民はそれを利用して、任官の出身資格、つまり監生などを取得することができた。ところが、このように明清中国における社会移動のうえで非常に重要な役割を果たした捐納制度に対しては、これまであまり重視されてこなかった。

捐納が科挙と並ぶ出世の道であるとの見解は、実はすでに昔からあった。中国の北京大学図書館に蔵する捐納に必要な印結の取り扱いに関するガイドブックである『各省印結』のなかに、次のような跋文が書き残されている。

昔時士人従科甲謀出路、其中又分進士挙人及五貢。……富家子弟則捐納一途可進。天下各得其平、各展其才、有何患哉？　覧而有感、謹識之。京官記。

このように、この跋文を書いた「京官」は、科挙によって出世の道を求める「士人」（知識人）に対し、「富家子弟」（金持ちの息子）は捐納という方法で出世を望むのである、との考えを示している。彼は、科挙も捐納も出世の方法であったと認識している。

さらには、近藤秀樹が瞿同祖の研究を参照してかつてつくったデータ（表-終-1）をもとに、今一度この点を

表-終-1　清代知州知県の出身

年代	科目者	捐納者	その他	合計
雍正二年（一七二四）	967	296	83	1,346
	72	*22*	*6*	*100*
乾隆十年（一七四五）※	1,011	266	153	1,430
	71	*19*	*11*	*100*
乾隆三十五年（一七七〇）	1,175	235	55	1,465
	80	*16*	*4*	*100*
乾隆五十一年（一七八六）	1,076	288	82	1,446
	74	*20*	*6*	*100*
嘉慶六年（一八〇一）	1,107	234	115	1,456
	76	*16*	*8*	*100*
道光二十年（一八四〇）	1,037	285	134	1,456
	71	*20*	*9*	*100*
道光三十年（一八五〇）※	915	311	196	1,422
	64	*22*	*14*	*100*
咸豊四年（一八五四）	965	332	123	1,420
	68	*23*	*9*	*100*
同治元年（一八六二）	669	544	184	1,397
	48	*39*	*13*	*100*
光緒二年（一八七六）	699	590	127	1,416
	49	*42*	*9*	*100*
光緒二十二年（一八九六）	777	523	103	1,403
	56	*37*	*7*	*100*
光緒三十三年（一九〇七）	697	539	141	1,377
	51	*39*	*10*	*100*
宣統二年（一九一〇）	773	509	124	1,406
	55	*36*	*9*	*100*

史料出典：近藤秀樹「清代の捐納と官僚社会の終末（上）」『史林』（京都、史学研究会）第四六巻第二号 一九六三年三月 知州知県出身表 九五頁。
※は瞿同祖の統計（瞿同祖『清代地方政府』 表（四）：州県官的出身背景 三七頁）を引用する部分である。
＊表中イタリックの数字は四捨五入後の％を示す。

確認しておこう。

この表のなかで言う「科目者」とは、進士・挙人などといった正途出身資格を持つ者、「捐納者」とは金銭を納付して得た貢生と監生など雑途出身資格を持つ者を意味する。この表を見れば分かるように、全体的には、「科目者」が多かったが、しかしながら、知州知県の二割から三割、多い時には四割が捐納出身者であったことからすれば、明清中国社会における社会移動の道具としての捐納の重要性は無視することができない。なお、本書第五章で紹介した光緒年間の『江蘇同官録』には四百三十五名の地方官僚の履歴が記載されている。その約八割に当たる三百四十五名の者は、任官資格あるいは昇進資格の取得に際して捐納を利用したことがある。これによって、出身資格の捐納以外、昇進や処分の取り消しなどの捐納を含めて考えれば、光緒年間になって社会移動の道具としての捐納の重要性はさらに高まったことが分かる(3)。

第二に、これが科挙制度を大きく支えたことである。明清中国社会における科挙制度の重要性を否定する人はいないであろう。しかし、科挙制度が現実の生の制度としてどのようなものであったか、あるいは現に生きた個々の人間において何であったという問題は、自明なこととされたためか、これまでほとんど研究されなかった。たとえば、宮崎市定は、科挙制度についてこれを受験勉強↓県試↓府試↓院試↓歳試↓科試↓郷試↓挙人覆試↓会試↓会試覆試↓殿試↓朝考というもっとも標準かつ単純な図式で説明して、読者に対して庶民たちはもっぱら勉強してそれぞれの試験に合格し、かくして栄光ある「正途」の出身資格を獲得できたかのような印象を与えてきた(4)。その図式そのものは、制度設計の観点から見ればもちろん間違っていないが、現実の生きた制度という観点から見れば、やはりそこにはさらに検討する余地があると言わざるを得ない。

本書の第一章で羅玘と馬一竜を例にして説明したように、明代の中期以後、捐納して監生や貢生の資格を得た者は、その資格によって受験勉強から科試に至るまでの試験、つまり郷試の受験資格を取得するためのいくつかの試験を飛ばして、「正途」の生員と同じように郷試を受験した者がいた。つまり雑途の捐納を利用して正途の出身を得ることができたのである。郷試で挙人の資格を得ることができれば、今度は『爵秩全函』などのような官僚名簿においては正途の挙人として記されることになる。彼らが進士となれば、言うまでもなくこれまた「正途」とされた。この点から言えば、先に示した瞿同祖と近藤秀樹による統計についても今一度見直す必要がある。というのは、彼らは『爵秩全函』にもとづいて、知州および知県となったものを「科目者」、つまり正途出身者と「捐納者」、つまり雑途出身者に分けた。しかし、「科目者」のなかに捐納によって監生資格を買い、そしてその後挙人・進士となった者が数多くいたに違いないにもかかわらず、この『爵秩全函』による統計では隠れているからである。言い換えれば、統計の「科目者」の何割かは隠れた「捐納者」であったと考えられる。

宮崎によって先の図式が示されると、我々はこうした捐納によって郷試の受験資格を得る道が大きく存在したということを、しばしば見落すこととなった。近年の研究においても、科挙を捐納と対立する形でとらえ、捐納を利用したのは主に商人であった、とするものもある。[5] しかし雑途から始めて、その後正途の出身資格を獲得しようとする者は、「富家子弟」のほかに、「士人」やその子孫も多かった。そのいくつかの事例は、第一章で述べたとおりである。[6] それは、結果として科挙制度を支える存在であった。このため、捐納制度は科挙制度をよりうまく機能させるための装置であったと言っても過言ではないほどである。これも第一章で述べたように、明代の進士合格者の約半数が監生であって、その監生のほとんどが捐納をした者であったことは、捐納が科挙制度を陰で支えた重要性を裏書きするであろう。

第三に、それは広範な庶民性をもつ制度であったことである。捐納制度の対象は、科挙制度と同じように「賤籍」の者を除くすべての社会構成員であったため、明清中国においてほぼ誰でも捐納をすることができた。[7] 科挙制度では、一定の学力と長年の受験勉強を支える持久的な財力が必要とされるのに対し、捐納制度を利用して出身資格を得んとした者に求められたのは、出身資格の貢生あるいは監生を購入できるぐらいの財力だけであった。つまり、ここでいう庶民性とは、借入を含む多少の金銭さえあれば、誰でもこの制度を利用して、科挙制度によらずに社会における自身の身分や地位を上昇させることができたことを意味する。

この点、先に示した跋文を書いた「京官」の考え方は興味深い。彼が科挙によって出世を求める「士人」と捐納によって出世を求める「富家子弟」を対比して考えていたことはすでに述べたが、さらに彼は「天下は万人に平等にできており、各人がその才を展ばすことができる。何の心配があるか」と述べていた。これは、科挙が平等であるという点で庶民的性格を持つのと同様に、捐納もまたこれ以上に「平等な」、庶民的性格を持つことを言ったものにほかならない。

清代の中期以後、監生捐納の金額はわずか銀百両前後であって、地元で一度の童試を受けるために約十両、一度の会試を受けるために都まで約六百両かかったとされる往復旅費などの費用に比べれば[8]、一般庶民にとっては手が届かない高嶺の花ではなかった。こうして見れば、捐納制度を利用して出身資格を得るためのハードルは決して高いものではなかったことが分かる。この点からすれば、捐納制度は、科挙制度以上に多くの庶民に対して開かれた出世の道であったと言えよう。

社会移動の道具として捐納を科挙と比べて見るならば、それはさらに以下の特性を持つものであった。

第一、道具としての長期有効性。科挙は官僚になるための道具であったが、その出身資格をいったん獲得してしまえば、それ以後の昇進とは全く無関係ではなかったものの、その道具としての役割は基本的に終わってしまう。正途の科挙出身者が雑途の捐納出身者に比べ、出世の面で優位に立つことは言うまでもないが、しかし正途という身分だけで出世後の昇進が約束される保証は、どこにもなかった。この意味からすれば、科挙は一回しか使えない道具であったと言ってよい。これに対し、捐納は異なる。本書の第五章ですでに明らかにしたように、人々にとって捐納とは、官僚になるための出身資格を取得できるものであっただけでなく、官僚になった後も何度もこれによって昇進することができたのである。しかも、捐納を利用して昇進をはかる捐陞という制度は、そもそも進士挙人などの正途出身者を排除するものではなかった。要するに、捐納は、人々が官僚となりその世界に生き続ける限り、ずっと使える道具であったと言いうる。

第二、下降移動に対する防止機能性。すでに述べたように、科挙が持つ社会移動の道具としての役割は、主に社会における上昇移動を支えることにあった。ところが、公務執行にともなう降級処分など、下降移動の「被害」をいかに最小限にとどめるか、という機能が科挙にはなかった。これに対し、捐納は社会における上昇移動を支えたとともに、第六章で述べたように、予見可能な下降移動を事前に防ぐための機能、および事後に降級処分で降された「級」を回復する機能も持っていた。正途と雑途を問わず、数多くの官僚がこうした機能を利用して捐納を行ったことは、これまた本書の第六章で紹介したとおりである。

第三、柔軟性。科挙という道具を使えるのは、あくまで科挙の試験に参加した本人に限られていた。親類などの関係者が科挙合格者のおかげを蒙ることは言うまでもないが、その本人が数年に一回という決まった時期に自ら受験をし合格しなければ、この道具の恩恵を実際に享受することができない。しかし捐納は異なる。科挙のような厳しい時間制限がないうえ、本人（たとえその本人が生まれたばかりの乳幼児であっても）の代わりに、親類や知人、あるいは代行業者が捐納の手続きを済ませることができた。また捐納資金をすぐ用意できなかった者が、親戚や業者からの借金で捐納して出身資格を取得することができた。要するに、捐納は、いつでもどこでも、さまざまな目的に応じて、さまざまな利用方法で使える社会移動の道具であった。このこともまた、第二章と第八章ですでに詳細に論じたところである。そのため、捐納は科挙に比べて手軽に利用できる道具であったと言ってよい。

このように、明清中国における社会移動においては、捐納制度はある意味では科挙制度以上に重要性を持つものであり、支配階級の再生産においても重要な役割を果たす装置であったと考えられる。要するに一庶民にとっては、社会において利益をもたらす身分、地位、名誉などをいち早く獲得でき、国家にとってこれを提供しえたのは、正途の科挙より、雑途の捐納であったことは、間違いないであろう。要するに、捐納が持つこれらの特性は、それが明清中国において長年にわたって存在してきた原因でもあると考えられる。

もちろん、捐納制度が社会に腐敗をもたらしたことも、間違いないところである。この点からすれば、捐納は、社会における身分や地位を再生産したとともに、腐敗をも再生産したと言いうる。明清中国の諸制度のうち、誕生してから約五百年にわたって機能したにもかかわらず、終始批判を受け続けてきたものは、捐納制度しかなかった。それを批判する意見の二、三の事例を紹介したい。

康熙三十年（一六九一）五月、監察御史陸隴其は、捐納による保挙の弊害について次のように上奏した。

…近因有捐納一途、県令之中、遂不免賢愚錯雜。幸皇上洞見其弊、特立保挙之法以防之。…夫保挙所重、莫重於清廉。故督撫保挙、必有清廉字様、方為合例。若保挙可以捐納、則清廉二字可以捐納而得也。…

つまり、捐納はそもそも弊害が多いため、わが皇帝がそれを防ぐ保挙の制度をつくった。その保挙がもっとも重視するのは官僚の清廉さであった。しかし、保挙が捐納で取得できるということは、清廉さそのものを金銭で取得することになってしまった、という。このため、陸隴其は捐納による保挙の停止を求めた。これもすでに第五章で紹介した。このような議論は、清末までに続いていた。

捐納批判の議論は、民間にもあった。たとえば、乾隆五十三年（一七八八）、湖南省衡州府耒陽県の生員賀世盛は『篤国策』を著した。彼はそのなかで捐納出身官僚が正途の登用を阻害したことを挙げ、国家の捐納政策を批判した。しかし、結局、彼は「大逆」の罪で処刑されてしまった(9)。

捐納の弊害に対して、清代の皇帝たちが認識していたことは、言うまでもない。賀世盛を死刑に処することを裁可した乾隆帝の上諭のなかにも、「納貲授官、本非善政」と述べている。また道光二十九年(一八四九)十一月五日、道光帝は張集馨に対して、自分がもっとも心配しているのは捐納出身の官僚である、と述べた。その原因について、道光帝は、彼らが読書もせず、個人の利益ばかりを考えているからである、と指摘した(10)。

このように、皇帝たちを含む明清中国の人々は、捐納制度が持つマイナス要因に対して明確な善悪判断を持っていたことが分かる。にもかかわらず、このような社会に弊害をもたらす制度をなぜ思い切って廃止することができなかったのか。この制度が清朝支配の最後まで続いたもっとも重要な原因は、やはりなにより財政上の需要にあったと考えられる。これについては、嘉慶帝の上諭を挙げよう。

嘉慶十九年(一八一四)、嘉慶帝は、「軍需河工」の経費を調達するための「豫東事例」の実施について、次のような上諭を発した。

現在軍需河工、各項動用、均出常年経費之外。国家度支有常、実不能不豫為籌備。斯時既別無善策、姑照所請、暫開豫東事例、著各該部会同妥議条款具奏。此朕万不得已之挙、非以捐例為必可行也。諸臣食君之祿、皆當忠君之事。除此次曾経交議者、無庸再行瀆奏外。其餘各大臣、果有真知灼見、能為裕国之策者、必須字字確切、毫無流弊、不准泛論、紙上空談、仍犯議論多而成功少之病。如確有把握、立能済軍需河工之用、奏上時、朕採取施行、即将捐例停止。若止言捐例之弊害、而別無良謀、其言皆朕所稔知、毋庸虚陳奏牘也。

つまり嘉慶帝は、「軍需河工」にかかる経費は通常財政でまかなうことができないため、やむをえず捐納の実施を命じただけで、捐納を良い方法として考えてはいない、と述べた。そのあと、捐納を批判する大臣たちの口を塞ごうとして、彼は国家が直面する財政難を確実に解消でき、しかもわずかな弊害もない方策があれば反対意見を上奏して来てもよいが、朕が知り尽くした捐納の弊害を指摘するというだけのものであれば、上奏する必要がない、と厳しく諭した、という[11]。

このように、弊害をもたらす捐納をやむをえず実施させた皇帝が、結局、それを廃止しなかったもっとも大きな理由は、それをわずかでも財源確保の有効手段として持ち続けたい、というところにあったと考えられる。明清中国において捐納がかなり長いあいだにわたって、明朝および清朝政府の財政を維持してきたことも事実であった。清末になって、清朝国家は、釐金（商品の地方通過税）や外国からの借金を通して田賦以外での財政収入を得られるようになり、財政における捐納の重要性が下がったにもかかわらず、本来、「手放すことはさしたる痛手にならなかった」はずの「弊多利少」の捐納を引き続き実施し続けたのである[12]。

財政的理由のほか、政治や社会における心理的理由もあった。恐らくそれは、捐納にかかわるさまざまな歯止めがかけられたことが、まずそれである。すなわち本書で紹介したような詳細な諸規定や諸法令が定められたことも、捐納が政治と社会を徹底的に破壊するまでのものとなるのを防ぎ、これを停止しないでおこうとする心理的な口実となったであろう。また第一、四、五章で紹介したように、明清時代の人々にとっては、ある種の捐納であれば特別な後ろめたさを感じる必要のないものであったことも、この廃止を遅らせたであろう。なお、第六章で述べた捐納が持つ特性の一つ、つまり下降移動に対する防止機能と回復機能に対する社会、とりわけ官僚の「需要」も捐納の廃止を遅らせた一因であろう。

最後になるが、捐納の終結について付言したい。

科挙制度が廃止されたのは光緒三十一年（一九〇五）であった。科挙制度の廃止は、人格や道徳を重視する中国歴代王朝の官僚制から、実利や技能を重視する近代官僚制への移行を意味するものであった。その廃止される以前から、かなり長いあいだにわたって、八股文の改革などについて長く議論されてきた(13)。このような情況のなかで、捐納の廃止とその代替策についてもさまざまな議論が長年にわたってなされた。たとえば、経費の削減、鉱山の開発、商業の振興、紙幣の使用、国債の発行、銀行の設立、および現職官僚から財政の基金を集めるなどが提案された。これらの提案のうち、採択されたものもあったが、いずれも捐納の廃止にはつながらなかった(14)。

二十世紀初頭の光緒二十七年(一九〇一)、清朝政府は義和団の乱を収拾し、「庶務」を「振興」するという名目で、それまで悪名の高かった実官の任官資格を捐納することを中止した。しかし、第七章で述べた「虚銜」「封典」「翎枝」「貢監」および現行常例で定める捐復などの捐納項目は、そこでは中止の対象ではなかった(15)。宣統二年(一九一〇)、度支部は宣統三年(一九一一)の『全国歳入歳出総予算案』を編成した。この清朝支配の最終年度の予算案によれば、総額「庫平銀三万一百九十一万二百九十六両」にのぼる歳入額のうち、計上された「捐輸各款」は五百六十五万両余り、率にして二パーセントを占めていたことが分かる(16)。こうしたことから我々は、清朝政府がその支配の最後にいたるまで、捐納を財源として放棄しなかったことを読み取れよう。結局、明清中国において五百年にわたって、国家の制度として存在してきた捐納が中国歴史の舞台から消え去ったのは、清朝支配が崩壊した時であった。つまり、官僚人事制度を含む清朝の諸制度とともに廃止されたのであった。

以上によって、我々は、明清中国における捐納制度の構成と運用の実態、およびその役割を明らかにすることができた。同時に我々は、明清中国社会の人々が、自ら社会的地位の向上を目指して、この制度をどのように考えて利用していたのか、ということをも明らかにすることができた。我々はここに、捐納が明清中国における政治と社会の中で占めた位置について、その研究史の上ではじめて明らかにできたと考える。またこれによって、中国社会を特徴づけてきた科挙制度についても、大幅に見直しを図ることができたと考える。

注

（1）何炳棣著 寺田隆信・千種真一訳『科挙と近世中国社会——立身出世の階梯』二五六頁。
（2）たとえば、最近では二〇〇九年に近藤一成『宋代中国科挙社会の研究』が汲古書院より刊行された。
（3）本書第五章を参照。
（4）宮崎市定『科挙——中国の試験地獄』。のちに『宮崎市定全集』第一五巻に所収。
（5）たとえば、ベンジャミン・A・エルマン「再生産装置としての明清期の科挙」『思想』第八一〇号 一九九一年十二月 一一〇頁。近藤秀樹「清代の捐納と官僚社会の終末（上）」『史林』（京都、史学研究会）第四六巻第二号 一九六三年三月 九七頁。
（6）このように「正途」と「雑途」を明確に分け、前者の道をとるのが「士人」であり、後者の道をとるのが「富家子弟」であるとの見解は、すでに清代からあった。これについて先に引用した「京宦」が書いた跋文を参照されたい。
（7）清代では科挙試験に合格するための必要条件について、「一財二命三風水、四積陰功五読書」という諺があった。つまり運命、風水、陰徳、読書に比べて、もっとも重要な条件は財力であった、という。斉如山『中国的科名』二頁。
（8）中国第一歴史档案館『清代档案史料叢編』第十輯 何鳳岐題報考之童生応納銀助餉事 一四五～一四六頁。宮崎市定『科挙——中国の試験地獄』一九三頁。『宮崎市定全集』第一五巻 四一九～四二〇頁。
（9）故宮博物院文献館『清代文字獄档』第三冊 賀世盛篤国策案 一a～七a頁。『清高宗実録』巻千三百九 乾隆五十三年七月甲申 第二五冊 六四七～六四八頁。
（10）（清）張集馨『道咸宦海見聞録』一一九～一二〇頁。（道光二十九年）「上曰、……我最不放心者是捐班、他們素不読書、将本求利、廉之一字、誠有難言」。
（11）『清仁宗実録』巻二百八十二 嘉慶十九年正月己巳 第三一冊 八五二～八五三頁。
（12）羅玉東『中国釐金史』六～七頁。岩井茂樹『中国近世財政史の研究』八九・一二七～一二八・四八八～四九〇頁。
（13）王徳昭『清代科挙制度研究』新形勢・新教育・與科挙的廃止 一六一～二四九頁。
（14）許大齢『清代捐納制度』（『明清史論集』所収）一六六～一七〇頁。
（15）『清徳宗実録』巻四百八十五 光緒二十七年七月壬辰 第五八冊 四一六頁。「諭内閣、朕欽奉慈禧端佑康頤昭豫荘誠寿恭欽献崇熙皇太后懿旨、捐納職官、本一時権宜之政。近来捐輸益濫、流弊滋多、人品混淆、仕路冗雑、実為吏治民生之害。現在振興庶務、亟応加意澄清。嗣後無論何項事例、均著不准報捐実官。自降旨之日起、即行永遠停止、統限一箇月内截数報部、毋得再請展限。其虚銜封典翎枝貢監及現行常例准捐各項、究竟有無妨碍、著該部覈議、奏明辦理。」

(16) 劉錦藻『皇朝続文献通考』巻六十八 国用考 四七一頁。

附録　清代捐納制度に関する一データベース

人類の歴史上、政府がそれ自身の抱える財政問題の解決を図って関係規定を作り、それに従い官職や栄典を官僚や一般人民に販売する制度、つまり売官売位制度がかつて存在した。それは、中国歴代王朝のみならず、日本・朝鮮半島・ベトナムといった東アジア世界から、中東・イスラーム世界を経て、西欧の世界にいたるまで広く存在していた。時代や地域によっては、その制度はさまざまな様相を呈した。それがもたらした影響や結果もさまざまであった。たとえば、西欧世界の絶対王政期においては、その制度の存在は近代官僚制を助産したとも言えるが、東アジアの中国においては、その制度の存在は、伝統官僚制の崩壊をもたらしたにもかかわらず、中国的近代官僚制の誕生にはつながらなかった。このように、一見して共通するように見える制度がもたらす影響は、地球の東西においてまったく違うものであった。このなかで、東アジアの中国でかつて存在した売官売位制度は、世界の売官売位制度の一典型であり、東アジア世界における売官売位制度の完成形態でもある。この典型的な制度を研究することを通じて、中国社会が歩んできた道をより全面的に見ることができ、また、人類社会の発展史における東アジア世界と西欧世界がそれぞれ歩んできた道の違いを見出すこともできるだろう。さらに言えば、現代中国社会に現存する「売官的現象」を理解するための一助にすることができる。

明清時代の中国においては、その売官売位制度を「捐納制度」と呼ぶ。この制度についてこれまでの研究は、ほとんど清朝捐納制度の構成を分析するものであり、捐納制度がもたらした社会への影響についても触れてはいるが、捐納をする一般庶民や官僚にとって、捐納はいったいどのようなものなのかについてはほとんど研究されてこなかった。つまり、一般庶民にとって、捐納のメリットはどこにあるのか、そして、彼らはどのように報捐を行い、任官の資格を獲得し、そして実際に任官したのか、などである。(1)

報捐の手続きや捐納代行についてかつて論じたとき、筆者は、『大清会典』や『戸部則例』などの清朝政書を利用し、はじめて報捐手続きの復元を試みた。さらに、その報捐手続きの運用問題を解明するために、筆者は、捐納の代行および代行業者の存在なども指摘してきた。(2) しかし、その研究には、大きな問題が残されている。それは、報捐者はいったい具体的にどのような者なのか、彼らが捐納によって何の報償を求めていたのか、いくらの銀を出して報捐したのかといった報捐のもっとも基本的な問題についてまったく触れていなかった点である。その原因は、当時の筆者が報捐者名簿の存在を知らなかったことにある。それらの論文を公表したあと、幸運にも科学研究費補助金の交付を受けて、報捐関係資料の調査を通じて、報捐者名簿の存在をはじめて知ることになった。

本文のなかで、最近になって発見した史料を利用して、一八八九年に江蘇省や浙江省で実施された賑捐にしたがって報捐した者の状況を分析することを通じて、中国捐納制度史のデータベースの構築を模索したい。

一

報捐の段階で形成された書類、とくに報捐者の基本状況を記録するリストや名簿などは、清代では山のように存在していたにちがいない。しかし、これまで捐納者名簿のような資料はほとんど紹介されてこなかった。それは、捐納という問題が中国史においていかに大きな問題であったか、という認識が学界であまりなかったからであると考えられるが、これとあいまって、名簿類資料の価値を探り出すことが、なかなか難しかったからとも考えられる。清代の官僚名簿である爵秩全覧[3]のような書物と違って、報捐事務の過程のなかで作成された報捐者の名簿は、刊行する価値はもとよりなく、その報捐者本人に身分証明書である「執照」を交付してしまえば、名簿としての利用価値はほぼなくなる。そのため、捐納者名簿のほとんどは、蔵書家の目に触れるまえにすでになくなってしまった。さらに、近代に入り、漢籍図書館事業が確立して以来、宋元刊本をはじめ、いわゆる善本の蒐集には精力を注いだものの、清末の報捐者名簿のようなものは蒐集の対象にならず、その大部分は、档案館や図書館に入るまえに塵に帰してしまったに違いない。

さいわい、東洋文庫に一冊の報捐者名簿が残されている。それは、『造送浙江賑捐第十三次請奨各捐生履歴銀数底冊』である。この名簿は、『東洋文庫所蔵漢籍目録』に収録されているが、その詳細については知られていなかった。二〇〇三年の夏休みに、東洋文庫で資料調査の機会を得、この名簿を閲覧した（写真1を参照）。

この名簿は縦29・4センチメートル、横17・7センチメートルで、漢籍のなかでは比較的に大きなサイズに属する。その最後の葉に書いてある作成した日付は、「光緒十六年十一月　日」となってお

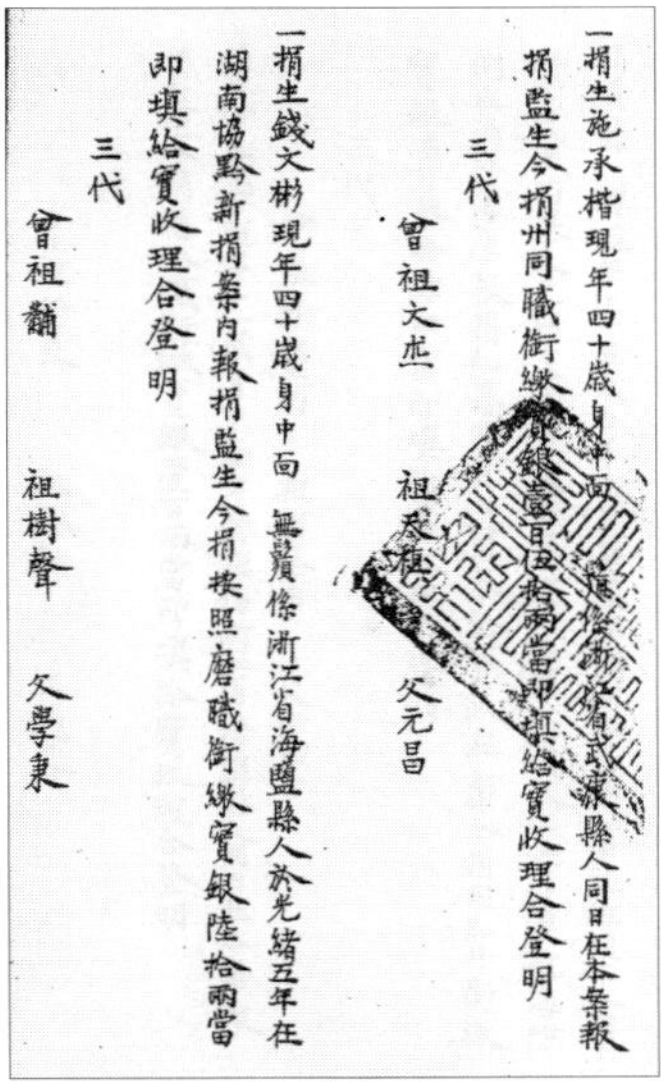

写真1『造送浙江賑捐第十三次請奨各捐生履歴銀数底冊』

り、その上に「浙江籌賑総局関防」の長方形の判が押されている。名簿の扉葉に「浙江賑捐核奨総局」による以下の文章がある。

浙江賑捐核奨総局呈為造冊請奨事。今将浙省賑捐案内第十三次各捐生請奨翎枝銜封貢監生履歴銀数造具清冊、

移送査
呈察核施行。須至冊者。

計開

翎枝銜封貢監生共七百九十三名、実銀十一万八千二百九十一両五銭。核数相符、理合登明。

二〇〇三年の夏休み、この名簿をはじめて閲覧したときに、前述した「浙江賑捐核奨総局」、「浙省賑捐案内第十三次」などについてはまったく知らなかった。その後、京都大学文学部図書館で漢籍資料を調査する幸運に恵まれ、一冊の抄本を閲覧した。そのタイトルは、『光緒十五年十月　日奉各憲札飭査明本省災区籌辦賑務撫恤巻』（以下、『賑務巻』と略称）である（写真2を参照）。この抄本を閲覧したことによって、光緒十五年（一八八九）の秋に江蘇省と浙江省で発生した水害の被災者を救援するために、「江浙賑捐」を開いたこと、上述した「浙江賑捐核奨総局」は、その浙江省で設立された省内の賑捐事務を統轄する部局であることがはじめて分かった。なお、以下の二点も当該資料の作成年代などを判断する重要な手がかりである。

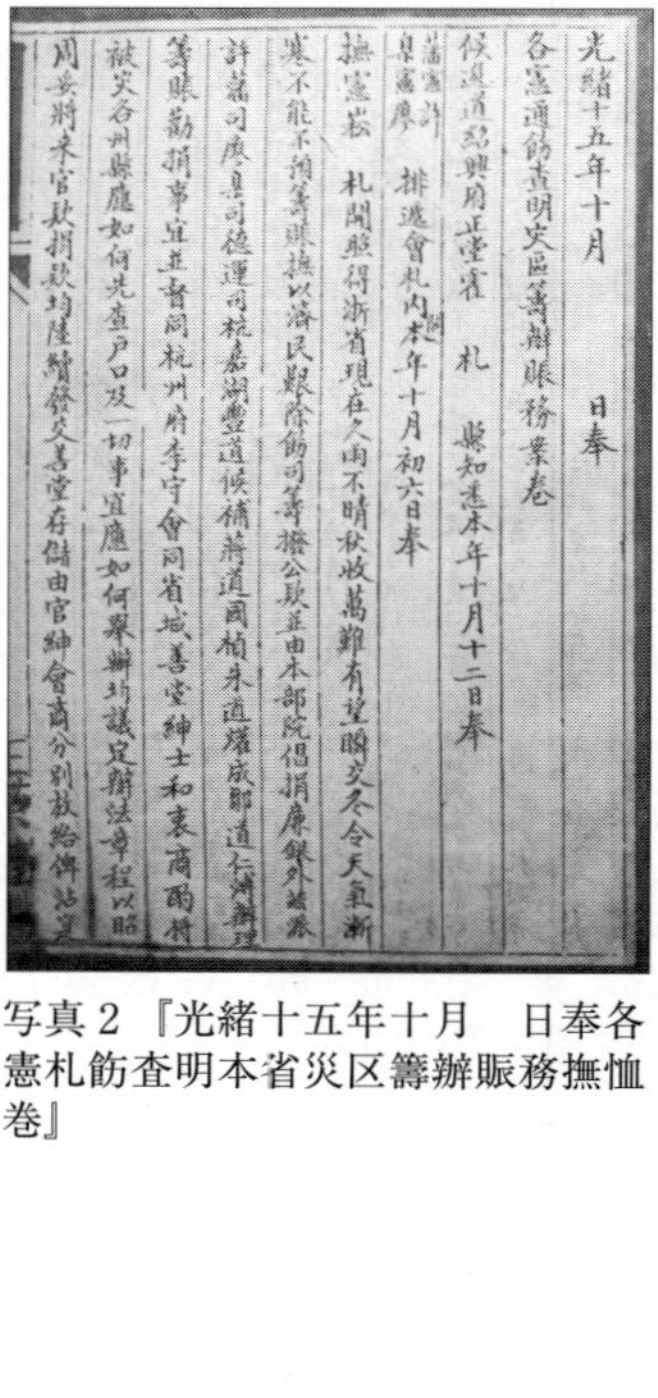

写真２『光緒十五年十月　日奉各憲札飭査明本省災区籌辦賑務撫恤巻』

第一に、この名簿に記載されている報捐項目は、貢監（貢生と監生）・封典・虚銜・翎枝・頂戴であり、それは『賑務巻』などの資料に記載されている光緒十五年の冬から実施された江浙賑捐の報捐項目と一致する。

次に、この名簿に記載されている道員をはじめ、あわせて十三名の現職地方官の名前などの人事資料が、光緒十六年冬季版の『大清搢紳全書』に記載されたものとそれぞれ一致する（後述）。

こうした点から、東洋文庫が所蔵しているその名簿は先述した光緒十五年末から光緒十六年（一八九〇）末までに浙江省で行われた江浙賑捐の第十三期目報捐者の「翎枝銜封貢監生履歴銀数」の台帳であり、しかも信憑性の高い資料であることが分かる。

この名簿を実際に確認したところ、その台帳に掲載されている報捐者の人数は、七百九十三名ではなく七百八十九名で、得た「実銀」の総数は十一万八千二百九十一両五銭ではなく、十一万八千三十七両五銭であることも分かる。(4)

なお、この七百八十九名は、浙江省で行った賑捐の第十三期目報捐者ののべ人数である。そのなかの五十八人は二回捐納し、五人は三回報捐した。したがって、実際に報捐した者は、七百二十一名であった。このような二重ないし三重の報捐は、清代捐納の際によく見られる現象であった。たとえば、浙江省杭州府海塩州籍の黄朝樑（現年十一歳）は、まず「俊秀」の身分で監生（番号554）を報捐したあと、「捐生」の身分で「県丞職銜」（番号78）を報捐し、さらに「捐員」の身分で「藍翎」（番号1）を報捐したのである。(5)

この名簿は、①手書きのものと、②すでに印刷された用紙に要件を書き入れて作成したものとからなる。①は番号1〜142、番号258〜368で、おもに捐員や捐生のような多様な経歴をもつ報捐者であり、②は番号143〜257、番号369〜789で、おもに俊秀のようなはじめて報捐した者である。その②の一例として、番号715をあげよう。網掛け文字は記入された部分である。

二

俊秀張宗浚、現年三歳、身中、面　鬚、係浙江省嘉善県人、報捐監生、繳実銀五十四両、当即填給執照、

理合登明

三代

曾祖　応鳳　祖　懐芳　父　文徳

「俊秀」とはいかなる肩書や資格も持たない民間人、「現年」とは実際の年齢、「身中」とは身長は普通であること、「面」とは顔の色（例えば、面白、面赤、面紫など）、「鬚」とはひげ（例えば、有鬚、無鬚、微鬚など）、「係」以下の部分は本籍、「報捐」以下の部分は報捐項目、「繳実銀」以下の部分は実際に納めた銀の数、「当即填給執照、理合登明」とは、ただちに必要事項を記入して執照を発行し、ルールにしたがってこの名簿に記載すること、「三代」以下の部分は、報捐者の尊属三代（曽祖父・祖父・父）のこと、などである。つまり、浙江省嘉善県籍の庶民張宗浚は、現年三歳、身長は普通である。顔色やひげについての記録がないが、そもそも三歳児にひげがあるはずがない。彼は監生を報捐するために、実銀五十四両を納めたため、ここで執照を発行するとともに、記録にとどめよう、ということである。最後は、尊属三代の名前である。

以下では、この台帳を通じて、報捐者データベースを作成するとともに、報捐の実態を見てみよう。光緒十五年（一八八九）に発生した江南水害および救済策として実施された「江浙賑捐」については、本書第七章を参照されたい。

二

以上では、資料、つまり『造送浙江賑捐第十三次請奬各捐生履歴銀数底冊』を紹介した。以下では、先に紹介した資料に基づいて、光緒十五年から十六年にかけて実施された「江浙賑捐」で報捐した者の状況を考え、清代の社会における捐納制度の実像を探ってみよう。

一　年齢分布

後掲のグラフ（**グラフ1　報捐者七二一名年齢分布**）から見られるように、実際に報捐した七百二十一名の捐納者の年齢分布は、二十代がもっとも多く、三十代報捐者とあわせて報捐者全体の五十六パーセントにのぼる。これと関連して、二十代報捐者のべ二百二十五名のうち、何の出身資格をも持たない「俊秀」は百七十名、「捐生」は十二名、「捐員」は四十三名いた、ということによって、二十代報捐者の七十五パーセントははじめて捐納した者であったことが分かる。その百七十名の「俊秀」の初捐納項目について、百四十三人は監生を、二十七人は虚銜を捐納した。なお、監生や虚銜を捐納したあと、さらに他の項目を捐納した者が二十九名いる。

このの べ七百八十九名の報捐者のなかに、三歳から八歳までの報捐者が十二名いることに注目したい。二回捐納した者一人を除いて、捐納項目はすべて監生である。そのうちの六人が捐納した監生の資格は、そのまま将来郷試を直接受けられる「十成監生」である。清代の後半、より多くの捐納収入を獲得するために、中央政府や地方当局は報捐者の誘致方法として捐納基準額を割り引く政策をたびたび実施した。光緒十五年江浙賑捐の場合、

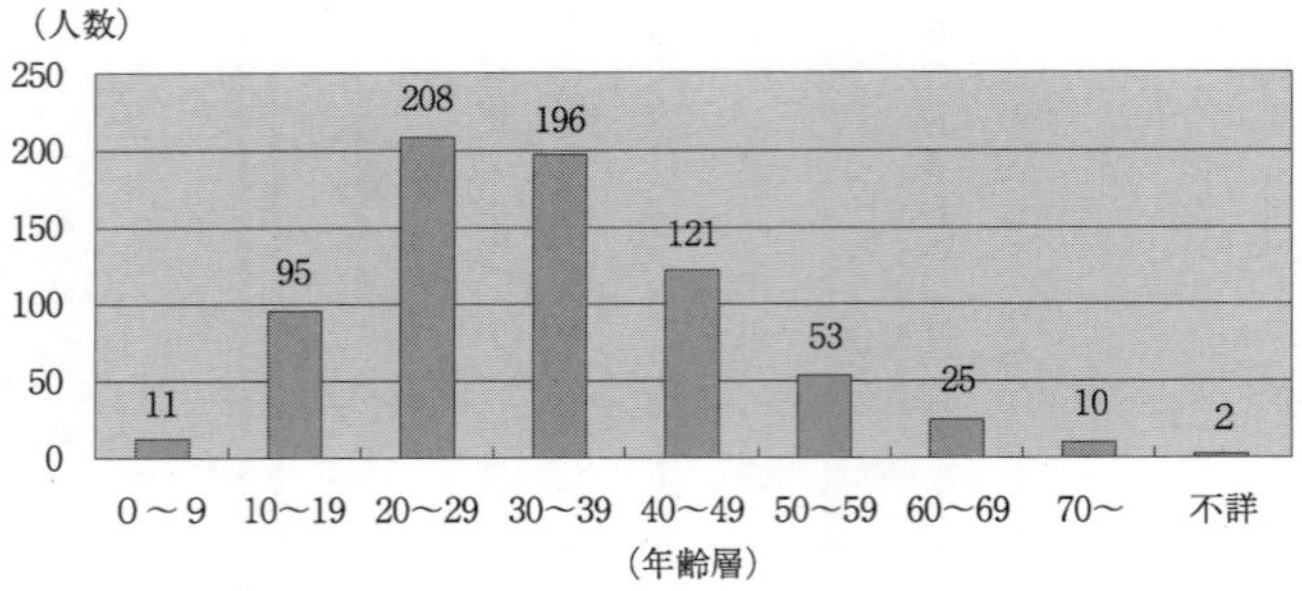

グラフ1　報捐者七二一名の年齢分布（単位：名）

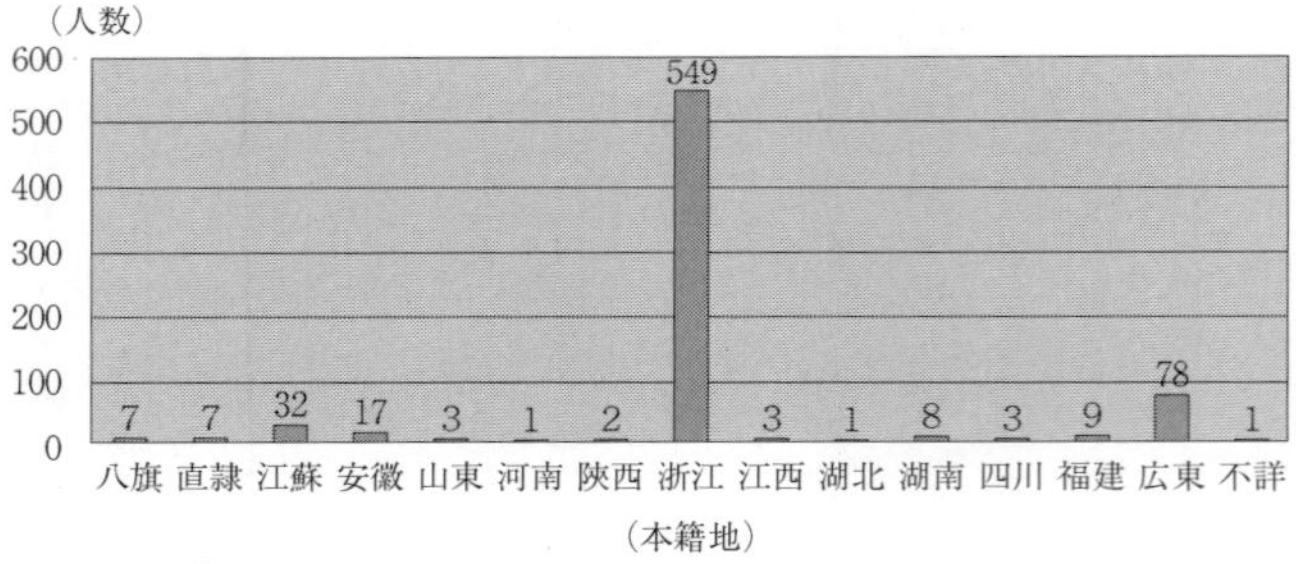

グラフ2　報捐者本籍分布

定額の百八両を納付した者に対し、郷試の受験資格を伴う監生の身分を与えた。これを「十成監生」と呼ぶ。「十成」とは満額のことである。これに対し、その半額の五十四両を納付した者は、とりあえず監生の資格を取得できたが、今度、郷試を受験しようとすれば、さらにその差額を追加納付しなければならないとされた(6)。ちなみに、監生資格を報捐した最高齢者は、七十三歳の老人である。

二　報捐者本籍分布（一）

このグラフ（**グラフ2　報捐者本籍分布**）を見ると、浙江省出身者が最も多く、五百四十九名で、浙江省で実施されたこのときの賑捐の地方性がうかがえる。なお、近隣の江蘇省・安徽省・江西省・福建省籍の報捐者が少ないのに対し、遠隔地の広東省籍の報捐者が報捐者総数の二番目を占めたことも目に付く。

グラフ３　浙江籍報捐者府別（単位：名）

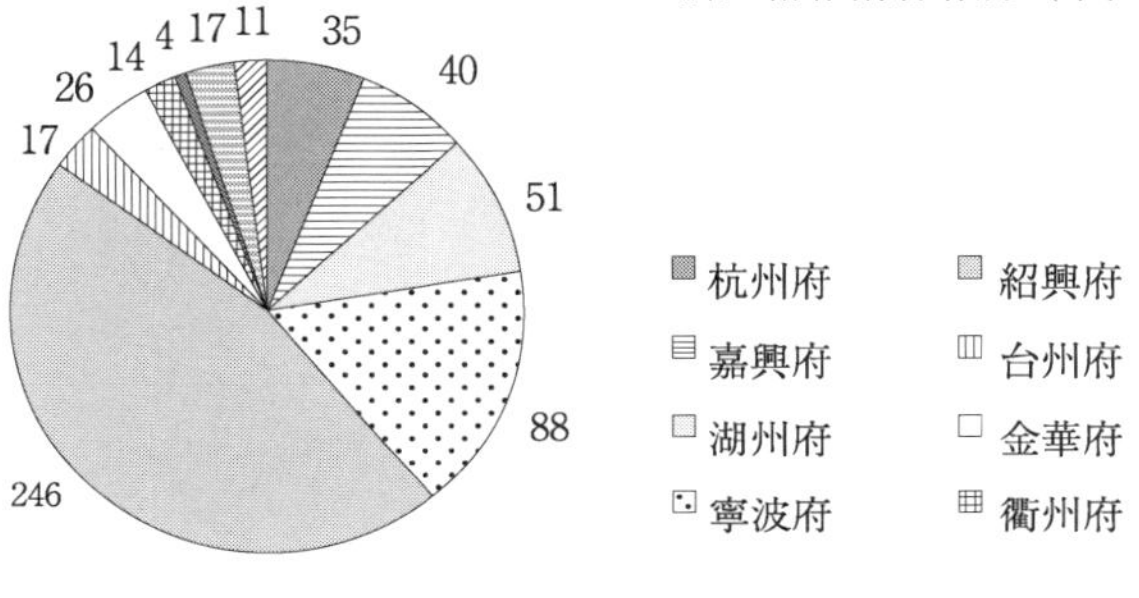

三　報捐者本籍分布（二）

台帳が反映するのは第十三期目の報捐のみだが、参考までに、浙江籍報捐者の五百四十九名の出身府別を見てみよう（**グラフ３　浙江籍報捐者府別**）。このなかで、紹興府出身は二百四十六名で、ほぼ半分の四十四パーセントを占めている。なお、浙江省の先進地域で、この時の被災がもっとも深刻な杭州府・嘉興府・湖州府・寧波府、および紹興府籍の報捐者は、あわせて四百五十九名で、報捐者全体の八割以上にのぼったことが分かる。

以下はのべ人数をもとに報捐者身分や項目などを見てみよう。

四　報捐者身分

のべ七百八十九名報捐者の報捐時身分は以下の通りである。

俊秀	五百三十二名	六十七パーセント
捐生	百七十名（うち、武生一名）	二十二パーセント
捐員	八十七名（うち、已満吏一名）	十一パーセント

これによれば、報捐者の大半はほとんどいかなる出身資格も持たない民間人であることが分かる。ここの「捐員」のすべては現職の官僚には限らない。八十七名のうち、光緒十六年冬季版の『大清搢紳全書』を利用して確認したところ、現職の者は道員一名（花翎を捐納）、知府二名（花翎を捐納）、知

グラフ4　報捐項目分布（単位：名）

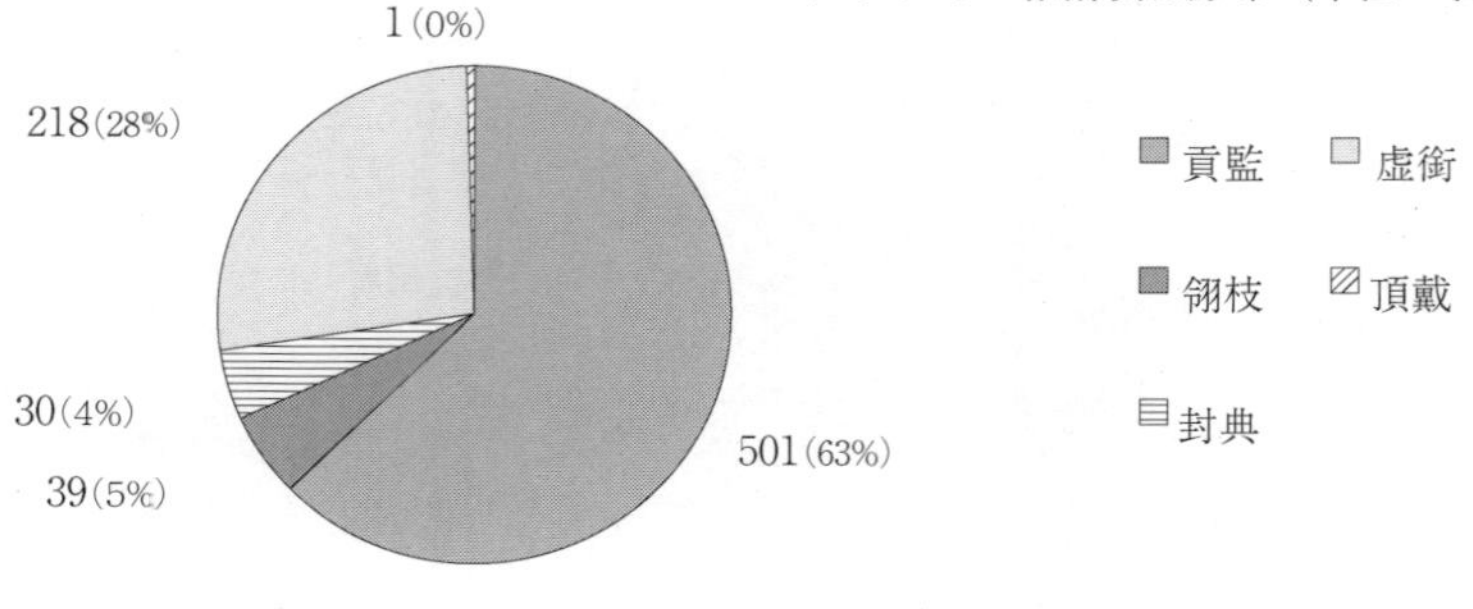

県六名（花翎捐納三人、虚銜捐納二人、封典捐納一人）、佐雑官など四名、あわせて十三名に過ぎないことが分かる。[7] これに対し、候選候補官は三十名いるが、虚銜しか持たない者は四十四名いる。この「捐員」たちが報捐する項目は、ほとんど翎枝と封典であったことも分かる。

報捐者身分の問題に関連して、報捐項目を見てみよう。

五　報捐項目

光緒十五年蘇浙賑捐の報捐項目について、すでに述べたように、封典・虚銜・貢監・翎枝・（二品までの）頂戴である。こののべ七百八十九名の報捐者が報捐した項目は以下の通りである（**グラフ4　報捐項目分布**）。

報捐者全体の六十三パーセントを占める五百一人が「貢監」を報捐した。その原因は、おそらく「貢監」は捐納や出身の入り口であり、科挙への近道でもある、というところにある。先に述べた報捐者の六十七パーセントを占める五百三十二名の「俊秀」のほとんどは、この「貢監」を報捐した。この貢監の資格があれば、さらに実際のポストを捐納することができる。「貢監」に次ぐ二番目に多いのは虚銜の二百十八名（二十八パーセント）である。ここで、その半分に当たる百二十一名は、「従九品職銜」を報捐した「俊秀」であることに注目したい。官界においては、この「従九品職銜」はほぼ無意味と言ってよいが、なぜこれほど多くの「俊秀」が銀四十両を出し「従九品職

グラフ５　報捐銀数分布（単位：両）

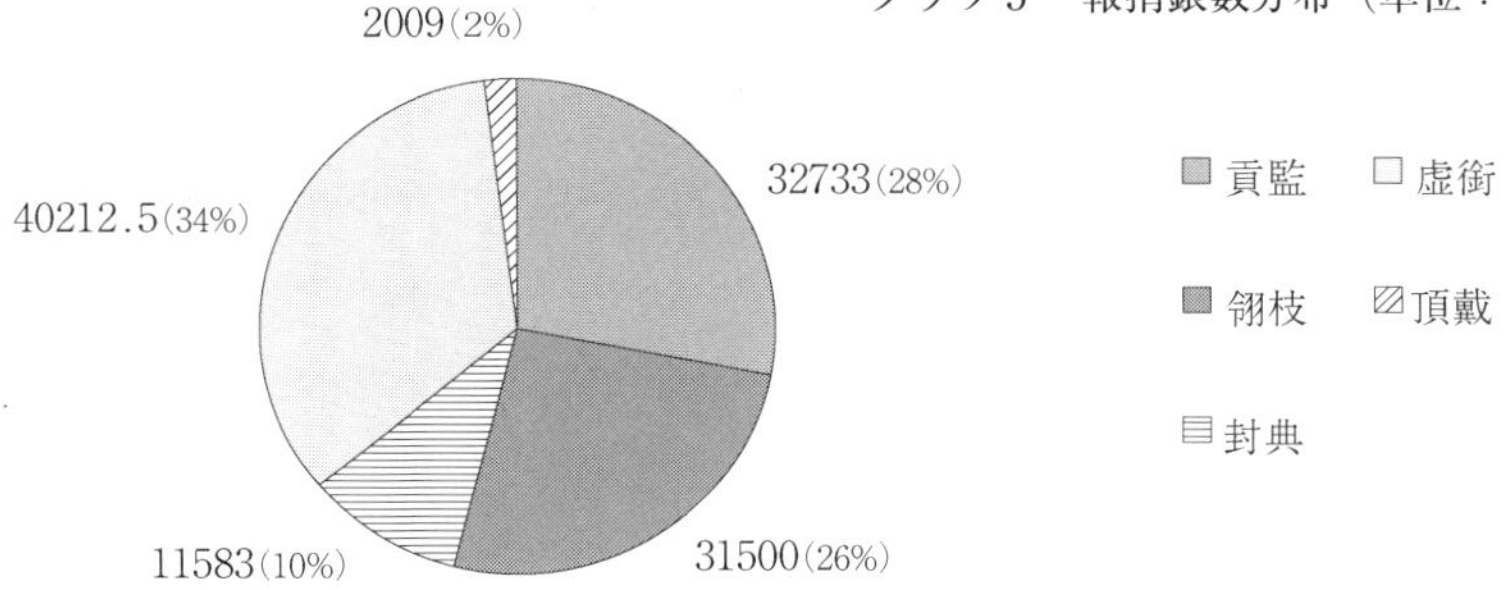

銜」を捐納したのか、彼らおよび彼らの生業にとってその職銜がどのような意味を持つのか、さらにその職銜を有する者に対し、社会はどのように見ていたのか。これらの問題は、前近代中国人ないし現代中国人がもつ社会意識を解明するための重要な糸口になると考えられる。これについては、最後の節で所見を述べたい。

六　報捐銀数

最後に、報捐金額を見てみよう（**グラフ５　報捐銀数分布**）。のべ七百八十九名報捐者が納めた金額の総数は、銀十一万八千三十七両五銭であるが、平均すれば一人がおよそ銀百五十両を捐納したということである。五の「報捐項目」に比べれば、報捐者の六十三パーセントを占める五百一名の「貢監」報捐者が納めた銀は、全体の二十八パーセント、三万二千七百三十三両にとどまることが分かる。それは、貢監の報捐価格が割引され、本来百八両の監生資格は、五割引の五十四両を払えば入手できるようになったからである（郷試受験のため、全額の百八両を払った者もいた）。しかし、率にして五パーセントの三十九名に過ぎない翎枝の報捐者が納めた銀は、三万千五百両（二十六パーセント）にのぼる。この江浙賑捐の終了に際した光緒十六年の秋頃、李鴻章は崧駿宛てに送る浙江賑捐の停止を促す電報のなかに、「其零星奨票、務飭各局切勿併奨翎枝、致碍順直捐路」、という文言がある。

つまり、李鴻章は、順天府や直隷地方での賑捐を円滑に実施するために、翎枝の報捐が不可欠な項目であると考えて、崧駿に対して、浙江省での翎枝報捐を停止してほしい、と促したのである。こうしたことを含めて考えれば、清末各地の賑捐のなかで翎枝がすでに「主力商品」になっていると言えよう。(8) なお、翎枝の報捐者がほとんど現職官僚や候選候補官のことを含めて考えれば、ここで、道員や知府のような高位を有する者が、なぜ花翎を報捐するのかは、なかなか興味深い問題である。これについても最後の節でまとめて考えたい。

このなかで、納めた銀がもっとも少ないのは、「已満吏」兪光第（番号２３４）であり、彼がわずか銀二十五両を出して、「従九品職銜」を報捐した。これに対し、最高額を出したのは「福州海防同知」への着任を待つ徐承禧（番号１１３）である。彼は、二千八百七十三両五銭を出し、「三品昇銜」を報捐した。

おわりに

以上、光緒十五～十六年の間に浙江省で実施した「江浙賑捐」の報捐者名簿にもとづいて、報捐者の基本状況を分析した。他の報捐者名簿類資料が発見されていない現在、この資料を通じて説明できることは限られるが、以上の統計数値を得ることができたほか、以下のような解釈を得ることも可能であろう。

この賑捐は、任官資格を捐納しうる「大捐」ではなく、文官の銓選とは直接関係しない貢監・翎枝・封典などを捐納する「常捐」に属するものである。このような地方捐納が実施されるときに、まず注目したいのは、「貢生」と「監生」の資格を捐納した者は、報捐者全体（のべ人数）の六十四パーセントを占めることである。

すでに述べたように、「貢生」と「監生」とは清朝時代の国立学校の学生資格であった。科挙制度の規定によれば、地方官が主催する「県試」・「府試」・「院試」など一連の試験に合格した成績優秀者などに京師国子監の入学資格を与えることにする。このようなものは「貢生」と呼ばれる。捐納して国子監に在籍する者が「監生」である。ここで強調したいのは、この「貢生」や「監生」の資格は、国立学校の学生資格でありながら、「郷試」の受験資格でもあり、任官資格でもあったことである。ひとことで言えば、それらは明清中国社会の支配階級への第一歩であった。たとえば、清朝の規定によれば、「貢生」は、「小京官・知県・教職・州判」の任用資格であったことが分かる(9)。さらに、捐納の関係規定によれば、「貢生」や「監生」は、一般人民が官職を捐納する際の必要資格でもあった。つまり、それらの資格がなければ、官職を捐納することができないのである。

清代の制度によれば、「貢生」や「監生」の資格は、本来「県試」を始めとする一連の地方試験をクリアしてから獲得するものであった。正常の手順にすれば、この「県試」などの地方試験をクリアするのは簡単ではなかった。科挙を風刺し官吏の腐敗をあばくことで有名な清朝時代の小説『儒林外史』のなかに登場する周進は、数十年かけても県試などの試験をクリアすることができなかった。そこで、「貢生」や「監生」の資格を獲得しようとする者をターゲットに、これらの項目の捐納を清朝支配の初期から実施することになった。つまり、捐納すれば「貢生」や「監生」の資格を得ることができる。こうすれば、一般人民は、「県試」や「府試」などの地方試験を飛ばし、各省で行う「郷試」に直接参加することができ、任官や官職を捐納する資格を入手することもできるようになった。先の周進は、結局、知人から集められた銀二百両を使って監生の資格を捐納し、ようやく「郷試」を受けることができるようになった(10)。本件のなかで報捐者全体（のべ人数）の六十三パーセントが「貢生」や「監生」を捐納するのは、このためであると考える。

これと関連して、二十代報捐者による監生資格の取得状況を見てみよう。名簿のなかで、二十代報捐者は報捐者全体（七百二十一名）の約三分の一を占めている。すでに述べたように、二十代報捐者の七割以上を占めるのべ百六十九人は、何の出身資格をも持たない「俊秀」であった。そのうちの百四十三人が報捐した項目は、「監生」であった。その内訳は、将来の郷試受験資格でもある「十成監生」を捐納した者がわずか三十四人であったのに対し、身分だけの監生を捐納したのは百九名であった。こうした事実から、我々は明清中国社会における貢生と監生の身分を捐納で取得する意味を読み取ることができる。つまり、一方では、社会において「絶対的価値体」[11]へ通常の方法より一歩でも早く近づこうとして、受験と任官の基礎資格である貢生と監生を捐納によって得たのである。一方では、受験あるいは任官というより、社会における礼儀、司法、賦役などの特権（たとえば不逮捕、免役など）を有する貢生と監生の資格を身分保障の道具として獲得したいと考えて捐納したのである。清末、後者が圧倒的割合を占めたことは、先のデータからうかがうことができた。

注目すべき第二点は、「翎枝」と「虚銜」の捐納である。

第七章ですでに紹介したように、「花翎」と「藍翎」の二種類からなる翎枝とは、清朝皇族や官僚などの帽子に飾られる鳳凰や雉の羽毛であり、本来、それは皇帝の側近のみ飾られるものか皇帝の「特恩」として高級官僚に賜うものであった。[12] 要するに、現代の勲章をはるかに上回る名誉を意味するものであった。しかも、頭の上につける「翎枝」には、それが捐納によるものであるとは書かれていない。この事例のなかで、率にして五パーセントの三十九名に過ぎない翎枝の報捐者が納めた銀は、三万千五百両（二十七パーセント）にのぼり、一人あたりが報捐した銀の数量からすれば、「頂戴」（官僚制服の帽子）を報捐した二千九両に次ぐ約八百八両であり、「封典」・「虚銜」・「貢監」などを報捐するものをはるかに上回ったことが分かる。このような次第で、清末になって翎枝が捐納の「主力商品」になっていたのであろう。翎枝の報捐者がほとんど現職官僚や候選候補官であることを含めて考えれば、明清中国の社会、とりわけ官僚の社会に生きていた人たちにとって、翎枝を捐納で取得する意味は、見栄のためでもあったが、それよりさらに重要なのは、その外見から誰でも見える翎枝という飾り物を通じて、自分が「絶対的価値体」に近づいたことを示して、身分の保障をより強固たるものにしたい、というところにあったと考えられる。

虚銜の捐納も同じであった。虚銜とは、そもそも国家から栄典として官僚に与えられる職掌なきポストのことであった。それは、康熙年間より捐納で取得することができるようになった。清朝時代において、官僚の階級を示す制服や帽子などは、その官僚の本職に応じてではなく、それぞれの「銜」に応じて着用するものであった。つまり、正七品の知県は従四品知府の虚銜があれば、知府の制服や帽子を着用することができた。さらに、無官の人が虚銜を捐納すれば、その虚銜に応じて官僚の制服や帽子を着用することができた。この意味で、ある人物が着用している制服や帽子を見れば、その人物が官僚であるかどうかというよりは、彼が持っている官僚の階級を判断することができたのである。しかも先の翎枝と同じように、虚銜の上には捐納によって取得したものであるとは書かれていない。捐納して虚銜を取得する目的は、結局、それを利用して社会的地位をより高めて身分の保障を図りたい、というところにあったと考えられる。

以下、『造送浙江賑捐第十三次請奨各捐生履歴銀数底冊』から重要な項目を抽出して表を作成し、研究者の参考に供する（**表-附-1　浙江賑捐第十三次請奨各捐生履歴銀数底冊概要**）。表の項目については、「番号」は、『造送浙江賑捐第十三次請奨各捐生履歴銀数底冊』の順番に従い付けたもの、「捐納項目」は報捐する項目、「捐納額」は報捐者が捐納した銀の数額である。

表-附-1　浙江賑捐第十三次請奨各捐生履歴銀数底冊概要

番号	報捐時身分		姓名	年齢	本籍	捐納項目	捐納額
1	捐員	県丞職銜	黄 朝 樑	11	浙江海塩	藍翎	500.0
2	捐員	塩提挙銜	史 悠 揚	32	江蘇陽湖	花翎	1,000.0
3	捐員	浙江淳安県知県	陶 恩 沢	53	江蘇陽湖	花翎	1,000.0
4	捐員	両浙竜頭廠大使	王 錫 祁	30	江蘇清河	花翎	1,000.0
5	捐員	布理問職銜	荘 效 超	44	江蘇上元	藍翎	500.0
6	捐員	同知職銜	王　 森	47	江蘇江寧	花翎	1,000.0
7	捐員	光禄寺署正職銜	瞿 開 桐	64	江蘇上海	花翎	1,000.0
8	捐員	同知職銜	顧 寿 岳	33	浙江烏程	花翎	1,000.0
9	捐員	同知職銜	張 志 汾	30	浙江餘姚	藍翎	500.0
10	捐員	塩大使	呉 明 鈺	35	江西新建	花翎	1,000.0
11	捐員	議叙班補用通判	裕　 恒	46	正黄漢軍	花翎	1,000.0
12	捐員	浙江諸暨県知県	胡 永 焯	58	安徽休寧	花翎	1,000.0
13	捐員	員外郎	承　 厚	23	正白蒙古	花翎	1,000.0
14	捐員	広東雷瓊道庫大使	陳 汝 寿	30	順天大興	藍翎	500.0
15	捐員	州同職銜	林 李 源	27	福建竜溪	藍翎	500.0
16	捐員	国子監典簿職銜	周 培 坤	32	浙江餘姚	藍翎	500.0
17	捐員	知県候補班前儘先	馮 兆 松	52	江蘇金壇	藍翎	500.0
18	捐員	同知職銜	馮 景 周	24	浙江餘姚	藍翎	500.0
19	捐員	員外郎	陸 学 源	37	浙江帰安	花翎	1,000.0
20	捐員	同知職銜	竜 錫 穎	23	広東順徳	花翎	1,000.0
21	捐員	州同職銜	陳 光 藻	36	浙江秀水	藍翎	500.0
22	捐員	巡検新班先選用	鍾 寿 康	29	浙江会稽	藍翎	500.0
23	捐員	運同職銜	夏 光 熊	54	浙江上虞	花翎	1,000.0
24	捐員	湖州府知府	錫　 光	55	鑲紅満洲	花翎	1,000.0
25	捐員	試用同知	徐 承 燮	44	正藍漢軍	花翎	1,000.0
26	捐員	州同職銜	余　 鉞	31	安徽績渓	花翎	1,000.0
27	捐員	布経歴職銜	曹 鴻 沢	23	安徽青陽	藍翎	500.0
28	捐員	現任広東雷瓊兵備道	朱　 采	58	浙江嘉興	花翎	2,000.0
29	捐員	員外郎銜候補大理寺左寺丞	葛 維 垣	44	直隷承徳	花翎	1,000.0
30	捐員	布経歴職銜	夏 彬 生	44	江蘇南匯	藍翎	500.0
31	捐員	員外郎職銜	鄭 宗 光	21	浙江鄞県	花翎	1,000.0
32	捐員	県丞新班先補用	孫 承 沢	31	順天大興	藍翎	500.0
33	捐員	補授広東廉州府知府	劉 斉 潯	47	福建侯官	花翎	1,000.0
34	捐員	昇補恵州協右営右哨二司把総	祝 時 泰	37	広東帰善	藍翎	500.0
35	捐員	運庫大使	周 継 仁	31	湖南益陽	藍翎	500.0
36	捐員	調署広州協左営頭司把総儘先千総	何 廷 揚	47	広東南海	藍翎	500.0
37	捐員	委署含山県事	周 鳳 梧	39	湖北咸寧	花翎	1,000.0
38	捐生	同知職銜	銭 康 栄	36	浙江嘉興	花翎	1,000.0
39	捐員	州同職銜	伍 学 沂	30	広東順徳	藍翎	500.0

番号	報捐時身分		姓名	年齢	本籍	捐納項目	捐納額
40	捐生	監生	周 昌 熊	26	浙江上虞	同知職銜	1,000.0
41	捐生	監生	唐 葆 元	15	江西徳化	翰林院待詔銜	180.0
42	捐生	監生	邵 祥 驥	24	浙江烏程	太常寺博士銜	375.0
43	捐生	貢生	陸 景 献	23	浙江仁和	国子監典籍銜	180.0
44	捐員	進士籤分刑部主事	葆 平	37	満洲正藍	員外郎昇銜	1,016.0
45	捐生	監生	張 賜 符	26	山東栄城	翰林院待詔銜	180.0
46	捐生	貢生	王 思 樸	23	直隷定州	主事銜	830.0
47	捐生	貢生	蔡 祖 彝	38	浙江嵊県	中書科中書銜	325.0
48	捐員	国子監典簿職銜	馬 裕 藻	13	浙江鄞県	光禄寺署正銜	270.0
49	捐生	監生	潘 世 鈞	49	浙江嘉善	中書科中書銜	325.0
50	捐生	監生	徐 維 湘	21	浙江会稽	詹事府主簿銜	325.0
51	捐生	監生	張 祖 槐	24	浙江餘姚	光禄寺署正銜	450.0
52	捐生	監生	馮 鑾	36	浙江海寧	中書科中書銜	325.0
53	捐生	監生	王 忠 標	29	浙江餘姚	中書科中書銜	325.0
54	捐生	監生	周 培 坤	32	浙江餘姚	国子監典簿銜	250.0
55	捐生	監生	王 恩 培	28	浙江餘姚	光禄寺署正銜	450.0
56	捐生	監生	包 濂	16	江蘇丹徒	翰林院孔目銜	160.0
57	捐生	郷試副榜	鄭 宗 光	21	浙江鄞県	員外郎職銜	1,383.0
58	捐生	監生	沈 世 鏷	47	浙江烏程	中書科中書銜	325.0
59	捐生	貢生	徐 相 唐	31	浙江竜泉	国子監典籍銜	180.0
60	捐生	監生	劉 家 熙	10	江蘇上元	翰林院待詔銜	180.0
61	捐生	監生	顧 潤 鈺	38	江蘇嘉定	光禄寺署正銜	450.0
62	捐生	十成監生	呉 家 棠	22	浙江帰安	中書科中書銜	325.0
63	捐生	貢生	李 煥 章	60		翰林院待詔銜	180.0
64	捐員	選授・泰順県学教諭	徐 森	38	浙江海塩	国子監典簿昇銜	120.5
65	捐生	監生	呉 毓 麟	6	浙江仁和	国子監典籍銜	180.0
66	捐生	監生	何 慶 潮	23	湖南道州	布理問職銜	150.0
67	捐生	監生	謝 宝 年	16	江蘇常熟	布理問職銜	150.0
68	捐生	歳試撥入府学	俞 殿 栄	27	浙江嵊県	把総職銜	60.0
69	捐生	監生	葉 広 淵	45	広東嘉応	県丞職銜	100.0
70	捐生	監生	葉 夢 元	13	浙江仁和	州同職銜	150.0
71	捐生	監生	湯 其 濂	42	浙江烏程	同知職銜	1,000.0
72	捐生	監生	王 錫 藩	31	浙江奉化	布理問職銜	150.0
73	捐生	監生	施 承 楷	40	浙江武康	州同職銜	150.0
74	捐生	監生	銭 文 彬	40	浙江海塩	照磨職銜	60.0
75	捐生	十成監生	葉 鴻 祥	29	浙江慈谿	同知職銜	1,000.0
76	捐生	監生	潘 祖 徳	26	江蘇呉県	塩大使職銜	100.0
77	捐員	都察院七品筆貼式報捐知県	葆 謙	35	満洲正藍	同知昇銜	634.0
78	捐生	監生	黄 朝 樑	11	浙江海塩	県丞職銜	100.0
79	武生	入学	張 玉 良	36	直隷楽亭	守備職銜	300.0

番号	報捐時身分		姓名	年齢	本籍	捐納項目	捐納額
80	捐生	監生	陳雲光	52	広東新安	同知職銜	1,000.0
81	捐生	貢生	謝克桐	62	浙江鄞県	塩大使職銜	100.0
82	捐員	進士即用知県	葛祥熊	35	浙江慈谿	同知昇銜	634.0
83	捐生	監生	鄭棫華	15	浙江秀水	州同職銜	150.0
84	捐生	十成監生	許鼎鈞	19	浙江嘉興	県丞職銜	100.0
85	捐員	分缺先選用塩大使	張嘉謀	37	浙江会稽	運判昇銜	979.5
86	捐生	監生	黄泰如	33	浙江餘姚	州同職銜	150.0
87	捐生	監生	馬純清	33	浙江海寧	布経歴職銜	150.0
88	捐生	監生	洪昌彝	20	浙江餘姚	県丞職銜	100.0
89	捐生	監生	袁在興	39	浙江鎮海	布理問職銜	150.0
90	捐生	監生	謝　培	43	浙江餘姚	県丞職銜	100.0
91	捐生	監生	周集成	22	浙江餘姚	塩運司知事職銜	100.0
92	捐生	監生	陳之藩	33	浙江餘姚	州同職銜	150.0
93	捐員	中書科中書職銜	馮景周	24	浙江餘姚	同知職銜	675.0
94	捐生	監生	経宝源	33	浙江上虞	県丞職銜	100.0
95	捐生	監生	李国栄	35	広東鶴山	布経歴職銜	150.0
96	捐生	監生	简容光	69	広東新会	州同職銜	150.0
97	捐生	監生	伍聯光	56	広東新寧	州同職銜	150.0
98	捐生	監生	伍鏡湖	54	広東新寧	州同職銜	150.0
99	捐生	監生	粱鳳芳	46	広東嘉応	州同職銜	150.0
100	捐生	監生	呉汝泰	10	江蘇呉県	布経歴職銜	150.0
101	捐生	監生	鄔懐清	27	浙江山陰	州同職銜	150.0
102	捐生	監生	金萃康	19	浙江仁和	県丞職銜	100.0
103	捐生	監生	岑邦翰	24	浙江餘姚	州同職銜	150.0
104	捐員	在部候選知県	陳祥燕	27	浙江慈谿	同知昇銜	634.0
105	捐生	監生	李光裕	32	湖南長沙	布理問職銜	150.0
106	捐生	監生	徐廷貴	17	浙江烏程	布理問職銜	150.0
107	捐生	監生	謝　杭	16	陝西安康	塩大使職銜	100.0
108	捐生	貢生	陳光藻	36	浙江秀水	州同職銜	150.0
109	捐生	監生	宋傳俊	35	浙江会稽	同知職銜	1,000.0
110	捐生	十成監生	顧鴻藻	18	浙江仁和	布理問職銜	150.0
111	捐生	監生	沈成章	49	浙江徳清	布理問職銜	150.0
112	捐生	監生	柴振坤	35	浙江鎮海	州同職銜	150.0
113	捐員	准補福州海防同知	徐承禧	56	江蘇六合	三品昇銜	2,873.5
114	捐員	知県双月選用	余　鉞	31	安徽績渓	同知昇銜	634.0
115	捐生	監生	曹家瑞	16	安徽青陽	塩大使職銜	100.0
116	捐生	貢生	徐贊唐	32	浙江竜泉	按知事職銜	100.0
117	捐生	十成監生	施肇会	25	浙江銭塘	県丞職銜	100.0
118	捐生	監生	孫国培	36	浙江仁和	布理問職銜	150.0
119	捐員	双月選用布理問	朱　湘	52	浙江烏程	同知昇銜	1,472.5

番号	報捐時身分		姓名	年齢	本籍	捐納項目	捐納額
120	捐生	監生	徐逢吉	34	浙江桐郷	布理問職銜	150.0
121	捐員	酌補崑山県職銜	葛培義	43	湖南湘郷	四品頂戴	2,009.0
122	捐生	監生	孫吉孚	45	浙江帰安	布理問職銜	150.0
123	捐員	江西試用知県	郭立朝	39	湖南湘陰	同知昇銜	518.5
124	捐生	監生	応約之	19	浙江永康	光禄寺署正銜	450.0
125	捐生	貢生	朱宝第	26	浙江海寧	国子監典籍銜	180.0
126	捐生	貢生	符謙	69	広東海康	按知事職銜	100.0
127	捐生	監生	張濂	49	広東順徳	州同職銜	150.0
128	捐員	准補広東海陽県知県	杜友白	48	河南孟県	同知昇銜	519.0
129	捐員	題補広東長寧県知県	胡汝淵	52	陝西漢陰	同知昇銜	519.0
130	捐員	挙人揀選知県	陳贊襄	53	広東大埔	同知昇銜	634.0
131	捐員	監生(応作捐生)	馬応鳳	32	広東潮陽	守禦所千総銜	200.0
132	捐生	監生	李朝銓	46	広東嘉応	同知職銜	1,000.0
133	捐生	監生	郭玉麟	40	湖南長沙	同知職銜	1,000.0
134	捐生	指分湖北試用通判	梁承潤	40	順天大興	提挙昇銜	357.0
135	捐生	武学生員	郝雲鵬	19	江蘇高郵	把総職銜	60.0
136	捐生	監生	謝發双	43	広東文昌	按経歴職銜	125.0
137	捐生	従九品銜	曾模	77	広東澄邁	按照磨職銜	90.0
138	捐生	十成監生	林輝春	32	広東文昌	按知事職銜	100.0
139	捐生	貢生	孫兆鳳	27	浙江餘姚	塩大使職銜	100.0
140	捐生	武監生	陳鳳山	41	広東文昌	把総職銜	60.0
141	捐生	貢生	潘泰増	41	江蘇南匯	州同職銜	150.0
142	捐員	広東補用知県	陳慶篪	45	直隷玉田	同知昇銜	519.0
143	俊秀		呉勤学	34	浙江仁和	従九品職銜	40.0
144	俊秀		許吉平	39	浙江天台	従九品職銜	40.0
145	俊秀		黄翊寿	40	浙江餘姚	従九品職銜	40.0
146	俊秀		殷伯純	19	浙江嘉善	従九品職銜	40.0
147	俊秀		干徳容	47	浙江海塩	従九品職銜	40.0
148	俊秀		謝鍾齢	32	浙江上虞	従九品職銜	40.0
149	俊秀		程寛遠	20	安徽歙県	従九品職銜	40.0
150	俊秀		張嘉英	32	浙江山陰	従九品職銜	40.0
151	俊秀		陳廷範	11	浙江諸暨	従九品職銜	40.0
152	俊秀		張政淵	24	浙江海寧	従九品職銜	40.0
153	俊秀		竜兆基	12	湖南安化	従九品職銜	40.0
154	俊秀		韋鏘	32	浙江東陽	従九品職銜	40.0
155	俊秀		許成周	34	浙江天台	従九品職銜	40.0
156	俊秀		許宝璋	29	浙江天台	従九品職銜	40.0
157	俊秀		鄭鏗	47	浙江浦江	従九品職銜	40.0
158	俊秀		鍾文程	69	浙江浦江	従九品職銜	40.0
159	俊秀		方華資	64	浙江義烏	従九品職銜	40.0

番号	報捐時身分		姓名	年齢	本籍	捐納項目	捐納額
160	俊秀		聞人永泉	34	浙江餘姚	従九品職銜	40.0
161	俊秀		史致陞	38	浙江餘姚	従九品職銜	40.0
162	俊秀		趙炳燦	60	浙江諸暨	従九品職銜	40.0
163	俊秀		駱維嶽	27	浙江諸暨	従九品職銜	40.0
164	俊秀		柴富良	67	浙江山陰	従九品職銜	40.0
165	俊秀		王謀恵	63	浙江鎮海	従九品職銜	40.0
166	俊秀		樊廷桂	51	浙江新昌	従九品職銜	40.0
167	俊秀		俞傳鈞	15	浙江海寧	従九品職銜	40.0
168	俊秀		金大生	44	浙江長興	従九品職銜	40.0
169	俊秀		姚文光	37	浙江長興	従九品職銜	40.0
170	俊秀		陳惟仁	37	安徽休寧	従九品職銜	40.0
171	俊秀		張樹俊	44	浙江長興	従九品職銜	40.0
172	俊秀		劉裕源	16	浙江餘姚	従九品職銜	40.0
173	俊秀		戚遠亭	16	浙江餘姚	従九品職銜	40.0
174	俊秀		鄧宝華	26	浙江餘姚	従九品職銜	40.0
175	俊秀		鄧宝和	19	浙江餘姚	従九品職銜	40.0
176	俊秀		阮宝康	14	浙江餘姚	従九品職銜	40.0
177	俊秀		呉正賢	29	浙江海塩	従九品職銜	40.0
178	俊秀		劉泉馨	62	広東新寧	従九品職銜	40.0
179	俊秀		李錦芳	52	広東鶴山	従九品職銜	40.0
180	俊秀		伍国瑞	71	広東新寧	従九品職銜	40.0
181	俊秀		伍鳳翔	74	広東新寧	従九品職銜	40.0
182	俊秀		伍鳳光	56	広東新寧	従九品職銜	40.0
183	俊秀		趙国材	51	広東新会	従九品職銜	40.0
184	俊秀		趙国瑞	57	広東新会	従九品職銜	40.0
185	俊秀		趙国勳	54	広東新会	従九品職銜	40.0
186	俊秀		蔡崇高	63	浙江鄞県	従九品職銜	40.0
187	俊秀		舒錫寿	28	浙江鄞県	従九品職銜	40.0
188	俊秀		毛沛然	47	浙江江山	従九品職銜	40.0
189	俊秀		朱　垚	39	浙江上虞	従九品職銜	40.0
190	俊秀		呉作人	24	浙江長興	従九品職銜	40.0
191	俊秀		周志彪	44	浙江諸暨	従九品職銜	40.0
192	俊秀		周維馨	20	浙江江山	従九品職銜	40.0
193	俊秀		邵伯営	49	浙江餘姚	従九品職銜	40.0
194	俊秀		邱楚良	33	浙江帰安	従九品職銜	40.0
195	俊秀		張汝昌	21	浙江帰安	従九品職銜	40.0
196	俊秀		呉興賓	20	浙江帰安	従九品職銜	40.0
197	俊秀		来晋瀛	22	浙江蕭山	従九品職銜	40.0
198	俊秀		高　墀	39	浙江山陰	従九品職銜	40.0
199	俊秀		陳啓濂	54	浙江上虞	従九品職銜	40.0

番号	報捐時身分		姓名	年齢	本籍	捐納項目	捐納額
200	俊秀		徐忠達	39	浙江長興	従九品職銜	40.0
201	俊秀		宗　昭	17	浙江嘉興	従九品職銜	40.0
202	俊秀		王文蔚	26	浙江長興	従九品職銜	40.0
203	俊秀		王椿林	55	浙江江山	従九品職銜	40.0
204	俊秀		呉光釗	18	江蘇元和	従九品職銜	40.0
205	俊秀		宋鴻璵	34	浙江上虞	従九品職銜	40.0
206	俊秀		蘇　晃	32	安徽黟県	従九品職銜	40.0
207	俊秀		黄廷奎	45	江蘇宜興	従九品職銜	40.0
208	俊秀		徐南凱	38	江蘇宜興	従九品職銜	40.0
209	俊秀		汪立誠	62	江蘇宜興	従九品職銜	40.0
210	俊秀		汪文熙	43	安徽休寧	従九品職銜	40.0
211	俊秀		瞿元鼇	25	浙江黄巌	従九品職銜	40.0
212	俊秀		何承恩	27	浙江餘姚	従九品職銜	40.0
213	俊秀		張修斉	21	浙江餘姚	従九品職銜	40.0
214	俊秀		王秉璋	20	浙江江山	従九品職銜	40.0
215	俊秀		陳之英	25	浙江諸曁	従九品職銜	40.0
216	俊秀		李思淦	53	浙江会稽	従九品職銜	40.0
217	俊秀		張　鋆	34	浙江会稽	従九品職銜	40.0
218	俊秀		羅元章	29	浙江会稽	従九品職銜	40.0
219	俊秀		姚雲瑞	38	浙江嵊県	従九品職銜	40.0
220	俊秀		許宗慎	26	浙江山陰	従九品職銜	40.0
221	俊秀		呉中値	24	浙江山陰	従九品職銜	40.0
222	俊秀		陳珍璇	25	浙江仁和	従九品職銜	40.0
223	俊秀		陳珍玫	22	浙江仁和	従九品職銜	40.0
224	俊秀		邱桂林	45	浙江天台	従九品職銜	40.0
225	俊秀		王殿光	49	浙江臨海	従九品職銜	40.0
226	俊秀		黄頌声	47	浙江臨海	従九品職銜	40.0
227	俊秀		蔣寿昌	50	浙江金華	従九品職銜	40.0
228	俊秀		呉宝善	45	浙江桐郷	従九品職銜	40.0
229	俊秀		溫　東	49	広東嘉応	従九品職銜	40.0
230	俊秀		呉　楓	43	江蘇震沢	従九品職銜	40.0
231	俊秀		呂星善	45	浙江諸曁	従九品職銜	40.0
232	俊秀		胡旭昇	32	浙江臨海	従九品職銜	40.0
233	俊秀		蔡孔周	26	浙江臨海	従九品職銜	40.0
234	已満吏		俞光第	37	浙江奉化	従九品職銜	25.0
235	俊秀		戴顕達	62	浙江奉化	従九品職銜	40.0
236	俊秀		宋箴方	32	浙江奉化	従九品職銜	40.0
237	俊秀		楼観瀾	28	浙江奉化	従九品職銜	40.0
238	俊秀		蔣芝亭	31	浙江奉化	従九品職銜	40.0
239	俊秀		張啓綱	70	浙江奉化	従九品職銜	40.0

番号	報捐時身分		姓名	年齢	本籍	捐納項目	捐納額
240	俊秀		張開綱	64	浙江奉化	従九品職銜	40.0
241	俊秀		張宝恒	37	浙江奉化	従九品職銜	40.0
242	俊秀		俞敬諒	48	浙江奉化	従九品職銜	40.0
243	俊秀		王忠偉	41	浙江奉化	従九品職銜	40.0
244	俊秀		応上徳	60	浙江奉化	従九品職銜	40.0
245	俊秀		俞徳文	49	浙江奉化	従九品職銜	40.0
246	俊秀		莊成鈞	46	浙江奉化	従九品職銜	40.0
247	俊秀		張祖俊	45	浙江奉化	従九品職銜	40.0
248	俊秀		程義鍾	68	浙江永康	従九品職銜	40.0
249	俊秀		胡自堆	61	浙江永康	従九品職銜	40.0
250	俊秀		鄭祖栄	38	浙江黄巖	従九品職銜	40.0
251	俊秀		路福崇	40	山東長山	従九品職銜	40.0
252	俊秀		晏立功	23	山東淄川	従九品職銜	40.0
253	俊秀		雷正揚	36	四川富順	従九品職銜	40.0
254	俊秀		鄧徳光	51	広東帰善	従九品職銜	40.0
255	俊秀		李積栄	49	浙江鄞県	従九品職銜	40.0
256	俊秀		劉士清	49	四川新都	従九品職銜	40.0
257	俊秀		鍾鳳章	33	広東竜川	従九品職銜	40.0
258	捐生	監生	周　鈔	26	江蘇荊溪	県丞職銜	100.0
259	捐員	同知職銜	葉鴻祥	29	浙江慈谿	封典	200.0
260	捐員	同知職銜	陳汝鈞		浙江山陰	加級封典	1540.0
261	捐員	同知職銜	陳雲光	52	広東新安	封典	200.0
262	捐員	布理問職銜	姚以釗	34	浙江徳清	封典	150.0
263	捐員	州同職銜	鄭棫華	15	浙江秀水	加級封典	575.0
264	捐員	州同職銜	鄭棫華	15	浙江秀水	封典	200.0
265	捐員	貢生	范　墀	46	浙江山陰	加級封典	462.5
266	捐員	浙江試用府経歴	任歩蟾	47	江蘇宜興	封典	200.0
267	捐員	貢生	范　墀	46	浙江山陰	封典	200.0
268	捐員	中書科中書職銜	馮　鑾	36	浙江海寧	封典	150.0
269	捐員	州同職銜藍翎	林李源	27	福建竜溪	加級封典	575.0
270	捐員	州同職銜	陳之藩	33	浙江餘姚	加級封典	575.0
271	捐員	員外郎職銜藍翎	謝元寿	37	浙江餘姚	加級封典	1,632.5
272	捐員	光禄寺署正職銜	王恩培	28	浙江餘姚	封典	150.0
273	捐員	知府銜指分江蘇試用同知	顧寿喬	50	浙江烏程	封典	450.0
274	捐員	州同職銜	梁鳳芳	46	広東嘉応	封典	575.0
275	捐員	布理問職銜	李光裕	32	湖南長沙	封典	150.0
276	捐員	同知職銜	宋傳俊	35	浙江会稽	封典	200.0
277	捐員	運同銜江蘇補用知府常熟県知県	吳康寿		浙江石門	封典	350.0
278	捐員	同知職銜	湯其濂	42	浙江烏程	加級封典	710.0
279	捐員	国子監典籍職銜	吳毓麟	6	浙江仁和	封典	100.0

番号	報捐時身分		姓名	年齢	本籍	捐納項目	捐納額
280	捐員	州同職銜	周希増	30	広東帰善	加級封典	575.0
281	捐員	昇補太平府明江同知回籍修墓	李宗庚	62	浙江嘉興	封典	350.0
282	捐員	内閣中書不論双單月分發行走	周景濂	51	広東帰善	加級封典	463.0
283	捐員	同知職銜	郭玉麟	40	湖南長沙	封典	200.0
284	捐員	未入流職銜	鍾鳳章	33	広東竜川	封典	50.0
285	捐員	守禦所千総職銜	馬応鳳	32	広東潮陽	封典	200.0
286	捐員	按知事職銜	符　謙	69	広東海康	封典	100.0
287	捐員	州同職銜	張　濂	49	広東順徳	封典	150.0
288	捐員	光禄寺署正職銜	応約之	19	浙江永康	封典	150.0
289	捐生	歳試入学科試補増	蕭世英	35	浙江長興	貢生	60.0
290	捐生	科試入学	張集成	28	浙江烏程	貢生	72.0
291	捐生	歳試入学	費賡颺	36	浙江烏程	貢生	72.0
292	捐生	入学後増補	王永森	32	浙江蘭谿	貢生	60.0
293	捐生	入学	王思樸	23	直隷定州	貢生	72.0
294	捐生	科試入学	朱鳳逸	40	浙江餘姚	貢生	72.0
295	捐生	科試入学	蔡祖彝	38	浙江嵊県	貢生	72.0
296	捐生	監生	金栄祖	26	浙江義烏	貢生	72.0
297	捐生	監生	陳　鈞	40	浙江義烏	貢生	72.0
298	捐生	監生	余愈芝	60	浙江義烏	貢生	72.0
299	捐生	科試入学	韓寿椿	22	浙江餘姚	貢生	72.0
300	捐生	十成監生	呂　瑄	21	浙江新昌	貢生	72.0
301	捐生	歳試入学	張潤祺	35	浙江嘉興	貢生	72.0
302	捐生	歳試入学	徐県洙	31	浙江餘姚	貢生	72.0
303	捐生	科試入学	范宗琅	35	浙江山陰	貢生	72.0
304	捐生	科試撥入府学	孫錫祺	26	浙江銭塘	貢生	72.0
305	捐生	科試撥入府学	儲賡年	24	江蘇宜興	貢生	72.0
306	捐生	歳試撥入府学	朱　涛	43	浙江餘姚	貢生	72.0
307	捐生	科試入学科試増補	傅毓蘭	48	浙江開化	貢生	60.0
308	捐生	科試入学科試増補	謝慶樊	49	浙江餘姚	貢生	60.0
309	捐生	歳試入学	邵銘鼎	45	浙江餘姚	貢生	72.0
310	捐生	科試入学	王孝思	54	浙江鎮海	貢生	72.0
311	捐生	監生	張兆秀	47	浙江鄞県	貢生	72.0
312	捐生	歳試入学	沈毓梧	34	浙江帰安	貢生	72.0
313	捐生	監生	郭懐清	27	浙江山陰	貢生	72.0
314	捐生	監生	江国本	46	安徽婺源	貢生	72.0
315	捐生	監生	江国欒	34	安徽婺源	貢生	72.0
316	捐生	歳試入学	顧承煥	36	浙江海寧	貢生	72.0
317	捐生	監生	李廷煜	25	浙江海塩	貢生	72.0
318	捐生	科試入学科試増補	張晋紳	34	浙江帰安	貢生	60.0
319	捐生	監生	陳之鋆	39	浙江新昌	貢生	72.0

番号	報捐時身分		姓名	年齢	本籍	捐納項目	捐納額
320	捐生	監生	單化成	49	浙江嵊県	貢生	72.0
321	捐生	科試入学	岑　喬	38	浙江餘姚	貢生	72.0
322	捐生	歳試入学	馬保衡	35	浙江嵊県	貢生	72.0
323	捐生	科試入学	宋維城	41	浙江嵊県	貢生	72.0
324	捐生	歳試入学	任翰章	44	浙江嵊県	貢生	72.0
325	捐生	歳試入学	朱邦彦	59	浙江義烏	貢生	72.0
326	捐生	歳試入学	徐廷栄	44	浙江秀水	貢生	72.0
327	捐生	歳試入学	屠文蔚	35	浙江秀水	貢生	72.0
328	捐生	歳試入学	沈秉経	17	浙江烏程	貢生	72.0
329	捐生	歳試入学	呉維藩	31	浙江竜泉	貢生	72.0
330	捐生	歳試入学	徐相唐	31	浙江竜泉	貢生	72.0
331	捐生	歳試入学	徐贊唐	32	浙江竜泉	貢生	72.0
332	捐生	監生	姚履誠	34	浙江遂安	貢生	72.0
333	捐生	科試入学	竺承簡	35	浙江嵊県	貢生	72.0
334	捐生	監生	孫蘭芬	43	浙江嵊県	貢生	72.0
335	捐生	科試入学	鄒佐清	43	浙江会稽	貢生	72.0
336	捐生	附生	王　輅	34	浙江臨海	貢生	72.0
337	捐生	歳試入学	陳慶綬	31	浙江山陰	貢生	72.0
338	捐生	科試入学	陳　戒	42	浙江嵊県	貢生	72.0
339	捐生	科試入学	魏　恕	36	浙江嵊県	貢生	72.0
340	捐生	科試入学	施彦彬	57	浙江仁和	貢生	72.0
341	捐生	歳試入学	許邦治	28	浙江銭塘	貢生	72.0
342	捐生	十成監生	劉澄源	36	浙江鎮海	貢生	72.0
343	捐生	歳試入学	林鳳儀	47	浙江鎮海	貢生	72.0
344	捐生	科試入学科試補廩	来受謙	33	浙江蕭山	貢生	54.0
345	捐生	歳試入学歳試補廩	沈善成	32	浙江桐郷	貢生	54.0
346	捐生	歳試入学歳試補廩	湯　彬	38	浙江蕭山	貢生	54.0
347	捐生	入学	呉上楨	44	浙江浦江	貢生	72.0
348	捐生	十成監生	蔡鼎燊	37	浙江臨海	貢生	72.0
349	捐生	監生	何其才	71	浙江義烏	貢生	72.0
350	捐生	歳試入学	殷作霖	34	浙江長興	貢生	72.0
351	捐生	附生	謝　熇	18	浙江餘姚	貢生	72.0
352	捐生	附生	葉廷栂	31	浙江慈谿	貢生	72.0
353	捐生	附生	駱樹棠	50	浙江義烏	貢生	72.0
354	捐生	附生	孫賡稷	42	浙江会稽	貢生	72.0
355	捐生	増生	孫澍稷	40	浙江会稽	貢生	60.0
356	捐生	歳試入学	宋乃枌	24	浙江山陰	貢生	72.0
357	捐生	科試入学	鄭之源	49	広東文昌	十成貢生	144.0
358	捐生	科試入学	周鵬翔	70	広東博羅	貢生	72.0
359	捐生	増生歳試補廩	唐紀勛	32	浙江嘉興	貢生	54.0

番号	報捐時身分		姓名	年齢	本籍	捐納項目	捐納額
360	捐生	附生	朱宝第	26	浙江海寧	貢生	72.0
361	捐生	監生	呉学濂	28	浙江奉化	貢生	72.0
362	捐生	監生	周景武	70	福建浦城	貢生	72.0
363	捐生	科試入学	洪啓運	26	浙江鎮海	十成貢生准予一体郷試	144.0
364	捐生	歳試入学	汪承晋	26	江蘇昆山	十成貢生准予一体郷試	144.0
365	捐生	監生	毛瑞図	35	浙江義烏	十成貢生准予一体郷試	144.0
366	捐生	科試入学	顧浩	24	浙江仁和	十成貢生准予一体郷試	144.0
367	捐生	歳試入学	何炳元	27	浙江山陰	十成貢生准予一体郷試	144.0
368	俊秀		銭国光	19	浙江山陰	十成監生准予一体郷試	108.0
369	俊秀		戴祥熙	31	浙江永嘉	十成監生准予一体郷試	108.0
370	俊秀		戴祥煦	27	浙江永嘉	十成監生准予一体郷試	108.0
371	俊秀		潘文錦	18	浙江新昌	十成監生准予一体郷試	108.0
372	俊秀		張聯芳	47	浙江縉雲	十成監生准予一体郷試	108.0
373	俊秀		張瑞廷	21	浙江縉雲	十成監生准予一体郷試	108.0
374	俊秀		朱拱薇	32	浙江山陰	十成監生准予一体郷試	108.0
375	俊秀		朱烈	39	浙江山陰	十成監生准予一体郷試	108.0
376	俊秀		孫錫蕃	26	浙江会稽	十成監生准予一体郷試	108.0
377	俊秀		孫錫九	24	浙江会稽	十成監生准予一体郷試	108.0
378	俊秀		徐栄甲	21	浙江山陰	十成監生准予一体郷試	108.0
379	俊秀		陳亨嘉	32	浙江鎮海	十成監生准予一体郷試	108.0
380	俊秀		張開錙	27	浙江鎮海	十成監生准予一体郷試	108.0
381	俊秀		鄭鍾瀾	23	浙江鎮海	十成監生准予一体郷試	108.0
382	俊秀		李成章	18	浙江鄞県	十成監生准予一体郷試	108.0
383	俊秀		洪墉	21	浙江鎮海	十成監生准予一体郷試	108.0
384	俊秀		蘇達璿	19	浙江鎮海	十成監生准予一体郷試	108.0
385	俊秀		劉祖堯	25	浙江鎮海	十成監生准予一体郷試	108.0
386	捐生	歳試撥入府学	呉家棠	22	浙江帰安	十成監生准予一体郷試	90.0
387	俊秀		張傳経	24	浙江餘姚	十成監生准予一体郷試	108.0
388	俊秀		史悠頤	31	浙江餘姚	十成監生准予一体郷試	108.0
389	俊秀		胡堂	22	浙江餘姚	十成監生准予一体郷試	108.0
390	俊秀		何澧	20	浙江餘姚	十成監生准予一体郷試	108.0
391	俊秀		何鳳藻	21	浙江餘姚	十成監生准予一体郷試	108.0
392	俊秀		呉家治	14	浙江餘姚	十成監生准予一体郷試	108.0
393	俊秀		許鼎鈞	19	浙江嘉興	十成監生准予一体郷試	108.0
394	俊秀		周斯陶	18	浙江鄞県	十成監生准予一体郷試	108.0
395	俊秀		周之興	27	浙江鄞県	十成監生准予一体郷試	108.0
396	俊秀		林植墉	28	浙江鄞県	十成監生准予一体郷試	108.0
397	俊秀		席裕驄	17	江蘇長洲	十成監生准予一体郷試	108.0
398	俊秀		陳祖方	37	浙江餘姚	十成監生准予一体郷試	108.0
399	俊秀		陳振瀛	33	浙江新昌	十成監生准予一体郷試	108.0

番号	報捐時身分		姓名	年齢	本籍	捐納項目	捐納額
400	俊秀		呉 竟 成	28	浙江東陽	十成監生准予一体郷試	108.0
401	俊秀		朱 宝 華	25	浙江義烏	十成監生准予一体郷試	108.0
402	俊秀		呂　 瑄	21	浙江新昌	十成監生准予一体郷試	108.0
403	俊秀		徐 承 昌	8	浙江餘姚	十成監生准予一体郷試	108.0
404	俊秀		徐 承 銑	5	浙江餘姚	十成監生准予一体郷試	108.0
405	俊秀		徐 承 惠	4	浙江餘姚	十成監生准予一体郷試	108.0
406	俊秀		徐 承 慶	6	浙江餘姚	十成監生准予一体郷試	108.0
407	俊秀		陸 炳 奎	16	浙江烏程	十成監生准予一体郷試	108.0
408	俊秀		王 承 旦	20	浙江江山	十成監生准予一体郷試	108.0
409	俊秀		鮑 宗 禹	18	浙江会稽	十成監生准予一体郷試	108.0
410	俊秀		呉 宗 泰	28	浙江新昌	十成監生准予一体郷試	108.0
411	俊秀		石 法 祖	43	浙江新昌	十成監生准予一体郷試	108.0
412	俊秀		石 俊 階	27	浙江新昌	十成監生准予一体郷試	108.0
413	俊秀		賈 文 達	16	浙江山陰	十成監生准予一体郷試	108.0
414	俊秀		李 芳 栄	72	広東新寧	十成監生准予一体郷試	108.0
415	俊秀		趙　 森	22	広東新会	十成監生准予一体郷試	108.0
416	俊秀		方 積 璆	20	浙江鎮海	十成監生准予一体郷試	108.0
417	俊秀		方 積 瑜	8	浙江鎮海	十成監生准予一体郷試	108.0
418	俊秀		方 積 瑞	15	浙江鎮海	十成監生准予一体郷試	108.0
419	俊秀		傅　 廉	27	浙江鄞県	十成監生准予一体郷試	108.0
420	俊秀		傅　 慎	19	浙江鄞県	十成監生准予一体郷試	108.0
421	俊秀		李 紹 晟	30	浙江山陰	十成監生准予一体郷試	108.0
422	俊秀		宋 文 渭	32	浙江会稽	十成監生准予一体郷試	108.0
423	俊秀		施 肇 曾	25	浙江銭塘	十成監生准予一体郷試	108.0
424	俊秀		孫 徳 華	24	浙江仁和	十成監生准予一体郷試	108.0
425	俊秀		孫 黻 華	25	浙江仁和	十成監生准予一体郷試	108.0
426	俊秀		葉　 麟	16	浙江永嘉	十成監生准予一体郷試	108.0
427	俊秀		俞 文 明	39	浙江新昌	十成監生准予一体郷試	108.0
428	俊秀		俞 品 衡	17	浙江新昌	十成監生准予一体郷試	108.0
429	俊秀		杜 子 榆	18	浙江山陰	十成監生准予一体郷試	108.0
430	俊秀		潘 鳴 岐	28	安徽婺源	十成監生准予一体郷試	108.0
431	俊秀		余 輔 清	22	江西武寧	十成監生准予一体郷試	108.0
432	俊秀		盛 世 顕	47	浙江鎮海	十成監生准予一体郷試	108.0
433	俊秀		華 雛 藻	24	浙江鎮海	十成監生准予一体郷試	108.0
434	俊秀		楊 瑜 良	16	江蘇陽湖	十成監生准予一体郷試	108.0
435	俊秀		詹 鴻 蔭	27	浙江諸暨	十成監生准予一体郷試	108.0
436	俊秀		魏 其 臣	24	浙江嵊県	十成監生准予一体郷試	108.0
437	俊秀		魏 賢 斉	13	浙江嵊県	十成監生准予一体郷試	108.0
438	俊秀		黄 星 樞	28	浙江餘姚	十成監生准予一体郷試	108.0
439	俊秀		周　 鎬	8	浙江餘姚	十成監生准予一体郷試	108.0

番号	報捐時身分		姓名	年齢	本籍	捐納項目	捐納額
440	俊秀		王国宝	22	浙江餘姚	十成監生准予一体郷試	108.0
441	俊秀		楊成燦	18	浙江餘姚	十成監生准予一体郷試	108.0
442	俊秀		林輝春	32	広東文昌	十成監生准予一体郷試	108.0
443	俊秀		杜恒熠	43	浙江鄞県	監生	54.0
444	俊秀		馬少白	30	浙江山陰	監生	54.0
445	俊秀		馬恩	37	浙江山陰	監生	54.0
446	俊秀		王承欽	35	浙江江山	監生	54.0
447	俊秀		沈啓涛	21	浙江秀水	監生	54.0
448	俊秀		呉文鏞	31	浙江長興	監生	54.0
449	俊秀		朱錦標	18	浙江平湖	監生	54.0
450	俊秀		彭仁寿	22	福建崇安	監生	54.0
451	俊秀		張国清	22	福建崇安	監生	54.0
452	俊秀		呉永煌	53	安徽歙県	監生	54.0
453	俊秀		柴殿朝	55	浙江江山	監生	54.0
454	俊秀		楊憲章	19	浙江新昌	監生	54.0
455	俊秀		張宗鑑	24	浙江遂安	監生	54.0
456	俊秀		方建玉	54	安徽績溪	監生	54.0
457	俊秀		陳啓堂	21	浙江鎮海	監生	54.0
458	俊秀		謝崇宰	37	浙江鎮海	監生	54.0
459	俊秀		陸昌浩	38	浙江鄞県	監生	54.0
460	俊秀		卲秉章	25	浙江鄞県	監生	54.0
461	俊秀		呉士茂	29	浙江鄞県	監生	54.0
462	俊秀		趙邦翰	24	浙江鄞県	監生	54.0
463	俊秀		楼紹棻	39	浙江鄞県	監生	54.0
464	俊秀		張韶武	42	浙江嵊県	監生	54.0
465	俊秀		張錦綸	36	浙江嵊県	監生	54.0
466	俊秀		裘馥初	23	浙江嵊県	監生	54.0
467	俊秀		喩傳佐	34	浙江嵊県	監生	54.0
468	俊秀		尹文彬	16	浙江嵊県	監生	54.0
469	俊秀		裘観瀾	25	浙江嵊県	監生	54.0
470	俊秀		楼寿祺	16	浙江嵊県	監生	54.0
471	俊秀		王家式	22	浙江嵊県	監生	54.0
472	俊秀		邢洪業	27	浙江嵊県	監生	54.0
473	俊秀		邢汝藩	21	浙江嵊県	監生	54.0
474	俊秀		羅士良	25	浙江帰安	監生	54.0
475	俊秀		呉汝泰	10	江蘇呉県	監生	54.0
476	俊秀		金萃康	19	浙江仁和	監生	54.0
477	俊秀		胡輔仁	25	浙江慈谿	監生	54.0
478	俊秀		盧崧	27	浙江海寧	監生	54.0
479	俊秀		許智達	24	浙江海寧	監生	54.0

番号	報捐時身分		姓名	年齢	本籍	捐納項目	捐納額
480	俊秀		許知椿	22	浙江海寧	監生	54.0
481	俊秀		唐濟勳	34	浙江石門	監生	54.0
482	俊秀		宗　穆	4	浙江嘉興	監生	54.0
483	俊秀		毛元鵬	20	浙江江山	監生	54.0
484	俊秀		張晋福	32	浙江帰安	監生	54.0
485	俊秀		嚴　慶	15	浙江上虞	監生	54.0
486	俊秀		岑邦翰	24	浙江餘姚	監生	54.0
487	俊秀		陳之鋆	39	浙江新昌	監生	54.0
488	俊秀		張成鶴	44	浙江安吉	監生	54.0
489	俊秀		張恩永	20	浙江安吉	監生	54.0
490	俊秀		韓歩蟾	31	浙江餘姚	監生	54.0
491	俊秀		韓蘭生	23	浙江餘姚	監生	54.0
492	俊秀		黄瑞廷	23	浙江餘姚	監生	54.0
493	俊秀		岑禹禫	32	浙江餘姚	監生	54.0
494	俊秀		沈　坦	33	浙江嵊県	監生	54.0
495	俊秀		呂金瑩	50	浙江新昌	監生	54.0
496	俊秀		陳登燦	40	浙江嵊県	監生	54.0
497	俊秀		何登雲	33	浙江新昌	監生	54.0
498	俊秀		李光裕	32	湖南長沙	監生	54.0
499	俊秀		謝　杭	16	陝西安康	監生	54.0
500	俊秀		謝錫栄	25	浙江烏程	監生	54.0
501	俊秀		陸永桂	20	浙江烏程	監生	54.0
502	俊秀		張煥斌	34	浙江烏程	監生	54.0
503	俊秀		張慶裕	21	浙江烏程	監生	54.0
504	俊秀		楊廷鈺	47	江蘇元和	監生	54.0
505	捐生	科試入学	李　樹	35	浙江烏程	監生	45.0
506	俊秀		沈成章	49	浙江徳清	監生	54.0
507	俊秀		洪雨春	30	浙江天台	監生	54.0
508	俊秀		胡淩雲	44	浙江瑞安	監生	54.0
509	俊秀		蘇錫禄	14	浙江銭塘	監生	54.0
510	俊秀		曹家瑞	16	安徽青陽	監生	54.0
511	俊秀		蔡佩紳	18	浙江海寧	監生	54.0
512	俊秀		汪鶴梅	24	浙江江山	監生	54.0
513	俊秀		孫国培	36	浙江仁和	監生	54.0
514	俊秀		周光鑑	30	浙江諸暨	監生	54.0
515	俊秀		葉鶴鳴	32	浙江平陽	監生	54.0
516	俊秀		黄紹奎	41	浙江瑞安	監生	54.0
517	俊秀		虞紹光	49	浙江瑞安	監生	54.0
518	俊秀		莫恩溥	18	浙江仁和	監生	54.0
519	俊秀		卲祥熊	27	浙江烏程	監生	54.0

番号	報捐時身分		姓名	年齢	本籍	捐納項目	捐納額
520	俊秀		沈森祥	24	浙江烏程	監生	54.0
521	俊秀		柳棠	24	浙江烏程	監生	54.0
522	俊秀		施承楷	40	浙江武康	監生	54.0
523	俊秀		卲祥驥	24	浙江烏程	監生	54.0
524	俊秀		潘宗岳	26	浙江新昌	監生	54.0
525	俊秀		厲性善	25	浙江慈谿	監生	54.0
526	俊秀		俞棠	35	浙江帰安	監生	54.0
527	俊秀		蔣傅霖	27	浙江富陽	監生	54.0
528	俊秀		胡兆銓	23	浙江山陰	監生	54.0
529	俊秀		凌雲	19	浙江海寧	監生	54.0
530	俊秀		傅作龔	40	浙江義烏	監生	54.0
531	俊秀		李景儀	11	浙江海塩	監生	54.0
532	俊秀		袁志賢	36	浙江諸曁	監生	54.0
533	俊秀		王八駿	49	浙江諸曁	監生	54.0
534	俊秀		鍾学拱	51	浙江浦江	監生	54.0
535	俊秀		李徳恭	15	浙江海塩	監生	54.0
536	俊秀		邱松筠	14	浙江海塩	監生	54.0
537	俊秀		沈宝珍	19	浙江海塩	監生	54.0
538	俊秀		葉志栄	21	浙江海塩	監生	54.0
539	俊秀		黄養悳	45	浙江餘姚	監生	54.0
540	俊秀		章祖鎬	19	浙江会稽	監生	54.0
541	俊秀		張書縉	29	浙江山陰	監生	54.0
542	俊秀		張子文	33	浙江山陰	監生	54.0
543	俊秀		張鋆	36	浙江会稽	監生	54.0
544	俊秀		汪慶祁	18	浙江西安	監生	54.0
545	俊秀		璩構成	51	浙江江山	監生	54.0
546	俊秀		璩渭泉	42	浙江江山	監生	54.0
547	俊秀		何發臺	48	浙江金華	監生	45.0
548	俊秀		陳爾昌	26	浙江諸曁	監生	54.0
549	俊秀		朱慎修	53	浙江永康	監生	54.0
550	俊秀		周聯江	31	浙江餘姚	監生	54.0
551	俊秀		朱士光	21	浙江桐郷	監生	54.0
552	俊秀		鐵林	13	正白満洲	監生	54.0
553	俊秀		潘祖徳	26	江蘇呉県	監生	54.0
554	俊秀		黄朝樑	11	浙江海塩	監生	54.0
555	俊秀		張賜符	26	山東栄城	監生	54.0
556	俊秀		許芳竜	14	広東普寧	監生	54.0
557	俊秀		王信浩	26	浙江新昌	監生	54.0
558	俊秀		張春皋	31	浙江嵊県	監生	54.0
559	俊秀		張紹渠	30	浙江嵊県	監生	54.0

番号	報捐時身分		姓名	年齢	本籍	捐納項目	捐納額
560	俊秀		周文瀚	21	浙江嵊県	監生	54.0
561	俊秀		銭憲煥	17	浙江嵊県	監生	54.0
562	俊秀		馬裕炲	31	浙江鄞県	監生	54.0
563	俊秀		盧占梅	64	浙江東陽	監生	54.0
564	俊秀		徐卓栄	36	浙江武義	監生	54.0
565	俊秀		俞其清	24	浙江宣平	監生	54.0
566	俊秀		許鶴年	37	浙江天台	監生	45.0
567	俊秀		傅世川	54	浙江義烏	監生	54.0
568	俊秀		毛瑞図	35	浙江義烏	監生	54.0
569	俊秀		何其才	71	浙江義烏	監生	54.0
570	俊秀		何錦章	35	浙江義烏	監生	54.0
571	俊秀		蔣潤旺	46	浙江義烏	監生	54.0
572	俊秀		金栄祖	26	浙江義烏	監生	54.0
573	俊秀		陳　鈞	40	浙江義烏	監生	54.0
574	俊秀		楼宝琛	25	浙江嵊県	監生	54.0
575	俊秀		楼宝璇	13	浙江嵊県	監生	54.0
576	俊秀		韓宗耀	20	浙江餘姚	監生	54.0
577	俊秀		韓松年	14	浙江餘姚	監生	54.0
578	俊秀		韓栄齡	20	浙江餘姚	監生	54.0
579	俊秀		張聞梅	11	浙江餘姚	監生	54.0
580	俊秀		張聞夷	8	浙江餘姚	監生	54.0
581	俊秀		陳学義	19	浙江餘姚	監生	54.0
582	俊秀		陳時夏	17	浙江餘姚	監生	54.0
583	俊秀		崔文煥	27	浙江餘姚	監生	54.0
584	俊秀		張益樹	47	浙江餘姚	監生	54.0
585	俊秀		王立盛	53	江蘇句栄	監生	54.0
586	俊秀		魯廷愷	24	浙江餘姚	監生	54.0
587	俊秀		胡昌熙	26	浙江餘姚	監生	54.0
588	俊秀		胡澍煦	27	浙江餘姚	監生	54.0
589	俊秀		呉鎔鈞	19	浙江餘姚	監生	54.0
590	俊秀		呉　壎	26	浙江餘姚	監生	54.0
591	俊秀		田昇生	24	浙江上虞	監生	54.0
592	俊秀		徐増鋆	22	浙江餘姚	監生	54.0
593	俊秀		谷南枝	17	浙江餘姚	監生	54.0
594	俊秀		史仰賢	18	浙江餘姚	監生	54.0
595	俊秀		勞天祥	21	浙江餘姚	監生	54.0
596	俊秀		洪永祥	36	浙江慈谿	監生	54.0
597	俊秀		張廷良	23	浙江海塩	監生	54.0
598	俊秀		李祖培	25	安徽婺源	監生	54.0
599	俊秀		虞中韶	29	浙江鎮海	監生	54.0

番号	報捐時身分		姓名	年齢	本籍	捐納項目	捐納額
600	俊秀		詹昌炯	42	浙江鄞県	監生	54.0
601	俊秀		伍唐玉	41	浙江湯溪	監生	54.0
602	俊秀		王安慶	58	浙江松陽	監生	54.0
603	俊秀		潘肇栄	32	浙江松陽	監生	54.0
604	俊秀		周燮勛	39	浙江諸暨	監生	54.0
605	俊秀		趙志明	46	浙江諸暨	監生	54.0
606	俊秀		袁　鋠	40	浙江諸暨	監生	54.0
607	俊秀		袁光栄	55	浙江諸暨	監生	54.0
608	俊秀		王燕国	45	浙江鎮海	監生	45.0
609	俊秀		陳振声	35	浙江諸暨	監生	54.0
610	俊秀		徐永譛	31	浙江諸暨	監生	54.0
611	俊秀		黄棣華	38	浙江鄞県	監生	54.0
612	俊秀		沈景明	32	浙江象山	監生	54.0
613	俊秀		余歩霞	19	浙江象山	監生	54.0
614	俊秀		許　坦	17	浙江海寧	監生	54.0
615	俊秀		鄭　良	34	浙江仁和	監生	54.0
616	俊秀		丁振佳	28	浙江嵊県	監生	54.0
617	俊秀		易世鉶	19	湖南善化	監生	54.0
618	俊秀		呂朝賢	43	浙江縉雲	監生	54.0
619	俊秀		李鴻賓	56	浙江新昌	監生	54.0
620	俊秀		張潤昱	22	浙江嘉興	監生	54.0
621	俊秀		張鴻銘	22	浙江嘉興	監生	54.0
622	俊秀		林国富	25	浙江鎮海	監生	54.0
623	俊秀		潘世鈞	49	浙江嘉善	監生	54.0
624	俊秀		鄭棫華	15	浙江秀水	監生	54.0
625	俊秀		粱孝乾	31	浙江海寧	監生	54.0
626	俊秀		章家勷	18	浙江会稽	監生	54.0
627	俊秀		葉張芳	40	浙江雲和	監生	54.0
628	俊秀		劉祖箕	28	浙江黄巌	監生	54.0
629	俊秀		周福珪	37	浙江山陰	監生	54.0
630	俊秀		張承章	13	浙江長興	監生	54.0
631	俊秀		呉　寿	20	浙江蘭谿	監生	54.0
632	俊秀		杜偉莊	42	浙江上虞	監生	45.0
633	俊秀		鄭宝光	28	浙江江山	監生	54.0
634	俊秀		陳漢忠	40	浙江長興	監生	54.0
635	俊秀		殷士栄	26	浙江長興	監生	54.0
636	俊秀		馬樹森	32	浙江臨海	監生	54.0
637	俊秀		黄志鍾	25	安徽黟県	監生	54.0
638	俊秀		周光儀	30	浙江諸暨	監生	54.0
639	俊秀		邱傳梧	19	浙江長興	監生	54.0

番号	報捐時身分		姓名	年齢	本籍	捐納項目	捐納額
640	俊秀		呉良焞	42	福建寧化	監生	54.0
641	俊秀		陰紹鑾	29	福建寧化	監生	54.0
642	俊秀		王　斌	30	浙江山陰	監生	54.0
643	俊秀		葉増源	25	浙江烏程	監生	54.0
644	俊秀		邢洪楷	21	浙江嵊県	監生	54.0
645	俊秀		邢洪極	16	浙江嵊県	監生	54.0
646	俊秀		邢洪煥	27	浙江嵊県	監生	54.0
647	俊秀		張　熐	28	浙江嵊県	監生	54.0
648	俊秀		郭緒来	28	浙江嵊県	監生	54.0
649	俊秀		郭緒杞	20	浙江嵊県	監生	54.0
650	俊秀		邢汝澐	24	浙江嵊県	監生	54.0
651	俊秀		邢績惠	16	浙江嵊県	監生	54.0
652	俊秀		邢汝年	31	浙江嵊県	監生	54.0
653	俊秀		邢汝霖	30	浙江嵊県	監生	54.0
654	俊秀		洪昌彝	20	浙江餘姚	監生	54.0
655	俊秀		劉寿銘	10	浙江餘姚	監生	54.0
656	俊秀		劉寿恒	7	浙江餘姚	監生	54.0
657	俊秀		馬嘉績	21	浙江餘姚	監生	54.0
658	俊秀		周達全	36	浙江餘姚	監生	54.0
659	俊秀		劉培基	17	浙江餘姚	監生	54.0
660	俊秀		劉葆光	18	浙江餘姚	監生	54.0
661	俊秀		卲履祥	20	浙江餘姚	監生	54.0
662	俊秀		卲斯硍	20	浙江餘姚	監生	54.0
663	俊秀		卲士硯	18	浙江餘姚	監生	54.0
664	俊秀		崔紹麟	18	浙江海塩	監生	54.0
665	俊秀		程鶴翔	18	浙江西安	監生	54.0
666	俊秀		謝　培	43	浙江餘姚	監生	54.0
667	俊秀		陳之藩	33	浙江餘姚	監生	54.0
668	俊秀		李国栄	35	広東鶴山	監生	54.0
669	俊秀		簡容光	69	広東新会	監生	54.0
670	俊秀		伍聯光	56	広東新寧	監生	54.0
671	俊秀		李之栄	28	広東新寧	監生	54.0
672	俊秀		李若梧	62	広東新寧	監生	54.0
673	俊秀		伍聯輝	73	広東新寧	監生	54.0
674	俊秀		伍鏡湖	54	広東新寧	監生	54.0
675	俊秀		劉栄桂	68	広東新寧	監生	54.0
676	俊秀		包　濂	16	江蘇丹徒	監生	54.0
677	俊秀		蕭　棟	36	浙江桐郷	監生	54.0
678	捐生	歳試入学	徐宗道	26	江蘇新陽	監生	45.0
679	俊秀		葉宝寅	35	浙江桐廬	監生	54.0

番号	報捐時身分		姓名	年齢	本籍	捐納項目	捐納額
680	俊秀		金桂芳	35	浙江永嘉	監生	54.0
681	俊秀		余冠芳	31	浙江永嘉	監生	54.0
682	俊秀		繆寿謙	13	浙江山陰	監生	54.0
683	俊秀		余栄開	27	浙江遂安	監生	54.0
684	俊秀		馬炳熊	18	浙江会稽	監生	54.0
685	俊秀		葉大業	14	浙江永嘉	監生	54.0
686	俊秀		呉肇光	53	浙江瑞安	監生	54.0
687	俊秀		何紹江	26	浙江上虞	監生	54.0
688	俊秀		祝元坡	37	福建浦城	監生	54.0
689	俊秀		俞汝占	29	浙江新昌	監生	54.0
690	俊秀		呉宗光	25	浙江新昌	監生	54.0
691	俊秀		沈嘉煜	28	浙江山陰	監生	54.0
692	俊秀		金祖劉	24	浙江嵊県	監生	54.0
693	俊秀		李芳穀	23	浙江嵊県	監生	54.0
694	俊秀		尹歩莘	23	浙江嵊県	監生	54.0
695	俊秀		邢日政	22	浙江嵊県	監生	54.0
696	俊秀		呉文琦	41	浙江嵊県	監生	54.0
697	俊秀		湯鍾岳	34	浙江嵊県	監生	54.0
698	俊秀		宋亦芳	31	浙江嵊県	監生	54.0
699	俊秀		孫蘭芳	39	浙江嵊県	監生	54.0
700	俊秀		楊文淵	35	浙江新昌	監生	54.0
701	捐生	歳試入学	何慶潮	23	湖南道州	監生	45.0
702	俊秀		周其昌	35	浙江海寧	監生	54.0
703	俊秀		杜友明	40	浙江海寧	監生	54.0
704	俊秀		楊芝亭	29	浙江奉化	監生	54.0
705	俊秀		謝宝年	16	江蘇常熟	監生	54.0
706	俊秀		陳鵬舞	44	浙江新昌	監生	54.0
707	俊秀		陳鱗躍	38	浙江新昌	監生	54.0
708	俊秀		朱善麒	48	浙江瑞安	監生	54.0
709	俊秀		凌鳳詔	28	浙江会稽	監生	54.0
710	俊秀		余広勤	38	安徽績溪	監生	54.0
711	俊秀		葉夢元	13	浙江仁和	監生	54.0
712	俊秀		洪桂章	34	浙江天台	監生	54.0
713	俊秀		俞文富	25	安徽婺源	監生	54.0
714	俊秀		金玉相	33	浙江松陽	監生	54.0
715	俊秀		張宗浚	3	浙江嘉善	監生	54.0
716	俊秀		楊賛慶	46	浙江長興	監生	54.0
717	俊秀		鄭増謨	42	浙江鎮海	監生	54.0
718	俊秀		鄧培基	36	福建侯官	監生	54.0
719	俊秀		俞熙沐	31	江蘇上海	監生	54.0

番号	報捐時身分		姓名	年齢	本籍	捐納項目	捐納額
720	俊秀		呉士栄	35	浙江嵊県	監生	54.0
721	俊秀		銭　原	30	浙江嵊県	監生	54.0
722	俊秀		呉燮源	20	浙江嵊県	監生	54.0
723	俊秀		林顕芳	43	浙江奉化	監生	54.0
724	俊秀		林顕隆	46	浙江奉化	監生	54.0
725	俊秀		孫瀛洲	30	浙江奉化	監生	54.0
726	俊秀		俞正位	49	浙江奉化	監生	54.0
727	俊秀		何顕謨	30	浙江奉化	監生	54.0
728	俊秀		林章烈	50	浙江奉化	監生	54.0
729	俊秀		張国泰	33	浙江奉化	監生	54.0
730	俊秀		張聯輝	27	浙江奉化	監生	54.0
731	俊秀		方存政	23	浙江奉化	監生	54.0
732	俊秀		范炳森	27	浙江奉化	監生	54.0
733	俊秀		范銘新	33	浙江奉化	監生	54.0
734	俊秀		応上楷	44	浙江奉化	監生	54.0
735	俊秀		卓慈経	31	浙江奉化	監生	54.0
736	俊秀		田賡年	36	浙江奉化	監生	54.0
737	俊秀		丁秉山	43	浙江奉化	監生	54.0
738	俊秀		丁品良	39	浙江奉化	監生	54.0
739	俊秀		仁潤増	24	浙江餘姚	監生	54.0
740	俊秀		徐紹棠	21	浙江餘姚	監生	54.0
741	俊秀		謝裕晋	22	浙江餘姚	監生	54.0
742	俊秀		謝懋宇	19	浙江餘姚	監生	54.0
743	俊秀		謝懋勳	18	浙江餘姚	監生	54.0
744	俊秀		劉佩芳	55	浙江餘姚	監生	54.0
745	俊秀		劉佩棠	52	浙江餘姚	監生	54.0
746	俊秀		劉寿康	10	浙江餘姚	監生	54.0
747	俊秀		劉寿豊	11	浙江餘姚	監生	54.0
748	俊秀		葉滋松	30	浙江平陽	監生	54.0
749	俊秀		陳敷松	37	浙江諸暨	監生	54.0
750	俊秀		董継煌	40	浙江会稽	監生	54.0
751	俊秀		陳礼文	54	広東瓊山	監生	54.0
752	俊秀		符竜章	46	広東楽会	監生	54.0
753	俊秀		雲茂達	48	広東文昌	監生	54.0
754	俊秀		陳鳳山	41	広東文昌	監生	54.0
755	俊秀		何栄光	28	広東楽会	監生	54.0
756	俊秀		劉暄棠	36	広東文昌	監生	54.0
757	俊秀		陳冠朝	39	広東海陽	監生	54.0
758	俊秀		伍雲山	61	広東文昌	監生	54.0
759	俊秀		王敬文	31	広東澄邁	監生	54.0

番号	報捐時身分		姓名	年齢	本籍	捐納項目		捐納額
760	俊秀		王 明 書	39	広東澄邁	監生		54.0
761	俊秀		林 逢 玉	23	広東澄邁	監生		54.0
762	俊秀		王 徳 傑	29	広東澄邁	監生		54.0
763	俊秀		曾 文 端	25	広東澄邁	監生		54.0
764	俊秀		黄 卿 雲	32	広東文昌	監生		54.0
765	俊秀		李 景 雲	56	広東文昌	監生		54.0
766	俊秀		歐 呈 雲	38	広東文昌	監生		54.0
767	俊秀		韓 瑞 章	27	広東文昌	監生		54.0
768	俊秀		韓 呈 祥	30	広東文昌	監生		54.0
769	俊秀		歐 厚 綸	72	広東楽会	監生		54.0
770	俊秀		陳 聚 星	44	広東文昌	監生		54.0
771	俊秀		韓 俊 章	29	広東文章	監生		54.0
772	俊秀		許 登 庸	29	広東文章	監生		54.0
773	俊秀		蔡 承 煜	32	広東徐聞	監生		54.0
774	俊秀		趙 克 猷	36	広東徐聞	監生		54.0
775	俊秀		鄭 文 煥	14	広東文昌	監生		54.0
776	俊秀		李 沢 寛	51	広東文昌	監生		54.0
777	俊秀		鄭 鳳 洲	58	広東文昌	監生		54.0
778	俊秀		陳 如 鳳	67	広東文昌	監生		54.0
779	俊秀		陳 性 初	52	広東文昌	監生		54.0
780	俊秀		黄 祖 綿	43	広東南海	監生		54.0
781	俊秀		林 嘉 修	46	広東帰善	監生		54.0
782	俊秀		周 作 霖	27	広東博羅	監生		54.0
783	俊秀		李 逢 霖	27	広東博羅	監生		54.0
784	俊秀		黄 慶 如	59	広東帰善	監生		54.0
785	俊秀		張 廷 榆	36	広東帰善	監生		54.0
786	俊秀		周 学 栄	44	広東帰善	監生		54.0
787	俊秀		余 啓 文	52	広東帰善	監生		54.0
788	俊秀		許 友 仿	38	浙江秀水	監生		54.0
789	俊秀		鍾 含 輝	46	四川華陽	監生		54.0
合計								118,037.5

注

(1)研究状況の詳細について、本書序章を参照。
(2)本書第二・三・四章を参照。
(3)前近代中国の官僚名簿について、中島立子「『搢紳全書・中枢備覧』所在目録」『東洋文庫書報』(東京、東洋文庫)第九号一九七七年三月 一二九～一四〇頁、拙稿「前近代中国の職員録」『大阪経済法科大学論集』(八尾、大阪経済法科大学)第八八号二〇〇四年十月 五九～八二頁を参照。
(4)それは資料編纂者の計算ミスか、それとも東洋文庫所蔵の当該資料に缺丁があるかはわからないが、本文での叙述は筆者が実際に確認した数字に従う。なお、扉の文書には、人数と銀数の部分に訂正の跡が残されている。その「七百九十三名」の「九十三」は紙に書かれて、「八十八」(?)の上に貼り付けられるものである。銀数でも同じである。「十一万八千二百九十一両五銭」の部分は何度も書き直してある。「二百九十一」の下に覆いかぶさっている文字は確認できないが、その横に「九百六十一」と書いてある。なお、名簿の作成者について、この名簿は「浙江賑捐核奨総局」としているが、これは先の『賑務巻』に記載する「浙江賑捐核奨局」とは少し異なる。さらに不可解なこともある。それは番号160の俊秀の名前が中国人の名前としてはありえない「聞人永泉」であることである。
(5)「番号」は、筆者がつけた通し番号である。「捐生」とは、捐納出身の監生で、「捐員」とは、捐納出身の官僚有資格者である。
(6)この名簿史料のなかに、「十成監生」のほか、「十成貢生」もあった。
(7)『大清搢紳全書』光緒十六年冬季北京栄禄堂刊本。
(8)『光緒十五年十月　日奉各憲札飭査明本省災区籌辦賑務撫恤巻』一二八b～一二九a頁。
(9)趙爾巽[ほか]『清史稿』巻百十 選挙志 三三〇五頁。
(10)(清)呉敬梓『儒林外史』二八～二九頁。
(11)丸山真男「超国家主義の論理と心理」『(新装版)現代政治の思想と行動』二〇～二一頁。
(12)趙爾巽[ほか]『清史稿』巻百三 輿服志 三〇五八頁。

あとがき

本書は、私が十数年来にわたって中国近世捐納売官制度を研究して得たいくつかの知見をまとめたものである。本書の出版に際して、この問題を研究してきた私の歩みを読者に報告したい。

本書の各章を構成する原稿の初出は左記のとおりである。

序章　書き下ろし。

第一章「明代的社会・納貢與例監――中国近世社会庶民勢力成長的一個側面」『東呉歴史学報』(台北、東呉大学)第二〇期 二〇〇八年十二月 一五五～一九一頁。

第二章「清代捐納制度論考――報捐を中心に」夫馬進編『中国明清地方档案の研究』(京都、京都大学文学部 二〇〇〇年 科学研究費研究成果報告書)二〇〇〇年三月 一〇三～一三〇頁。

第三章「捐納と印結について――清代捐納制度論考(二)」『史林』(京都、史学研究会)第八六巻第一号 二〇〇三年六月 一～三四頁。

第四章「清代の捐納制度と候補制度について――捐納出身者の登用問題を中心に」岩井茂樹編『中国近世社会の秩序形成』(京都、京都大学人文科学研究所)二〇〇四年 三六一～四一二頁。

第五章　書き下ろし。

第六章　「清代における捐復制度の成立について——考課制度との相互関係を中心に」『東洋史研究』（京都、東洋史研究会）第六七巻第四号 二〇〇九年三月 七〇～九七頁。

第七章　清代の賑捐、第一、二節は書き下ろし、第三節は「災害情報の伝達と救済資金の調達——一八八九年中国江南の水害を中心に」『東アジア研究』（八尾、大阪経済法科大学アジア研究所）第四三号 二〇〇五年十二月 一九～三三頁。

第八章　書き下ろし。

終章　書き下ろし。

附録　「清代捐納制度に関するデータベースの構築に向けて——一八八九年江浙賑捐を例に」『大阪経済法科大学論集』（八尾、大阪経済法科大学）第九〇号 二〇〇六年三月 六四～九四頁。

本書の第一章は、『東呉歴史学報』に掲載した中国語の論文を日本語に翻訳して、さらに書き加えたものである。これはもともと二〇〇七年十月に台湾中国明代研究学会などが主催した「全球化下明史研究之新視野」国際シンポジウムで報告した論文の一部を修正し、公表したものであった。なお、右記の第二・三・四・六章、附録、および第七章第三節においては、文字と史料の訂補を行ったが、基本的には原状のままに収録した。

一九八二年二月、私は「文化大革命」後に行われた最初の大学入学試験の入学者、すなわち「七七級」の一員として、中山大学（中国・広州）歴史系を卒業した。その後、碩士研究生（博士前期課程大学院生）として念願の北京大学歴史系に入学した。論文の指導教授は許大齢先生であった。短い修士課程の期間中、許大齢先生のご指導のもとで、鄧之誠先生の『中華二千年史』の明清史部分を始め、『明史』、『明実録』などを読んで勉強した。修士論文は、明代徭役制度の改革について書いた。卒業後、北京図書館（現中国国家図書館）で数年間奉職した。やはりもう一度勉強したい、しかも海外で勉強したいという思いが次第に募っていた。京都大学文学部東洋史研究室の主任教官だった竺沙雅章先生に手紙を差し上げると、先生から快諾のお手紙を頂いた。これによって、私の日本留学が決まった。私はその後、一九九一年に来日し、京都大学文学部東洋史研究室の研修員を経て一九九三年に京都大学大学院文学研究科博士後期課程に編入学した。

来日したあと、さらに明清時代の徭役問題を研究した。この研究にあたって、私は国家の行政制度に対してそれがどのような役割を果たしていたかといった問題を中心にして、まずその制度と官僚生活との関係から研究を再出発させ、さらに地方行政との関係に研究を広げた。一九九七年十二月に京都大学大学院文学研究科に「中国近世における徭役制度と地方行政制度との関係について」と題する博士学位申請論文を提出し、翌年三月に京都大学より文学博士の学位が授与された。

私は北京大学の大学院時代より徭役制度を勉強する傍ら、官僚制度、とくに官僚人事制度について興味をずっと持ってきた。小説（『儒林外史』、『官場現形記』など）の影響もあるが、中国の歴代王朝の国家と社会を理解するためには、その国家の管理運営に携わっていた官僚という社会集団およびそのなかでの個人を抜きにしてはとうてい不可能である、と考えてきたからである。

北京大学歴史系の在学期間中、許大齢先生が書かれた清代官僚制度の名著――『清代捐納制度』を読んだ。一九四七年に二十五歳未満の若い研究者が書いたこの本のスケールの大きさと史料の豊富さに圧倒され、強い衝撃を受けた。正直に言って、その頃、徭役制度の研究に没頭していた私は、捐納制度について、許大齢先生に直接お尋ねすることをあまりしなかった。もちろん、その約二十数年後、捐納問題について研究された先生が書き残された成果をもとに勉強して、さらに一冊の研究書をまとめることになろうとは、その時の私はまったく想像していなかった。いや、厳密に言えば、北京大学大学院時代の私は、捐納という問題を許大齢先生のご研究よりさらに掘り下げることはもはや不可能ではないか、とひそかに考えていた。

一九九一年の年末、私は日本に来て数年間にわたって中断したままの研究生活を再開することができた。その頃、私が在籍した京都大学文学部東洋史研究室の夫馬進先生の授業、及び私が参加した京都大学人文科学研究所の明清班（班長、小野和子先生）の史料会読で使用したテキストは、いずれも中国の明清時代の地方档案・契約文書・書簡日記などであった。夫馬進先生は授業のほかに、清代地方档案――『太湖庁档案』の読み会を組織された。京都の夏は、とにかく暑い。夫馬進先生が組織した読み会は、その暑い夏休みも利用して行われた。その時、同窓数人と一緒に、エアコン設備のない文学部東館二階南向きの先生の狭い研究室のなかで身動きがまったく取れない、お互いに顔を見ることさえできないままで、「揮汗如雨」して史料を読んでいた。正直に言って、経済大国の日本に憧れて留学してきた私は最初その光景を見た時に仰天した。その際の史料を読んで覚えた充実感とその研究室の光景を、いま明るくてエアコンの効いた私の研究室に座りながら、私は、恥ずかしさを覚えながらも鮮明に思い出すことができる。それは、一生忘れることができない貴重な記憶である。そのほか、私は、東洋史研究室の大学院生を中心に組織された史料の勉強会にも参加して、京都大学の東洋史研究において長い会読の伝統を持つテキスト――『雍正硃批諭旨』を研究室の先輩や後輩たちと一緒に読んで、語学から専門に至るまでさまざまなことを勉強することができた。

それまでの私は、档案や政書、および公牘という類の史料について、その重要性をもちろん知ってはいたが、その中身を真剣に読んだことはなかった。私は、これらの授業や史料会読で接した、歴史の実態を生々しく伝えてくれる史料から、大きな衝撃を受けた。これにより、官僚制度についてはそれ自身を研究するだけでなく、社会という角度からこれを観察する必要があるということにはじめて気が付いた。こうした史料学の訓練が、今日に至るまでの档案・公牘史料を中心にした私の研究に与えた影響は非常に大きかった。京都大学大学院文学研究科東洋史研究室に在籍していた頃の勉強と刺激がなければ、浅学非才の私が本研究を完成することはとうてい不可能であったに違いない。振りかえって考えると、何と贅沢で幸せな環境に恵まれて勉強することができたのだろう。

京都大学大学院博士課程修了後、夫馬進先生の格別の計らいにより、私は「研究協力者」として科学研究費補助金研究「中国明清地方档案の研究」（平成九年度〜平成一一年度）に参加した。この研究計画の補助金を使って、京都大学文学部は研究計画の初年度に清朝時代の『順天府档案』のマイクロフィルムを購入した。私は、『順天府档案』に収録されている官僚制度に関する部分を悉く読んで、档案史料の新鮮さを味わった。その地方档案のなかに数多く含まれている捐納関係の史料を読んだ私は、この時はじめて一度捐納の問題、さしあたり一般人民にとって捐納とは何であったか、その一般人民と捐納という国家制度のあいだにどのような繋がりがあったのか、という問題を明らかにしてみたい、と考えるに至った。

捐納に興味を覚えた原因はといえば、なによりこの問題の面白さにある。本書のなかですでに述べたが、中国における売官鬻爵の歴史は中国の統一国家としての歴史より久しい。しかも二千年以上にわたって国家の一政策または一制度として実施された歴史のなかで、これほど激しい批判を浴びたもの、国家の最高支配者である皇帝さえその政策や制度のマイナス面を認めながらもその実施を命じたもの、つまり悪名を背負いながら、国家と社会に「歓迎」され受け入れられたという、そのような強靭さを維持してきたものは、売官鬻爵（明清時代では捐納）を除いて果たしてほかにあっただろうか。さらに言えば、財力の提供と引き換えに特権やポストを与えることは、国家や民族、そしてイデオロギーや文化の異同を超えた人類社会で共有されるものと言っても過言ではないだろう。このように長く広く存在し、しかも庶民性のあるものに対し、「秕政」（悪政）であるとして批判するだけでは、その制度自身の構造および社会におけるその存在の原因を説明することはできない。明清中国の捐納は、無論、官僚や社会に腐敗を齎す「秕政」であったことは事実であり、その実施の発案者および決裁者でさえこの点を認めていた。こうした「秕政」がなぜ数百年以上にわたって存在していたのか、その「秕政」を利用して国家の功名（任官資格など）を入手した数多くの庶民たちが、捐納そのものをどのように見て考えていたのか、そしてこの「秕政」は中国近世社会においてどのような存在であったのか、これらの問題について、私は面白さを感じたのである。

一九九八年の初秋、中国安徽省績渓県で開かれた国際徽州学研討会に参加し、その帰途、夫馬進先生と一緒に上海に立ち寄った。ある日の夕方、本屋から宿舎のホテルに戻る途中、私は、档案史料をもとに捐納制度の問題を一度勉強してみたいと夫馬進先生に打ち明けたところ、先生は「ぜひやってください」とおっしゃって激励してくださった。その後、私は日本国内を始め、中国の北京、上海、内陸部奥地の図書館、档案館、及び博物館に赴き、捐納関係の档案史料や則例などを中心に調査収集をすることになった。

「中国明清時代地方档案の研究」という研究計画が実施された三年間は、私にとって捐納制度の研究に専念できた幸せの三年間であり、捐納問題を始め清代官僚人事制度を研究する基礎を築くことができた三年間であった。この三年間の勉強をもとに、本書の第二・三・四章のもととなる論文を書き上げた。この意味で、この三年間の勉強がなければ、本研究を今のようなかたちでまとめることはとうてい不可能であったと言ってよい。

二〇〇二年、大阪経済法科大学に職を奉ずることができ、その後幸いにも二度にわたって科学研究費補助金の交付（「中国明清時代捐納制度の研究」平成一五年度～平成一七年度、「前近代中国における売官制度の基礎的研究」平成一九年度～平成二一年度）を受けることができた。この他、研究分担者として、「中国明清時代における官箴書・公牘の書目作成」（平成一五年度～平成一六年度）にも参加した。これらのことにより、档案・政書・公牘などを中心に捐納制度に関する史料を調査収集した。これらの史料をもとに、中国近世社会における捐納売官制度の存在という問題に対する認識を深めることができた。

本書の刊行にあたり、まずは夫馬進先生に御礼を申しあげたい。

当初私は、一般人民による報捐の問題、すなわち捐納を通して人民と国家がどのように関係したかという問題を明らかにしようとしていただけで、捐納にかかわる諸問題を全面的に検討するつもりはなかった。夫馬進先生は諸問題について自ら諄々と教えられたほか、他学部の先生を招いて拙稿についての書評会を企画したり、読書会などを組織したりして様々な角度から刺激を与えてくださった。さらに京都大学大学院で特別講義を担当したことは、わずか一年ではあったが、私にとっては大きな励みとなった。なお、私の研究を東洋史研究叢刊の一冊としてまとめてはどうか、ということも夫馬進先生のご提案であった。ここにまずは夫馬進先生に心より感謝する。

中国近世の捐納売官制度の研究を進めることができたのは、京都、特に京都大学大学院東洋史研究室におられる諸先生方、諸同窓の方々のお蔭であった。一九九一年に来日して以来、竺沙雅章先生、永田英正先生、礪波護先生、杉山正明先生、吉本道雅先生に御指導いただいた。故山根幸夫先生、岩見宏先生、岸本美緒先生も激励して下さった。なかでも、岩井茂樹先生が班長を務める京都大学人文科学研究所の研究班は、いつも発表や勉強の機会を与えてくださった。研究班にほとんど貢献していない私に対して、岩井茂樹先生はずっと温かく許してくださった。なお、谷井陽子先生には私の留学当初から公私にわたりいろいろとアドバイスをいただいた。また、史料調査での旅行中、故谷井俊仁先生が温かく激励してくださったことは、今でも鮮明に覚えている。ここに心より感謝する。

他に、中国社会科学院歴史研究所の陳高華先生に大変有益な御教示をいただいた。さらに、許大齢先生の高弟で先輩の王天有先生、台湾東呉大学の徐泓先生は発表の機会を提供してくださった。長年の友人、中国南京大学の范金民教授、アメリカColgate UniversityのDavid Robinson教授はさまざまなアドバイスをしてくださった。ここで御礼を申し上げたい。

職場の大阪経済法科大学においては、私の研究に対してさまざまな面でサポートしていただいた。ここに藤本和貴夫先生、呉清達先生、華立先生および関係者の方々に感謝の意を申し上げたい。

本書の出版にあたり、許大齢先生に報告しなければならない。許大齢先生は「胥吏の学問」だった捐納を科学の対象とした開拓者であり、北京大学大学院での在籍期間の指導教授でもあった。先生はいつも謙虚で、学生のことを常に第一に考えて、「甘んじて学生が学問を求めるためのはしごになる」（「甘為人梯」）という自らの座右銘を身をもって実践された。本来、捐納という問題について、先生に直接教えをいただくべきであった。いま、清代捐納制度に関する档案・則例・公牘を読むなかで、時々分からない部分が出てくる。その時に、かつて許大齢先生のご指導のもとでもっと勉強すればよかった、とふっと思うことがある。いま、許大齢先生に研究成果を報告して拙著を直接捧げることができないのは、悔しく、心残りで一杯である。ここで、本書の完成をもって故許大齢先生の御冥福を遥かに祈る次第である。

本書の刊行で大変お世話になった國方栄二氏をはじめとする京都大学学術出版会の方々、および永野香氏に感謝申し上げる。なお、本書の出版にあたり、日本学術振興会より平成二二年度科学研究費補助金（研究成果公開促進費）の交付を受けた。ここで、日本学術振興会および関係各位に厚く御礼申し上げる。

最後に、私事ながら、私の研究生活を支えてくれている妻と子供、および家族に感謝の意を表すとともに、この書を他界で私をずっと見守ってくれている父親に捧げたい。

二〇一〇年八月二〇日於生駒山麓

伍　躍

主要参考文献一覧

凡例

一、本書の主要参考文献を適宜に分類し排列すること。

一、正史・実録・政書・档案

二十四史、北京、中華書局、一九五九～一九七八年、標点排印本
『明実録』、台北、中央研究院歴史語言研究所、一九六二～一九六八年、校印本
『清実録』、北京、中華書局、一九八五～一九八七年、影印本
(唐)杜佑『通典』、北京、中華書局、一九八八年、標点排印本
(清)徐松『宋会要輯稿』、北京、中華書局、一九五七年、重印国立北平図書館影印原稿本
(宋)謝深甫『慶元条法事類』、東京、古典研究会、一九六八年、影印静嘉堂文庫蔵鈔本
『通制条格』、杭州、浙江古籍出版社、一九八六年、標点排印本
(明)黄佐『南雍志』、続修四庫全書第七四九冊影印明嘉靖二十三年刊増修本
『(正徳)大明会典』、東京、汲古書院、一九八九年、影印明正徳六年司礼監刊本

『(万暦) 大明会典』、揚州、広陵書社、二〇〇七年、影印明万暦十五年司礼監刊本
『(康熙) 大清会典』、清康熙二十九年会典館刊本
『(乾隆) 欽定大清会典』、清乾隆年間内府刊本
『(嘉慶) 欽定大清会典』、清嘉慶年間内府刊本
『(光緒) 欽定大清会典』、台北、新文豊出版公司、一九七六年、影印清光緒二十五年石印本
『(光緒) 欽定大清会典事例』、台北、新文豊出版公司、一九七六年、影印清光緒二十五年石印本
『吏部職掌』、四庫全書存目叢書第二五八冊影印明万暦刊本
『康熙朝品級考』、民国九年江陰繆氏煙画東堂小品本、民国九年江浦陳氏房山山房叢書本
『(雍正) 欽定漢品級考』、清雍正年間吏部刊本
『(乾隆) 銓選漢官品級考』、海口、海南出版社、二〇〇〇年、故宮珍本叢刊第二八二冊影印清乾隆年間吏部刊本
『(道光) 欽定吏部銓選漢官品級考』、清道光二十三年刊本
『(光緒) 欽定吏部銓選漢官品級考』、清光緒十二年刊本
『(雍正) 欽定吏部銓選漢官則例』、海口、海南出版社、二〇〇〇年、故宮珍本叢刊第二八一冊影印清雍正年間吏部刊本
『(乾隆) 欽定吏部銓選漢官則例』海口、海南出版社、二〇〇〇年、故宮珍本叢刊第二八二冊影印清乾隆年間吏部刊本
『(道光) 欽定吏部銓選漢官則例』、台北、成文出版社、一九六九年、影印清道光二十三年刊本
『(乾隆) 欽定吏部則例』、海口、海南出版社、二〇〇〇年、故宮珍本叢刊第二八二冊影印清乾隆年間吏部刊本
『欽定吏部銓選章程』、清同治十二年刊本
『(乾隆) 欽定戸部則例』、海口、海南出版社、二〇〇六年、故宮珍本叢刊第二八五冊影印清乾隆四十八年刊本

『(同治)欽定戸部則例』、清同治十三年刊本
『(雍正)欽定吏部処分則例』、海口、海南出版社、二〇〇〇年、故宮珍本叢刊第二八一冊影印清雍正年間吏部刊本
『(光緒)欽定六部処分則例』、台北、文海出版社、一九六六～一九七三年、近代中国史料叢刊第三四輯影印清光緒十八年上海図書集成印書局石印本
『欽定学政全書』、海口、海南出版社、二〇〇六年、故宮珍本叢刊第三三五冊影印清嘉慶十七年刊本
『欽定科場条例』、海口、海南出版社、二〇〇〇年、故宮珍本叢刊第三三六冊影印清咸豊二年刊本

(清)陸海『本朝則例類編』、清康熙四十二年刊本
(清)湯居業『本朝続増則例類編』、清康熙五十二年刊本
(清)鄂海『六部則例全書』、清康熙五十五年刊本
『六部頒行本朝定例成案合鈔彙編』、清康熙年間刊本
『定例類抄』、清雍正年間刊本
(清)朱植仁『本朝政治全書』、清雍正年間山陰朱氏承恩堂刊本
『上諭条例』、清乾隆年間刊本
『上諭条例』、清乾隆年間江蘇省布政使司衙門刊本
『頒発条例』、清乾隆嘉慶道光年間山東刊本
『各部院条例冊』、清乾隆年間刊本
『彙刊条例冊』、清乾隆年間河南布政使司刊本
『各部院通行条例』、清刊本

『通行条例』、清光緒十四年江蘇書局刊本
『治浙成規』、合肥、黄山書社、一九九七年、官箴書集成第六冊影印清道光十七年刊本
『粤東省例新纂』、清道光二十六年広東刊本
『福建省例』、清光緒年間刊本
『福建省例』、台北、台湾銀行、一九六四年、台湾文献叢刊第一九九種標点排印本
『江蘇省例』、清同治八年江蘇書局刊本
『江蘇省例続編』、清光緒元年江蘇書局刊本
『江蘇省例四編』、清光緒年間江蘇書局刊本
陳師礼『皖政輯要』、合肥、黄山書社、二〇〇五年、標点排印本

中国第一歴史档案館、遼寧省档案館『中国明朝档案総匯』、桂林、広西師範大学出版社、二〇〇一年、影印本
中央研究院歴史語言研究所蔵清代内閣大庫档案
張偉仁『明清档案』、第一～一〇輯、台北、聯経出版事業公司、一九八六～一九九五年、影印本
張偉仁『明清档案』、第一一～一二輯CD版、台北、聯経出版事業公司、出版年不詳、影印本
中国第一歴史档案館『雍正朝内閣六科史書・吏科』、桂林、広西師範大学出版社、二〇〇二年、影印本
中国第一歴史档案館蔵清代吏部档案
中国第一歴史档案館蔵刑部档案
中国第一歴史档案館蔵清代内務府档案

中国第一歴史档案館蔵清代寧古塔副都統衙門档案
中国第一歴史档案館蔵順天府档案
中国第一歴史档案館『乾隆帝起居注』、桂林、広西師範大学出版社、二〇〇二年、影印本
中国第一歴史档案館『乾隆朝軍機処随手登記档』、桂林、広西師範大学出版社、二〇〇〇年、影印本
国立故宮博物院『宮中档雍正朝奏摺』、台北、国立故宮博物院、一九七七〜一九八〇年、影印本
国立故宮博物院『宮中档乾隆朝奏摺』、台北、国立故宮博物院、一九八二〜一九八八年、影印本
国立故宮博物院『宮中档光緒朝奏摺』、台北、国立故宮博物院、一九七三〜一九七五年、影印本
中国第一歴史档案館『光緒朝硃批奏摺』、北京、中華書局、一九九五〜一九九六年、影印本
中国第一歴史档案館『嘉慶道光両朝上諭档』、桂林、広西師範大学出版社、二〇〇〇年、影印本
中国第一歴史档案館『咸豊同治両朝上諭档』、桂林、広西師範大学出版社、一九九八年、影印本
中国第一歴史档案館『康熙朝満文硃批奏摺全訳』、北京、中国社会科学出版社、一九六六年、標点排印本
中国第一歴史档案館『雍正朝満文硃批奏摺全訳』、合肥、黄山書社、一九九八年、標点排印本
秦国経［ほか］『清代官員履歴档案全編』、上海、華東師範大学出版社、一九九七年、影印本
故宮博物院文献館『清代文字獄档』、北平、故宮博物院、一九三一年、排印本
故宮博物院明清档案部／中国第一歴史档案館『清代档案史料叢刊』、北京、中華書局、一九七八〜一九九〇年、標点排印本
故宮博物院文献館『文献叢編』、民国十九年故宮博物院、排印本
李光濤『明清史料癸編』、台北、中央研究院歴史語言研究所、一九七五年、排印本

『直隷冊結款式』、清乾隆年間直隷布政使司刊本
『雲南省冊結式』、清乾隆年間刊本

二、捐納

『乾隆二十六年各部院条例冊豫工事例奏議』
『陝省各府州県捐監糧数条例』、香港、大東図書公司、一九七八年、影印清乾隆年間刊本
『川楚善後籌備事例』、清嘉慶三年刊本
『川楚事例文武官生名次全録』、清嘉慶三年刊本
『捐辦土方議叙条例』、清嘉慶十五年刊本
『武陟投効例』、清嘉慶年間刊本
『豫東事例』、清嘉慶年間刊本
『籌備経費事例』、清道光十三年江蘇布政使司刊本
『現行常例』、清道光二十九年江蘇布政使司刊本
『推広捐輸条例』、清道光年間刊本
『籌餉事例条款』、清咸豊八年刊本
『増修籌餉事例条款』、台北、華文書局、一九六八〜一九六九年、中華文史叢書第六輯影印清同治五年刊本
『新増籌餉事例』、清同治年間刊本
『増修現行常例』、清光緒十年北京栄録堂刊本
『籌餉事例』、清光緒十年北京栄録堂刊本

『海防事例』、清光緒十年北京栄録堂刊本
『造送浙江賑捐第十三次請奨各捐生履歴銀数底冊』、清光緒十六年浙江賑捐核奨総局稿本
『光緒十五年十月　日奉各憲札飭査明本省災区籌辦賑務撫恤巻』、清末稿本
「康熙初年有関捐納御史奏章」、『歴史档案』、一九九三年第二期、一九九三年五月、一二～一六頁
「嘉慶年間皂役及其子孫冒捐冒考史料」、『歴史档案』、一九九八年第一期、一九九八年二月、二九～三七頁
「道光十年私造仮照案」、『歴史档案』、一九九三年第四期、一九九三年一一月、三四～五二頁
『各省印結』、清光緒年間刊本
浙江省印結局『公議印結条款章程』、清咸豊七年刊本
浙江省印結局『重訂浙江印結簡明章程』、清光緒年間刊本
河南省印結局『己酉等年印結簿』、清道光咸豊年間写本
河南省印結局『河南印結彙定章程』、未見、許大齢『清代捐納制度』より
『大捐履歴』、清咸豊年間写本

三、**登科録・縉紳録・職官録**

『成化五年進士登科録』、寧波、寧波出版社、二〇〇六年、天一閣蔵明代科挙録選刊登科録影印明成化年間刊本
『成化二十三年進士登科録』、寧波、寧波出版社、二〇〇六年、天一閣蔵明代科挙録選刊登科録影印明成化年間刊本
『嘉靖二年進士登科録』、寧波、寧波出版社、二〇〇六年、天一閣蔵明代科挙録選刊登科録影印明嘉靖年間刊本
『文陞閣縉紳全書』、清雍正二年刊本

『海防新班文職官冊』、清末稿本
『文職候補官冊』、清末稿本
『山東同官録』、清咸豊九年刊本
『安徽同官全録』、清光緒二十五年同陞閣刊本
『畿輔同官録』、清光緒三十年直隷官報局活字本
『江蘇同官録』、清光緒年間刊本
『広東郷試同官録』、清光緒二年広州富文斎刊本
『大清仕籍全編』、清乾隆二十七年北京卿雲閣刊本
『大清搢紳全書』、清嘉慶元年北京栄慶堂刊本
『大清搢紳全書』、清光緒六年北京栄華堂刊本
『大清搢紳全書』、清光緒六年北京斌陞堂刊本
『大清搢紳全書』、清光緒十六年冬季北京栄禄堂刊本
『大清直省同寅録』、清光緒三十三年北京琉璃廠槐蔭山房活字本
『大清最新百官録』、清光緒三十三年北京琉璃廠槐蔭山房活字本
『大清最新百官録』、清宣統二年北京琉璃廠槐蔭山房刊本
『大清搢紳全書』、清宣統二年北京栄禄堂刊本
『銭谷指南・亭・議叙議処』、『明清公牘秘本五種』、北京、中国政法大学出版社、一九九九年、排印本
『出山指南』、清光緒三十三年京師琉璃廠槐蔭山房刊本

四、地方史志資料

『(弘治)徽州府志』、台北、台湾学生書局、一九六五年、明代方志選影印明弘治十五年刊本
『(正徳)汝州志』、上海、上海古籍書店、一九六三年、天一閣蔵明代方志選刊影印明正徳五年刊本
『(嘉靖)湖広図経志書』、北京、書目文献出版社、一九九一年、日本蔵中国罕見地方志叢刊影印明嘉靖元年刊本
『(嘉靖)尉氏県志』、上海、上海古籍書店、一九六三年、天一閣蔵明代方志選刊影印明嘉靖二十七年刊本
『(嘉靖)香山県志』、北京、書目文献出版社、一九九一年、日本蔵中国罕見地方志叢刊影印明嘉靖二十年刊本
『(万暦)杭州府志』、台北、台湾学生書局、一九六五年、明代方志選影印明万暦七年刊本
『(康熙)臨清州志』、清康熙十三年刊本
『(光緒)無錫金匱県志』、清光緒七年刊本
『(光緒)上虞県志』、台北、成文出版社、一九七〇年、中国方志叢書影印清光緒十七年刊本
『民国宝応県志』、民国二十一年鉛印本
『(民国)嘉禾県図志』、台北、成文出版社、一九七五年、中国方志叢書影印民国二十七年刊本
何剛徳『話夢集』、北京、北京古籍出版社、一九九五年、標点排印本
何剛徳『春明夢録』、北京、北京古籍出版社、一九九五年、標点排印本
夏仁虎『旧京瑣記』、北京、北京古籍出版社、一九八六年、標点排印本
金受申『老北京的生活』、北京、北京出版社、一九八九年、標点排印本
待余生『燕市積弊』、北京、北京古籍出版社、一九九五年、標点排印本
尚綬珊「北京炉房、銭舗及銀号瑣談」、『文史資料選輯』、第四四輯、北京、文史資料出版社、一九八〇年、二四九〜二

七六頁

傅崇矩『成都通覧』、成都、巴蜀書社、一九八七年、標点排印本

五、奏議集・日記・年譜

(清) 賀長齢・(清) 魏源［ほか］『皇朝経世文編』、北京、中華書局、一九九二年、影印清光緒十二年思補楼重校本
(清) 饒玉成『皇朝経世文続編』、清同治十二年刊光緒八年補刻続編江右饒氏双峰書屋刊本
(清) 葛士濬『皇朝経世文続編』、清光緒十七年上海広百宋斎校印本
(清) 盛康『皇朝経世文続編』、清光緒二十三年思刊楼刊本
(清) 邵之棠『皇朝経世文統編』、清光緒二十七年上海宝善書斎石印本
『道咸同光四朝奏議』、台北、台湾商務印書館、一九七〇年、影印本

(清) 王慶雲『王文勤公日記』、揚州、江蘇広陵古籍刻印社、一九九八年、影印本
(清) 王文韶『王文韶日記』、北京、中華書局、一九八九年、標点排印本
(清) 翁同龢『翁同龢日記』、北京、中華書局、一九九二年、標点排印本
(清) 張文虎『張文虎日記』、上海、上海書店出版社、二〇〇一年、標点排印本
(清) 李圭『入都日記』、清光緒年間刊本
(清) 李慈銘『越縵堂日記』、揚州、広陵書社、二〇〇四年、影印本
鄧之誠『鄧之誠日記』、北京、北京図書館出版社、二〇〇七年、影印本
(清) 呉光酉『陸隴其年譜』、北京、中華書局、一九九三年、標点排印本

（清）張其錦『淩次仲先生年譜』、『清代徽人年譜合編』、合肥、黄山書社、二〇〇六年、標点排印本
（清）汪輝祖『病榻夢痕録』、清光緒十二年山東書局刊汪竜荘先生遺書本
（清）汪輝祖『夢痕録餘』、清光緒十二年山東書局刊汪竜荘先生遺書本

六、別集・筆記

（宋）李心伝『建炎以来朝野雑紀』、北京、中華書局、二〇〇〇年、標点排印本
（宋）李心伝『建炎以来繫年要録』、台湾商務印書館影印文淵閣四庫全書第三二七冊
（宋）楊仲良『皇宋通鑑長編紀事本末』、南京、江蘇古籍出版社、一九八八年、影印宛委別蔵本
（宋）韓元吉『南澗甲乙稿』、台湾商務印書館影印文淵閣四庫全書第一一六五冊
（明）王世貞『弇州山人四部稿』、台北、偉文図書出版社有限公司、一九七六年、明代論著叢刊影印明万暦五年世経堂刊本
（明）何良俊『四友斎叢説』、北京、中華書局、一九五九年、断句排印本
（明）鄭暁『今言』、北京、中華書局、一九八四年、標点排印本
（明）厳嵩『鈐山堂集』、四庫全書存目叢書集部第五六冊影印明嘉靖二十四年刊増修本
（明）謝肇淛『五雑組』、瀋陽、遼寧教育出版社、二〇〇一年、標点排印本
（明）焦竑『国朝獻徴録』、四庫全書存目叢書史部第一〇一冊影印明万暦四十年刊本
（明）宋諾『宋金斎文集』、四庫全書存目叢書補編第九七冊影印明万暦年間周世選開封刊本
（明）宋濂『宋学士文集』、四部叢刊影印明正徳年間刊本

（明）張萱『西園聞見録』、民国二十九年燕京哈佛学社鉛印本
（明）沈徳符『万暦野獲編』、北京、中華書局、一九八〇年、断句排印本
（明）馬一竜『玉華子遊芸集』、北京、書目文献出版社、出版年不詳、北京図書館古籍珍本叢刊第一〇八冊影印明万暦三十二年馬震伯等刊本
（明）文徴明『文徴明集』、上海、上海古籍出版社、一九八七年、標点排印本
（明）方孝儒『方正学文集』、四部叢刊影印明嘉靖四十年王可大台州刊本
（明）羅玘『圭峰集』、台湾商務印書館影印文淵閣四庫全書第一二五九冊
（明）陸容『菽園雑記』、北京、中華書局、一九八五年、標点排印本
（明）姚旅『露書』、四庫全書存目叢書子部第一一一冊影印明天啓五年刊本
（明）汪道昆『太函集』、四庫全書存目叢書集部第一一八冊影印明万暦年間刊本
（明）袁中道『珂雪斎近集』、上海、上海書店、一九八二年、影印一九三六年上海中央書店断句排印本
（明）朱国禎『湧幢小品』、四庫全書存目叢書子部第一〇六冊影印明天啓二年刊本
（明）張弘道［ほか］『皇明三元考』、台北、明文書局、一九九一年、明代伝記叢刊影印明聚魁楼刊本
（清）林則徐「林則徐致楊以増書札（下）」、『文献』第八輯、北京、書目文献出版社、一九八一年、一二九～一三〇頁
（清）黄六鴻『福恵全書』、東京、汲古書院、一九七三年、影印寛永三年刊本
（清）顧炎武著、（清）黄汝成集釈『日知録集釈』、上海、上海古籍出版社、二〇〇六年、標点排印本
（清）顧公燮『丹午筆記』、南京、江蘇古籍出版社、一九九九年、標点排印本
（清）呉敬梓『儒林外史』、北京、人民文学出版社、一九五八年、標点排印本

(清)朱彭寿『旧典備徴』、北京、中華書局、一九八二年、標点排印本
(清)昭槤『嘯亭続録』、『嘯亭雑録』、北京、中華書局、一九八〇年、標点排印本
(清)蔣敦復『随園軼事』、王英志『袁枚全集』第八巻、南京、江蘇人民出版社、一九九三年、標点排印本
(清)張集馨『道咸宦海見聞録』、北京、中華書局、一九八一年、標点排印本
(清)陳康祺『郎潜紀聞初筆』、北京、中華書局、一九八四年、標点排印本
(清)陳其元『庸閒齋筆記』、北京、中華書局、一九八九年、標点排印本
(清)陳鼎『東林列伝』、清康熙五十年刊本
(清)程穆衡『金川紀略』、成都、巴蜀書社、一九九三年、中国野史集成第四〇冊影印本
(清)方観承『賑紀』、清乾隆十九年刊本
(清)方大湜『平平言』、合肥、黄山書社、一九九七年、官箴書集成第七冊影印清光緒十八資州官廨刊本
(清)葉夢珠『閲世編』、上海、上海古籍出版社、一九八一年、標点排印本
(清)梁章鉅『南省公餘録』、台北、新興書局、一九六二年、筆記小説大観続編第二十一冊影印本
(清)汪喜孫『汪喜孫著作集』、台北、中央研究院中国文哲研究所、二〇〇三年、標点排印本
(清)蕭奭『永憲録続編』、北京、中華書局、一九五九年、標点排印本
(清)袁保恒『文誠公集』、台北、文海出版社、一九六六年、影印本
(清)張之洞『張之洞全集』、石家荘、河北人民出版社、一九九八年、標点排印本
(清)曾国荃『曾忠襄公奏議』、台北、文海出版社、一九六七年、近代中国史料叢刊第四四輯影印清光緒二十九年刊本
(清)曾国荃『曾忠襄公書札』、台北、文海出版社、一九六七年、近代中国史料叢刊第五八輯影印清光緒二十九年刊本
(清)黄爵滋『黄爵滋奏疏』、北京、中華書局、一九五九年、標点排印本

袁世凱『袁世凱奏議』、天津、天津古籍出版社、一九八七年、標点排印本
康有為『康有為全集』、北京、中国人民大学出版社、二〇〇七年、標点排印本
周詢『蜀海叢談』、台北、文海出版社、一九六六～一九七三年、近代中国史料叢刊第一輯影印民国三十七年排印本
徐珂『清稗類鈔』、北京、中華書局、一九八四～一九八六年、標点排印本
崇彝『道咸以来朝野雑記』、北京、北京古籍出版社、一九八二年、標点排印本

七、その他

（明）王圻『続文献通考』、北京、現代出版社、一九九一年、影印明萬暦年間刊本
劉錦藻『皇朝続文献通考』、上海、商務印書館、一九三五～一九三六年、排印本
陳漢第［ほか］『冬暄草堂師友牋存』、台北、文海出版社、一九六六～一九七三年、近代中国史料叢刊第二九輯影印民国二十六年影印本
北京大学図書館古籍善本特蔵部『清代名人手札彙編』、北京、国際文化出版公司、二〇〇二年、影印本
李希聖『光緒会計録』、清光緒二十二年上海時務報館石印本
李宏齢『山西票商成敗記』、太原、山西経済出版社、二〇〇三年、標点排印本
李宏齢『同舟忠告』、太原、山西経済出版社、二〇〇三年、標点排印本
（清）李宝嘉『官場現形記』、北京、人民文学出版社、一九五七年、標点排印本
（清）李宝嘉著 入矢義高・石川賢作訳『官場現形記』、東京、平凡社、一九六八年、中国古典文学大系第五〇巻
呉趼人『二十年目睹之怪現状』、北京、人民文学出版社、一九五九年、標点排印本

繆荃孫『雲自在龕筆記』、列朝二、『古学彙刊』、第四編下冊、上海、国粋学報社、一九一三年排印本
『稀見明史史籍輯存』、北京、線装書局、二〇〇三年、影印本
『徽州千年契約文書』、石家荘、花山文芸出版社、出版年不詳、影印本
濱下武志［ほか］『山西票号資料　書簡篇（一）』、東京、東京大学東洋文化研究所附属東洋学文献センター、一九九〇年、標点排印本
『山西票号史料（増訂本）』、太原、山西経済出版社、二〇〇二年、標点排印本
『申報』
『仁井田陞博士輯北京工商ギルド史料集』、東京、東京大学東洋文化研究所附属東洋学文献センター、一九七五～一九八三年、標点排印本
『同文彙考』、ソウル、大韓民国文教部国史編纂委員会、一九七八年、影印本
福島安正編、紹古英継校訂『四声聯珠・自邇集平仄編』、東京、陸軍文庫、一八八六年、排印本
雷夢水『中華竹枝詞』、北京、北京古籍出版社、一九九七年、標点排印本
李華『明清以来北京工商会館碑刻選編』、北京、文物出版社、一九八〇年、標点排印本
劉烈茂［ほか］『清車王府鈔蔵曲本・子弟書集』、南京、江蘇古籍出版社、一九九三年、標点排印本
『中国古籍善本総目』、北京、線装書局、二〇〇五年、標点排印本

八、研究論著　和文（著者名五〇音順）

安部健夫「耗羨提解の研究」、『東洋史研究』（京都、東洋史研究会）、第一六巻第四号、一九五八年三月、一〇八～二六二頁（『清代史の研究』、東京、創文社、一九七一年、再録　東洋史研究會編『雍正時代の研究』、京都、同朋舎出

版、一九八六年、再録)
井上陳政『禹域通纂』、東京、大蔵省、一八八八年
岩井茂樹「中国専制国家と財政」、木村尚三郎［ほか］『中世の政治と戦争』、東京、学生社、一九九二年、二七三～三一〇頁
――『中国近世財政史の研究』、京都、京都大学学術出版会、二〇〇四年
臼井勝美［ほか］『日本近現代人名辞典』、東京、吉川弘文館、二〇〇一年
梅原郁「刑は大夫に上らず」、『東方学報』(京都、京都大学人文科学研究所)、第六七冊、一九九五年三月、二四一～二八九頁
遠藤哲夫『管子』、東京、明治書院、一九八九～一九九二年、新釈漢文大系第四二、四三、五二巻
大野晃嗣「清代加級考――中国官僚制度の一側面」、『史林』(京都、史学研究会)、第八四巻第六号、二〇〇一年一月、一～三五頁
尾形勇［ほか］『歴史学事典』第一六巻、東京、弘文堂、一九九四～二〇〇九年
織田万『清国行政法』六巻、東京、臨時台湾旧慣調査会、一九〇五～一九一五年
小野沢精一『韓非子』、東京、集英社、一九七五年、全釈漢文大系第二〇、二一巻
小野達哉「清初地方官の考課制度とその変化」、『史林』(京都、史学研究会)、第八五巻第六号、二〇〇二年十一月、三四～六一頁
貝塚茂樹［ほか］『アジア歴史事典』、東京、平凡社、一九五九～一九六二年
加藤繁『支那経済史考証』、東京、東洋文庫、一九五二～一九五三年
狩野直喜『清朝の制度と文学』、東京、みすず書房、一九八四年

何炳棣著、寺田隆信・千種真一訳『科挙と近世中国社会——立身出世の階梯』、東京、平凡社、一九九三年、原題：*The Ladder of Success in Imperial China: Aspects of Social Mobility, 1368-1911* の日本語訳である

Ping-ti Ho, *The Ladder of Success in Imperial China: Aspects of Social Mobility, 1368-1911*, Columbia University Press, New York, 1964.

岸本美緒「清代における『賤』の観念——冒捐冒考問題を中心に」、『東洋文化研究所紀要』（東京、東京大学東洋文化研究所）、第一四四号、二〇〇三年十二月、八一～一三一頁

京都大学東洋史辞典編纂会『東洋史辞典』、東京、東京創元社、一九八〇年

久保文明［ほか］『アメリカ政治』、東京、有斐閣、二〇〇六年

（韓）呉金成著、渡昌弘訳『明代社会経済史研究』、東京、汲古書院、一九九〇年

伍躍「清代地方官の病死・病気休養について——人事管理に関する一考察」、『東洋史研究』（京都、東洋史研究会）、第五九巻第二号、二〇〇〇年九月、三一～六七頁

——「清代捐納制度論考——報捐を中心に」、夫馬進『中国明清地方档案の研究』、京都、京都大学文学部、二〇〇〇年、科学研究費研究成果報告書、一〇三～一三〇頁

——「捐納と印結について——清代捐納制度論考（二）」、『史林』（京都、史学研究会）、第八六巻第一号、二〇〇三年一月、一～三四頁

——「清代の捐納制度と候補制度について——捐納出身者の登用問題を中心に」、岩井茂樹『中国近世社会の秩序形成』、京都、京都大学人文科学研究所、二〇〇四年、三六一～四一二頁

——「前近代中国の職員録」、『大阪経済法科大学論集』（八尾、大阪経済法科大学）、第八八号、二〇〇四年十月、五九～八二頁

――「災害情報の伝達と救済資金の調達――一八八九年中国江南の水害を中心に」、『東アジア研究』(八尾、大阪経済法科大学)、第四三号、二〇〇五年十一月、一九~三三頁
――「清代における捐復制度の成立について――考課制度との相互関係を中心に」、『東洋史研究』(京都、東洋史研究会)、第六七巻第四号、二〇〇九年三月、七〇~九七頁
近藤一成『宋代中国科挙社会の研究』、東京、汲古書院、二〇〇九年
近藤秀樹「清代の捐納と官僚社会の終末」、『史林』(京都、史学研究会)、第四六巻第二号、一九六三年三月、八二~一一〇頁、同誌同巻第三号、一九六三年五月、七七~一〇〇頁、同誌同巻第四号、一九六三年七月、六〇~八六頁
――「清代の銓選――外補制の成立」、『東洋史研究』(京都、東洋史研究会)、第一七巻第二号、一九五八年九月、三四~五五頁
佐伯富「清朝の興起と山西商人」、佐伯富『中国史研究』二、京都、東洋史研究会、一九七一年、二六三~三二二頁、初出『社会文化史学』一、一九六六年三月
――「清代における山西商人」、佐伯富『中国史研究』三、京都、同朋舎、一九七七年、九四~一一二頁、初出『史林』(京都、史学研究会)第六〇巻第一号、一九七七年一月、中国語訳、『歴史学報』(台北、台湾師範大学)五、一九七七年四月
佐藤武敏『中国災害史年表』、東京、国書刊行会、一九九三年
島田虔次『中国における近代思惟の挫折』、東京、筑摩書房、一九四九年
清国駐屯軍司令部『北京誌』、東京、博文館、一九〇八年
鈴木康彦『アメリカの政治と社会』、東京、国際書院、一九九九年
高橋芳郎『訳注名公書判清明集:官吏門・賦役門・文事門』、札幌、北海道大学出版会、二〇〇八年

竹内照夫『韓非子（下）』、東京、明治書院、一九六四年、新釈漢文大系第一二巻
谷井陽子「清代則例省例考」、『東方学報』（京都、京都大学人文科学研究所）、第六七冊、一九九五年三月、一三七～二三九頁
——「明朝官僚の徴税責任——考成法の再検討」、『史林』（京都、史学研究会）、第八五巻第三号、二〇〇二年五月、三三～六七頁
車恵媛「明代における考課政策の変化」、『東洋史研究』（京都、東洋史研究会）、第五五巻第四号、一九九七年三月、一～四〇頁
寺田隆信『山西商人の研究』、京都、東洋史研究会、一九七二年
——「山西票号覚書——『山西商人の研究』補遺之二」、『集刊東洋学』（仙台、東北大学中国文史哲研究会）、第五四号、一九八五年、九四～一〇五頁
——「顧炎武『生員論』をめぐって」、『東北大学東洋史論集』（仙台、東北大学）、第一一輯、二〇〇七年三月、二五九～二八二頁。のちに、同『明代郷紳の研究』、京都、京都大学学術出版会、二〇〇九年に所収。
東亜同文会『支那経済全書』第二輯、東京、東亜同文会、一九〇八年
鄧雲特（鄧拓）著、川崎正雄訳『支那救荒史』、東京、生活社、一九三九年
内藤湖南「清国創業時代の財政」、『内藤湖南全集』第五巻、東京、筑摩書房、一九七二年、二六一～二七七頁。
——「清朝衰亡論」、『内藤湖南全集』第五巻、一八七～二九〇頁。
中島立子「『搢紳全書・中枢備覧』所在目録」、『東洋文庫書報』（東京、東洋文庫）、第九号、一九七七年三月、一二九～一四〇頁
仁井田陞『中国の社会とギルド』、東京、岩波書店、一九五一年

根岸佶『中国のギルド』、東京、日本評論新社、一九五三年
狭間直樹[ほか]『データでみる中国近代史』、東京、有斐閣、一九九六年
服部宇之吉『清国通考』、東京、株式会社大安、一九六六年
坂野正高『近代中国政治外交史』、東京、東京大学出版会、一九七三年
広畑茂『支那貨幣史銭荘攷』、東京、建設社、一九三三年
夫馬進『中国善会善堂史研究』、京都、同朋舎出版、一九九七年
――「朝鮮燕行使申在植の『筆譚』に見える漢学・宋学論議とその周辺」、岩井茂樹『中国近世社会の秩序形成』、京都、京都大学人文科学研究所、二〇〇四年、二八一～三三〇頁
ベンジャミン・A・エルマン（Benjamin A. Elman）著、秦玲子訳「再生産装置としての明清期の科挙」、『思想』（東京、岩波書店）第八一〇号、一九九一年十二月、九五～一一二頁
星斌夫『中国社会福祉政策史の研究――清代の賑済倉を中心に』、東京、国書刊行会、一九八五年
松浦章「山西商人范毓馪一族の系譜と事蹟」、『史泉』（吹田、関西大学史学会）、第五二号、一九七八年、一六～四〇頁
松岡俊裕「魯迅の祖父周福清攷（7）：その家系、生涯及び人物像について」、『東洋文化研究所紀要』（東京、東京大学東洋文化研究所）、第一二八冊、一九九五年十一月、一～一八五頁
松丸道雄[ほか]『中国史』第四巻、東京、山川出版社、一九九九年
丸山真男『（新装版）現代政治の思想と行動』、東京、未来社、二〇〇六年
宮崎市定『九品官人法の研究――科挙前史』、京都、東洋史研究会、一九五六年（『宮崎市定全集』第六巻、東京、岩波書店、一九九二年、再録）

――「雍正帝による俸工銀扣捐の停止について」、『東洋史研究』（京都、東洋史研究会）、第二二巻第三号、一九六三年十二月、一～二四頁（宮崎市定『アジア史論考』下巻、東京・名古屋・大阪・北九州、朝日新聞社、一九七六年、再録　『宮崎市定全集』第一四巻、東京、岩波書店、一九九一年、再録）
――『科挙――中国の試験地獄』、東京、中央公論社、一九六三年（『宮崎市定全集』第一五巻、東京、岩波書店、一九九三年、再録）
宮崎一市「清初における官僚の考成――清初財政史の一齣（1）」、『釧路論集』（釧路、北海道教育大学釧路分校）、第一号、一九七〇年三月、二一～六〇頁
山田耕一郎「清初の捐納――三藩の乱との関係を中心にして」、『駿台史学』（東京、駿台史学会）、第六六号、一九八六年二月、二一～五〇頁
――「清初の捐納出身者対策について――仮冒頂替の情弊をめぐって」、『山根幸夫教授退休記念明代史論叢』、東京、汲古書院、一九九〇年、一一〇七～一一二八頁
――「監察御史陸隴其と捐免保挙問題」、『神田信夫先生古稀記念論集清朝と東アジア』、東京、山川出版社、一九九二年、二八九～三〇九頁
好並隆司『商君書研究』、広島、渓水社、一九九二年
六角恒廣『中国語教本類集成』第一集、東京、不二出版、一九九一年
和田博徳「許大齢著、清代捐納制度」、『史学』（東京、慶応義塾大学三田史学会）、第二五巻第三号、一九五二年、一七六～一七七頁。
渡昌弘「明代捐納入監概観」、『集刊東洋学』（仙台、東北大学中国文史哲研究会）第五六号、一九八六年十一月、二〇～三五頁

――「捐納監生の資質について」、『歴史』(仙台、東北史学会) 第六八輯、一九八七年四月、一一五～一二三頁

九、研究論著　中文（著者名拼音順）

艾永明『清朝文官制度』、北京、商務印書館、二〇〇三年
艾永明[ほか]『臣綱：清代文官的遊戯規則』、北京、法律出版社、二〇〇八年
陳宝良『明代儒学生員與地方社会』、北京、中国社会科学出版社、二〇〇五年
陳高傭『中国歴代天災人禍表』、上海、上海書店、一九八六年再版
陳樺・劉宗志『救災与済貧』、北京、中国人民大学出版社、二〇〇五年
陳寛強「清代捐納制度」、政治大学博士論文、台北、国立政治大学、一九六八年
陳其田『山西票荘考略』、上海、商務印書館、一九三七年
鄧雲特（鄧拓）『中国救荒史』、上海、商務印書館、一九三七年（北京、生活・読書・新知三聯書店、一九五八年、再版　広州、花城出版社、二〇〇二年鄧拓全集第一巻、再版）
董継斌［ほか］『晋商與中国近代金融』、太原、山西経済出版社、二〇〇二年
（米）Eisenstadt, Shmuel Noah 著、閻歩克訳『帝国的政治体系』、貴陽、貴州人民出版社、一九九二年、原題：*The Political Systems of Empires*
方志遠『明代国家権力結構及運行機制』、北京、科学出版社、二〇〇八年
傅宗懋「清代文官部選缺之選用」、同『清制論文集』、台北、台湾商務印書館、一九七七年、上冊、一五二～一七六頁
高寿仙『明代農業経済與農村社会』、合肥、黄山書社、二〇〇六年
郭培貴『明史選挙志考論』、北京、中華書局、二〇〇六年

郭衛東［ほか］『北京大学歴史系簡史』、出版事項不詳
顧善慕「清代乾隆年間的捐納制度」、『黒竜江社会科学』（ハルビン、黒竜江省社会科学院）、二〇〇六年第五期、一五八〜一五九頁
顧志興『浙江蔵書史』、杭州、杭州出版社、二〇〇六年
何漢威『光緒初年（一八七六—七九）華北的大旱災』、香港、中文大学出版社、一九八〇年
黄慧賢［ほか］『中国俸禄制度史』、武漢、武漢大学出版社、二〇〇五年
黄鑒暉『山西票号史（修訂本）』、太原、山西経済出版社、二〇〇二年、初刊は一九九二年
——『明清山西商人研究』、太原、山西経済出版社、二〇〇二年
黄仁宇著、阿風［ほか］訳『十六世紀明代中国之財政與税収』、北京、生活・読書・新知三聯書店、二〇〇一年、原題：*Taxation and Governmental Finance in Sixteenth Century Ming China*
蔣礼鴻『商君書錐指』、北京、中華書局、一九八六年、新編諸子集成第一輯
林麗月『明代的国子監生』、台北、私立東呉大学中国学術著作奨助委員会、一九七八年
劉鳳雲「康熙朝的捐納制度及其対銓制的影響」、『明清論叢』第四輯、北京、紫禁城出版社、二〇〇三年、一八二〜一九二頁
——「清康熙朝捐納対吏治的影響」、『河南大学学報（社会科学版）』、第四三巻第一期、二〇〇三年一月、六〜一一頁
劉鵬生［ほか］『山西近代経済史』、太原、山西経済出版社、一九九五年
劉子揚『清代地方官制考』、北京、紫禁城出版社、一九八八年
李向軍『清代荒政研究』、北京、中国農業出版社、一九九五年
羅玉東『中国釐金史』、上海、商務印書館、一九三六年

（米）Morse, Hosea Ballou,（馬士）『中華帝国対外関係史』第一巻、北京、商務印書館、一九六三年、原題：*The International Relations of the Chinese Empire*, Vol. 1
孟姝芳『乾隆朝官員処分研究』、フフホト、内蒙古大学出版社、二〇〇九年
苗書梅「宋代黜降官員叙復之法」、『河北大学学報（哲学社会科学版）』、一九九〇年第三期、三六～四一頁
――『宋代官員選任和管理制度』、開封、河南大学出版社、一九九六年
銭茂偉『国家、科挙與社会』、北京、北京図書館出版社、二〇〇四年
銭実甫『清代職官年表』、北京、中華書局、一九八〇年
斉如山『故都三百六十行』、北京、書目文献出版社、一九九三年
――『中国的科名』、瀋陽、遼寧教育出版社、二〇〇六年
瞿同祖『清代地方政府』、北京、法律出版社、二〇〇三年、原題：*Local Government in China under the Ching*
商衍鎏『清代科挙考試述録』、北京、生活・読書・新知三聯書店、一九五八年
史若民「従光緒廿二年至廿三年日昇昌長沙分号流水帳看票号資本的性質」、『中国晋商研究』、北京、人民出版社、二〇〇六年、一八九～二〇八頁
史志宏『清代戸部銀庫収支和庫存統計』、福州、福建人民出版社、二〇〇八年
宋恵中「山西票商與官僚的非正式関係」、『中国晋商研究』、北京、人民出版社、二〇〇六年、八八～一一六頁
唐瑞裕『清代乾隆朝吏治之研究』、台北、文史哲出版社、二〇〇一年
湯象龍「道光朝捐監之統計」、『社会科学雑誌』、第二巻第四期、一九三一年十二月、四三一～四四四頁
王徳昭『清代科挙制度研究』、北京、中華書局、一九八四年
王曾瑜「秦漢至隋唐五代売官述略」、『石泉先生九十誕辰紀念文集』、武漢、湖北人民出版社、二〇〇七年、三六八～三

八九頁
――「宋朝売官述略」、『史学集刊』、二〇〇六年第四期、六〇～七八頁
――「遼金元売官述略」、『鄧広銘教授百年誕辰紀念論文集』、北京、中華書局、二〇〇八年、九二五～九三六頁
王志明『雍正朝官僚制度研究』、上海、上海古籍出版社、二〇〇七年
王鍾翰「清代各部署則例経眼録」、『王鍾翰清史論集』、北京、中華書局、二〇〇四年、第三冊、一八四七～一八七七頁
――「清代則例及其與政法関係的研究」、『王鍾翰清史論集』、北京、中華書局、二〇〇四年、第三冊、一六九五～一八四六頁
（仏）ピエール・エティエンヌ・ウィル（Pierre-Étienne Will 魏丕信）著、徐建青訳『十八世紀中国的官僚制度與荒政』、南京、江蘇人民出版社、二〇〇三年、原題：*Bureaucratie et famine en Chine au 18e siècle*
伍躍「官印与文書行政」、周紹泉［ほか］『98国際徽学学術討論会論文集』、合肥、安徽大学出版社、二〇〇〇年、三三二～三五八頁
――「清代報捐研究」、『明清論叢』第六輯、北京、紫禁城出版社、二〇〇五年、四～二七頁
――「明代捐納制度試探」、『明清論叢』第七輯、北京、紫禁城出版社、二〇〇六年、五五～八〇頁
――「高山景行、厚徳載物――学習『清代捐納制度』的一点体会」、王天有・徐凱『紀念許大齢教授誕辰八十五周年学術論文集』、北京、北京大学出版社、二〇〇七年、五四五～五六九頁
――「明代的社会：納貢與例監――中国近世社会庶民勢力成長的一個側面」、『東呉歴史学報』（台北、東呉大学）、第二〇期、二〇〇八年十二月、一五五～一九一頁
謝世誠『晩清道光咸豊同治朝吏治研究』、南京、南京師範大学出版社、一九九九年
許大齢『清代捐納制度』、『燕京学報』専号之二二、燕京大学哈佛燕京学社、一九五〇年（香港竜門書局一九六八年再

版 台北文海出版社一九七七年再版 許大齢『明清史論集』、北京、北京大学出版社、二〇〇〇年に所収）
闞歩克『品位與職位』、北京、中華書局、二〇〇二年
楊瑞六『清代貨幣金融史稿』、武漢、武漢大学出版社、二〇〇七年 初出は一九六二年、生活・読書・新知三聯書店
楊文忠・楊永麗「山西票号創始年代初探」、穆雯瑛主編『晋商史料研究』、太原、山西人民出版社、二〇〇一年、一九三～一九九頁
――「志成信票号始末」、穆雯瑛『晋商史料研究』、太原、山西人民出版社、二〇〇一年、二八六～二九一頁
張徳昌『清季一個京官的生活』、香港、中文大学、一九七〇年
張寿安『以礼代理――凌廷堪與清中葉儒学思想之転変』、台北、中央研究院近代史研究所、一九九四年
張偉仁『清代法制研究』、台北、中央研究院歴史語言研究所、一九八三年
張友鶴「清代の官制」、李宝嘉『官場現形記』、附録
張正明〔ほか〕「従『范氏家譜』看山西介休范氏家族」、穆雯瑛『中国晋商研究』、北京、人民出版社、二〇〇六年、四一六～四二二頁
張正明〔ほか〕『平遥票号商』、太原、山西教育出版社、一九九七年
張仲礼『中国紳士――関於其在十九世紀中国社会中作用的研究』、上海、上海社会科学院出版社、一九九一年、原題：*The Chinese Gentry, Studies on Their Role in Nineteenth-Century Chinese Society*
――『中国紳士的収入』、上海、上海社会科学院出版社、二〇〇一年、原題：*The Income of the Chinese Gentry : A Sequel to the Chinese Gentry : Studies on Their Role in Nineteenth Century Chinese Society*
趙徳貴「清代乾隆朝『推広捐復之例』研究」、『歴史档案』、一九九四年第一号、九八～一〇八頁
中国大百科全書総編輯委員会中国歴史編輯委員会『中国大百科全書・中国歴史』、北京、中国大百科全書出版社、一九

九二年
中国近代金融史編写組『中国近代金融史』、北京、中国金融出版社、一九八五年
中国歴史大辞典編纂委員会『中国歴史大辞典』、上海、上海辞書出版社、二〇〇〇年
周可真『顧炎武年譜』、蘇州、蘇州大学出版社、一九九八年
周作人『知堂回想録』、香港、三育図書文具公司、一九八〇年

Chinese Society and Purchasing Eligibility for Office

by

Wu Yue

Chapter Three: Status Certification and Purchasing Eligibility for Academic Titles and Office

Introduction

Section One Status Certification and Purchasing Eligibility for Academic Titles and Office

Section Two Status Certification Fees and the Late Qing Certification Bureau

Section Three Allocation of Extra-Legal Bureaucratic Income

Concluding Comments

Chapter Four: The Use of Candidates who Purchased Eligibility and the Candidacy System

Introduction

Section One The Candidacy System of the Qing Period

Section Two Purchasing Eligibility and the Candidacy System

Section Three Actual Conditions of External Candidates

Section Four "Supervision" and "Delegation" of Candidate Officials

Section Five Policies to Correct Problems in the Use of Candidate Officials

Concluding Comments

Chapter Five: Personnel Promotion within the Qing Bureaucracy and Promotion Through Purchase

Introduction

Section One The System of Bureaucratic Promotion during the Qing Period

Section Two The Beginnings of Promotion Through Purchase in the Qing Period

《中國的捐納制度與社會》（中文提要）

伍躍著

本書旨在考察中國明清時期捐納制度的構成、運作以及社會影響。由序章、第一至八章、終章和附錄構成。

在本書序章中首先追溯了捐納的歷史。賣官鬻爵是人類歷史上的一種普遍現象。在中國，這一現象的原初形態至少可以上溯到先秦時代，而其做為一種國家制度退出歷史舞台是在二十世紀初葉清朝統治分崩瓦解之時。由此可見，賣官鬻爵的歷史甚至比中國做為一個統一國家的歷史還要悠久。從這個意義上說，研究這一問題可以從一個側面觀察中國的歷史進程和社會的發展變化。

在明清時期的將近五百年左右的時間里，前後兩代王朝都積極推行了捐納制度。捐納做為一種國家制度，其主要目的是為了解決國家面臨的緊急財政需求。當通常的賦稅收入無法滿足需要的時候，國家通過向民間提供國子監學籍和官僚的銓選資格、以及封典等的方法，鼓勵民間向政府提供財政支持。捐納制度在相當長的時期內得到了社會的廣泛支持，確實解決過國家的財政需要，對於社會秩序的長期基本穩定發生過重要的作用。

在序章中介紹了近代以來捐納問題研究的學術史，分析了存在的問題。並且指出，通過捐納可以得到並非官職，而僅僅是國子監監生的身份和官僚銓選的資格。同時對於過度強調捐納的非道德性的觀點表明了意見。實際上，即便是當時的為政者亦未曾否認過捐納所帶來的負面影響，曾經對捐納口誅筆伐，在官僚生涯中沒有“貪贓枉罰弄弊營私”之人中亦有不少利用捐納取得出身或謀求陞遷的人物。由此可見，問題在於如何認識這種帶有極大負面因素的制度的歷史作用。

本書主要從以下兩個側面探討捐納問題。其一，官僚人事制度。從制度史的角度探討了利用捐納取得入仕與銓選的資格、取消或減輕處分、陞官晉級的問題。其二，社會的需要和影響。通過分析明清時期的人們對捐納的觀察和利用，研究捐納做為社會流動工具的有效性。

第一章考察了明代的納貢與例監。包括貢生與監生在內，明代國子監監

生的捐納主要始於地方儒學生員的提案。在學校與科舉相結合的制度設計之下，國子監監生既可以直接參加鄉試，又有機會直接進入仕途。一些地方儒學生員為了早日取得做官的出身資格，主動提出向國家提供財政支持，借以換取進入國子監的資格。景泰四年的政策變化就發生此種背景之下。由於捐納入監既可免去補廩和出貢的時間，又可直接參加取中機會較大的南北兩京鄉試，故得到了生員們的支持，出現了不少通過捐納取得監生資格直接參加鄉試，考中舉人乃至進士的事例。明清兩代，通過捐納走上正途成為科舉考試的捷徑之一，並被固定為國家的一項制度。

第二章的考察對象是清代的報捐。報捐即通過捐納取得監生資格乃至做官資格或晉級資格的首要程序。在本章中首先說明了“現行常例”和“暫行事例”的異同，根據官書和檔案史料復原了在中央和地方報捐的手續。隨後，考察了報捐的實際情況。根據捐納的相關規定，報捐者應該親赴衙門辦理各種手續。但是，實際情形卻主要是由商人代辦各種報捐手續。在北京，一部分的金店和銀號利用它們和戶部等中央衙門的關係居間代理，形成了一個由“國家－－中間代理商－－報捐者”組成的、遍佈全國的捐納業務網，有關行會也給予了積極的支持。最後，探討了已經通過捐納成為監生者仍然希望循正途進取，甚至不惜通過訴訟取得童試下場資格的問題。

第三章實際上是第二章的延續，討論了報捐所需的印結問題。印結就是由官員出具的、鈐有官印的身份保證書。根據規定，為了防止假冒，報捐者在辦理相關手續時必須提供同鄉五六品京官出具的印結。印結的發行由各省在京五六品京官組成的印結局統一管理，其負責人通常為正途出身人員。印結局制定並公佈發行印結的有關規定，向報捐者收取結費。結費隨後以印結銀的名目，根據一定的比例發給印結局的組成人員。在清代後期，印結銀成為京官收入中不可或缺的項目之一。最後分析了印結局內部的關係。印結局成員之間雖然彼此以“友”相稱，但是圍繞著印結銀的分配問題也曾經發生過激烈的對立乃至同鄉京官之間的訴訟。有鑑於此，某些印結局推出了公開收支的方法，借以調整內部關係。

第四章也是第二章的延續，主要討論捐納出身人員利用候補制度得到官缺的問題。本章首先說明了清代的官僚銓選制度和候補制度的區別，以知縣

為例分析了通過吏部月選取得官缺的情況。其次，根據新近公佈的史料，在繼承以往研究的基礎上，探討了清代候補制度形成的過程。清代中期以後，隨著政府不斷開辦捐納，享有銓選資格的候選官員大量湧入仕途。本章通過統計說明了各省候補官員的情況和通過外補得缺的概率。從理念上說，政府有責任為全部候選官員安排職位，但在官多缺少的情況之下卻永遠難以兑現。政府通過實施“分發”和“指省”的捐納，將一部分在吏部候選的官員以候補官的身份送往各省，希圖借各地督撫手中的外補權減輕吏部的銓選壓力。一部分捐納出身者視候補制度為早日得缺的捷徑，紛紛捐納“分發”和“指省”，以候補官的身份前往各省等候補缺。這樣，旨在訓練官員和盡快解決地方官員缺問題的候補制度最終蛻變為捐納出身官員緊急避難所。

第五章討論了捐陞在清代官僚人事中的作用。本章首先利用《品級考》說明“應陞之缺”，然後通過對“歷俸”“分缺”問題的分析，介紹了清代官僚晉陞制度的基本規定。由於該制度自身的原因，導致一些官僚長期不得陞遷。另一方面，為了解決財政問題開辦捐納的時候，除去將一般庶民做為對象之外，還向現任官員們提供了通過捐納陞遷的機會，即捐陞。本章的分析重點是捐陞制度在清代的形成過程，並且由此探討了官僚們的價值觀。通過研究可以看出、對於大多數的官僚來說，當官首先是證明其存在存價值的標誌，故不惜以各種手段求得“儘可能優越的地位”，藉此向公眾展示其自身接近社會核心價值的程度。

第六章的討論對象是捐復制度，即通過捐納取消或者減輕處分的制度。在本章中首先簡要回顧了這一制度在清代以前的發展變化，說明了清代官僚考課制度的基本特徵。在清代前期，這一制度尚未固定，只是國家在開辦捐納時根據需要決定捐復的對象和標準。十八世紀中期以後，在各地督撫的積極推動之下，受到降革留任和降革離任的官員被固定為捐復的適用對象，政府規定了捐復的具體金額和方法。此後，捐復被歸入現行常例，凡因“公罪”受到上述處分的官員大多可以援例捐復，恢復原級原職，至少也可以減輕處分。從捐復制度的發展變化，可以看出官僚考課制度日趨瓦解以及地方督撫權力的不斷擴大。

清代開辦捐納的直接目的主要是軍需、河工、賑災和營田。第七章的分

析對象就是以賑災為目的的賑捐。本章首先概觀了清代賑捐的歷史，對貢監、翎枝、職銜等主要賑捐項目做了扼要的說明。本章主要以清末光緒十五年的江浙賑捐為分析對象，考察了賑捐案從提出到付諸實施過程中的有關問題，其中特別是地方督撫在其中的作用。附錄一介紹的就是該次賑捐的報捐者名單。通過考察可以看出，清代中期以前的賑捐多數由中央政府主持實施，而末年的賑捐則主要由地方督撫提議並推動。而且，光緒十五年江浙賑捐反映出，清朝末年的地方督撫在拯救災害和維護地方社會秩序中依然發揮著積極的作用。

第八章以山西商人為分析對象。山西票號商人在清代中期以後的發展與當時不斷開辦的捐納之間有密不可分的關係。本章主要根據山西票號的商業書信和帳簿，探討了山西票號商人利用其與政府之間的密切關係，通過遍佈於全國主要地區的分號代辦捐納手續的問題。山西商人積極收集與捐納有關的各種信息，積累相關案例，利用匯兌貸款等方式代辦捐納手續。捐納制度本身的運作在很大程度上得益於山西票號商人。捐納制度在隨著捐納開辦的逐漸減少和以銀行為代表的新興金融機構登場之後，山西票號商人亦隨之逐漸退出了歷史的舞台。

終章首先概述了捐納在中國明清時代所發生的影響和作用。眾所周知，科舉做為社會流動的工具在傳統中國發揮了巨大的影響和作用。但不應忘記，看似對立的捐納與科舉之間實際上存在著千絲萬縷的聯繫。與完全循正途出身相比，通過捐納直接取得鄉試的下場資格是盡快獲取正途功名的方法之一。我們在關注科舉結果的同時，還應該審視該結果的取得途徑，從而客觀地分析捐納與科舉的關係。在這個意義上，捐納與科舉同樣是社會流動的重要工具之一，並且在相當的程度上支持著科舉。此外，捐納做為社會流動的工具還具有如下特徵。其一，科舉的作用僅僅限於取得出身資格，一旦取得了出身資格，科舉做為社會流動工具的作用就基本結束了。但是，出身資格的取得並不意味著人的社會流動的結束，僅僅是社會流動中的一個階段性的標誌而已。當我們將對社會流動問題的觀察放寬到人的整個生涯時，可以發現捐納做為社會流動的工具具有一種終身有效性。捐納不僅可以推動人的上行流動，還可以對可能預見的下行流動採取事先的防止措施，當下行流動發生後，

還可利用捐納挽回或減輕下行流動所帶來的損失。第二，捐納和科舉一樣，向“賤籍”之外所有社會成員開放，但捐納所具有的庶民性遠較科舉廣泛。完全循科舉求得出身，需要有相當的經濟能力方能維持長年苦讀和往返考試的需要，故一定的學力和一定的經濟力的結合是科舉成功必不可少的條件。在捐納制度之下、只要具有一定的經濟能力，均可以援例取得出身。一時無法籌措資金的人也可以利用借貸的方法捐納，從而改變自身的社會地位。第三，與科舉相比、捐納做為社會流動的工具具有極大的靈活性。科舉做為社會流動的工具有著嚴格的使用條件，即儘管需要來自周圍的幫助，但終究要由本人在指定時間和指定地點參加指定的考試。但是，捐納則不然。無論是本人自理還是他人代辦，無論是作古之人還是剛剛出生的嬰孩，無論是在故鄉還是在異地他鄉，總而言之，捐納無論在何時何地都可以發揮其做為社會流動工具的作用。而且可以滿足各類社會成員的不同需求。庶民可以藉此獲得出身和官僚的銓選資格，官僚可以用它盡快陞遷或防止地位的下滑，官民還可以用它光宗耀祖，等等。因此，與科舉制度相比，捐納不僅為國家帶來財政外收入，而且可以向廣大社會成員盡快地提供他們所希望的，能夠為他們帶來各種有形或無形利益的地位、身份和名譽。

捐納既是社會流動的工具，也是不斷地製造腐敗的工具。包括一般生員和官僚，乃至皇帝在內，中國明清時代的人們對這一點有著比較明確的認識。但是，由於財政制度的結構性原因，明清兩代王朝始終將捐納做為解決財政問題的方法之一。與此同時，明清兩代王朝為了將捐納的負面影響限制在儘可能小的範圍之內，在制度設計上做出了各種各樣的努力。所有這些都導致了捐納雖然長期身背污名，卻始終未能廢止。

綜上所述，本書探討了捐納制度的構成和運作的實際，分析了該制度在中國明清時期的影響和作用，尤其是該制度與科舉制度的密切關聯。

索　引

凡例

1、本索引は、本文にある事項、人名、研究者名、史料名、術語などを含めた総合索引である。必ずしも網羅的なものではない。

2、原則として取らなかったものは、史料名のうち、『大清会典』、『明実録』、『明史』、『清史稿』などあまりに一般的なものである。

3、本索引は五十音順（漢音）に排列するが、慣用音（清・シン）などはこの限りではない。

ア行

カ行

サ行

タ行

ナ行

ハ行

マ行

ヤ行

ラ行

ワ行

著者略歴

伍　躍（ご　やく　Wu Yue）
大阪経済法科大学教養部教授
一九五八年　中国北京市生まれ。
一九八二年　中国中山大学歴史系卒業。
一九八四年　中国北京大学研究生院歴史系卒業。
一九九七年　京都大学文学研究科博士後期課程単位取得退学（東洋史学）。
その後、京都大学文学研究科研修員などを経て、二〇〇二年より現職。

主要著書等
『明清時代の徭役制度と地方行政制度』（大阪経済法科大学出版部、二〇〇〇年）。
論文に「朝貢関係と情報収集」、「官告民・雍正年間的一件維権案」、「近世中国における行政訴訟の一齣・民告官」など。

東洋史研究叢刊之七十六（新装版　14）
中国の捐納制度と社会
二〇一一年二月二十八日　第一刷発行
著　者　伍《ご》　躍《やく》
発行者　檜山爲次郎
発行所　京都大学学術出版会
〒606-8305　京都市左京区吉田近衛町69　京都大学吉田南構内
電話〇七五(七六一)六一八二　FAX〇七五(七六一)六一九〇
URL　http://www.kyoto_up.gr.jp/
印刷所　亜細亜印刷　株式会社

定価はカバーに表示してあります
ISBN978-4-87698-534-0　C3322

ORIENTAL RESEARCH SERIES No.76

Chinese Society and Purchasing Eligibility for Office

by

Wu Yue

Kyoto University Press

2011